美國為何「失去」了中國
從羅斯福到費正清

榮劍 著

謹以本書向鄒讜先生致敬
他的專著《美國在中國的失敗（1941-1950年）》
對於本書寫作具有奠基性意義

目次

9　　　　引言　人民解放軍占領南京──美國在中國的失敗

33　　　　一、重問「誰丟失了中國？」
　　　　　　　美中關係白皮書：無可奈何的供狀？
　　　　　　　麥卡錫主義：罔顧政治問責的政治迫害
　　　　　　　謝偉思的反思：在中國失去的機會
　　　　　　　來自拉鐵摩爾的自我辯護與反擊
　　　　　　　尼克森訪華：美國再次擁有中國？
　　　　　　　美國在中國的失敗：究竟誰誤解了中共？

99　　　　二、決定總統外交政策的倫理與政治
　　　　　　　威爾遜主義：理想與現實的衝突
　　　　　　　羅斯福在雅爾達製造的中國難題
　　　　　　　杜魯門主義：路徑依賴下的對華困境

139　　　三、美國將軍的中國經驗和外交使命
　　　　　　──從馬歇爾到史迪威與赫爾利
　　　　　　　總統軍事顧問的外交使命
　　　　　　　「史迪威事件」：美國對華政策的轉折點
　　　　　　　赫爾利使華：聯合政府的陷阱
　　　　　　　馬歇爾的調停之路：重蹈赫爾利覆轍

179　　　四、美國現實主義外交的價值觀維度
　　　　　　──用喬治・凱南「對勘」謝偉思
　　　　　　　美國現實主義外交傳統及其問題
　　　　　　　喬治・凱南的「圍堵」理論

　　　　謝偉思「職業外交」的價值觀局限
　　　　凱南「圍堵」理論在中國的認識盲區

225　五、美國誤判中國的輿論之源
　　　　——從斯諾到白修德和貝爾登
　　　　誰在塑造「美國的中國形象」？
　　　　斯諾：報導紅色中國的首席記者
　　　　白修德：《中國的驚雷》粉碎「蔣介石神話」
　　　　貝爾登：《中國震撼世界》的認識盲區

271　六、美國誤判中國的史學之源
　　　　——從拉鐵摩爾到費正清
　　　　歷史學家「思想」對總統的影響
　　　　拉鐵摩爾：歷史學家迷失於現實政治（上）
　　　　拉鐵摩爾：歷史學家迷失於現實政治（下）
　　　　費正清的中國革命史觀批判（上）——思想與時代
　　　　費正清的中國革命史觀批判（中）——理論建構
　　　　費正清的中國革命史觀批判（下）——反思與自我批判

353　結語　誰「誤判」了中國？　中美「注定一戰」？

373　附錄　中國共產主義向何處去？
　　　　——重溫布里辛斯基的「大失敗」理論
　　　　蘇聯的失敗是共產主義的徹底失敗？
　　　　——布里辛斯基的「大失敗」理論
　　　　從「收縮與調適」到「逆轉與對抗」
　　　　——以沈大偉的「共產主義黨國」研究為例

中美之間的「雙重賭局」：誰是贏家？
　　——以藍普頓的「中國力量」研究為例
「新加坡經驗」與「中國的選擇」
　　——以馬凱碩的相關研究為例

443　　後記

445　　參考文獻

引言

人民解放軍占領南京
——美國在中國的失敗

　　1949年4月20日,中共百萬大軍發起渡江戰役,僅用兩天時間便突破國民黨軍隊精心設防的長江天險,於4月23日占領國民政府首都——南京。戰役發動之前,國軍高級指揮官和美軍顧問們都認為,長江是缺乏海空軍、缺乏兩棲作戰經驗的共軍向前推進的難以逾越的障礙。曾經擔任盟軍中國戰區參謀長的魏德邁將軍認為,國軍用掃帚柄都能守住長江,如果他們有決心的話。[1]但是,「決心」這個假設條件並不存在,在遼瀋、平津、徐蚌三大會戰之後,國民黨軍隊儘管還有兩百多萬人,但從軍官到士兵都普遍沉陷在失敗主義的絕望情緒中,通過戰爭一決勝負的決心已經喪失殆盡。國共內戰自1946年全面爆發以來,戰局變化出乎所有人的預料,在雙方軍事力量四比一的懸殊情況下,出現了一邊倒的局面,共軍在戰場上勢如破竹,國

1　參閱鄒讜,《美國在中國的失敗(1941-1950年)》,王寧、周先進譯(上海:上海人民出版社,2016),頁396。

軍節節敗退，以致中共領導人也沒有想到，取得全國性勝利的日子會到得這麼快。[2]毛澤東收到占領南京的捷報後欣然賦詩一首——〈人民解放軍占領南京〉：

> 鐘山風雨起蒼黃，百萬雄師過大江。
> 虎踞龍盤今勝昔，天翻地覆慨而慷。
> 宜將剩勇追窮寇，不可沽名學霸王。
> 天若有情天亦老，人間正道是滄桑。

這首詩是勝利者的宣言，是對中國滄桑巨變的預言，也是對失敗的國民黨政權的終極審判。在中國三千年的成文歷史中，成王敗寇歷來是新舊王朝盛衰更替的內在邏輯，中共用武力推翻國民政府，奪取全國政權，是開創了一個新的王朝時代？還是如毛澤東向世界承諾的那樣：「建設一個嶄新的強盛的人民共和國」？[3]不管如何評價中共新政權的性質，至少在費正清看來：「1949年沒有一個人能否認中國共產黨在毛澤東的領導下公公正正地征服了中國。」[4]所謂「公公正正」，或許就是指的司徒雷登所看到的情況，國民黨是在擁有遠比中共更好

---

2 毛澤東在1948年11月14日為新華社寫的一篇題為「中國軍事形勢的重大變化」的評論中寫道：「原來預計，從一九四六年七月起，大約需要五年左右的時間，便可能從根本上打倒國民黨反動政府。現在看來，只需從現時起，再有一年左右的時間，就可能將國民黨反動政府從根本上打倒了。」《毛澤東選集》，第四卷（北京：人民出版社，1991），頁1361。

3 毛澤東，〈在新政治協商會議籌備會上的講話〉，同上書，頁1467。

4 費正清，《偉大的中國革命（1800-1985）》，劉尊棋譯（北京：世界知識出版社，2000），頁321。

的物質和精神條件下——「政府占有各方面的優勢。首先，它是中國的合法政府，在百姓中享有很高的聲望，又掌握全國的各種物資。政府又占有更廣大的土地和人數更多、裝備更好的軍隊，海軍和空軍雖然裝備差，但是也比根本一無所有的共產黨強多了」[5]——失去了全國政權。雖然有史家認為中共在抗戰勝利之後迅速進入東北地區獲得了蘇軍贈送的大量軍事裝備，對其後來戰勝國民黨軍隊具有決定性意義，但鄒讜的研究表明，中共軍隊接受蘇聯提供的武器並不是共產主義在中國勝利的決定性因素。[6]純粹從戰爭決勝的角度來看，中共戰勝國民黨既符合中國歷史上新舊王朝更替的規則：天命的意外襄助（費正清語），民意的支持，道義的正當性，勝者為王的合法性；也符合現代戰爭的勝利規則：制定正確的戰略戰術，實行嚴明的紀律，形成團結一致的領導集團和驍勇善戰的軍事指揮團隊。

事實上，當中共在1946年預言自己終將贏得全國政權時，早在這10年前已有人作出了相同的預言。1937年6月18日，四個

---

[5] 司徒雷登，《在華五十年：從傳教士到大使——司徒雷登回憶錄》，陳麗穎譯（上海：東方出版中心，2012），頁143。

[6] 鄒讜提供的數據證明，國民黨軍隊從駐華日軍中接受的軍用品的數量，遠遠超過中共軍隊在東北接受的日本軍火武器，數量差距在3倍至10倍，比如火炮，國軍接受了12446門，共軍接受了1436門，機關槍，國軍接受了30961挺，共軍接受了8989挺，國軍接受了1068架飛機，共軍只接受了少量飛機。「這些數字表明，落入共軍手中的日本軍火武器本身並不能使共軍在軍事上強過國民黨軍，它們本身並不能構成共產主義在中國勝利的原因。」參閱氏著，《美國在中國的失敗（1941-1950年）》，頁275-276，注釋18。

美國人：畢恩來（托馬斯・亞瑟・畢森，T. A. Bisson），當時的身分是「美國外交政策協會」遠東問題專家；歐文・拉鐵摩爾（Owen Lattimore），一位研究亞洲邊疆史的卓越歷史學家；菲立浦・賈菲（Philip Jaffe），美國著名的《美亞》雜誌主編；賈菲的妻子艾格尼絲（Agnes）；以及他們雇傭的司機，瑞典機械師艾飛・希爾（Effie Hill），共同奔赴延安，開啟了為期三天的「陝北考察」（6月22日至24日）。期間他們與毛澤東、朱德、周恩來、博古、徐向前等中共領導人，就紅軍現狀、西安事變後的抗日形勢，中共的抗戰準備、國共關係、統一戰線、中國的民主前景、國際關係與世界形勢、青年學生與知識分子的前途、中共與美國、英國的關係等話題，進行了廣泛的對話。同時，他們還走訪了中國人民抗日軍政大學，在劇院欣賞了「紅小鬼」表演的活報劇、芭蕾舞選段和高爾基的話劇《母親》的選場，臨走那天還在朱德親自主持的一個演講會上面向數百名戰士與群眾發表演講。按照畢恩來的記載：「在延安度過的那幾個日夜，我們幾乎自始至終都被所看到的一幕又一幕場景所深深吸引，充滿了興奮之情。」他據此給予中共領導人以極高的評價：

> 往昔的經驗，當今的形勢，未來的局面，古今中外，縱覽全球，一切的一切，均在中國共產黨領袖的運籌帷幄之中。一切的一切，都承載著充滿希望的神秘的預言。[7]

---

[7] 畢恩來（托馬斯・亞瑟・畢森），《1937，延安對話》，李彥譯（北京：人民文學出版社，2021），頁137。

拉鐵摩爾在當時做出了一個遠比畢恩來更大膽的預測，他在當時為倫敦《泰晤士報》所撰寫的一篇文章的最後一段中這樣寫道：

> 當我回味那次延安之行，認真思索時，在我看來，假如當初日本沒有發起那場戰爭，共產黨可能會以合法政黨的面貌重新浮現，在全中國發揮其影響，並在他們已經控制的地區，擁有一個類似省政府的地位。如果日本人開仗了，假設共產黨關於半殖民地國家的軍民關係的理論是正確的話，那麼，這個國家的大多數軍隊和人民就都會站到共產黨一方來。[8]

1973年，畢恩來的《1937，延安對話》被塵封了近40年後在美國首次公開出版，拉鐵摩爾在該書序言中專門補充了艾飛・希爾對毛澤東的看法，他特別介紹了這位曾經長時期跟隨瑞典著名探險家斯文・赫定遊歷中國的司機的政治立場：一個「遊民小資產者」，對政治的瞭解乏善可陳，知識面極其有限，並不贊同共產主義，但就是這樣一個政治素人對毛澤東的政治前景的判斷被拉鐵摩爾稱之為「真知灼見」：

> 我曾經見識過各種各樣的人。富商、軍閥、知識分子、國民黨高官。但毛澤東卻是我見過的唯一一個能夠統一全

8　同上書，頁147。

中國的人。[9]

在畢恩來、拉鐵摩爾和艾飛・希爾從中共領導人的身上展望未來中國統治者的英明形象時，中共占據的陝甘寧邊區僅僅控制著約二十九個縣、一百四十萬人口，擁有軍隊約八萬人。[10]而且陝北地處荒涼，資源貧乏，交通不便。基於這種惡劣的生存環境，實難想像中共創建的這個「微型要塞」會在未來十幾年的時間裡成為顛覆國民黨政權的總策源地，當然也難以想像毛澤東會成為一個新的統一中國的開國君主。日本侵略中國和隨後發生的「西安事變」的確為中共創造了千載難逢的機會，使得陝甘寧邊區得以倖存下來並在聯合抗日的名義下爭取到了政治合法性。在八年抗戰時期，中共軍隊迅速擴大到一百萬正規軍、二百萬民兵的規模，「解放區」控制了一億人口。[11]但是，機會並非完全向中共這邊傾斜。胡素珊關於「中國內戰」的研究就試圖證明：「不管日本侵略對共產主義運動在中國的勝利起了多大的作用，日本人在1937年留給共產黨和國民黨相

---

9 同上書，頁12。拉鐵摩爾在他的回憶錄中提到過這段往事，表明艾飛・希爾的這個話始終留在了他的記憶中。參閱磯野富士子整理，《蔣介石的美國顧問：歐文・拉鐵摩爾回憶錄》，吳心伯譯（上海：復旦大學出版社，1996），頁56。

10 費正清在他的著作中認為，中央紅軍到達陝北時大概只剩下了四千人。參閱氏著，《偉大的中國革命》，頁280。哈里斯・福爾曼在其《北行漫記》中認為，1937年，中共在陝北的軍事人員大概有八萬人。參閱氏著，《北行漫記》，陶岱譯（北京：解放軍出版社，2002），頁122。關於中共在陝北統治區域及人口，參閱馬克・賽爾登，《革命中的中國：延安道路》，魏曉明、馮崇義譯（北京：社會科學文獻出版社，2002），頁151。

11 參閱毛澤東，〈關於重慶談判〉，《毛澤東選集》第四卷，頁1158。

同的機會。」兩者的重大差別在於,共產黨充分抓住了機會,從城市轉向農村,集中發展遊擊戰和農民革命,建立農村根據地;而國民黨則沒做什麼事情來利用這一機遇,「在壯大國內政治力量和爭取大眾支持方面鮮有建樹」。[12]她批駁了這樣的說法:「日本侵略阻止了蔣介石的軍隊在1936-1937年給予失敗的共產黨軍隊致命一擊,使得共產黨的勝利成為可能」,認為「這麼說等於承認了國民黨在以後幾年中無法在一個更平等的基礎上與共產黨競爭」。[13]胡素珊的這個看法無異於支持了費正清關於中共「公公正正」奪取了全國政權的合理性判斷:毛澤東領導的中國革命的確是在極其困難的條件下發展起來的,中共主要是依靠自己的實力和智慧打下了天下。從這個意義上說,畢恩來、拉鐵摩爾和艾飛‧希爾,作為最早預言中共勝利的預言家,不愧為先知般的人物,他們在1937年的延安所看到的這一群人——「他們的胸中,充滿著高尚的道德情操。在那

---

[12] 參閱胡素珊,《中國的內戰》,啟蒙編譯所譯(北京:當代中國出版社,2018),頁381。

[13] 同上書,頁381。日本侵略中國是否給國民黨和共產黨創造了相同的發展機會,顯然不能一概而論。在鄒讜看來:「中日戰爭沉重地打擊了國民黨政府,這種打擊最終被認為是致命的打擊。首先,它極大地摧毀了國民黨的軍隊,將國民黨政府逐出家園,使中國政治中的離心傾向達到新的高潮。第二,它使共產黨人有機會在中國最重要的地區擴大他們的控制。第三,它極大地削弱了曾經是國民黨政府堅定的和有力的支持者——上層階級,為中產階級脫離政府創造了條件。最後,艱苦的戰爭導致官僚機構和軍隊士氣低落。」參閱氏著,《美國在中國的失敗(1941-1950)》,頁42。鄒讜的看法儘管言之有理,但是,應該看到,在抗戰結束時,國共軍事力量是四比一,國民黨占有明顯的比較優勢,國民黨失敗的原因主要還是形成於抗戰之後的一系列錯誤政策,包括美國對華政策的重大失誤。

個環境裡,個人私欲必須向崇高的理念折腰。為了共同的事業,人人平等,官兵一致,齊心協力,頑強奮鬥,大家分享著這種精神追求所帶來的充實感」,[14]在後來的十幾年中贏得了越來越多的美國人的理解與支持。

從美國對華政策的角度來看,畢恩來以「美國外交政策協會」遠東問題專家的身分所形成的關於中共的初步認識,在整個1930年代實際上根本不會動搖美國政府對中國國民政府的基本立場。按照《美國十字軍在中國(1938-1945)》的作者邁克爾・沙勒的說法,「在三十年代末期以前,美國的外交官對於中國的社會力量似乎基本上不感興趣或毫無所知。他們住在北京、南京或其他幾個西方化的城市,對中國廣大內地的情況不甚了了。他們所關心的只不過是保護美國公民的生命安全和商業利益。」[15]對於日本侵略中國的反應,美國政府只限於「不承認主義」,從政治上和道義上反對日本侵占滿洲(中國東北地區)的所有行動,但不主張通過戰爭方式來介入中日的領土爭端。改變這種狀況的直接動因來自於戰爭範圍和地緣政治的重大變化。1941年12月太平洋戰爭的爆發,將美國和中國前所未有地緊密聯繫在一起,美國總統羅斯福不僅將中國視為世界反法西斯統一戰線中的重要盟國,而且力主將中國重新塑造為世界「四大國」之一,與美國、蘇聯、英國平起平坐,共同決定戰後國際秩序的重建。此時,美國的對華政策,一方面是從政

---

14 畢恩來(托馬斯・亞瑟・畢森),《1937,延安對話》,頁148。
15 邁克爾・沙勒,《美國十字軍在中國(1938-1945)》,郭濟祖譯(北京:商務印書館,1982),頁7-8。

治上、經濟上和軍事上全面支持蔣介石政府，竭力提高中國在國際社會中的地位和影響力，其標誌是1943年11月舉行的「開羅會議」，實現了羅斯福總統、邱吉爾首相和蔣介石委員長「三巨頭」的會晤，他們的合影照片向全世界宣示了中國作為與美國、英國並列的世界性大國的橫空出世。由美、英、中三國共同簽署的《開羅宣言》明確宣布，將把日本從中國竊取的一切領土（最重要的是東北和臺灣）歸還給中國。蔣介石為此深感欣慰，在日記中寫下「全世界視開羅為中國一大勝利」，認為開羅會議是他一生「革命事業」的「重大成就」。[16]另一方面，美國政府認為中國要承擔起世界性大國的責任，必須進行民主化的政治改革，蕩平各級官僚中普遍蔓延的腐敗現象，結束內戰和地方割據，加強軍事力量的整合與現代化改造，建立由各黨派共同組成的聯合政府，其中的關鍵性環節是重新建立起國民黨與共產黨的全面合作關係，因為中共此時已經擁有了一支數十萬的軍隊和分布在全國各地的根據地。[17]一如芭芭拉·W·塔奇曼的概括：「美國對聯合政府的希望是基於一種普遍的想法，那就是認為共產黨的目標並不是想統治整個中國，而

---

16 參閱陶涵，《蔣介石與現代中國》，林添貴譯（北京：中信出版集團，2012），187頁。
17 按照美國人的統計，自1937年以來，在七年的時間裡（到1944年），中共控制的領土從3.5萬平方英里增加到了15.5萬平方英里，人口從150萬增加到了5400萬，武裝力量從10萬增加到了47.5萬，在蘇北、湖北、廣州周圍以及海南島的日軍占領區均有共產黨建立的根據地。參閱芭芭拉·W·塔奇曼，《史迪威與美國在中國的經驗（1911-1945）》，萬里新譯（北京：新星出版社，2007），頁470。

是希望跟重慶達成政治解決辦法,從而可以一致對日。」[18]基於這個基本判斷,積極推動國民黨與中共建立聯合政府,便成為美國這一時期對華政策的主要關切。[19]而建立聯合政府的前提,是美國人首先相信,同時也要讓以蔣介石為首的國民黨人相信,中國共產黨並非是蘇聯式的共產黨組織,它毋寧是「所謂的共產黨人」,是「農民民主派」和「農民自由主義者」,或者是一群鐵托式的民族主義者,在思想上和組織上都不接受蘇聯共產黨的領導。赫爾利在使華的最初階段,甚至把中共視為像是奧克拉荷馬州的共和黨人,國民黨更像是民主黨人,國共之爭類似於美國的兩黨之爭。[20]蘇聯人似乎也在配合美國人對中共一廂情願的想像,蘇聯外長莫洛托夫在赫爾利訪問蘇聯時告訴他,蘇聯不會支持中共而是支持蔣介石。史達林也對來訪的美國副總統華萊士說,中國共產黨不是真正的共產黨,他們是「人造黃油的共產黨」,也就是冒牌的共產黨。[21]蘇聯人的話讓美國人深信不疑,華萊士把史達林的話轉告蔣介石,試圖說服後者選擇與中國共產黨合作,在中國建立一個包括共產黨在內

---

18 同上書,頁470。
19 牛軍認為,羅斯福在開羅會議上向蔣介石提出組織聯合政府的建議,可以確定其邏輯中包含兩個基本前提:第一,羅斯福政府實際上認為中共在中國的政治舞臺上是一支不容忽視的力量,第二,國民政府需要實行民主化改革,對中共作出必要的讓步。牛軍為此用「壓蔣與聯共」為標題來概括羅斯福政府對華政策的這一重要特點。參閱氏著,《從赫爾利到馬歇爾:美國調處國共矛盾始末》(北京:社會科學文獻出版社,2021),頁21。
20 參閱伊・卡恩,《中國通:美國一代外交官的悲劇》(北京:新華出版社,1980),頁170。
21 參閱琳・喬伊納,《為中國蒙難:美國外交官謝偉思傳》,張大川譯(北京:當代中國出版社,2014),頁54。

的聯合政府。但是,在蔣介石看來,美國人根本就沒有搞清楚他的國民黨、毛澤東的共產黨與蘇聯人之間的複雜關係,蘇聯對中國東北地區的圖謀和中共奪取全國政權的計劃高度相關,他提醒華萊士:中國共產黨「比蘇俄共產黨更共產黨」。[22]

美國在太平洋戰爭期間全力推動國民黨與共產黨的合作,試圖通過建立多黨合作的聯合政府來改變國民黨一黨專政下的政治腐敗狀況,由此形成一支全國統一的國防軍和國民政府統一指揮的中國戰區,以對抗日本侵略,這個戰略設想不可謂不對。但是,基於美國和國民黨對中共的不同認識所產生的深刻分歧,使得這個戰略設想始終無法實現。1944年10月,在蔣介石的強烈要求下,美國總統羅斯福召回盟國中國戰區參謀長史迪威,以魏德邁將軍取而代之。蔣介石之所以這麼做,一是無法容忍史迪威架空了他的軍事指揮權,二是不能接受史迪威的「聯共」立場。在史迪威將軍改造中國軍隊的計劃中,他提議根據美國《租借法案》裝備60個國民黨師和5個共產黨師,甚至表示自己願意親赴延安說服共產黨人承認蔣介石政權。[23]對於蔣介石來說,史迪威通過「聯共」改造國軍的計劃無異於是一場針對他本人的「兵變」(史迪威的判斷),他堅持認為,承認共產黨的條件是他們放棄在北方建立政府,並將他們的部隊接受中央政府的控制。在蔣介石與史迪威的衝突中,羅斯福總統面臨著兩難選擇,他在內心是站在史迪威一邊,認可他的「聯共」主張,但他不得不接受赫爾利的建議:美國失去蔣介石就

---

22 參閱同上書,頁54。
23 參閱鄒讜,《美國在中國的失敗(1941-1950年)》,頁98。

是失去中國,因此,必須解除史迪威將軍的職務,「任命另一位美國將軍在蔣委員長領導下指揮在中國的一切陸空部隊。」[24]

事實上,史迪威從來沒有接觸過周恩來或者其他共產黨人,也禁止他手下的軍事參謀與中共建立聯繫,他關於中共的基本認識實際上主要來源於他的兩個政治顧問——約翰・戴維斯和約翰・謝偉思。按照鄒讜的說法,這兩位是國務院制定對華政策最重要的人物。1943年8月,謝偉思被史迪威親自點名,與戴維斯一起在美軍中印緬戰區司令部當文職人員。正是在為史迪威工作期間,他們啟動了美軍觀察組(「迪克西使團」)赴延安考察的行動,在考察中撰寫的一系列關於中共的報告,不僅獲得了國務院的高度評價,被認為是所有與中國政府打交道的人都必須「從頭到尾」閱讀的文件;而且通過史迪威直接影響了諸如馬歇爾、魏德邁這樣的軍方高層,並且通過總統顧問霍普金斯這個渠道將這些報告送達羅斯福總統的辦公桌上。霍普金斯在把謝偉思第一份延安報告轉給羅斯福時曾在報告上寫了一個批註:「此為約翰・謝偉思先生就華北中共情況所寫的初步報告……所見所聞令人眼前一亮。」[25]很顯然,總統顧問應該是基本同意報告中所提出一些基本判斷:鑒於蔣介石政府的腐敗和無能,鑒於延安體現出來的朝氣蓬勃的生氣,美國援助中共將有效促進抗戰,並對中央政府施加壓力,讓它著手推行民眾期待已久的政治改革。[26]1944年10月10日,謝偉思在致史

---

24 參閱邁克爾・沙勒,《美國十字軍在中國(1938-1945)》,頁172。
25 參閱琳・喬伊納,《為中國蒙難:美國外交官謝偉思傳》,頁93-94。
26 參閱同上書,頁71。

迪威將軍的一封報告中明確建議：

> 我認為現在時機已到，我們應該對蔣介石和中央政府採取更強硬的態度。
>
> 我們的對華政策應該以兩項論據為指針，第一，不持強硬態度，就不能期望與蔣打交道會成功。其次，不考慮反對派力量——共產黨、地方勢力和自由派，我們就不能期望解決中國的問題（現在也是我們自己的問題）。
>
> 我們不應被中國有崩潰的危險這種呼籲所左右。這是蔣的一貫的陰謀。國民黨政府可能垮臺，但中國的抵抗運動不會垮。[27]

上述建議對於史迪威將軍形成關於聯共抗日的戰略構想無疑具有直接的影響，當然也會影響到羅斯福總統的對華政策。在美軍觀察組考察延安期間，中共領導人充分意識到爭取美國人的理解和支持是一個重大機遇，中共將由此獲得美國背書的政治合法性和來自美國的軍械裝備。周恩來不失時機地向謝偉思保證，如國民政府批准，共產黨願意聽從美國盟軍最高司令的指揮。謝偉思打電報給駐新德里的戴維斯：「我們相信這些人對此事是認真的。」他建議與中共軍隊的合作必須馬上開始。[28] 1944年10月，史迪威將軍被蔣介石趕出中國，但是，以

---

[27] 約瑟夫·W·埃謝里克編著，《在中國失掉的機會：美國前駐華外交官約翰·S·謝偉思第二次世界大戰時期的報告》，羅清、趙仲強譯（北京：國際文化出版公司，1989），頁163、164、166。
[28] 參閱琳·喬伊納，《為中國蒙難：美國外交官謝偉思傳》，頁71。

謝偉思和戴維斯為代表的「中國通」（China Hands）們所形成的聯共抗日的設想並沒有因此被中止，按照邁克爾·沙勒的說法：「單是史迪威去職這件事並沒有削弱中國國內影響共產黨和美國採取聯合行動的逐漸增強的聲勢。迪克西使團、使館工作人員、戰略情報局官員以及美國駐華武裝人員中的一些人繼續大力要求把共產黨人納入美國陣營。」[29]1944年12月16日，戴維斯陪同包瑞德上校和威利斯·伯德中校訪問延安，雙方交流期間，中共向美方保證其旗下的65萬武裝及250萬民兵將聽從「魏德邁將軍的戰略調遣」；而美方則向中共承諾「派專人培訓他們使用多種現代武器、爆破裝置、無線電通信，為25000名遊擊隊員提供裝備。」[30]正是在這次延安考察中，戴維斯得出了與謝偉思相同的結論：共產黨人是靈活可靠的政治派別，準備在許多方面與美國合作，而合作的前提是，美國必須放棄它對蔣介石公開承擔的義務；抗戰結束後，中國的內戰是不可避免，共產黨的勝利幾乎是必然的；美國應該立即做出決定，在即將到來的爭取中國的鬥爭中「傾向」共產黨人。[31]

在鄒讜看來，美國在史迪威危機中失敗的真正的悲劇是這個失敗本來是可以避免的，如果蔣介石接受史迪威作為他的戰地總司令，以換來美國對援助國民黨政府作出更深的承諾，美國對處理中國的局勢承擔更直接的責任，國民黨的整個軍事力量獲得更多的美國軍需品，並在史迪威的軍隊改革計劃中得到

---

29 邁克爾·沙勒，《美國十字軍在中國（1938-1945）》，頁189。
30 參閱琳·喬伊納，《為中國蒙難：美國外交官謝偉思傳》，頁102。
31 參閱邁克爾·沙勒，《美國十字軍在中國（1938-1945）》，頁192。

加強。但是,事態並未按這個方向發展,蔣介石與史迪威的決裂,嚴重削弱了羅斯福總統原來對蔣介石的良好印象,開始接受史迪威從謝偉思、戴維斯報告中得到的建議:蔣介石並非不可取代。32蔣介石在戰爭期間失去了羅斯福的充分信任和史迪威的軍隊現代化改革計劃,導致的後果正如鄒讜所言:「在戰爭結束時,國民黨中國既沒有一支裝備精良、訓練有素的軍隊,也沒有給作戰部隊提供給養的能力。」33鄒讜深信,裝備完善的精銳部隊在遏制中國的共產主義擴張時是軍事和政治解決方法的組合中的一個不可缺少的因素。

儘管史迪威退出了中國的政治舞臺,儘管美國政府和國民黨政府在是否聯共問題上存在著重大分歧,但美國政府在抗戰結束後仍然在努力推動國共兩黨建立聯合政府。這一方面是因為決定美國對華政策的人,從總統到將軍再到國務院的外交官,仍然普遍相信中共不是純粹的共產黨人,相信中共是可以參與中國的和平民主改革進程。另一方面,美國人經由延安的考察確信共產黨人更加富於活力和戰鬥力,如果國共發生內戰,中共很可能贏得戰爭。因此,在中共贏得戰爭前建立國共聯合政府,以避免中國最終落入俄國人的懷抱,被美國政府認為是避免在中國出現不可控的災難性後果的唯一正確選擇。為

---

32 按照陶涵的記述,在開羅會議期間,史迪威與羅斯福總統簡單討論過取代蔣介石的可能性問題,當時他們主要考慮的是蔣介石政府未必頂得住日本的軍事進攻,如果蔣介石失敗,就需要尋找「別人或一群人來頂替。」在史迪威的心目中,可以頂替蔣介石的人應該包括共產黨人。參閱氏著,《蔣介石與現代中國》,頁190。
33 鄒讜,《美國在中國的失敗(1941-1950年)》,頁72。

推動國共兩黨建立聯合政府，美國政府在1944年6月至1945年12月，先後派出羅斯福的副總統華萊士、羅斯福總統特使赫爾利和杜魯門總統特使馬歇爾將軍來華，調停國共矛盾，說服兩黨放棄意識形態偏見，與其他黨派一起和平建國，完成中國的民主化改革進程，建立各黨派共同參與的聯合政府。但是，他們的訪華使命全部失敗。1947年1月7日，馬歇爾將軍正式宣布停止國共兩黨的調節工作，他在離開中國時發表聲明稱：

　　和平的最大障礙是中國共產黨和國民黨彼此之間幾乎是不可抗拒的完全的懷疑和不信任。一方面，國民政府領導人強烈反對共產主義政治制度。另一方面，共產黨直言不諱地聲明他們是馬克思主義者，並且要為在中國建立共產主義政治制度而努力，雖然先要經過美英式的民主政治形式。34

在這份聲明中，馬歇爾將軍強烈譴責了國民黨政府一方存在著「一個由反動分子組成的統治集團」，「他們幾乎反對我為促使成立一個真正的聯合政府而進行的一切努力」，同時也譴責「純粹的共產黨人」「毫不猶豫地採取激烈的措施以達到他們的目的……而不顧被波及的人民直接承受的苦難」。35最後，對於挽救時局的出路，他還是希望政府內部和其他小黨派

---

34 馬歇爾，《國共內戰與中美關係：馬歇爾使華秘密報告》，中國社會科學院近代史研究所翻譯室譯（北京：華文出版社，2012），頁356。
35 同上書，頁256-357。

的自由主義分子掌握領導權,他們在蔣介石委員長領導下採取成功的行動,通過建立良好的政府以實現中國統一。

馬歇爾使華失敗,是美國對華政策的失敗。按照牛軍所述,「杜魯門政府在1945年底調整對華政策時有兩個基本的原則:一是無論如何要維持蔣介石和國民政府在中國的統治地位;二是無論如何要避免美軍直接捲入中國內戰。」[36]當馬歇爾離開中國時,美國政府拒絕了魏德邁將軍提出的擴大軍事援助的計劃,同時也對司徒雷登大使提出的由美國政府出面勸告最高統帥蔣介石退休的建議持否定態度。[37]問題在於,正是這兩個基本原則構成的內在矛盾讓美國政府在中國陷入一種左右為難的境地:如果不大規模支持蔣介石政府,它必定被共產黨軍隊所推翻,1947年以來的戰場形勢證明了謝偉思等對國共軍事力量的判斷是準確的,國民黨軍隊要避免徹底失敗的唯一可能性是獲得美國的大規模支持;而美國的大規模支持則意味著美軍要直接介入中國的內戰,由此產生的後果有可能是美蘇兩國在中國戰場上的直接對抗,這是美國政府絕不願意看到的局面。因此,從1947年起,美國的對華政策實際上處在一種停頓狀態。司徒雷登在馬歇爾回國那天向他提出了美國對華政策的三種可能的方案:「第一,積極支持國民政府,尤其在軍事顧問方面,推動改革,按推進階段配備援助資金;第二,美國不提供明確的計劃,只是採取觀望政策,伺機而動;第三,從中

---

36 牛軍,《從赫爾利到馬歇爾:美國調處國共矛盾始末》,頁389。
37 參閱鄒讜,《美國在中國的失敗(1941-1950年)》,頁279。

國內部事務中完全退出。」[38]司徒雷登傾向於實行第一方案,如第一方案不行,則傾向於實行第三方案。馬歇爾回國擔任國務卿後執行的對華政策與司徒雷登的第二方案相近:支持蔣介石政府,卻拒絕向它提供大規模經濟和軍事援助。到了1948年,美國的對華政策被當時的國防部長佛洛斯特稱之為是「沒有政策」。[39]用顧維鈞的話來說,美國這一時期的對華外交是「美國政治才略的空白時期」,美國外交由少數幾位私怨滿腹的領導人所左右,一葉障目,看不到美國在中國和遠東真正的和根本的利益所在。[40]該年4月,美國政府勉強通過了援華法案,撥出一億二千五百萬美元「供中國政府隨意使用」。馬歇爾為通過此項法案與兩院有關委員會討論時指出:「看來美國不得不準備在實質上接管中國政府,管理它的經濟、軍事和行政事務……」。可是到了11月,中國的局勢讓美國政府感到絕望,馬歇爾在內閣會議上轉變口風,稱國民黨政府「很快就要消亡,我們沒有辦法挽救它。」[41]此時,美國政府在目睹了國民黨軍隊的全面潰敗後不得不執行司徒雷登的第三方案:從中國內部事務中完全退出。

1949年4月23日,人民解放軍占領南京,美國大使館的大

---

38 司徒雷登,《在華五十年:從傳教士到大使——司徒雷登回憶錄》,頁122。
39 參閱吳昆財,《美國人眼中的國共內戰》(北京:九州出版社,2012),頁106。
40 參閱顧維鈞,《顧維鈞回憶錄》,第六冊(北京:中華書局,1988),頁92-93。
41 參閱邁克爾・沙勒,《美國十字軍在中國(1938-1945)》,頁300。

部分工作人員及眷屬都已經提前撤離到廣州,而司徒雷登決定留守南京,以便近距離觀察中共軍隊官兵的實際表現,更主要的是,期待與中共繼續保持一種政治聯繫。4月27日,司徒雷登開始在家裡起草承認中共的備忘錄;5月13日,司徒雷登與中共代表黃華在大使官邸見面;6月6日,司徒雷登與黃華在中共軍管會外事處第二次會晤;6月12日,司徒雷登在上海通過民主人士羅隆基向毛澤東和周恩來轉達一個信息:今後如中美之間消除敵意,中國保持獨立而不成為蘇聯的附庸,美國願意提供不少於20億美元的長期低息貸款,幫助中共恢復和發展經濟;6月28日,司徒雷登收到燕京大學校長陸志韋邀請他訪問北京的信函,黃華亦在同日告知他:中共中央同意司徒雷登回燕京大學,並可安排與中共領導人會面。郝平認為:「這是中共中央願意與美國政府接觸、聯繫的正式的官方的表態。」[42]6月29日,司徒雷登將中共歡迎他訪問北京的消息傳回華盛頓,等待國務院的批准指令一到便立即動身。但是,令美國人沒有想到的是,在美國力圖與中共重建政治關係的前夜,也就是在6月30日,毛澤東為紀念中國共產黨成立28周年而發表了〈論人民民主專政〉一文,在這篇宣戰式文章中,毛明確提出了「一邊倒」的政策主張:

> 一邊倒,是孫中山的四十年經驗和共產黨的二十八年經驗教給我們的,深知欲達到勝利和鞏固勝利,必須一邊

---

[42] 郝平,《無言的結局:司徒雷登與中國》(修訂版)(北京:北京大學出版社,2011),頁258。

倒。積四十年和二十八年的經驗，中國人不是倒向帝國主義一邊，就是倒向社會主義一邊，絕無例外。騎牆是不行的，第三條道路是沒有的。我們反對倒向帝國主義一邊的蔣介石反動派，我們也反對第三條道路的幻想。43

毛在文章中還首次向全世界公開宣示了中共的「獨裁」立場：

「你們獨裁。」可愛的先生們，你們講對了，我們正是這樣。中國人民在幾十年中積累起來的一切經驗，都叫我們實行人民民主專政，或曰人民民主獨裁，總之是一樣的，就是剝奪反動派的發言權，只讓人民有發言權。44

正是這篇主張「一邊倒」和「獨裁」的文章，對美國政府猶如醍醐灌頂，長期以來它的各級官員普遍抱有中共在奪取政權後會走上一條鐵托式的「第三條道路」的幻想，毛的文章讓他們猛然醒悟：中共政權是一個貨真價實的共產主義政權，亦是一個徹頭徹尾的極權主義政權。7月2日，國務卿艾奇遜來電，指示司徒雷登必須於7月25日前返回華盛頓。此時，司徒雷登對中共仍心存幻想，他於7月20日再次致電國務院，要求允許他去北京會見毛澤東和周恩來。7月21日，司徒雷登從黃華處得知中共領導人仍希望他去一趟北京，便隨即做好了北上

---

43 毛澤東，《論人民民主專政》，《毛澤東選集》，第四卷，頁1472-1473。
44 同上書，頁1475。

的準備。7月25日,美國國務院打電報催促司徒雷登務必於8月2日之前離開中國。於是,司徒雷登在這一天乘使館的一架小型客機離開南京前往美國,他說「很高興踏上這段旅程。在中國的最後幾個星期是一段難受、無常、煩惱、沮喪甚至是恐懼的日子」。[45]就在司徒雷登回國後沒幾天,毛澤東專門為他撰寫了一篇「歡送詞」──〈別了,司徒雷登〉,這篇曠世奇文作為毛批判艾奇遜「白皮書」的系列文章之一,將司徒雷登視為是馬歇爾系統中「頗能迷惑一部分中國人」的「風雲人物之一」,斷言他是在沒有人去理他時,「只好挾起皮包走人」。[46]毛的辛辣尖刻的文風讓司徒雷登感到又好氣又好笑,用他自己的話說:「我一直被認為是美國自由派中的典型人物,也是美國對中華民族友好情誼的代表,現在我卻是一個被說成是代表了『帝國主義的美國政府的代表,也是美帝援助煽動蔣介石的反動封建又沒落無望的政權的主要代理人』。」[47]與他有著同樣感受的是馬歇爾,他對自己被毛劃為美國帝國主義在中國的代表並被公開點名批判一直耿耿於懷,認為對他的肆無忌憚的攻擊,以及把美國帝國主義說成是已經代替德、意、日法西斯的地位而成為世界性的侵略者和全人類的公敵,實在是無法理喻。如果說在國共內戰期間美國國務院有一個「親共派」,馬歇爾和司徒雷登應在其列,但是,具有諷刺意味的是,在中共

---

45 司徒雷登,《在華五十年:從傳教士到大使──司徒雷登回憶錄》,頁179。
46 毛澤東,〈別了,司徒雷登〉,《毛澤東選集》第四卷,頁1498。
47 司徒雷登,《在華五十年:從傳教士到大使──司徒雷登回憶錄》,頁168-169。

批判美國帝國主義者的名單中,他們首當其衝,比其他那些力主支持蔣介石政府的美國人受到更多的羞辱與攻擊。48

馬歇爾在退出中國時最終認識到了,要在中國共產黨的行為所表現的純中國特點和世界各地共產黨共同採取的手段之間劃出一條清晰的界線是困難的,中國只有在出現一個自由主義反對派集團的情況下,清明的政治和邁向穩定的進步才會獲得保證。司徒雷登則在離開中國後許多年才對中國共產黨本質的認識出現了一個「巨大轉變」:

> 越來越可以確定的是,從全世界暴力革命出發,各國的共產黨都受克里姆林宮控制,所以蘇聯會支配任何聯合政府,也會利用這個力量來實行集權體制下的各種惡行。共產主義簡單來說就是對自由體制的可怕威脅,無恥地運用各種手段來達到目的,在各條陣線上都帶來恐懼和鬥爭。49

---

48 美國「親共」派受到中共羞辱的另一個典型人物是美軍上校包瑞德,此人在1945年訪問延安時,毛澤東對他非常熱情,多次長談,而包瑞德也高度評價八路軍的優良作風,力主美軍與中共合作。但是,具有諷刺意味的是,中共在建政之後的1951年夏季,由北京軍事管制委員會宣布破獲了一個企圖謀殺毛主席的美國間諜網,特別提到「戴維·迪安·包瑞德」在這個間諜網中扮演了主使和特別兇惡的角色,共產黨人用漫畫的形式,繪聲繪色地敘述了包瑞德如何安排在天安門廣場舉行國慶活動時用迫擊炮謀殺毛澤東。包瑞德對這個臆造的侮辱性的誹謗感到好笑,他尤其感到惱怒的是,共產黨人把他描寫成一個抽著雪茄、穿著鞋罩的人。參閱伊·卡恩,《中國通:美國一代外交官的悲劇》,頁180。
49 司徒雷登,《在華五十年:從傳教士到大使—— 司徒雷登回憶錄》,頁151。

人民解放軍占領南京，作為中國現代史上的一個重大事件，不僅標誌著國民黨政府統治中國大陸的終結，也標誌著美國在中國的失敗，從而構成了今天重新認識和總結美國20世紀外交政策最慘重的一次失敗的歷史前提。按照胡素珊的說法：「1949年10月1日中華人民共和國的宣告成立引發了美國政壇持續四分之一世紀的激烈爭論和相互指責」，[50]但通過這些激烈爭論和相互指責是否形成了關於中共及其政權奪取和統治中國大陸的正確認識，則需要謹慎對待。美國「失去」中國的終極原因何在？美國後來是否又重新「得到」了中國？以及美國在當下是否又再次「失去」了中國？這些問題需要在新的理論視野和歷史視野中重新加以檢視，否則，歷史的教訓是不會自動轉化為歷史的真理。誠如年鑒學派歷史學家布羅代爾所言：「歷史始終是一門正在形成、正在被超越和需要從頭開始的科學。」[51]中美關係史顯然也需要重新開始書寫。從1784年2月28日美國商船「中國皇后號」從紐約抵達廣州，到二戰後美國政府調停國共內戰失敗為止；從1949年人民解放軍占領南京、司徒雷登黯然返國，到1979年中華人民共和國與美利堅合眾國建立外交關係；從中國啟動改革開放並在美國支持下加入世貿組織從而一躍成為世界第二大經濟體，到中美兩國再次面臨制度、價值觀的全面衝突；中美兩國關係在持續兩百多年時間裡所經歷的跌宕起伏的變化，意味著既往的相關歷史敘事需要重

---

50 胡素珊，《中國的內戰：1945-1949年的政治鬥爭》，頁3。
51 費爾南·布羅代爾，《資本主義論叢》，顧良、張慧君譯（北京：中央編譯出版社，1997），頁119。

新認識。從「批判的思想史」出發,重問「誰丟失了中國?」或許就是重新建構中美關係史的開始。

一

重問「誰丟失了中國？」

美中關係白皮書：無可奈何的供狀？

1949年8月5日，美國駐華大使司徒雷登還在返國途中，美國國務院發表了《美中關係白皮書》。白皮書是根據國家軍事部門、財政部、租借總署、白宮的檔案和其他官方記錄作出的「完全之分析」，長達千餘頁，包括四百餘頁的正文和六百餘頁的附錄，內容特別著重1944至1949年期間的美國對華政策，旨在說明中國國民政府的迅速失敗源於自身的腐敗無能，而非美國政府的援助不足。與白皮書同時發表的是國務卿艾奇遜致杜魯門總統的信，該信長達七千餘字，簡明扼要地回顧了中國自20世紀初以來的革命性變化、國共兩黨之爭所導致的國家分裂、日本入侵引發的中國抵抗力量的部分癱瘓和愈加嚴重的內部爭權，提綱挈領地概述了美中關係的歷史演變和美國對華政策的各種基本原則，尤其是強調了門戶開放主義、尊重中國的行政和領土的完整以及反對任何外國控制中國的政策對於美中關係的奠基性意義。

艾奇遜坦承白皮書是「關於一個偉大的國家一生最不愉快的時期中極端複雜的問題的坦白記錄」，其中重點闡述了美國戰後對華政策的三種抉擇：1、完全不介入中國事務；2、大規模地在軍事方面加以干涉；3、援助國民黨，盡可能廣泛確立其在中國的權力，同時努力使國共雙方妥協，以避免內戰。艾奇遜認為，在這三個政策途徑上，第一途徑有違美國的國際責任和對華傳統的友好政策，第二途徑完全不能實行，美國只能在第三途徑上，力圖促使國民政府在趨於穩定並沿著民主道路進步的條件下，使中國得到和平，同時協助國民政府在中國盡可能廣大的地區裡建立其權威。但是，這一政策途徑受阻於國共兩黨「根深蒂固的互相猜疑」而始終不能暢行，相反，卻因為兩黨間時斷時續達二十年之久的內爭和領袖個人間的深刻怨恨與無法調和的歧異，「以致使達到協議成為不可能」。艾奇遜試圖向總統，同時也是向美國人民證明，中國國民政府迅速失敗的原因不是美援不充分造成的，美國政府以贈予和借貸的方式給予國民政府統治下的中國的援助總數約達20億美元，這個數字在價值上等於中國政府金錢支出的百分之五十以上；國軍在具有決定性的1948年內，沒有一次戰役的失敗是由於缺乏武器或彈藥；美國供給中國軍隊的軍需品之大部分，因為國民黨領袖們在軍事上之愚昧，他們的叛變投降和他們部隊之喪失鬥志，而落入中共手中。正是基於對中國國民政府的腐敗指控，艾奇遜認為國民黨貌似強大的力量是軟弱的，他們的勝利是建立在沙丘之上，最終失去對中國大陸的統治權是必然的事情：

　　它的領袖們對於他們所遭遇的危機已經證明是無力應

付的。它的部隊已經喪失了鬥志，它的政府已經失去了人民的支持。共產黨則通過一種嚴酷的紀律和瘋狂的熱忱，企圖使人民相信他們實為人民的保護者和解放者。國民黨的部隊已無需別人來擊敗他們，他們已自行瓦解。歷史一再證明，一個對自己失去信心的政權和一個沒有士氣的軍隊，是經不起戰鬥的考驗的。[1]

美國國務院發表的《美中關係白皮書》和艾奇遜國務卿致杜魯門總統的信，儘管字裡行間充滿著對國民黨政權的強烈不滿，以及從人民支持的角度對共產黨奪取全國政權予以某種程度的認可，但是，這兩個文件仍然招致了來自中共方面的猛烈攻擊。1949年8月8日至12日，新華社在其編輯出版的《參考消息》上翻譯刊登了白皮書整整8章的摘要和艾奇遜致杜魯門總統函的全文，新華社同時發表了由社長胡喬木撰寫並經毛澤東親自修改的社論——〈無可奈何的供狀〉。文章認為：「白皮書是美國帝國主義反動政策在中國慘敗的史冊」，「美國帝國主義政府的任何白皮書，將只能無可奈何地判決自己的失敗，並且無可奈何地證實中國人民和各國革命人民的勝利」。[2]8月14日至9月16日，毛澤東連續發表五篇評論文章：〈丟掉幻想，準備鬥爭〉、〈別了，司徒雷登〉、〈為什麼要討論白皮書？〉、〈「友誼」還是侵略？〉、〈唯心歷史觀的破產〉，

---

[1] 參閱新華社編，《參考消息》第469期，1949年8月8日。
[2] 新華社1949年8月12日社論，〈無可奈何的供狀：評美國關於中國問題的白皮書〉，《人民日報》，1949年8月13日刊印。

按照毛澤東著作編輯者的說法:「這些評論揭露了美國對華政策的帝國主義本質,批評了國內一部分資產階級知識分子對於美國帝國主義的幻想,並且對中國革命的發生和勝利的原因作了理論上的說明。」[3]

中共對美國白皮書的激烈反應並未出乎美國人的預料,自從馬歇爾調停國共矛盾失敗以來,美國人日益認識到中共集團並非是他們以前想像的那樣,是一群鐵托式的民族主義者,而毋寧是完全聽命於莫斯科的共產主義戰士:具有堅定的政治信仰,對國民黨鬥爭毫不妥協,對美國調解不抱幻想。馬歇爾的使華記錄專門闡述了「中國共產黨對美國的態度」,認為中共與美國的好景不長的「蜜月」在1946年6月便終止了,隨後就是「在我使華期間中國共產黨在宣傳上對美國的猛烈攻擊」;到了9月,中共發動了針對馬歇爾本人的宣傳攻勢,譴責他的調停工作是為華盛頓「裝點門面」;即使中共在私下裡對馬歇爾的調解努力表示信任時,「來自延安的公開攻擊卻持續不斷」;中共攻擊美國在10月達到高潮,就美軍撤離中國一事發動了「美國滾出中國」的宣傳戰。[4]馬歇爾在該年12月終於意識到,中國共產黨並不希望美國在華調解,毛在12月31日發表的新年文告中明確提出「反對美國帝國主義侵略政策」,美國被說成是已經代替了德、意、日法西斯地位而成了世界性的侵略者和全人類的公敵,而民主則被說成是蘇聯的同義詞,是一

3　參閱《毛澤東選集》,第四卷,頁1483,腳注。
4　參閱馬歇爾,《國共內戰與中美關係:馬歇爾使華秘密報告》,頁364-376。

切國家希望把人類從壓迫和帝國主義統治下解放出來的廣大人民群眾的同義詞。[5]正是基於這樣的認識,馬歇爾不再對國共和平談判抱有希望,他在離開中國之際首先考慮到的是,一旦國民黨在與共產黨的戰爭中失敗——實際上他在內心中已經認定國民黨必然失敗,美國政府必須向美國人民解釋中國時局發生巨大變化的內在原因。用他向杜魯門總統報告中的話來說:在回國後發表一項坦率的聲明,聲明既要「嚴重地削弱(如果不是摧毀)反動分子在國民政府內的權勢,並使自由派分子上升到控制地位」,同時,「還可以有條件以一種足以削弱中國共產黨地位的方式為他們反美的歪曲和惡意宣傳描繪一幅真實的圖景而給美中兩國視聽被弄混淆了的人民以某種開導。」[6]因此,馬歇爾的使華報告可以被視為是兩年後發表的美國關於美中關係白皮書的初稿,兩者都旨在向美國人民說明,國共政治和軍事力量的逆轉完全是源於國民黨自身的腐敗和共產黨拒絕和平,與美國軍事援助不足無關。艾奇遜在1950年1月12日發表了題為「中國的危機——對於美國政策的審查」的演講,在這個被人稱之為「艾奇遜國務卿歷來所發表的一篇最卓越而又最引起爭論的講話」中,他主要是試圖駁斥共和黨籍參議員塔夫脫的如下指責:國務院已「受一個左翼集團的支配,這個集團顯然要把蔣一腳踢開,至少是願意為此目的而把中國交給共產黨人。」艾奇遜完全不能接受這種指責,他認為「有許多人被中國發生的事件弄得迷惑不解,未能瞭解這種背景,探索

5　參閱同上書,頁377-378。
6　參閱同上書,頁352。

奧秘的原因，而責怪美國把事情搞糟了。」他為此強調白皮書的基本結論：把美國「失去」中國「歸咎於外援不足，完全是錯估了中國事態的發展和有關的各種力量的性質。」蔣介石政府不是被「優勢的武力所推翻」，「蔣擁有中國歷史上任何統治者都未曾有過的最大的軍事力量，得到了美國的支持和經濟援助」，他的失敗是因為共產黨擁有比國民黨更強大的精神力量。[7]杜魯門總統完全同意國務卿的這個判斷，他認為腐敗的國民黨政府是中國災難的原因，他告訴「杜魯門主義」的積極推手、參議員阿瑟·范登堡說：「我們選中了一匹壞馬。」[8]

美國國務院發表白皮書，是力求幫助美國人民理解中國艱難、混亂的處境及其原因，然而，令杜魯門政府沒有想到的是，白皮書在美國政壇引發了比來自中共更加嚴厲的批判浪潮。杜魯門的傳記作者大衛·麥可洛夫記載了圍繞著白皮書所展開的激烈爭論：「這份報告並未如杜魯門和艾奇遜所希望的那樣成為一份辯解的材料，反而引起了一場爭論。」例如，《紐約時報》稱這份文件是「好心犯錯誤的令人遺憾的記錄」；更為激烈的批評則把它稱作是一份掩蓋和有意歪曲事實真相的文件；還有更難聽的，說它是「一份為那些⋯⋯協助共產黨征服中國的⋯⋯國務院中的親共分子所做的圓滑的辯解」。[9]美國《時代》和《生活》雜誌出版人亨利·魯斯——蔣

---

[7] 參閱迪安·艾奇遜，《艾奇遜回憶錄》上冊，上海《國際問題資料》編輯組、伍協力譯（上海：上海譯文出版社，1978），頁230-231。

[8] 大衛·麥可洛夫，《杜魯門》，王秋海等譯（香港：新世紀出版社，2015），頁875。

[9] 同上書，頁876。

介石在美國最重要的支持者,自中國內戰爆發以來一直指責杜魯門政府的對華政策,把國民黨政府局勢的惡化歸咎於杜魯門總統和他的「半個麵包」(half-a-loaf)政策,即沒有支持中國到最後,認為美國政府背棄蔣介石,背棄這位與共產黨鬥爭了20年的親美的政治家,必將繼續把美國引向最大的外交災難。[10]《時代》週刊在白皮書發表後發表評論文章,明確提出美國「失去」了中國——「中國,除西歐之外美國最重要的聯盟,失去了」。[11]失去中國的原因是美國沒有和其在中國的代言人通力合作,杜魯門政府沒有拿出像對待歐洲共產主義那樣的熱情與亞洲的共產主義鬥爭,而是「申請破產,似乎是不顧一切地用陳詞濫調和揭醜指責來尋求償還。」[12]魯斯的夫人,萊克爾·布斯·魯斯在一個題為「美國對華政策的神秘面紗」的演講中,批駁了二戰以來美國國務院的各種對華政策,她強調說美國人民的確對中國很感興趣,但美國國務院從來不利用民眾這種潛在的支持,推動增加對國民黨的援助。她反對認為腐敗是國民黨失敗根源的說法,指出腐敗在美國政界司空見慣,腐敗是任何社會都難以避免的,美國對國民黨腐敗的先入為主的看法導致了看待中國形勢的短視行為。她最後認定:「國務院的自大和幼稚結合在一起,導致了災難性的政策,使美國拋棄了中國。」[13]

---

10 參閱T·克里斯托弗·傑斯普森,《美國的中國形象(1931-1949)》,姜智芹譯(南京:江蘇人民出版社,2010),頁233-234。
11 同上書,頁256。
12 轉引自同上書,頁256。
13 參閱同上書,頁261。

新聞媒體掀起的關於白皮書的爭論當然不會孤立進行，它必然引發民主黨和共和黨之間的政治鬥爭。在民主黨的杜魯門和共和黨的杜威進行總統競選時，兩黨的對華政策存在著重大差異，後者遠比前者承諾更加積極和全面地支持蔣介石政府用武力統一中國。但杜魯門出人意料的獲勝不僅打破了蔣介石期待杜威掌權的幻想，而且讓民主黨政府得以繼續延續羅斯福總統所確立的對華政策：支持國民政府，但拒絕對國民政府進行大規模軍事援助。因此，當國民黨失去在中國大陸的統治權時，美國共和黨人士必然認為國民黨的失敗就是杜魯門政府對華政策的失敗。赫爾利譴責白皮書的文獻記錄是「為國務院的親共分子策劃搞垮我們的盟友提供了順當的藉口」。國民黨在國會的中國遊說團（China Lobby，編按：陸譯「院外援華團」），聯合共和黨參議員周以德等，掀起了對杜魯門政府對華政策的批判，認為秘密文件能確鑿證明中國是被出賣的，「丟掉」中國的人犯下了足夠吃官司的罪行，但國務院卻將那些密件扣住不公布。[14]1951年，美國國會舉行了一次轟動一時的聽證會，該聽證會調查涉及從1944年華萊士代表團訪華到1951年麥克阿瑟被召回國這一時期的美中關係，共和黨人的質詢表達了一個基本看法：沒有從美國獲得充分的道義上和物質上的支持，導致蔣介石失去了中國——「美國沒有向中華民國及時提供足夠的武器彈藥，這是後者後來敗於共產黨的主要原因」。他們為此特別強調：「支持中華民國應該成為美國始終不渝的政策。蔣介石總統過去是、現在仍然是亞洲一位傑出的

---

14 轉引自琳・喬伊納，《為中國蒙難：美國外交家謝偉思傳》，頁212。

反共領袖。我們在亞洲和全世界的敵人是俄國共產主義。」[15]在兩黨政治鬥爭的形勢下，由共和黨主導掀起的政治問責——「誰丟失了中國」，很快成為美蘇冷戰以來的一個重大問題，國務院那些決定美國對華政策的人自然首當其衝地成為質疑和批判的對象。

在關於「誰丟失了中國」的討論中，有一個說法傳播甚久，那就是有人把國民黨中國的覆亡歸咎於四個「約翰」，即約翰・謝偉思、約翰・戴維斯、約翰・費爾班克（費正清）和「約翰」介石（「約翰」的英文發音與「蔣」的發音近似）。[16]事實上，在美國國務院決定美國對華政策的名單中還有好幾個「約翰」，如約翰・卡特・文森特，約翰・肯尼思・埃默森，包括美國駐華大使約翰・司徒雷登。這些「約翰」提供給國務院的關於中共的報告和文件，對於從羅斯福總統到杜魯門總統確立美國對華政策，的確產生了決定性的影響，從主張「聯共」、「限蔣」到主張建立國共「聯合政府」，以及基於清廉的共產黨和腐敗的國民黨的基本判斷而主張限制對國民黨軍隊的大規模軍事援助，成為這一時期美國對華政策的主基調，也成為白皮書為這一政策辯護的主要依據。赫爾利在1945年11月26日辭去美國駐中國大使一職時發表聲明，指控美國的對華政策已經讓職業外交官「給敗壞了」，他們公開給中國共產黨「出主意」，反對將國共軍隊合二為一。他控訴道：「在戰爭

---

15 參閱羅斯・Y・凱恩，《美國政治中的「院外援華集團」》，張曉貝等譯（北京：商務印書館，1984），頁121。
16 參閱伊・卡恩，《中國通：美國一代外交官的悲劇》，頁5-6。

中,我們為美國的民主和理想而戰」,而現在卻派美軍「維護同美國的民主、理想迥異的意識形態」,有些外交人員和軍官甚至想把美國武器、物質提供給共產黨。他在參議院作證時進一步指控國務院內部的「親共產主義」陰謀十分猖獗,特別強調謝偉思等外交官企圖毀掉蔣介石政府。[17]

赫爾利對謝偉思等人的指控沒有被坐實,參議院外交關係委員會並未發現支持這類指控的證據;時任國務卿的伯恩斯亦親自為謝偉思作證,證明一個外交官通過正常渠道向上級遞交一份講真話、實話的報告或建議,恰恰是國務院所需要的精髓所在。[18]至此,赫爾利發起的對國務院的攻勢以失敗而告終,謝偉思等「中國通」提出的「聯共」、「限蔣」的主張依然是杜魯門政府對華政策的主要選擇。從這個意義上看,將謝偉思這幾個「約翰」列入美國「丟失中國的人」的名單,似乎並不為過。儘管也有人為他們作出辯護:「丟失中國的並不是他們。他們當時的權限既丟不了也保不住中國。中國是經歷了一場劇烈的也許是無法制止的革命之後被蔣介石丟掉而被毛澤東得去的。」[19]後來接替艾奇遜擔任國務卿的杜勒斯,在1950年出版的《戰爭乎,和平乎》一書,進一步為國務院提供辯護:中國發生的事情——也可以說是中國的丟失,「主要是中國局勢本身發展的結果,而不是國務院的什麼人做了什麼或沒有做什麼的結果。」他甚至認為:「要是事實證明中國的共產黨政府有能

---

17 參閱琳·喬伊納,《為中國蒙難:美國外交官謝偉思傳》,頁191-192。
18 參閱同上書,頁193。
19 伊·卡恩,《中國通:美國一代外交官的悲劇》,頁2。

力治理中國，而不會在國內遇到嚴重的抵抗，那樣，也就應當接納它進入聯合國。」[20]這些情況表明，「誰丟失了中國」這個問題一旦陷入兩黨之爭，從民主黨政府這邊必然會形成從總統到國務卿再到制定具體對華政策的外交官們的統一戰線，包括聯合左翼媒體和左翼學者形成更大範圍的輿論情勢，最終是要證明美國關於中美關係的白皮書是「我們外交史上偉大的文件之一」（費正清語）。

在美國白皮書即將發表的前夜，國民政府外交部副部長葉公超曾召見美國駐華公使藍欽，要他轉告國務院勿於此時發表這份文件，以免影響國民黨軍隊的士氣。國民政府駐美大使顧維鈞也向國務院要求推遲白皮書的發表。蔣介石在自己的日記中表達了對白皮書的強烈憤怒和沮喪之情：「對美國『白皮書』可痛可歎，對美國國務院此種措置，不僅為其美國痛惜，不能不認其主持者缺乏遠慮，自斷其臂而已。」他還寫道：「馬歇爾、艾奇遜因欲掩飾其對華政策之錯誤與失敗，不惜毀滅中、美兩國傳統之友誼，以遂其心，而亦不知國家之信義與外交上應守之規範。」認為這個「失信於世」的白皮書，「為美國歷史上留下莫大之污點。」[21]儘管如此，按照陶涵的記述，蔣介石本人並沒有完全否定白皮書中的主要結論，他曾公開承認他的政府不可解決的失敗，是自身戰敗的主因。惟有和美國國務院不同的是，「他深信若非蘇聯支持共產黨，這些失敗也

---

20 參閱同上書，頁265。
21 轉引自陸衛明，《蔣介石的外交秘聞》（長春：吉林人民出版社，1999），頁222。

不致導致國民黨的覆滅。」[22]

　　美國發表美中關係白皮書，招致了中國共產黨、國民黨和美國共和黨的共同批判，用邁克爾・沙勒的話說，這是「一份誰都會忍不住表示深惡痛絕的文件」，[23]這不能不說是中美關係史上的一大奇觀。問題在於，誰的批判更接近於事實？從中共批判的角度來看，新華社社論將美國白皮書稱之為「無可奈何的供狀」，是美國帝國主義反動政策在中國慘敗的史冊，這一論斷從國民黨失去中國大陸政權而言，並沒有違背事實；從美國一直致力於維護國民黨政權在中國大陸的統治地位而言，國民黨的失敗無疑是美國外交政策在20世紀最慘重的一次失敗，這也是不可否認的事實。美國白皮書力圖推卸美國政府對於製造國民黨失敗應該承擔的責任，而共和黨人則把「丟失中國」的責任歸咎於幾個「約翰」，顯然都與事實真相相去甚遠。白皮書發表之後興起的兩黨之爭，糾纏於政黨理念和意識形態的互相攻擊，尤其是「麥卡錫主義」的崛起與氾濫，讓嚴肅的歷史追責淪為一場大規模的政治迫害運動，使得「誰丟失了中國」這個問題被黨派鬥爭嚴重扭曲，身陷政治旋渦中的代表性人物因時勢變遷而難以被準確臧否，以致今天關於美國「失去」中國的深遠意義依然被嚴重遮蔽。

22　陶涵，《蔣介石與現代中國》，頁364。
23　邁克爾・沙勒，《十字軍在中國（1938-1945）》，頁301。

麥卡錫主義：罔顧政治問責的政治迫害

麥卡錫主義及其製造的大規模政治迫害運動，毫無疑問屬於美國戰後冷戰史上最臭名昭著的一頁。它在反對「共產主義的侵略和顛覆陰謀」的幌子下，用「假設的罪名，露骨的偏見，轟動的宣傳，非法查沒文件，依賴不可信的證人，拒絕交互詢問，對個人的不公平的對待」，以及「歪曲證據，斷章取義，忽略有利證詞」等方式，[24]蓄意在美國政壇製造共產主義恐慌，以此圍剿政敵、科學家和各種無辜人士。費正清由此認為，從1950年至1954年，美國進入了「麥卡錫時代」的非常時期，它所帶來的「大恐慌」，首先「是一場由普遍存在的缺少安全感引起的，這是美國人民本身的一種病態心理。這種不安全感體現在對國家安全、美國價值觀以及自由主義體制脆弱性的擔憂上。」其次是美國共產黨自1935年以來不斷改變策略，開始利用統一戰線蠱惑、慫恿自由主義者，聲稱「共產主義就是20世紀的美國主義」，導致共產黨基層組織、研究會和間諜組織開始出現在許多部門和機關。最後是兩黨制政治體系中的「正常」輪替開始出現不平衡時，因民主黨長期執政達20年而引發了劇烈的兩黨之爭，杜威沒能在1948年總統大選中戰勝杜魯門讓許多共和黨人難以接受。[25]正是基於對上述主客觀情勢的判斷，關於「失去中國」的爭論在費正清看來，讓越來越多的

---

24 參閱費正清，《費正清中國回憶錄》，閻亞婷、熊文霞譯（北京：中信出版社，2013），頁334。
25 參閱同上書，頁329-331。

人開始接受這樣一種觀點：「『失去中國』的原因在於美國支援不力，而這正是由於『國務院中的共產黨分子』操縱所致。於是麥卡錫找到了他所需要的機會。」26

確如費正清所概括的那樣，麥卡錫主義作為美國共和黨內極端右翼勢力的代表，它所發動的肆無忌憚的政治迫害運動，既是對蘇聯共產主義在世界範圍內的擴張所作出的變態式反應，也是挑戰民主黨的長期執政地位以便為1952年的總統大選製造聲勢，當然也有麥卡錫本人力圖通過一鳴驚人的壯舉使自己從默默無聞的狀態中崛起。具有諷刺意味的是，麥卡錫參議員原來對中國問題一無所知，他是在準備1952年連任競選綱要時，非常偶然地發現共產黨人滲入國務院這一傳說在公眾中有重要影響，於是，他決定抓住「誰失去中國」這個話題而展開對民主黨人的攻擊。1950年2月20日，麥卡錫在參議院作了長達三小時的關於「共產主義滲入政府」的發言，在發言中提出了81名國務院過去和現在的有共產主義傾向的雇員的情報，並把他們編成號。其中第一號是拉鐵摩爾，第二號是文森特，第三號是謝偉思。雖然拉鐵摩爾從未在國務院擔任公職，但麥卡錫認為拉鐵摩爾「曾是我國遠東政策的主要設計師之一」，並且為國務院擔任了「數不清的職務」，指控其是「危害安全的極危險分子」，是一個「俄國的大特務」。麥卡錫也把謝偉思視為是「整個國務院制定遠東政策的十來個最高決策人之一」，認為其「跟共產黨的親密關係是盡人皆知的」，是「共產黨人和親共分子的有名的同夥和合作者」。對於文森特，麥卡錫則

---

26 同上書，頁332。

直接將其定罪為國務院特務圈的「三巨頭」之一，認為他應該「不僅被立即解雇，而且還要立即被起訴」。[27]麥卡錫指控的名單中還包括史迪威將軍和馬歇爾將軍，他在發言中特別強調，是馬歇爾制定了災難性的對華政策，認為這位「神秘的和有權勢的」將軍和迪安・艾奇遜成為共產主義陰謀集團的一部分，這個陰謀集團臭名昭著到了如此巨大的程度，以致超過了歷史上的任何「冒險行動」。[28]

正是通過對美國國務院對華政策的「屍體解剖」，麥卡錫將攻擊的矛頭直接對向了杜魯門總統，聲稱已穿透了「杜魯門的秘密鐵幕」，指責杜魯門是「一幫狡猾的知識分子的俘虜」，他們只對他講他們想要他知道的事情；認為杜魯門已不再是白宮的主人，他正在受到一場「更大的陰謀，即已在莫斯科編織起來的世界規模的網」的操縱。在攻擊總統的同時，麥卡錫用近乎羞辱般的語言對艾奇遜國務卿進行了人身攻擊：「當這個穿著條紋褲、裝著英國腔的自負的外交家對美國人民宣稱，橄欖山上的基督贊成共產主義時，這種對一個神聖的可信賴的人物的嚴重不忠和背叛，這種褻瀆神明的說法如此的可悲，以致它喚醒了美國人民沉睡的義憤。」[29]為了徹底批倒批臭艾奇遜，麥卡錫在1952年專門撰寫和出版了《麥卡錫主義：為美國而戰》一書，該書稱艾奇遜是「紅色迪安」、「時髦的紅色教長」，指責他在亞洲遵循共產黨路線，「出賣中國」，強

---

27 參閱鄒讜，《美國在中國的失敗（1941-1950年）》，頁428-429。
28 參閱大衛・麥可洛夫，《杜魯門》，頁1027。
29 轉引自大衛・麥可洛夫，《杜魯門》，頁902。

烈要求艾奇遜辭去國務卿一職。[30]國務院的最高官員遭受一個參議員如此人身攻擊,在美國政治史上極為罕見,著名專欄作家沃爾特・李普曼對此發表評論說:「沒有一個在重大事務上在國外代表這個政府的官員曾在國內受到如此嚴重的傷害,即使1918年的威爾遜也沒有這樣。」[31]

麥卡錫在參議院發表的「瘋狂的訓斥性的」講話,不僅震驚了民主黨人,而且也讓許多共和黨人難以置信,據說在他講話的最後一個小時裡,會議廳除了三名參議員外所有人都走光了。共和黨領袖塔夫脫覺得麥卡錫一定是瘋了,將其演說斥之為一次完全不顧後果的表演。尼克森在讀到有關麥卡錫演講的消息時「感到很大的震動」,他認為「喬・麥卡錫過去從未參加過對共產黨的鬥爭,我禁不住十分懷疑,他是否懂得在追索共產黨人時必須絕對準確和公正。」他為此提請此人「特別注意一定要弄清事實」,但這並沒有擋住麥卡錫「仍然不分青紅皂白地對人胡亂攻擊」。[32]在兩黨鬥爭的形勢下,麥卡錫對民主黨政府的前所未有的指控很快就演變為一場政治風暴。參議院在第二天一致通過一項決議,決定根據麥卡錫的指控,調查「國務院裡是否有對美國不忠誠的雇員」,並指定一個以民主黨保守派參議員米勒德・泰丁斯為主席的小組委員會來進行這項調查。這個委員會原來力圖揭穿麥卡錫的騙局,但它舉行的一系列聽證會反而為麥卡錫提供了誹謗和中傷民主黨人的講

---

[30] 參閱張紅路,《麥卡錫主義》(武漢:武漢大學出版社,1987),頁63。

[31] 轉引自同上書,頁63。

[32] 理查德・尼克森,《尼克松回憶錄》上卷,伍仁等譯(成都:天地出版社,2019),頁148。

臺,擴大了他的政治影響,使他一舉成為一個敢於揭露政府中的共產黨人的反共「英雄」,他的言論藉助於輿論傳播的力量迅速演變為共和黨內的一個最強大的聲音,越來越多的共和黨人不得不藉助於麥卡錫的影響力在政黨競選中占據有利位置。

1952年,艾森豪代表共和黨競選美國總統,他從內心裡極不認可麥卡錫對馬歇爾將軍的無端攻擊,他自己的助手和許多支持者都相信他會最終拋棄麥卡錫而大聲為馬歇爾辯護,但令眾人都沒有想到的是,艾森豪在麥卡錫家鄉所在的威斯康辛州拉票時,與麥卡錫同時登上講臺,他向聽眾指出,他與麥卡錫的分歧只是在方法上而不是在目標上,國家對共產主義的容忍「已經毒害了我們的國家生活整個20年」,從而造成了「一個由那些自己的腦袋被這一欺騙行為的麻醉劑弄糊塗的人所把持的政府」。他還指控說,中國的陷落以及東歐「所有國家的投降」該歸咎於華盛頓的赤色分子。講話稿本中本來有對馬歇爾的稱頌,但這些字眼在他講演時被刪得一乾二淨。[33]為了充分利用麥卡錫的重要政治影響力,艾森豪不惜拋棄與馬歇爾的深厚友誼──馬歇爾是把艾森豪從中校越級提拔為將軍的伯樂,拒絕為他說上幾句公道話。杜魯門總統認為這一事件「十分悲哀可憐」,他在一篇演講稿中憤怒地寫道:「我從未想到現在是共和黨候選人的這個人會墮落到如此地步。我百思不得其解⋯⋯。」[34]由此可見,麥卡錫在1952年的美國總統大選中成

---

[33] 參閱大衛・麥可洛夫,《杜魯門》,頁1089。
[34] 大衛・麥可洛夫,《杜魯門》,頁1090。杜魯門原來對艾森豪期待很高,他曾反覆勸說後者作為民主黨的候選人參加1952年總統大選,但艾森豪拒絕了杜魯門的邀請,他的回覆是:「你不能僅僅為了競選就加入一個黨。

了共和黨的一個關鍵性人物,即使總統候選人對他心懷不滿甚至恨之入骨,但從選情考慮也不得不屈從於黨內這位「第一先生」所裹挾的巨大民意支持率。

「泰丁斯委員會」召開了數十次聽證會並通過聽證會證明,麥卡錫所指控的國務院81名雇員具有共產主義傾向,純屬子虛烏有,缺乏基本的事實和證據支持。該委員會提出一份調查報告,報告認為:「找不到任何證據來證實拉鐵摩爾是『最高級的俄國間諜』或從事此類事情。」其他案件也沒有充分證據表明麥卡錫的指控真實可靠。報告指責麥卡錫「玩弄欺詐,設騙局」,有意弄虛作假;他的一系列指控是個「大謊言」。這份調查報告最終在參議院表決時以四十五票贊成、三十七票反對獲得通過,反對票都來自於共和黨人。泰丁斯委員會的調查報告被共和黨人一致指責為是「向美國紅色第五縱隊開綠燈」,是「參議院的恥辱」。[35]隨著朝鮮戰爭的爆發,局勢愈益向有利於共和黨的方向發展,美國軍隊在戰爭初期階段被中共軍隊打退到三八度線以南,讓越來越多的美國人相信,麥卡錫主義對共產主義的反擊是拯救美國主導的自由世界的必要行動;而在民主黨人看來,朝鮮戰爭則進一步加劇了麥卡錫主義對民主政治所製造的恐懼。用曾經擔任羅斯福總統和杜魯門總統首席俄語翻譯的外交家查爾斯·波倫的話來說:

什麼原因使你認為我曾經加入過民主黨呢?你知道我終生都是共和黨人,我的家人也一直都是共和黨人。」參閱同上書,頁1060。
35 參閱張紅路,《麥卡錫主義》,頁56。

我們在朝鮮戰爭中的軍事挫敗——這一場戰爭引來了「黃禍」的幽靈,是我們同一個共產黨國家的第一次武裝衝突——和蠻不講理的威斯康辛州參議員約瑟夫·R·麥卡錫的惡意顛倒黑白相結合,產生了一種真正的驚恐狀態。……許多美國人開始相信,共產黨的軍事擴張有殃及全球的危險。此外,從來沒有打過敗仗的美國發現自己陷入一場無法取勝的戰爭之中——這是一個使得麥卡錫主義者把原因歸之於政府中有共產黨間諜的論據。[36]

正是在朝鮮戰爭給美國人民帶來的對共產主義的全國性焦慮中,麥卡錫對共產黨間諜組織滲透國務院的所有指控,儘管均被證明是毫無證據的鬧劇,但美國明擺著受到了蘇聯和中國的強大外部壓力這一事實,讓美國政壇的鐘擺明顯擺向右邊。不僅大多數國民選擇相信麥卡錫呼籲的共產主義在美國的危險已經迫在眉睫,而且杜魯門政府也迅速作出了從國務院徹底清除「中國通」的決定。「中國通」的頭號人物謝偉思本來已經在1950年10月6日通過了國務院忠誠審查委員會的審查,該委員會宣布了對謝偉思忠誠案的裁決,認為指控謝偉思外交官不忠「沒有正當理由」,確認他「未對國務院構成安全隱患」,謝偉思「既不是共產黨,也不親共」。副國務卿胡梅爾辛還專門向謝偉思保證他可以重返外交官崗位。[37]但是,到了1951年5

---

36 查爾斯·波倫,《歷史的見證(1929-1969)》,劉裘、金胡譯(北京:商務印書館,1975),頁385-386。
37 琳·喬伊納,《為中國蒙難:美國外交官謝偉思傳》,頁264。

月,該委員會再度啟動對謝偉思的忠誠調查;12月13日,調查形成了新的結論:「鑒於他有意或未經授權就把機密級和非公開文件洩露出去」,忠誠審查委員會確實在謝偉思忠誠一案中找到了「合理的懷疑」。艾奇遜於是下令:「將此人從國務院人員名冊裡清除出去。」[38]隨後是國務院所有「中國通」的集體出局,他們是約翰・戴維斯、雷・盧登(曾隨美軍觀察組赴延安考察)、埃德蒙・克拉布(曾任美國駐華外交官)和約翰・文森特(美國國務院負責亞洲事務的最高官員),他們均被趕出了國務院。[39]多年後費正清在評述詹森總統讓美國深陷越戰泥潭時認為,如果謝偉思、戴維斯和克拉布這三位中的任何一位能夠代替那些毫無亞洲背景知識的官員擔任東亞地區的助理國務卿的話,美國人民的命運可能會比實際情況要好得多,「關

---

[38] 同上書,頁284。
[39] 忠誠審查委員會對文森特的主要指控是:1.「在一段為時數年的時間內,文森特是太平洋關係研究會在國務院內施加壓力和影響的主要支柱」。2.「1945年,在使美國政策發生有利於中國共產黨的變化方面,拉鐵摩爾和文森特都發揮了影響。」「在美國政府已經宣布支持蔣介石政府是它的既定政策的整個時期中,文森特還是故意讚揚中國共產黨人而同樣故意地批評蔣介石政府。」戴維斯是最後一個被清除出國務院的「中國通」(1953年12月),他被指控的罪名是:「積極地反對並千方百計地損害美國的對華政策」,「他是國務院裡最起勁地主張中國共產黨人跟莫斯科分開的人;他同中國共產黨保持關係,他從中國發來的報告有些是沒有充分的根據。」埃德蒙・克拉布受到了10項「確鑿」指控,審查結束後忠誠審查委員會聲稱,雖然沒有理由懷疑他的忠誠,但是已經斷定他是一個危險人物,因此強迫他提前退休(1952年2月)。克拉布自己說:「我終於面臨不可避免的結局:這個忠誠訴訟案雖然結果是我無罪,但它還是嚴重地毀了我在外交界的前程。」參閱伊・卡恩,《中國通:美國一代外交官的悲劇》,頁326-327、335-336、315-317。

鍵的原因在於這些人從他們在中國的經歷中瞭解到了共產主義利用民族主義的能力以及民族主義影響共產主義的能力，而越南也有某些和中國非常相似的特徵。」[40]

杜魯門政府在麥卡錫的攻勢下與國務院「中國通」的主動切割，並沒有及時止損，反而造成了國務院政治信用的自我毀壞，伊‧卡恩描述了當時國務院處於的混亂狀態：「這是一個混亂的時期。國務院裡有點權力的人們大抵同情那些當眾受辱的外交官，但是國務院本身也受外來如此劇烈的襲擊，以致它為了巴結敵人，不得不定期獻出它的人員作犧牲。」[41]更嚴重的後果在於，麥卡錫主義的衝擊最終造成了民主黨雪崩式的潰敗。先是在1950年國會中期選舉中，共和黨增加了5個參議院席位，在眾議院增加了28個席位，這個選舉結果儘管沒有改變共和黨的少數黨地位，但民主黨遭遇重大挫折是顯而易見的。接著是1952年總統大選，共和黨候選人艾森豪獲得了壓倒性勝利，在48個州的選舉中，贏得了39個州，包括民主黨候選人史蒂文森的家鄉伊利諾伊州和杜魯門總統的家鄉密蘇里州，他獲得民眾選票的百分比大於羅斯福在1936年當選總統以來的任何一次民主黨所獲得的比例。共和黨在參、眾兩院均成為多數黨，控制了第八十三屆國會。[42]共和黨結束了民主黨連續執政20

---

40 費正清，《費正清中國回憶錄》，頁348。
41 伊‧卡恩，《中國通：美國一代外交官的悲劇》，頁317。
42 1952年美國總統大選，共和黨以多得650萬票獲勝，獲勝比例是55.1%對民主黨的44.4%，共和黨和民主黨在眾議院的席位是221對213，共和黨在參議院比民主黨多出一席。參閱理查德‧尼克森，《尼克松回憶錄》上卷，頁123。

年的歷史，既是歸功於艾森豪無可匹敵的聲望，也是得益於麥卡錫在大選期間發揮的幾乎是所向披靡的作用，經他助選而成為國會議員的共和黨候選人至少有8人。美國著名歷史學家沃爾特‧拉菲伯與他的合作者在他們的共同著作《美國世紀》一書中特別提到，艾森豪當選總統之後「拒絕公開批評麥卡錫」，儘管他私下裡「不想同那個傢伙扯到一起」，甚至承認「有時候在我們公共發行的印刷品中讀到無理的、不道德的煽動言辭時幾乎要羞愧得低下頭來。」[43]在共和黨人取得前所未有的勝利之際，麥卡錫主義卻成了他們想擺脫而一時無法擺脫的夢魘。

共和黨執掌政權之後，麥卡錫的權勢達到了他一生中的頂峰，有人稱他是美國第二號最有權力的人物，他的民意支持率也超過了百分之五十。麥卡錫主義在美國政壇成了一種政治正確，也成了共和黨的一柄雙刃劍：既刺向政敵，也刺向自己，出現了時任副總統尼克森所擔憂的那種情況：「喬‧麥卡錫的得勢，實際上更加深了共和黨內部的分裂。」[44]民主黨把他們無法解決的「麥卡錫問題」交給共和黨去處理，這也是一部分民主黨人把票投給了艾森豪的一個原因，他們很清楚，麥卡錫同樣會在共和黨內部製造麻煩和混亂。果不其然，為了搜尋可能受到共產黨滲透的新的領域，麥卡錫開始對陸軍進行調查。1954年1月，麥卡錫揭發了陸軍牙醫歐文‧佩雷斯是極左的美國勞工黨成員，傳訊此人出席他的小組委員會的一個秘密聽證

---

43 沃爾特‧拉菲伯、理查德‧波倫堡、南希‧沃洛奇，《美國世紀：一個超級大國的崛起與興盛》（第五版），黃磷譯（海口：海南出版社，2008），頁369。
44 同上書，頁171。

會，並試圖通過此案追究陸軍部部長史蒂文斯批准讓佩雷斯體面退役的政治責任，指控陸軍高層包庇共產黨。面對麥卡錫咄咄逼人的進攻，曾是陸軍五星上將的艾森豪總統為了維護陸軍的榮譽不得不發起反擊，他本來想發表聲明稱：「調查共產黨的那些人也同共產黨本身一樣危險，他們所使用的調查手段也同共產黨使用的一模一樣。」但是，考慮到麥卡錫在當時仍然如日中天，他採用了尼克森副總統的一個折中方案，將聲明用語調整為：「在反對共產主義時，不論我們是有意還是由於疏忽使用了一些不符合美國關於正義和公正的觀念的方法，那我們就是全然違背了自己的目的。」[45]共和黨人開始切身體驗到麥卡錫主義給本黨所帶來的禍害，而民主黨則「以其人之道，還治其人之身」，嘲笑共和黨政府拒絕面對和管住麥卡錫的軟弱無能現象。正是在麥卡錫和民主黨製造的雙重壓力下，艾森豪總統終於意識到他執政兩年來一直有意迴避的一個問題——決定政府對麥卡錫的政策，到了該解決的時候了，按尼克森的說法：「我們顯然再不能從容不迫地躲在幕後用頭痛醫頭、腳痛醫腳的方法去對付麥卡錫製造的每一個危機了。」[46]公眾輿論在此時也發生了重大變化，3月底進行的一次蓋洛普民意測驗表明，堅決擁護麥卡錫的足有46%，反對的為36%；到了8月，已有51%的人反對他，而繼續支持他的人下降到36%。當公眾對他的支持出現裂縫時，驚人的崩潰隨之就開始了。7月30日，共和黨佛蒙特州參議員拉爾夫·弗蘭德斯提出參議院第301號決議

---

45 參閱同上書，頁154。
46 同上書，頁155。

案:「茲決議,威斯康辛州參議員麥卡錫先生的行為,越來越不符合美國參議院成員的身分,違背參議院傳統,且有損於參議院之聲譽,對此種行動特在此予以譴責。」[47]8月2日,參議院以75票對12票通過了決議,指派一個小型特別委員會審議弗蘭德斯議案,該委員會在開了差不多一個月的聽證會後一致通過,建議對麥卡錫進行不信任投票。12月2日,進行投票時,每個民主黨人都對麥卡錫投了反對票,共和黨正好一分為二,22票贊成,22票反對。最後的投票結果是67票對22票,麥卡錫由此成了美國歷史上第三個被他的同事投不信任票的參議員。這標誌著籠罩了美國政界達四年之久的麥卡錫主義終於像垃圾一樣被兩黨共同掃入到歷史的垃圾箱裡,艾森豪總統也終於說出心裡話:「麥卡錫可能是馬林科夫在美國最好的助手。」[48]

麥卡錫主義已被所有歷史學家共同釘上了歷史的恥辱柱上,它掀起的政治迫害運動對美國自由和民主傳統的破壞是怎麼估量也不會過的,它以反對共產主義名義所實行的白色恐怖與共產黨國家以反對資本主義名義所實行的紅色恐怖如出一轍,它以各種莫須有的罪名所製造的所有案件後來均被證明是冤假錯案。與此同時,它也完全敗壞了對共產主義在遠東地區的擴張進行深刻理論反思的思想氛圍,以致使得對「誰失去了中國」這類重大問題的拷問淪為黨派鬥爭的工具;它對那些「親共」的「中國通」和左翼歷史學家的大肆圍剿,並沒有從中挖掘出一些真正對美國人民富有教育和警示意義的經驗教

---

47 參閱同上書,頁159。
48 轉引自同上書,頁161。

訓，反而是把嚴肅的政治追責擴大化為一場大規模的政治迫害運動。隨著麥卡錫主義的土崩瓦解，人們不再追問「誰失去了中國」？誰該對美國「失去」中國承擔責任？進而追問共產主義為什麼能在1949年的中國取得勝利？一個紅色中國的崛起究竟對美國和世界意味著什麼？誠如鄒讜在總結麥卡錫主義的興起和中國政策的相關性時所指出的那樣：

> 麥卡錫主義本質上是對美國的自由主義傳統的陰險攻擊。由於美國社會道德上的一致性，對占統治地位的精神氣質的瘋狂進攻，當然會帶有否定一切的性質——攻擊那些公認的價值、制度和政策，但對社會的迫切問題卻並不做出正面的答覆。49

查爾斯・波倫也有相同的認識，他在20年後回顧麥卡錫主義所製造的「恐懼和懷疑的毒霧」對美國政治生活的影響時，堅決不同意曾經流行過的一種看法：麥卡錫的行徑雖然粗魯，在某些方面或許有點不公道，但對於喚起美國公眾注意共產主義的危險性來說卻是必要的。麥卡錫主義掀起的對共產主義的病態式攻擊，在波倫看來，反而造成了這樣一種局面：「當共產黨的行動確實威脅到美國安全的時候可能得不到公眾的支持。……在七十年代，當共產主義的危險確實存在的時候，就很難使許多美國人對這種危險多少有所注意了。」50

---

49 鄒讜，《美國在中國的失敗（1941-1950年）》，頁427。
50 查爾斯・波倫，《歷史的見證（1929-1969）》，頁386。

因此，可以確定，美國共和黨人和民主黨人在共同攜手葬送了麥卡錫主義的同時，也葬送了人們對美國當時面臨的社會迫切問題的應有關切與深度思考，他們潑掉了麥卡錫主義這盆髒水，也把髒水中那些需要持續討論的問題也一併拋棄了，在很長時期內沒有誰會重新撿起「誰丟掉中國」這個老問題而大做文章。尤其是在1991年蘇聯解體以來，法蘭西斯‧福山鼓吹的「歷史終結」論讓許多美國人相信，共產主義已經結束，共產主義帶來的所有挑戰，包括中共革命勝利給美國人民留下的痛苦和複雜的記憶，都是另一個時代的事情，中共領導的改革開放進程也被人們普遍認為是離共產主義目標越來越遠。經過時間之流的清洗，美國人已經完全忘掉了麥卡錫主義的夢魘，也忘掉了麥卡錫主義曾經面對的共產主義幽靈一直在中國大地上空遊蕩。不管美國以前是否「失去」過中國還是後來以自己想像的方式「改造」過中國，紅色中國迄今根本沒有改變它的本色。麥卡錫主義退出歷史舞臺之後留下來的一系列被混淆或被擱置的問題，在長時期裡沒有被人們去重新思考，以致難以對一直陷入在政治黨派及意識形態鬥爭迷霧中的歷史真相作出準確的判斷。

謝偉思的反思：在中國失去的機會

　　在美國國務院被麥卡錫指控「親共」的外交官名單中，約翰‧謝偉思並非居於第一位置——這一位置被拉鐵摩爾占據了，但就個人對羅斯福政府和杜魯門政府的對華政策產生直接而重大的影響而言，謝偉思無疑居於首要位置，他提供的關於

中共的調查報告是民主黨的兩屆政府主張「聯共」和建立「聯合政府」的主要依據，而他對國民黨的腐敗指控則促使美國政府在最後關頭決定放棄大規模軍事支援蔣介石政府。因此，「他在『丟失中國的人』的名單上始終名列前茅」，也是「所有老中國通中被搞得最臭的」一個。[51] 他由此被傳記作家琳·喬伊納稱之為「為中國蒙難」的美國外交官，一個遭遇麥卡錫主義迫害的主要受害者。

1951年12月13日，謝偉思在正式被趕出國務院之後，不得不去一家製造蒸汽疏水閥的公司打零工，後來負責該公司的出口業務，起步年薪是9000美元，比他幹外交官掙的工資少了1/5多。在為這家公司工作期間，他遭遇了很大的政治歧視，一家保險公司以麥卡錫對他的忠誠指控而拒絕了他的租房申請。為了恢復自己的政治名譽和經濟待遇，謝偉思於1952年10月31日委託律師對美國政府官員提起民事訴訟，要求法院判決國務院忠誠審查委員會的調查結果無效，從檔案記錄中刪除有關謝偉思個人安全問題的敘述，恢復其工作並補發全部工資。此案審理持續了近三年時間，到1955年終於有了突破，華盛頓聯邦地區法院的法官裁定：忠誠審查委員會的行為是違法的，責令所有政府檔案記錄撤除該委員會對他「忠誠可疑」所做的結論，但是，並沒有責令國務院為謝偉思復職，法官認為「國務卿依據《麥卡倫法案》賦予的自由裁量權將其開除屬合法行為」。謝偉思不服這一判決，上訴到最高法院要求終審裁定。1957年6月17日，美國最高法院以八票對零票裁決：恢復謝偉思1951年

---

51 參閱伊·卡恩，《中國通：美國一代外交官的悲劇》，頁4。

12月13日被艾奇遜開除時的職務。根據這個裁決，謝偉思回到國務院，因他的安全審批決定還在法院審理中，他只能在一個叫作運輸管理處的機構工作，主要職責是為國務院駐世界各地的外交人員運送家具及辦公用品。1958年，安全辦公室主任貝利（Tomlin Bailey）提交了謝偉思的安全審查報告，認為謝偉思與左派、共產黨接觸，的確是受了影響：「他的判斷力低下，但是並無意出賣國家安全利益。」貝利的結論是：「我也不認為他的行為對國家安全造成了損害。」貝利的上司羅德里克·奧康納（Roderick O'Connor）卻對此提出了不同意見，認為「共產黨『利用』謝偉思等人進一步實現其在中國的野心，而時至今日，（謝偉思）對他被共產黨『利用』的程度要麼是認識不清，要麼是不願承認。」如果謝偉思的安檢被評過關，那是對現行安全條例、法規的「嘲諷」，只會讓人「對之前一整套裁決的正確性產生質疑。」因此，他建議立即停止謝偉思的工作。1959年8月11日，國務院負責行政事務的副國務卿洛伊·亨德森向謝偉思簽發了安全許可，他在一份長篇備忘錄裡駁回了奧康納的結論，強調謝偉思沒有在未經授權的情況下故意洩露機密信息。[52]至此，在經歷了長達8年的博弈之後，謝偉思終於通過了國務院的安全忠誠審查，可以重返外交官崗位。幾個月後，國務院派謝偉思去英國主持美國駐利物浦的領事館，但沒有相應的頭銜和薪酬等級，他成了一個非正式的總領事。因為謝偉思仍然面臨著一些國會議員的質疑，國務院對他的留用仍然有內部的限制性規定——不能正常晉職。他的忠誠審查通

52　參閱琳·喬伊納，《為中國蒙難：美國外交官謝偉思傳》，頁308-309。

過了，國家對他的政治信任卻並沒有得到相應恢復。

1962年，謝偉思心有不甘地從國務院駐外事務處提前退休，去加州大學柏克萊分校讀研究所，兩年後獲得政治學碩士學位並留校任教。他當了教師之後所做的第一件事，就是「把共產主義中國研究資料圖書館辦成了世界上最好的資料室」，他又重操舊業，研究「魅力無盡又十分重要的中國問題」。[53]謝偉思的學術優勢是顯而易見的，他在中國長期工作的經驗，加上出色的研究能力和精通漢語，讓他迅速在柏克萊分校成為一個新的學術明星。1969年，該校中國問題研究中心決定把謝偉思提升到非學術的最高一級——正式專家，這個職務相當於一個正教授。費正清特地為他向中心主任查默斯‧約翰遜寫了證明信：「我想向負責遠東事務的助理國務卿推薦，但是我料想你會要他待在柏克萊。我私下卻把他列入全國性的人才與文化上的英勇戰士的一級。」這項任命通過後，謝偉思對一個朋友說：「用中國話來說，我是得到一點面子了。」[54]費正清後來在其回憶錄中誇讚謝偉思「在各個領域都是全能的人才」，進而認為「一些激進人士聲稱麥卡錫的年代毀掉了中國問題學術研究，擊垮了我們的意志，使我們統統閉嘴。對此我持懷疑態度，中國問題專家並不是自發存在的公關人士，而是在有公共需求才出現的產物。」[55]他這麼說就是要強調，以謝偉思為代表——當然也包括他自己——的中國問題研究的重要性是不會

---

[53] 參閱同上書，頁312。
[54] 轉引自伊‧卡恩，《中國通：美國一代外交官的悲劇》，頁356。
[55] 費正清，《費正清中國回憶錄》，頁348-349。

被時代埋沒的。

　　謝偉思在政治上獲得了平反，從地區法院到最高法院的裁決證明了他並非如麥卡錫主義者所指控的那樣，是國務院系統中的「親共」分子。但是，恢復了他的政治清白的身分並沒有阻擋人們繼續追問，他關於中共的研究報告究竟應該為美國「失去」中國承當何種政治責任。1970年年初，美國政府印刷局印發了伊斯蘭特內部安全小組委員會寫的題為「美亞文件——中國災難的線索」的報告，厚厚兩大卷本，長達兩千頁，其宣傳頁的介紹語是：「這份文件讀來像一部諜戰小說，但比間諜小說更引人入勝，因為內容是真人實事。這套文件收錄了幾百份官方文件，其中許多為首次公開，它們充分反映了第二次世界大戰結束前幾個月美國政府在遠東政策上犯下的悲劇性錯誤……文件均為官方報告，寫於1943年至1945年間，主筆是六名被捕嫌犯之一的約翰·謝偉思。」[56]報告重提發生在1945年的「美亞」案，[57]達拉斯大學的安東尼·庫比克博士

56　轉引自琳·喬伊納，《為中國蒙難：美國外交官謝偉思傳》，頁313-314。
57　1945年1月，菲立浦·賈菲主編的《美亞》雜誌（具有明顯的親共色彩）刊登了一篇英國對泰國政策的文章，因該文與戰略情報局提交的文件高度雷同，被南亞辦公室主任肯尼斯·威爾斯舉報到聯邦調查局，聯邦調查局隨之展開對《美亞》雜誌的秘密調查，後從《美亞》雜誌辦公室查獲了幾百份政府文件，其中包括謝偉思向菲立浦·賈菲提供的十幾份由他撰寫的關於延安的調查報告，謝偉思因此被捕，同時被捕的除了賈菲，還有另外兩名國務院官員和《美亞》雜誌的兩名記者。該案經審理，陪審團投票決定對賈菲等三名被告提出控訴，決定對以下三人不予起訴：《美亞》雜誌副主編凱特·米切爾、自由記者馬克·蓋恩，還有外交官約翰·謝偉思——謝偉思是20位陪審員全票通過不予起訴的唯一被告。參閱同上書，頁178。

（Anthony Kubek）作為報告編輯，在其長達113頁的引言裡寫道：謝偉思「在離奇的政府文件失竊案中扮演了核心角色」，「與文件被竊這一事實相較，文件內容作為歷史記錄的意義也許更為重要，因為它預見並贊成中國落入共產主義之手」。[58]

面對來自庫比克報告的挑戰，謝偉思決定反擊，他不是向法院控告庫比克誹謗，而是用了兩個月時間撰寫了一部題為「美亞文件：美中關係史上的若干問題」的著作。柏克萊分校中國問題研究中心支持出版此書，中心主任約翰遜在該書前言中對庫比克報告提出嚴厲批評：「學風可恥……一看便知是出於宣傳動機」，認為在謝偉思問題上，「美國重演了古代的波斯將領斬殺帶來壞消息的信使的悲劇」，特別強調謝偉思的書是「不可不讀的指南」，後世的歷史學家一定從「他的前瞻之明、後見之清」中得到教益。[59]謝偉思決定動筆，從個人角度把文件涉及的那段時期發生的事情敘述一遍，是因為在他看來，庫比克報告「除了沒有抬舉我當丟掉中國的主要責任人之外，直挺挺回歸了赫爾利和麥卡錫時代」，「在不能提供絲毫新證據或新情況的條件下，隨隨便便就否定了一系列裁定的有效性……這些裁定是多年來由眾多機構——包括評審小組、大

---

[58] 參閱同上書，頁314。安東尼·庫比克在1963年就開始挑戰謝偉思，發表了《遠東是怎樣丟掉的：論美國的政策和共產黨中國的建立（1941-1949）》一書，該書認為「某些美國官員和外交官苦心孤詣地篡奪了制訂美國對國民黨中國政策的權力」，以及「亨利·華萊士是輕信左翼詭計的犧牲品，他在重慶時，就曾被戴維斯—謝偉思集團所利用。」參閱伊·卡恩，《美國通：美國一代外交官的悲劇》，頁368。

[59] 參閱琳·喬伊納，《為中國蒙難：美國外交官謝偉思傳》，頁314。

陪審團、委員會，以及個人依據其掌握的全部材料，認真做出的。」[60]謝偉思引證歷史記錄，為自己提出的主要辯護意見是：美國戰時對華政策是「盡一切可能支持蔣介石委員長的中央政府」，但並不是無條件的；從羅斯福總統到赫爾利大使，都曾經相信國共兩黨領導人通過政治協商解決爭端不是什麼難事，因為兩黨的目標實質上是一致的；後來赫爾利違背了羅斯福的「聯共」和建立「聯合政府」的對華政策，轉而將「大使館和國務院提出的直接同共產黨進行軍事合作的建議」擱置一邊。正是赫爾利的不聽勸告和固執己見，使美中雙方一次次失去高貴的時間和機遇。謝偉思假設：如果美國按計劃與毛澤東的力量合作，在1945年初送去物質，派教官、情報員、爆破專家和無線通訊小隊，同遊擊隊並肩作戰，那麼日本戰敗投降一定是另外一個樣子，美中關係就會建立在完全不同的基礎上，而這個基礎遠比現在的更現實、更有利；或許就打不起內戰，即便真的打內戰，很可能也是短暫的，破壞力要小很多；美國「肯定不得不放棄家長式的、指教人的態度，即按照我們的意願來塑造中國，但大概不會和倔強自力的、民族主義的毛澤東弄得不共戴天，世界也不會那麼複雜。」[61]因此，在謝偉思看來，美國對華政策的問題不是美國「失去」了中國，而是美國在中國失掉了「時間」和「機遇」：

　　失去的時間就是戰爭結束之前，也是最關鍵的那10個月

60　轉引自琳・喬伊納，《為中國蒙難：美國外交官謝偉思傳》，頁316。
61　參閱琳・喬伊納，《為中國蒙難：美國外交官謝偉思傳》，頁316。

僵局。失去的機遇就是尋求更實際的避開內戰、消解內戰的辦法，維持我們同中共的關係，即便不能如願以償地做好朋友、同盟軍，起碼比樹為仇敵要好吧。[62]

為了更加充分地闡述美國在中國失掉的機會，謝偉思在1974年將他的戰時報告整理成書：《在中國失掉的機會：第二次世界大戰期間謝偉思電文稿彙編》（*Lost Chance in China: The World War II Despatches of John S. Service*），交由著名的藍燈書屋出版，該書編輯約瑟夫·W·埃謝里克在〈序言〉中突出強調了「約翰·謝偉思的報告對40年代中國國、共兩黨地區的情況從深度和廣度上做了最詳盡的論述」，他引用曾經擔任美國駐中國大使高思的話說，謝偉思是「我國政府關於中國共產主義的權威」。重新發表他的報告是基於兩點理由，一是「它們提供了一個非常敏銳而有教養的觀察員所親眼看到的戰時中國的一幅生動畫面。畫面之廣令人驚歎，從農民生活的困苦到重慶的流言蜚語，共產黨地區的政治和經濟，毛澤東關於中國共產黨的政策的最清楚而清晰的談話，以及他對中美關係的未來的希望。這是在東方轉向赤化的緊要關頭有關中國的生動的、第一手的觀察。」二是這些報告和政策建議暗示，第二次世界大戰在亞洲並不一定要直接導致中美之間的一場冷戰，「華盛頓的決策者哪怕僅僅是認識到國民黨的致命弱點，認識到中國共產黨還在成長的力量和她明顯希望在戰後避免同美國發生衝

---

[62] 同上書，頁316。

突,那麼,中美敵對的年代就可能避免了。」[63]這位編輯甚至認為,如果謝偉思的報告在當時全部轉化為美國的對華政策,那麼,不是尼克森總統1972年去北京,而是早在20年之前,艾森豪可能就去了那裡(而不是去朝鮮)。

謝偉思之所以在1972年與庫比克就美國二戰期間的對華政策進行論戰,並在1974年向美國公眾公開披露他的戰時報告,在很大程度上是因為中美關係再次出現了重大變化。1972年2月28日,尼克森總統和周恩來總理簽署了具有歷史意義的《上海公報》,美國政府在公報中明確承認只有一個中國,承諾將從臺灣撤出全部美國武裝力量和軍事設施,中美建交只差最後一步。中美關係的改善迅速改變了中蘇決裂之後所形成的美、蘇、中三大國的地緣政治關係,中國再度成為美國的潛在盟友,而蘇聯則成了中美兩國的共同敵人。在此形勢下,謝偉思公開發表的戰時報告不再被人們認為是「親共」的證據和記錄,毋寧被認為是美中早該建立一種戰略性合作關係的先知般預言,他本人也被視為是緩和美中關係的先驅性人物。1971年7月15日,中美兩國政府共同發表《中美聯合公報》後不到一周,美國國會邀請謝偉思到國會山莊就中國問題作證,第二天的報紙和電視對幾個與會證人做了報導,稱謝偉思、戴維斯和一個「挨整的老中國通費正清」,都是「麥卡錫時代追究『失去中國』運動的犧牲品」,如今在「銷聲匿跡了21年之後」又

---

[63] 約瑟夫・W・埃謝里克,《在中國失掉的機會:約翰・S・謝偉思第二次世界大戰時期的報告》,〈序言〉,頁8-9。

回到公眾的視野。謝偉思自稱這是「大轉機」的開始。[64]中共領導人也沒有忘記謝偉思這位「中國人民的老朋友」，周恩來總理通過《紐約時報》的一個記者向他發出訪華邀請。於是，謝偉思在1971年9月26日再次踏上中國的土地。訪華期間，周恩來總理接見了謝偉思夫婦，在近三個小時的對話中，周恩來對謝偉思所經歷的艱難時刻表示關切，同時問候了他們的共同朋友——包瑞德、約翰·戴維斯、約翰·埃默森、約翰·文森特，並且向他們發出了訪華的邀請。謝偉思回國後根據這次會談紀要整理出一份11頁的報告，及時寄給了國務院，他再一次履行了作為一個職業外交官的職責。

1972年2月20日，尼克森總統抵達北京，他在機場和周恩來總理握手的照片，象徵著中美兩國在敵對了23年之後終於和解了，這個重大的歷史性事件在某種意義上也為謝偉思撰寫的戰時報告提供了正當性背書，他曾經扼腕歎息的美國在中國失掉的機會是不是又重新來到了美國？歷史是不是又重新證明了他的戰時報告就是對中共的正確認識而不是誤判？不管如何理解，謝偉思歷經磨難之後終於迎來了他人生中的高光時刻，前所未有地站到了一個道德制高點，正如布魯克斯·阿特金森對他所言：「從前的叛徒變成了民族英雄。如果當初美國接受了你在1945年寫的報告……那這個世界會免去多少麻煩和痛苦啊。40年代，你是叛徒；70年代，你是愛國者和先知。」[65]這位《紐約時報》的戲劇評論員認為，謝偉思是活著享受了這部戲

---

64 參閱琳·喬伊納，《為中國蒙難：美國外交官謝偉思傳》，頁317。
65 轉引自同上書，頁320。

劇的高潮。

來自拉鐵摩爾的自我辯護與反擊

美國歷史學家關於中國的認識對於美國政府制定對華政策所起到的具體的或潛移默化的影響，在歐文・拉鐵摩爾的身上得到了集中的體現。這位在1930年代因為出版了《中國的亞洲內陸邊疆》一書而被當時人們普遍認為是美國最重要的研究中國和亞洲的歷史學家，當時的聲名遠在費正清之上。1941年，經羅斯福總統的行政助理及經濟顧問勞克林・居里（Lauchin Currie）的推薦並由總統親自提名，拉鐵摩爾擔任了蔣介石的私人顧問。拉鐵摩爾後來在回憶錄中非常明確地指出，他的這個職務是由羅斯福「提名」而不是「任命」，以彰顯其重要性。羅斯福在致蔣介石的介紹信中說：「拉鐵摩爾瞭解並完全支持我的政策」。[66]由此可見拉鐵摩爾在羅斯福總統心目中的重要性，他的首要工作是在中美兩國首腦之間建立起「經常性聯繫」。在獲得總統這項提名前，一個非正式的委員會對拉鐵摩爾的政治立場進行了審查，認為他「在感情上既不偏袒蔣介石，也不偏袒共產黨」。[67]而蔣介石之所以願意接受此人擔任自己的私人顧問，則是因為他對美國國務院極不信任，對當時美國駐中國大使高思心懷不滿，儘管他也知道拉鐵摩爾具有親共立場，但後者顯赫的學者身分讓他產生一種希望：利用拉鐵摩

---

66 轉引自磯野富士子整理，《蔣介石的美國顧問：歐文・拉鐵摩爾回憶錄》，頁93。
67 參閱同上書，頁80。

爾的學術專長為獲取巨額美國貸款進行遊說。然而，拉鐵摩爾並未如蔣介石所願完成這項任務，相反，他關於中國的許多政策建議與蔣介石的要求相去甚遠。一個根本性的分歧在於，蔣介石始終堅持反共立場，認為美國人提出的建立「聯合政府」的主張將極大地助長共產主義在中國的蔓延；而拉鐵摩爾則強調國民政府改革的核心就是通過聯合各黨派在中國建立一個最廣泛的「聯合政府」，以此共同抗擊日本的侵略。他在自己的回憶錄中寫道：

> 我已從自己在重慶的各種各樣的接觸中認識到，以為國共兩黨之間存在著絕對的分裂是完全錯誤的。有形形色色的團體，儘管彼此有分歧，卻都贊成與共產黨妥協以復活統一戰線。它們對如何做到這一點有不同看法，但卻一致認為，可以做點什麼來改善同共產黨的關係。[68]

通過「聯共」來建立「聯合政府」，實際上是羅斯福政府這一時期對華政策的主要訴求，而並非僅僅是拉鐵摩爾的個人立場。因此，當拉鐵摩爾與蔣介石的私人合作關係在一年後無疾而終時，羅斯福總統並沒有放棄拉鐵摩爾而是繼續讓他深度介入中國事務。1944年5月，華萊士副總統訪華，羅斯福再次提名拉鐵摩爾擔任隨團顧問——「因為他瞭解中國情況」，[69]另一個顧問是國務院亞洲司司長約翰・文森特——國務院「聯共」

---

[68] 同上書，頁144。
[69] 轉引自同上書，頁166。

政策的主要制定者。正是在華萊士訪華期間，促成了兩個重要事件，一個是史迪威將軍被解職回國，由此導致美國對國民黨軍隊進行大規模現代化改造的計劃擱淺；另一個是「迪克西使團」赴延安考察，由此產生了謝偉思等人關於中共的一系列調查報告，這些報告後來對美國對華政策產生了重大影響。華萊士回國後向羅斯福總統遞交了一份述職報告，該報告據說是拉鐵摩爾寫的，它「鼓吹美國的對華政策應當改變」，即「把美國對中央政府的支持轉向中國共產黨人」。[70]1951年，國會成立的麥卡倫委員會在一份關於「太平洋關係學會」的聽證報告中認為：「副總統華萊士的訪華使命給中國政府帶來了更多的美國壓力，而這種壓力又恰恰同中國共產黨人的勸告不謀而合……華萊士的使命對共產黨是一個支援，因為共產黨有兩個人在華萊士身邊，即拉鐵摩爾和文森特。他們按照共產黨的路線來指導這次使命。」[71]

麥卡倫委員會把拉鐵摩爾和文森特說成是共產黨人，以及麥卡錫把拉鐵摩爾置於國務院「親共」名單中的第一人，將其認定為美國「遠東政策的主要設計師之一」，顯然是誇大其詞了。這樣的指控並沒有切中要害，反而是因為沒有獲得證據的支持而被人們普遍視為是一種政治構陷。拉鐵摩爾對自己在中國的使命有個清醒的估計：「一件顯而易見的事情是，我不認

---

[70] 參閱羅斯·Y·凱恩，《美國政治中的「院外援華集團」》，頁189。該書同時提到，美國國務院發表的「白皮書」否認有華萊士這份報告，作者因為完全與拉鐵摩爾持同一立場而駁斥「中國遊說團」對國務院「親共」政策的指控。

[71] 轉引自同上書，頁160。

為自己是決策者,能夠規劃中國的命運,是阿拉伯的勞倫斯之類的人物」。[72]他僅限於從兩個方面來看待自己的工作,首先是建立重慶和華盛頓之間的聯繫渠道,其次是「有機會學習而不是講授有關中國的知識」,希望親眼目睹一段非常重要的歷史篇章。[73]拉鐵摩爾的確不是一個純粹為黨派服務的政客,也不是一個具體制定對華政策的外交官,他參與中國事務更多地是源於一個歷史學家的身分,期待通過在場來見證中國的歷史性變化。

泰丁斯委員會根據麥卡錫參議員和麥卡倫小組的指控展開了對拉鐵摩爾的聽證調查,調查最後形成的結論是:

> 我們查明拉鐵摩爾先生非但不是「我們遠東政策的制訂者」,而且對於這個政策,甚至沒有任何控制權或有效的影響力。他的見解僅僅是百川中的一支,與別人的見解一起彙集到一個思想庫,這個思想庫向我們國務院的政策制訂者們提供原始材料,以便作出判斷。
>
> 關於認為歐文·拉鐵摩爾是「最高級的俄國間諜」或因此而成為其他任何一類間諜的指控,我們沒有找到可以使之成立的任何證據。
>
> 歐文·拉鐵摩爾是一個被指控有多年親共經歷的作家和學者。在我們面前沒有任何合法證據支持這種指控,而且

---

72 磯野富士子整理,《蔣介石的美國顧問:歐文·拉鐵摩爾回憶錄》,頁93。
73 參閱同上書,頁93。

以所有其他情報來衡量，也表明這種指控不符合事實。[74]

　　上述調查結論澄清了兩個關於拉鐵摩爾神話般傳說的基本真相：他既不是美國遠東政策的主要設計師，也不是一個共產黨人或俄國間諜。但是，一個顯而易見的事實是，拉鐵摩爾的「親共」傾向是不加掩飾的。從1937年與畢恩來、賈菲同赴延安考察開始，他對中共及其領導人就形成了一種歷史觀，認為延安的這些共產主義者「無比堅定地相信，自己此刻正站立在歷史轉折點的緊要關頭上，並能清晰地展望到前景和未來」。[75]正是從共產黨人的堅定信念中，拉鐵摩爾似乎看到了決定中國歷史變化的真正力量，儘管中共當時的軍事實力還非常弱小。在重慶擔任蔣介石私人顧問期間，拉鐵摩爾對國共兩黨領導人的評價大相徑庭，他認為蔣介石是「一個腦子裡半是封建和軍國主義思想，半是現代思想的人」，而周恩來則「更瞭解現代世界」，他把周視為是「歷史上最偉大的第二號人物」。[76]很顯然，以周恩來為代表的中共領導人，不僅在思想信念上，而且也在人格魅力上徹底征服了拉鐵摩爾。因此，拉鐵摩爾的歷史觀不在於以共產黨的標準來加以衡量，當他以看起來超然於政治黨派立場的歷史學家身分為中共說好話時，其潛在的影響力要遠遠超過那些共產黨人的宣傳。一位名叫約翰．T．弗林的作者對拉鐵摩爾的質疑應該是說出了要害：

---

74 轉引自同上書，頁144。
75 托馬斯．亞瑟．畢森（畢恩來），《1937，延安對話》，頁10。
76 參閱磯野富士子整理，《蔣介石的美國顧問：歐文．拉鐵摩爾回憶錄》，頁132、147-148。

為了造成今天折磨著整個遠東的這場悲劇,他們當時還可能多做些什麼呢?……簡單的真相是,他們的災難性錯誤之所以可能成為關鍵性成功,就在於他們不是共產黨人,他們在歷史悠久而受人尊敬的美國報刊雜誌上,傾瀉了大量虛假——假得愚蠢可笑的——宣傳。[77]

　　由於拉鐵摩爾不是一個共產黨人,他的「親共」言論在美國言論自由的氛圍中根本不足以成為其被麥卡錫指控為俄國間諜的證據,當然也不必為這樣的言論承擔任何法律或道德責任。因此,拉鐵摩爾完全有理由為自己作出無罪辯護,對國務院安全小組委員會指控他的各項罪名,進行「有力的毫不客氣的回擊」。1950年,他專門撰寫了《經得起誹謗》(*Ordeal by Slander*)一書,「以蔑視態度」責罵了國會中一股所謂的反共產主義勢力,認為這股勢力「把自由主義與不忠行為相提並論,而且不顧美國人關於正派與公道的一切傳統觀念。」其後他在麥卡倫小組委員會上發表了一份措辭強硬的聲明,「這份聲明宣洩了長期抑制的怒火和怨恨不平的情緒」,「當眾反駁那些公開對準他的指責」。[78]拉鐵摩爾內心很清楚,控告他「通共」罪名的最大困難之一是缺乏證據,按照他自己說法:「我只是一個因自己的觀點而出名的個人,從未在政府裡擔任任何有影響的職務;正是這一事實使麥卡錫得以對我的指控弄得更

77　轉引自同上書,頁137。
78　參閱羅斯・Y・凱恩,《美國政治中的「院外援華集團」》,頁145。

加聲人聽聞。」[79]泰丁斯委員會最後不得不據實宣布麥卡錫對拉鐵摩爾的所有指控都沒有事實依據，麥卡錫本人犯下了「欺騙或對參議院和美國人民胡說八道的罪過」。[80]費正清後來在其回憶錄中高度評價了拉鐵摩爾對麥卡錫主義所進行的英勇鬥爭，稱讚《經得起誹謗》一書「在今天仍然值得一讀，拉鐵摩爾一家勇敢地面對喬·麥卡錫，在原則問題上毫不含糊，堅持到底。」[81]

拉鐵摩爾在為自己申辯的過程中提出的一個最重要的觀點是，究竟應該怎樣理解「誰丟失了中國」這一問題，這一問題與對他的主要指控聯繫在一起——麥卡錫主義者認為他應為美國丟失中國負責。針對這項指控，拉鐵摩爾的回應是：美國失去中國，是50年代的謬論之一，美國從未失去中國，因為「你怎麼可能失去你從未擁有過的東西呢？」[82]這個回答看起來是如此簡明有力，以致後來被許多重要人物或歷史學家所引用。比如，美國著名政治學家漢斯·摩根索在為鄒讜的歷史性著作《美國在中國的失敗（1941-1950年）》一書所寫的序言中就認為：「『我們喪失了中國』這種提法恰恰指明了我們對這個事件的解釋的神話成分，因為人們只能喪失屬自己的占有

---

79 磯野富士子整理，《蔣介石的美國顧問：歐文·拉鐵摩爾回憶錄》，頁213-214。
80 參閱羅斯·Y·凱恩，《美國政治中的「院外援華集團」》，頁214。
81 費正清，《費正清中國回憶錄》，頁333。
82 磯野富士子整理，《蔣介石的美國顧問：歐文·拉鐵摩爾回憶錄》，頁213。

物。」[83]T・克里斯托弗・傑斯普森在他的著作中提到：「在討論『失去中國』時仍然存在這樣一個問題：如果說美國有所失去，那麼到底失去了什麼？根據一位知名學者的說法，什麼也沒有失去，因為首先亞洲不是美國的，所以談不上什麼失去不失去。1949年10月在討論美國對華政策的一次圓桌會議上，歐文・拉鐵摩爾問了一個恩撫主義者想當然的問題：『從什麼時候開始、又是誰把亞洲給了美國，並讓美國去解決亞洲的所有問題？』。」[84]包括喬治・凱南也加入到質疑的隊伍中，他認為沒有比所謂「失去」中國更大的廢話了，因為「美國政府從未擁有中國。既然如此，哪裡談得上什麼『失去』中國呢？」他認為這是麥卡錫主義製造的「我們公共生活中的可恥事件」。[85]費正清後來接過了這個話題，認為「『失去中國』這個詞從字面上來看十分可笑，但是它對於美國公眾心理來說，是有著一定歷史真實性。」他的依據是，美國從第一次世界大戰以來每年大約有1000名到中國去的傳教士回美國休假，他們持續地為美國人民製造了對中國的一種「領主式」的、有時是「屈尊俯就」的態度，由此造成的美國應該拯救中國的神話長久縈繞在人們的記憶中，以致到了國民黨失敗時，「人們越來越多地接受這樣一種觀點：『失去中國』的原因在於美國援助不力，而這正是由於『國務院中的共產黨分子』操縱所致。於是麥卡錫

---

83 參閱鄒讜，《美國在中國的失敗（1941-1950年）》，〈序〉，頁III。
84 T・克里斯托弗・傑斯普森，《美國的中國形象（1931-1949）》，頁248-249。
85 喬治・凱南，《美國大外交》，雷建鋒譯（北京：社會科學文獻出版社，2013），頁231。

找到了他所需要的機會。」[86]在費正清看來，美國右翼共和黨人為了在1952年總統競選中勝出，才故意製造了「國務院中的共產黨人導致了失去中國」這種說法以便狙擊民主黨贏得大選，「為達到這個目的，他們必須『搞定』歐文·拉鐵摩爾」。[87]拉鐵摩爾的名字成了美國家喻戶曉的「叛國罪」的代名詞，成了被共和黨大會上大力宣揚的三個標誌性人名：拉鐵摩爾、艾奇遜和杜魯門，「失去中國」當然也就成了民主黨的主要罪過。

拉鐵摩爾在麥卡錫主義發起的狂風暴雨般的攻擊中倖存下來，他以歷史學家特有的尊重事實的精神證明自己並沒有參與任何共產黨組織或為共產黨活動服務，國務院忠誠審查委員會對他展開的調查最終也確認了他的清白之身。但是，在很長一段時期內，他和謝偉思一樣在美國國內遭遇了不公待遇，被迫辭去在霍普金斯大學的工作，由他擔任院長的佩奇學院（Page School）也被迫撤銷。1961年，拉鐵摩爾離開美國去了英國，在那裡擔任里茲大學中國問題研究中心的主任。美國「失去」了一個研究中國和亞洲問題的重要歷史學家，正如費正清後來不無憤懣所言：

在麥卡錫時代結束之後的一些年裡，關於中國的話題再也引不起公眾的注意。狗也許會對自己的排泄物感興趣，但是麥卡錫時代給我們留下來的，只有重複炒作的狗屎，無論你相信哪一方，最終結果都是兩個：不是叛國罪就是

---

86 費正清，《費正清中國回憶錄》，頁332。
87 同上書，頁335。

被誣陷。與此同時，平時吵吵嚷嚷的中國通們也因為不再受到關注而變得銷聲匿跡。當中國對我們關閉時，關於中國真實情況的問題則變成了猜測和爭論。該是好好研究歷史和發展新的學術領域的時候了，而這也正是我們當時所做的事情。[88]

美國的中國問題研究當然不會因為拉鐵摩爾的去國而變成空白，費正清承擔起了重新建構一個以研究中國問題為中心的史學共同體的使命。但是，如何「開展中國問題研究」，恐怕不僅僅如費正清所期待的那樣，通過運用知識和理性以取代暴力和恐懼就可以實現。迴避對美國「失去」中國這類問題再探討，顯然將會使美國再次因為誤判中國而「失去」中國。

尼克森訪華：美國再次擁有中國？

1971年7月15日，美國總統尼克森向全國發表電視講話，講話只持續了三分半鐘時間，卻向全世界公布了一個驚人的消息：周恩來總理代表中華人民共和國邀請尼克森總統於1972年5月以前的適當時間訪問中國，尼克森總統愉快地接受了這一邀請。這次講話被認為是20世紀最出人意料的外交新聞之一，亦是美國政府對華採取主動的最出人意料的歷史事件之一，中美兩國自1949年以來進行的長達22年的政治和意識形態衝突，似乎在一夜之間得以化解，至少在尼克森總統看來，「我們在爭

---

88 同上書，頁350。

取世界持久和平的努力中有了重大進展」。[89]

尼克森在共和黨內被公認為是一位堅定的反共分子,按照瑪格麗特·麥克米蘭的說法,他「是通過訴諸恐共心理而登上總統大位的」。自1946年他與民主黨自由派人士競逐眾議院席次開始,便嚴詞貶抑競爭對手對共產主義的立場太過軟弱,竭力將自己扮演成反共鬥士的形象。通過這樣的競選策略,「美國人聽信他叮囑再三的嚴詞示警,相信共產主義對美國和美國社會的威脅。」[90]尼克森在自己的回憶錄中也說過:「我一生從不懷疑共產黨人所說的這句話:他們的目標是要置全世界於共產主義控制之下。同樣,我也從未忘掉惠特克·錢伯斯的令人寒心的講話,他說在他放棄共產主義思想時,有一種離開了勝利者一方的感覺。」[91]但是,尼克森強調自己不同於那些認為與共產黨人打交道就意味著在意識形態上承認他們的哲學和制度的反共分子,堅決主張「我們能夠而且必須跟共產黨國家交往」,他相信並遵循英國19世紀偉大的政治家巴麥尊爵士(Lord Palmerston)提出的格言:「沒有永遠的盟友,也沒有永久的敵人,唯有利益是永恆。」1967年,尼克森在為《外交季刊》撰寫的一篇文章中,首次提出了美國和共產黨中國建立關係非常重要這一看法。1968年,尼克森贏得總統大選,他在就職演說中又間接提到了這一點:「我們尋求一個開放的世

---

89 理查德·尼克森,《尼克松回憶錄》(下),伍仁等譯(成都:天地出版社,2019),頁575。
90 瑪格雷特·麥克米蘭,《當尼克松遇上毛澤東:改變世界的一周》,溫洽溢譯(天津:天津人民出版社,2017),頁5。
91 理查德·尼克森,《尼克松回憶錄》(上),頁368。

界……在這個世界裡,國家無論大小,它們的人民都不生活在憤怒的孤立狀態之中。」[92]兩個星期之後,他寫了一個備忘錄給國家安全事務助理季辛吉博士,主張美國政府應竭盡全力探索同中國人改善關係的可能性。從1969年開始,尼克森總統著手認真尋求開始對話的途徑;1970年,他向國會提出了第一個外交報告,其中關於中國問題部分是這樣開始的:

> 中國人民是偉大的、富有生命力的人民,他們不應該繼續孤立於國際大家庭之外……
>
> 指導我們同共產黨中國關係的基本原則,是同指導我們對蘇政策的原則相似的。美國的政策不大可能很快對中國的行為產生多少影響,更不用說對它的思想觀點了。但是,我們採取力所能及的步驟來改善同北京的實際上的關係,這肯定是對我們有益的,同時也有利於亞洲和世界的和平與穩定。[93]

對於美國總統發出的信號,中共領導人迅速作出反應,中國駐華沙大使在和美國大使的會談中,建議把兩國斷斷續續持續了數年而毫無結果的談判搬到北京去進行。在隨後的一年多時間裡,中美兩國利用各種渠道進行溝通,包括通過羅馬尼亞總統齊奧塞斯庫和巴基斯坦總統葉海亞互相傳話。1970年12月18日,「中國人民的老朋友」埃德加·斯諾在北京會見了毛

---

92 理查德·尼克森,《尼克松回憶錄》(下),頁575。
93 同上書,頁576。

澤東之後向美國傳達了重要的信息：主席將樂於同總統會面。1971年2月25日，尼克森總統向國會提出第二份外交政策報告，報告特別強調要對中美人民之間擴大交往的前景持「完全現實主義的態度」，即使北京政府繼續把美國說成是「魔鬼」，「凡是我們能夠做到的，我們一定去做。」[94]同年3月，在日本參加世界錦標賽的美國乒乓球隊，受到了中方發出的去中國訪問以便進行幾場表演賽的邀請，美國政府立即批准接受邀請，此事後來被稱之為「乒乓球外交」——「小球推動了大球」，由此拉開了中美兩國正常交往的序幕。5月，尼克森總統認為邁出更大的步子和提議進行總統訪問的時候已經到來。7月9日，國家安全事務特別助理季辛吉博士奉命從巴基斯坦秘密飛往中國，在其後的兩天時間裡與中方達成了美國總統訪華的所有安排，初步討論了兩國間的全部爭論焦點的問題。季辛吉發現「中國人是堅韌的、理想主義的、狂熱的、專心致志的、卓越的，他們並非輕鬆愉快地意識到安排頭號資本主義敵人來訪所牽涉到的理論上的矛盾。」他為此提醒總統：「我們對將來不應抱有幻想⋯⋯這些人具有自己根深蒂固的意識形態，他們有強烈的信仰，近乎狂熱。」一些保守派的共和黨人也表達了反對總統訪華的意見，認為這是「向國際共產主義投降」；喬治・華萊士則警告總統不要向中共「乞討、哀求和卑躬屈膝」。[95]尼克森總統對於即將啟程前往中國抱有很高的期待，他將其視為一次在哲學上爭取有所發現的旅程，其意義就像以前

94　參閱同上書，頁579。
95　參閱同上書，頁585-586。

在地理上發現新大陸的航行一樣,既不可預卜,又充滿著巨大的機會。因此,當他走下飛機舷梯首先把手伸向周恩來時,他深信自己訪問中國的一周,將是改變世界的一周。

　　尼克森總統訪華是否開啟了中美關係史上一個新的時代?至少從表面上看,「社會主義魔鬼」(毛的自嘲)與「資本主義魔鬼」(尼克森的自嘲)終於又握手言歡了,這不能不讓人再次聯想到美國在1949年「失去」了中國之後是否又再次擁有了中國?或者說,如果羅斯福總統在1945年答應並實現毛澤東訪問美國的邀請,是否意味著美國根本就不會「失去」中國?著名歷史學家巴巴拉‧塔奇曼在1972年的《外交》雜誌上發表過一篇文章〈如果毛當初來到華盛頓〉,該文披露了一個以前從未公開過的信息:1945年1月9日,周恩來請在延安工作的戰略情報局的老牌特工向美國政府捎信,說毛澤東和他想到美國與羅斯福總統面談。這條非同尋常的請求只轉到了魏德邁將軍的美軍司令部,卻沒有轉給羅斯福總統,塔奇曼為此深感惋惜:如果是羅斯福而不是尼克森成為第一個和毛澤東握手的美國總統,那戰後的世界格局該有怎樣的不同啊。[96]事實上,尼克森總統在訪華期間對中共領導人的認識與羅斯福總統具有許多相同之處,對「這些嚴肅和具有獻身精神的人發生了好感」,認為中國人與蘇聯人不同——「蘇聯人一本正經地堅持他們所有的東西都是世界上最大和最好的。中國人幾乎念念不忘自我批評,常常向人請教怎樣改進自己。」尤其是對毛澤東和周恩來的個人魅力和睿智,尼克森總統更是讚不絕口,認為毛有一

---

[96] 參閱琳‧喬伊納,《為中國蒙難:美國外交官謝偉思傳》,頁106。

種「非凡的幽默感」,「對戰略概念有偉大的遠見」;認為周「是一個有巨大內在力量的極其可愛的人」,「顯示了淵博的歷史知識」,具有「無與倫比的品格」,「不僅有中國人的細密,而且還有一位世界外交家的廣泛經驗」。[97]季辛吉同樣也是被毛澤東和周恩來的個人風采所迷倒,認為「毛澤東是人群中的巨人」,他後來在《論中國》一書中強調總理是他在60年來的公職生涯中遇到過的最有魅力的人。訪華期間,尼克森總統觀摩到的中國體育運動員和舞蹈演員的表演,也給他留下深刻印象:「自始至終貫徹了一種巨大的獻身精神和專一的目的性」,他由此聯想到季辛吉的警告:「隨著歲月的推移,不僅我們而且各國人民都要盡自己最大的努力,才能同中國人民的巨大能力、幹勁和紀律性相匹敵。」[98]

尼克森訪華所表現出來的與毛澤東、周恩來大有相見恨晚之勢,在季辛吉後來撰寫的《論中國》(2011年)一書中仍有體現,作者以類似於謝偉思的方式提出美國在中國「是否失去一個機會」時這樣寫道:「撫今追昔,我們不禁要問:美國是否應該早10年就開始跟中國對話?中國的動亂是否本可以成為兩國認真對話的契機?換言之,20世紀60年代,中美是否失去了一個和解的機會?向中國的開放是否應更早一些?」[99]提出這些問題時,季辛吉不是沒有認識到在1960年代中美兩國根本不可能有和解的機會,因為毛澤東堅決反對赫魯雪夫提出的與

---

[97] 理查德・尼克森,《尼克松回憶錄》(下),頁603。

[98] 同上書,頁603。

[99] 亨利・季辛吉,《論中國》,胡利平等譯(北京:中信出版集團,2015),頁189-190。

西方國家「和平共處」論，與莫斯科打得不可開交，在這個時候，中國絕無可能和頭號資本主義敵人言歸於好。在季辛吉看來，當原本水火不相容的尼克森和毛澤東決定走到一起時，中美兩國都陷於國內危機之中，中國被「文革」風暴搞得精疲力竭，美國則因為日益激烈的反越戰運動而走向破裂。此外，地緣政治形勢的變化成為中美兩國改善關係的重要外部條件，中蘇交惡在客觀上形成的中、美、蘇大三角關係，激活了中國傳統的「遠交近攻」的外交策略，讓中美兩國領導人共同意識到忘記歷史與選擇和解是符合兩國的戰略利益。從這個視角看問題，尼克森總統訪華並沒有像季辛吉所說的那樣，「無異於是美國外交政策的一場革命」，因為它既沒有改變世界——只是促使了世界地緣政治格局的重新組合，也沒有讓美國再次擁有中國——中國仍然是一個徹頭徹尾的共產主義國家。尼克森總統的對華政策不過是再次回到了羅斯福總統的起點：與中國的共產主義者合作。兩者有所不同的是，前者推動美國直接與中國結成某種統一戰線來反對它們的共同敵人——蘇聯，後者則是試圖從幕後推動國民黨與共產黨建立聯合政府來抗擊它們的共同敵人——日本。季辛吉基於美國現實主義外交理念，對尼克森與毛澤東歷史性會面的性質還是作出了清醒的估計：「尼克森儘管是一位堅定不移的反共產主義者，但他認定，地緣政治平衡的迫切性超過了意識形態純潔性的需要，這一認識與他的中國同行不謀而合。」[100]在他的心目中，尼克森和毛澤東都

---

[100] 亨利・季辛吉，《世界秩序》，胡利平等譯（北京：中信出版集團，2015），頁400。

是現實主義外交大師，他們絕不會被既定的意識形態牽著鼻子走。

從美國國內對尼克森訪華的反應來看，儘管有來自於不同思想陣營和黨派的批評——理想主義者批評尼克森按照地緣政治原則推行外交政策而完全放棄了美國的價值觀，保守主義者批評尼克森恢復與紅色中國的交往是在共產主義對西方文明的挑戰面前畏縮退讓，但是，社會公眾和主流媒體還是普遍歡迎美國總統主動訪問中國。20世紀60年代美國的民意調查顯示，共產黨領導的中國在所有被調查的國家中支持率是最低的，比蘇聯、古巴甚至北越的支持率還要低。1968年，支持中國的美國人僅有5%，五年之後就上升到49%，比蘇聯要高出15個百分點。[101]這一驚人的變化在很大程度上是尼克森總統訪華帶來的，包括季辛吉博士秘密訪問中國的傳奇般故事，也極大地激發了公眾對神秘的紅色中國的政治想像，讓越來越多的人認識到，尼克森打「中國牌」是多麼高明的外交策略，它至少讓美國擁有一個潛在的同盟者，有助於提升美國抗衡蘇聯的主動地位和力量。

尼克森訪華之後，中美關係進入了一個新的蜜月期，雖然兩國關係如季辛吉所概括的那樣，並非有見諸文獻的正式的相互保證，亦沒有以各種非正式協議為基礎的默契性約定，但基於兩國最高領導人長達數小時對話所達成的相互理解，中美兩國實際上形成了「一種準聯盟關係」。在完成了這項前所未有

---

[101] 參閱T・克里斯托弗・傑斯普森，《美國的中國形象（1931-1949）》，頁264。

的外交突破之後，從白宮、國務院到國會，政客們突然發現美國政府內部已經沒有什麼人在研究中國問題了，原來那批以謝偉思、戴維斯為核心的「中國通」們早已被麥卡錫主義驅除出國務院，現在是重新傾聽他們聲音的時候了，同時也是為他們作出徹底政治平反的時候了。1973年1月30日，美國外交協會舉辦一個大型集會，協會主席威廉・哈羅普在請柬中這樣寫道：

> 總統的北京之行和他所開闢的中美關係的新時代，使人們注意到從1942年到1945年在中國工作的駐外處的同行們所寫的許多報告的預見性。
>
> 歷史學家讚揚在那個動亂時期駐在重慶使館以及中國其他地方的外交官們所作分析的洞察力和直截了當。他們所報告的事不為國內所歡迎。許多這樣的外交官在國內遭到粗暴的批評，不能繼續他們的事業。
>
> 美國外交協會將於1973年1月30日（星期二）中午在國務院八樓舉行午餐會，宴請四十年代初期在中國由於如實地報告情況而表現了他們的職業尊嚴和誠實正直的外交官……。[102]

在這次特別午餐會上，輪到謝偉思發言時，全場人員起立為他長時間熱烈鼓掌，以表示對他的尊重，承認他是美國的國家英雄和推動美中關係正常化的先知。許多報紙就這次午餐會發表評論，《紐約時報》的文章說：「這實際上是為『老中國

---

[102] 轉引自伊・卡恩，《中國通：美國一代外交官的悲劇》，頁380。

通們』平反洗雪的最後一個步驟，這些『老中國通們』的前程之所以被斷送或被玷污，都只因為他們準確無誤地預言了中國共產黨人將會戰勝蔣介石無能的國民黨政府。」文章最後還提醒人們：「誰要是以為『老中國通們』在戰後時期遇到的事情今後決不會重演，那就太天真了。」[103]在這個時刻，眾多公共媒體似乎恍然大悟，共產黨中國並不可怕，可怕的是封鎖對共產黨中國的真實報導。

在中美重新友好的輿論氛圍中，謝偉思可以理直氣壯地將他的戰時報告以《在中國失去機會》為書名正式出版，該書將美國「失去中國」改寫成「在中國失去機會」，以這個視角來看待尼克森總統訪華，美國不能再在中國失去機會的警示意義就顯得不言而喻。1976年，周恩來去世，謝偉思在《洛杉磯時報》上發表紀念文章，文章稱：「周恩來和毛澤東傳遞給我們的權威認識的重要意義，並沒有被羅斯福總統和美國的決策者們所認同……相反，羅斯福和史達林卻發現他們對中國的不切實際的看法不謀而合，於是，美國簽了《雅爾達協定》。」這一協定在謝偉思看來，使中國內戰不可避免，將美國和蔣介石牢牢地綁在一起，繼而「決定了此後27年間美中關係的痛苦歷程。」[104]1978年，中美正式建交，謝偉思在一次聚會上深情地回憶起毛澤東對他所說的話：中美最終要建立友好關係。當這一天真的到來時，是否意味著中美兩國持續了數十年的恩怨情仇可以就此了結了？一個共產主義的中國和一個資本主義的美

---

103 參閱同上書，頁390。
104 參閱琳・喬伊納，《為中國蒙難：美國外交官謝偉思傳》，頁322。

國是否就可以從此攜手共創世界和平？尼克森總統曾從中國人民「既守紀律又激動得近乎狂熱的令人生畏的景象」中，證實了自己的一個信念：「我們必須在今後幾十年內在中國還在學習發展它的國家力量和潛力的時候，搞好同中國的關係，否則我們總有一天要面對世界歷史上最可怕的強大敵人。」[105]這等願望對美國人民來說是何等的現實，對中國人民的友好態度又是何等的真誠！問題是，在中美關係正常化之後，在中國強大起來之後，中國難道就不會成為美國最可怕的強大敵人？

美國在中國的失敗：究竟誰誤解了中共？

美國圍繞著「誰失去了中國」這個問題所展開的長達四分之一世紀的爭論，隨著尼克森總統訪華實際上宣告終結了，原來那些需要為失去中國承擔責任並為此長期備受指責的政客、外交官和歷史學家們，因應於中美關係在新的世界格局中的重大變化而獲得了免責的權利，他們甚至被視為是國家的英雄和先知。「美國的中國形象」也再次發生變化，從一個蘇聯式的共產主義極權國家，轉變為一個可以和美國聯合起來以共同對付蘇聯的潛在盟國。麥卡錫時代曾被美國人民普遍接受的共產主義猶如洪水猛獸的觀念，在美國總統訪華之後很快就變得無足輕重，中共領導人在許多美國人心目中已不再是獨裁者形象，他們通過革命方式奪取政權和以社會主義方式改造中國的方案，似乎也不再與美國的價值觀構成根本性衝突。但是，隨

---

105 理查德‧尼克森，《尼克松回憶錄》（下），頁608。

著時間的延續,尤其是中國經過40年改革開放一躍成為世界第二大經濟體時,美國人日益感受到一個強大起來的中國對美國所構成的前所未有的挑戰。季辛吉在2022年——中美關係正常化50年之際,為《論中國》一書第十版所寫的序言中,概述了中美兩國的歷史和觀念的差異:

> 華盛頓與北京之間的分歧常常源於雙方歷史和觀念的差異。中國從主權和穩定的角度審視諸如人權這樣的問題,而美國則從襲自歐洲和啟蒙運動的普世價值角度詮釋這些問題。中國堅信,「中央王國」的傳統文化和政治舉世無雙,因此它的內政不容外人說三道四。美國則認為,國際法則——「普世的」和「客觀的」法則——應適用於所有國家,無論國家大小或歷史短長。中國以歷史為準繩,美國以法律為準繩。[106]

季辛吉撰寫上述序言,是因為他(也是因為美國主流看法)認識到美國和中國的上述分歧,在中美關係正常化的蜜月期裡獲得過緩解,卻並沒有獲得根本性解決,隨著中國日趨強大,「以上分歧以及兩國公眾輿論的分野進一步加深」。從某種意義上說,尼克森總統曾經最為擔憂的美國要面對中國這個「世界歷史上最可怕的強大敵人」正在成為現實,即使中美關係正常化已經50年了。季辛吉在2011年撰寫《論中國》一書的目的是:「對在美國和中國之間建立『戰略互信』的可能性進

---

[106] 亨利・季辛吉,《論中國》,頁VI。

行思考」，但他同時也提出了這樣的問題：「中美關係有可能演變成為真誠的夥伴關係和以合作為基礎的世界秩序嗎？中國和美國能夠培養真正的戰略互信嗎？」[107]

季辛吉的問題其實就是羅斯福在1944年面臨的問題，因為他們面對的是同一個對手──中國共產黨，儘管他們所處的時代環境大不相同，他們都面臨著如何認識中共的性質和如何與中共打交道的問題。羅斯福總統在1944年如果沒有對中共的基本信任，那就不可能在對華政策中形成「聯共」和建立「聯合政府」的構想；同樣，尼克森總統在1972年訪華除了源於地緣政治的考慮之外，當然也包含著對中共的一種良好期待：既可以利用中蘇之間的矛盾來嘗試建立中美的準同盟關係，又可以在與中共的接觸中發揮美國價值觀的影響力，從而引導中共進入美國主導的世界秩序之中。正是基於對中共是一個致力於民族復興的、根據現代化目標可塑的政治組織的基本認識，美國才會在從羅斯福以來的歷屆總統的對華政策中，體現出一條一以貫之的主線：始終堅信美國可以而且必須與中國共產黨合作。所以，季辛吉自首次與中共領導人洽談以來便對中美兩國基於共同利益所形成的歷史性合作關係充滿期待：「當年周恩來總理和我就宣布我秘密訪華的公報達成一致時曾說：『這將震撼世界。』40年後，倘若美國和中國能夠同心協力建設世界，而不是震撼世界，那將是何等大的成就啊！」[108]

季辛吉在2022年提出「美國和中國能夠同心協力建設世

---

[107] 同上書，頁501。
[108] 同上書，頁518。

界」，與羅斯福總統當年期待共產黨和國民黨能夠建立聯合政府的想法，都是基於一個共同判斷，那就是認為中共並不是一個原教旨主義的共產主義政黨，中共認同美國的價值觀和政治制度，中共願意與美國歷屆政府進行長期合作。這些判斷除了來自於他們自己對共產主義的基本認識和外交理念之外，當然與他們從白宮和國務院的專業部門那裡得到的相關信息密切相關，尤其是「中國通」們的意見具有無可置疑的影響力。季辛吉在秘密訪華期間，曾與當時恰好在北京訪問的謝偉思有過一次會晤，他從這位「唯一同毛主席做過實質性談話的美國外交官」口中瞭解到早先與毛澤東的談話內容時驚訝不已，他沒有想到的是，謝偉思早在他27年前就和毛討論中共與美國展開政治和軍事合作事宜，他內心肯定暗暗佩服，坐在他面前的這位低級外交官才是掀開中（共）美關係史新篇章的第一人。當時季辛吉糾結於周恩來是否會把臺灣問題設置為中美和解的無法解決的障礙，但謝偉思憑歷史的經驗告訴他：中國政府把臺灣問題看得很重，但絕不會在這個問題上與美國政府討價還價，這個看法讓季辛吉頓時有豁然開朗的感覺，讓他認識到中共領導人絕不是一群恪守共產主義意識形態的原教旨主義者，所謂民族利益和國家利益在他們眼裡也並非不可妥協。[109]謝偉思對中共一以貫之的看法迅速在季辛吉心中獲得共鳴。

1972年2月，在尼克森總統訪華前的一個星期，謝偉思應邀再次到國會外交委員會就美國對華政策發表見解，他在被國會拋棄了二十幾年之後終於又被議員們認識到其價值所在，他把

---

109 參閱琳・喬伊納，《為中國蒙難：美國外交官謝偉思傳》，頁318。

剛剛訪問了北京所形成的新的認識,與他在延安考察時寫的戰時報告結合起來,對議員們說:

> 我最近去中國看了看,至少給我的印象是:中國的現實有很多可以在當年我們發自共產黨延安根據地的那些報告和見聞中找到根源⋯⋯我想,我們之所以干涉越南,堅持認為必須遏制中國,防止我們認定的共產主義影響在東南亞擴散,主要原因是我們對中國人、對中國共產主義運動及其領導人的意圖存在誤解,缺乏認識⋯⋯我認為美國涉足越南很大程度上⋯⋯是錯誤解讀了中國,是出於對它莫名其妙的恐懼。[110]

謝偉思的上述看法表明,他自始至終沒有改變自己在延安戰時報告中對中共的一系列基本判斷:中共並不是一個純粹的共產主義政黨,中共並不真正信仰馬克思主義,中共並不是對蘇聯俯首貼耳的附庸組織。他那時得出的結論是:「中國共產黨的綱領從理論轉向到實際,它只是要求實行民主。從形式和精神看,這都更像美國而不像俄國。」[111]正是基於這些判斷,謝偉思才會堅持認為,美國「失去」中國的真正根源是美國「誤解」了中共並「錯誤解讀」了中國的意圖。據說詹森總統執政時使越戰升級的總設計師、國防部長羅伯特・麥克馬洪後

---

[110] 轉引自同上書,頁320。
[111] 約瑟夫・W・埃謝里克編著,《在中國失掉的機會:美國前駐華外交官約翰・S・謝偉思第二次世界大戰時期的報告》,頁265。

來承認「他誤解了中國的意圖」。112從這個意義上看，尼克森總統訪華就像是美國政府在對華政策上的一次糾錯行動，季辛吉寄望於美國和中國建立起一種「戰略互信」的關係，就是力圖從過去誤解中國的思維框架中走出來，盡力維護中美之間的實質性合作關係，使之不受歷史糾葛和各自國內考慮的干擾。

美國「失去」中國，肯定是源於美國對中共的重大誤解。但是，誤解是否就如謝偉思所概括的那樣，是美國的決策者沒有認識到中共與蘇共在性質上的重要區別？沒有認識到中共具有內在的民主傾向？以及沒有認識到中共更像是美國而不是俄國？還是這些決策者沒有認識到中共作為一個馬克思主義的政黨，在任何時候都沒有放棄過馬克思賦予的歷史使命：在全世界徹底消滅資本主義私有制及其政治制度？換個角度看問題，在美國與中國打交道的半個多世紀裡，究竟是誰正確理解了而不是誤解了中共的性質及其政治意圖？是一直致力於促成美國與中共進行政治軍事合作的謝偉思等「中國通」？還是後來一直致力於推動美國全面支持蔣介石政府與中共進行軍事決戰的那些共和黨人？

鄒讜在1963年發表的《美國在中國的失敗（1941-1950年）》這一歷史性著作，超越黨派和意識形態之爭，以歷史學家的嚴肅態度明確認為「中國的共產化確是美國外交政策最慘重的一次失敗」。失敗的原因在他看來，就在於美國在二戰期間規劃的美蘇合作的宏偉計劃和以和平方式建立團結與民主的中國的政策「是以錯誤估計了蘇聯的意圖，並對國際共產主義

---

112 參閱琳·喬伊納，《為中國蒙難：美國外交官謝偉思傳》，頁320。

運動和中國共產黨作出錯誤的判斷為基礎的。」[113]他之所以這麼認為,是因為美國將這一時期的軍事目標置於至高無上的地位,期待通過聯合各種力量包括共產黨的力量來共同抗擊日本侵略,這種情況造成了美國軍事行動中的政治含意沒有得到充分考慮,美國在部署遠東軍事戰略時,也沒有考慮到它對中國的國內穩定所產生的政治影響,羅斯福急於利用中國共產黨的力量和根據地的願望構成了錯誤地估計中國共產黨的性質與意圖的原因之一。由於期待用中共武裝力量來加強國民政府的軍事實力,形成全國統一抗日的態勢,美國政府一直力圖推動國民黨政府進行政治改革,提倡建立包括共產黨人在內的聯合政府的計劃,滿懷希望地期待與中國共產黨人建立友誼和合作關係。但是,在鄒讜看來,「採取這樣一條政策的根本的先決條件是正確地理解中國共產黨的性質和意圖。中國共產黨是國際共產主義運動中的主要力量,它固然紮根於中國,然而卻始終不渝地追隨蘇聯的迂回曲折的外交政策。」[114]羅斯福政府顯然沒有充分看清楚中共及其武裝力量與蘇共的緊密關係,沒有正確地理解中國共產主義運動的性質和意圖,由此導致其對華政策在戰後沒有繼續採取全力支持國民政府的立場,沒有運用充分的人力和物力並竭盡全力來處理中國事務,沒有使它的軍事活動服從於政治方針。由此導致的結局是,蔣介石政府在失去了美國的全力支持的情況下「失去」了中國,而美國同時也「失去」它一直期待與中共建立的友好合作關係,美國從此成

---

113 鄒讜,《美國在中國的失敗(1941-1950年)》,頁30。
114 同上書,頁47。

為中共的頭號敵人。

為了進一步說明美國人為何對中共的性質和意圖普遍存在重大誤解，鄒讜從六個方面展開系統分析：

1. 美國的政治傳統將自由和民主置於無可置疑的價值高度，導致美國人傾向於蔑視政治理論和意識形態在其他社會的政治生活中的作用，以為通過美國經濟援助的具體形式可以改變革命集團的政治方向。

2. 美國在華的主要官員，從赫爾利大使到史迪威將軍再到以謝偉思、戴維斯、文森特等所謂「中國通」，他們對共產主義普遍無知，幾乎從未讀過毛澤東或其他中共領導人的任何著作，也沒有讀過馬克思、恩格斯的《共產黨宣言》、列寧的《國家與革命》、《共產國際的綱領和章程》，直到後來才意識到中共是國際共產主義運動的一部分。

3. 以美國自由主義觀點來理解中國的權力之爭，將中國的共產主義運動視為美國民主運動在中國的翻版，認為國共兩黨之間的意識形態和政治分歧，是可以通過建立聯合政府和立憲政治的方式來加以克服。

4. 美國對中國的政治傳統和中國特點存在著錯誤理解，認為中國人民與俄國人很不相同，中國共產主義並不是俄國意義上的真正的共產主義，進而認為對中國共產主義的恐懼是沒有必要的。

5. 對中國的性質和意圖所持的普遍的錯誤的觀念，受到了畢恩來和歐文·拉鐵摩爾這兩位遠東問題專家思想的影響，他們實際上對國際共產主義運動高度無知和幼稚，不能準確地把握外交政策的實質，受到了政治潮流變動的影響而沒有作出獨

立的判斷。

6. 埃德加・斯諾等作家的著作，亦對中國共產黨的性質作出了錯誤的描述，認為中共只不過代表了溫和的土地改革運動，他們與其說是共產主義者，不如說是中國的民族主義者。[115]

基於上述分析，鄒讜認為謝偉思發自延安的戰時報告「對中共的性質和意圖持有極為錯誤的觀念」：

> 最明顯的是他對運動內在動力一無所知，事實是共產黨的極權主義性質存在於列寧主義的組織原則之中，存在於它取得全部政權的願望之中，存在於把這種權力作為對社會制度進行迅速和深刻改革而必不可少的工具之中。無知使他僅從表面現象來理解共產黨地區的「民主」制度。
>
> 對中共性質的這個估價還出自對民主的錯誤理解。在謝偉思看來，任何得到群眾支持和推進大多數人利益的政府就是民主政府……謝偉思沒有看到一場極權主義運動或一個極權主義政府有時可以激起人民巨大的熱情並可以為大多數人的利益服務，而競選制度只不過是在群眾中培養參與感的工具。現代的極權主義與傳統的專制主義有所不同，它高度重視廣泛的群眾支持，而且也往往能夠成功地得到它。區分極權政府的群眾支持和民主政府的群眾支持的標準是建立政府的不同方式——一種方式是一黨壟斷對一切有效的權力工具的控制，另一種方式是一個以上的權

---

[115] 參閱同上書，頁175-187。

力中心通過憲法程序為取得被統治者的同意和支持而展開競爭。

謝偉思對西方的民主和作為取得群眾支持的工具的「民主」之間的區別缺乏充分的理解，這就使他無法從正確的觀察中得出恰當的結論。謝偉思對一個眾所周知的常識也缺乏足夠的強調，即現代民主制度的存在條件是有一個以上的政黨，和有力量的反對黨得以發展的可能性。116

對於中共在1944年至1945年期間向美國表達出建立政治軍事合作關係的迫切願望，鄒讜也作了精闢的分析，他認為中共對美國作出友好的表白，是它根據當時和不遠的未來的遠東政治力量局勢所做的「策略性調整」，這一策略性調整是恐懼和希望的奇妙混合體的產物。也就是說，中共只有在兩種情況下可以對美國保持「友好」態度，第一，蘇聯和中共出現了不可調和的利益衝突，並發展成為公開的決裂；第二，中共既要面對美國的巨大實力，又要擔心蘇聯不能向他們提供有效的幫助。這兩種情況意味著中共必須同時與蘇聯和美國保持友好關係才是符合它的最大利益，當它與蘇聯的關係處在捉摸不定的狀態時，開闢並擴大與美國的合作渠道肯定是最佳選擇。由此不難理解中共向美國人扮演「親美」形象的內在動機，他們通過對美國友好的表白，通過強調認可美國的民主制度及其價值觀，以及強調美國經濟援助對於中國的重要性，是希望能夠促使美國不再完全站在國民黨人一邊。尤其是在美國提出的建立

---

116 同上書，頁165、166、168。

一、重問「誰丟失了中國？」　97

聯合政府的問題上，共產黨人表現出遠比國民黨人更積極的態度，因為共產黨人清楚地知道聯合政府只是在表面上符合美國人的憲政理念，而實際上這種政權形式更符合中共保存並擴大其政治和軍事實力。中共是依據現實中各種政治力量的對比關係來不斷地調整與美國的策略性關係：「只要美國的行動和政策有利於他們的權力和影響，共產黨人就會保持他們的友好姿態。但是一旦他們掌握了權力，或感覺足以強大到能夠泰然地蔑視美國的時候，顯然出自於策略而考慮的對美國友好的表白就會大大地失去分量。」[117]因此，在鄒讜看來，在希望和恐懼之間建立的平衡從實質上說是不穩定，共產黨對美國「友好」的基礎是不牢固的，謝偉思等提出的美國與中共可以建立起一種長久的友好合作關係，根本不具有共同的利益和價值觀基礎。根本的問題在於：「謝偉思和戴維斯對中國共產黨的性質和意圖的錯誤理解使他們看不到他們建議中的所有含義。這種錯誤判斷歸根結底是由於過低估計了意識形態在中共事務中作用。」[118]

鄒讜所著《美國在中國的失敗（1941-1950年）》一書，深入探討美國在中國失敗的原因，鋒芒指向並非僅僅是謝偉思這些外交官，而是對羅斯福總統以來的美國對華政策進行全面的批判性反思，其重要性誠如漢斯·摩根索的評價，揭示出美國對華政策「判斷的錯誤和行動的失誤」，從而發現「『喪失中國』的原因既不是疏忽大意，也不是一夥可以指認的替罪羊的

---

[117] 同上書，頁174。
[118] 同上書，頁175。

叛國行為,而是我們自己,是那些表達了政府意向和民眾意願的政策。」[119]摩根索由此將這部著作視為對美中關係做出了明智與公正的判斷,是美中關係史上一個巨大的思想貢獻,既是一部體裁宏偉的歷史著作,又是一部傑出的政治科學著作。這個評價恰如其分。本書力求在鄒讜研究的延長線上,在他已經解決的問題的基礎上繼續追問那些還沒有解決的問題,在迄今為止仍然彌漫著黨派和意識形態鬥爭的迷霧中繼續深入探尋美國「失去」中國的各種原因。

---

[119] 同上書,〈序〉,頁IV。

二

決定總統外交政策的倫理與政治

威爾遜主義：理想與現實的衝突

　　1844年，美國與中國締結的第一個條約——《望廈條約》，被史家普遍認為是美中關係史的正式開始。從時間上看，《望廈條約》比美國馬休・佩里將軍於1853年率炮艦強行叩開日本國門後簽署《神奈川條約》要早10年，但兩個條約在性質上具有相似性，即美國要求中國和日本向美國商船開放口岸、提供物資補給和人員生活方便等最惠國待遇。《望廈條約》與中英《南京條約》（1840年）、中英、中俄、中法《北京條約》（1860年）、中日《馬關條約》（1895年）具有重大區別，沒有向中國滿清政府提出割地、賠款要求。1899年9月，美國國務卿海約翰（John Milton Hay）向英國、德國、俄國、法國、義大利、日本發送了關於對華門戶開放政策的聲明，這份聲明亦被美國著名歷史學家泰勒・丹涅特稱之為「海氏通

牒」，[1]聲明要求各國正式保證在其利益範圍或租借地內不干涉任何通商口岸或其他國家的既得利益，在其勢力範圍內不得在港口稅或鐵路運費等方面歧視他國國民，中國現行條約稅則適用於各國在華勢力範圍，中國政府得以徵收關稅。[2]對於這個照會，當時沒有一個國家明確表態同意與否，海約翰卻宣稱各國都已「斷然而明確地」同意了照會的內容。1900年7月義和團運動期間，海約翰向各國發表第二份聲明，宣稱「門戶開放」政策「是為了給中國帶來長期的安全與和平，為維護中國的領土與主權的完整，為保護一切由條約和國際法所授予友好各國的權利，為世界各國捍衛與整個中華帝國平等公正地通商的原則而尋求一種解決辦法。」[3]

美國政府提出的「門戶開放」政策與西方列強意欲瓜分中國的政策迥然不同，這一政策作為一項意向性宣言，對各國沒

---

[1] 美國著名歷史學家泰勒‧丹涅特在其撰寫的《美國人在東亞》這部具有開創性意義的著作中，將海約翰這份聲明稱之為「海氏通牒」，因為「美國不但要求門戶開放，而且還企求亞洲各國的發展能強大到足以作為它們自己的守門人的程度。它希望有一個強大的東方；別國卻不希望如此。」門戶開放政策的精神與美國〈獨立宣言〉同樣悠久，它並非僅僅針對中國，而是針對所有國家。在丹涅特看來，門戶開放政策由於與西方列強的對華政策不同而讓美國陷於一種孤立地位，「海氏通牒」發出後之所以能讓西方各國不同程度的接受，是因為美國新近的軍事成就以及美國的一支龐大遠征軍出現在遠東和在國內保有龐大的預備軍，以及美國在華利益和英、日的天然一致以及和德國的可能的一致。參閱氏著，《美國人在東亞》，姚曾廙譯（北京：商務印書館，1959），頁1、2、545。
[2] 參閱徐中約，《中國近代史：1600-2000中國的奮鬥》，計秋楓、朱慶葆譯，茅家琦、錢乘旦校（北京：世界圖書出版公司，2013），頁258-259。
[3] 轉引自鄒讜，《美國在中國的失敗（1941-1951年）》，頁3。

有法律約束力，但道德的約束力則是顯而易見的。在徐中約看來：「在宣布這項政策後，瓜分中國的趨勢確實緩和下來，這倒不是因為列強回應了美國的呼籲，而是因為它們害怕互相之間會發生對抗與衝突。由此而形成的均勢，挽救了清帝國，使其免遭立即覆亡的命運。」[4]鄒讜看問題的角度與徐中約有所不同，他認為《望廈條約》和「門戶開放」政策公開地正式解釋了美國在以後的50年中間斷性地、並不是十分有效地遵循的兩個目標：要求各國在華享有平等貿易的機會，同時堅決維護中國的領土與主權完整。[5]1913年，伍德羅·威爾遜以民主黨候選人身分當選美國總統，他上任伊始便一改前任總統塔虎脫拖延承認中華民國的立場，在西方國家中率先承認袁世凱政府，宣告中國辛亥革命是「我們這一代最有意義的事件」，相信中國這個具有古老文明的大國終將變成一個現代的、民主的、基督教的國家並與美國長期友好。

在中國從傳統向現代轉變之際，美國提出的「門戶開放」政策承諾維護中國的主權完整和堅持貿易機會均等的原則，顯然不僅僅是出於一種功利主義的動機，它對各國在中國的無序擴張顯然也更多地體現為一種道德約束力。伯頓·比爾斯表述了史學家們的一個共同看法：「理想主義在威爾遜政府對遠東問題的態度上占重要地位。根據總統的見解，美國在世界性事務中扮演著傳播文明的角色。美國政府旨在促進人權，提高道

---

[4] 徐中約，《中國近代史：1600-2000中國的奮鬥》，頁259。
[5] 參閱鄒讜，《美國在中國的失敗（1941-1951年）》，頁4。

德水平，培植正義的統治地位。」[6]鄒讜用更為精確的語言表達了這一看法：

> 美國的理想、感情、利益在這兩個原則上完美地匯合為一體。要求平等的貿易機會和反對壟斷的傳統早在美國革命以前就存在了。尊重中國主權完整的原則表達了美國反對帝國主義、殖民主義的立場，和她同情受壓迫人民的態度。[7]

美國之所以對中國具有一種道德責任感，將「門戶開放」政策的精神視為與美國的〈獨立宣言〉一樣悠久，或者是把「門戶開放」政策看作是美國生活方式輸出的縮寫，原因在鄒讜看來，一方面是基於人道理想主義的福音基督教，具體的表現是在中國開展活躍的傳教、慈善和教育活動，傳教士們深信「新的中國文明是建築在那裡的基督教運動的基礎上的」；另一方面是美國人願意看到共和、民主的政體在中國建立並繁榮。約瑟夫・奈伊也持大致相同的觀點，他在探討美國總統及其外交政策時提出了「美國的道德主義」，認為這一概念與美國的「例外主義」緊密相關，即美國人把自己的國家視為一種道德例外，他引用老羅斯福在一個世紀前所說的話：「我們對人類的主要用處就在於把權力和高尚目標結合起來。」[8]在他看

6　參閱歐內斯特・梅、小詹姆斯・湯姆遜編，《美中關係史論》，齊文穎等譯（北京：中國社會科學出版社，1991），頁159。

7　鄒讜，《美國在中國的失敗（1941-1951年）》，頁4。

8　約瑟夫・奈伊，《美國總統及其外交政策》，安剛譯（北京：金城出版

來，美國人對自己的國家是「一種例外」的相信來自於三個源頭，一是美國締造者們的自由主義思想啟蒙，珍視個人的自由和權利，相信這些權利是普遍性的，不僅限於美利堅合眾國；二是美國人相信自己負有《聖經》裡關於「天選之人」的使命，對道德的關切是與生俱來的；三是美國的體量和位置決定了美國在20世紀初成為世界第一大經濟體時，開始以一個全球大國的方式進行思考。

基於道德的或倫理的觀察視角，[9]鄒讜和約瑟夫・奈伊均認為，以伍德羅・威爾遜總統開創的「威爾遜主義」是美國道德主義或理想主義外交的集中體現，儘管在他之前，從美國開國領袖到威爾遜的前任老羅斯福總統，都在他們的對外政策中程度不同地體現出一種道德主義傾向。沃爾特・拉塞爾・米德所著《美國外交政策及其如何影響了世界》一書（在2002年獲得了全球外交領域最權威獎項——Lionel Gelber獎），創見性地將美國外交傳統概括為四個流派：以亞歷山大・漢密爾頓總統命名的「漢密爾頓主義」，其主要特點是重商主義，即在歷史上一直試圖確保美國政府支持美國商人和投資者的權利；以伍德羅・威爾遜總統命名的「威爾遜主義」，認為美國負有在全世界傳播價值觀道義和實際責任，對世界秩序的法律和道德方面

社，2022），頁1。
9 約瑟夫・奈伊在他的著作中交替使用「倫理」（ethics）和「道德」（morals）兩詞來意指人們對對與錯的評判，強調倫理是關於正確行為的抽象原則，而道德通常是指那些可能基於形式倫理或個人良知的個人判斷。本章提出的「決定美國對華政策的倫理與政治」中的「倫理」，亦是參照約瑟夫・奈伊的定義。參閱同上書，前言，頁i。

更感興趣；以托馬斯・傑斐遜總統命名的「傑斐遜主義」，主張在危險世界中維護美國民主是美國人民最為緊迫和至關重要的利益，一再告誡他們不要試圖將美國的價值觀強加給其他國家；以安德魯・傑克遜總統命名的「傑克遜主義」，奉行「人民主義」，崇尚榮譽、獨立、勇氣和軍事自豪。[10]米德認為，美國這四個外交傳統從18世紀到20世紀一直存在，在美國歷史的所有重要時代中，對美國外交政策的辯論產生了明顯而重要的影響；但比較而言，「威爾遜主義對塑造美國霸權的架構產生了巨大影響」，它將「全球道德秩序觀與美國霸權的具體需要結合了起來」，從而形成了美國外交政策中「威爾遜主義的大戰略」。[11]其主要原則是：第一，民主制度比君主制、專制政治能塑造更好、更可靠的夥伴；民主制度會在更大程度上走向道德與政治的一致；民主制度更加穩定，更成為秩序的一部分；在國外支持民主不僅是美國的道義責任，也是一種實際需要。第二，堅持反戰立場，提出創建和平世界的主張，試圖制定戰爭行為規範，限制武器的生產、銷售和使用，以降低戰爭的恐怖程度；尋求防止和替代戰爭的辦法，提倡建立集體安全的國際組織，推動國際聯盟、世界法院和聯合國的出現。[12]

---

10 參閱沃爾特・拉塞爾・米德，《美國外交政策及其如何影響了世界》，曹化銀譯（北京：中信出版社，2003），頁92-94。
11 參閱同上書，頁171。
12 參閱同上書，頁171-175。根據美國哥倫比亞大學前副校長約翰・克勞特的界定，威爾遜的「理想主義」外交包括四個原則：一是美國無意攫取別國領土；二是美國外交的主要手段是和平談判，不是武力征服；三是美國不承認任何通過暴力掌權的外國政府；四是美國在國際關係中將恪守信用，尊重道義。美國《國際展望》，1987年第2期，頁23，轉引自王曉德，

從世界地緣政治來看，美國19世紀的外交史幾乎就是一個空白，從1823年詹姆斯・門羅總統發布〈門羅宣言〉，[13]到1898年威廉・麥金利總統發動對西班牙戰爭，除了西部擴張之外，美國基本上沒有外交政策。按照米德的說法，美國傳統的孤立是美國力量的弱小、英國海軍實力的強大以及19世紀科技不發達共同作用的結果。在這段時間內，美國人與世界其他地方長期隔絕，對外交事務知之甚少。美國「光榮的孤立」是在威爾遜時代被終結。此時的美國已經取代英國成為世界第一大經濟體，國力的強大必然要求國際話語權，美國向世界秩序輸出何種外交理念就成為關鍵。第一次世界大戰的爆發，歐洲兩大戰爭集團——以德意志帝國、奧匈帝國、奧斯曼帝國和保加利亞王國組成的同盟國集團，與英國、法國和俄國組成的協約國集團，進行了曠時持久的戰爭，戰爭給整個歐洲造成了前所未有的破壞。威爾遜總統在1917年宣布美國支持協約國集團，向同盟國宣戰，派遣了兩百萬美國士兵踏上歐洲土地，由此迅速改變戰爭形勢，迫使德國投降，結束戰爭。為確立戰後新的

《夢想與現實：威爾遜「理想主義」外交研究》（北京：中國社會科學出版社，1995），頁292。中國學者任李明將威爾遜主義概述為：1. 道德律令——道德應當是一切外交政策的出發點；2. 多邊律令——多邊主義應當是實現外交政策目標的基本手段；3. 民主律令——在美國領導下實現世界的民主是實現永久和平的前提條件；4. 民族自決律令——任何民族都有權決定自己的政府形式。參閱任李明，《威爾遜主義研究》（北京：中國社會科學出版社，2013），頁2。

13 〈門羅宣言〉要點：1. 要求歐洲國家不在西半球殖民，也反對俄國在北美西海岸的擴張；2. 要求歐洲不干預美洲獨立國家的事務；3. 保證美國不干涉歐洲事務，包括歐洲現有的在美洲的殖民地的事務。「門羅主義」幾乎就是「孤立主義」的同義語。

世界和平秩序，1919年巴黎和會召開，這次會議既是美國人首次進入世界大舞臺的中心，也是「威爾遜主義」崛起的標誌，全歐洲的廣場、街道、火車站以及公園都貼滿威爾遜的頭像，海報上用碩大的字樣寫著「我們要威爾遜那樣的和平」。威爾遜總統到達法國港口城市布雷斯特的那天，迎接他的人群不停地呼喊：「美國萬歲！威爾遜萬歲！」[14]威爾遜歷史性出場象徵著美國道德主義外交理念開始重構世界秩序，威爾遜本人也成了「一種新的國際關係道德類型的象徵」（約瑟夫·奈伊語），甚至成了一個「彌賽亞」式的人物。英國新左派思想領袖佩里·安德森在他的著作中不無諷刺地寫道：「隨著威爾遜入住白宮，美國的外交政策即將發生突如其來的轉變。與此前和此後的所有總統都不一樣，威爾遜以彌賽亞式的高調，讓帝國保有的每一首妄自尊大的曲目都加入合唱。」在他看來。威爾遜促使美國在1917年加入第一次世界大戰，是因為美國人相信他們享有「完成使命、拯救世界的無上殊榮」。[15]安德森的這個看法或許就是來自於狄龍在當時的描述，這位愛爾蘭著名作家和記者對巴黎和會的現場報導無疑具有歷史的真實感，在他的筆下，威爾遜初登歐洲大陸的確像是創造了一個「彌賽亞時刻」：「歐洲各國從未像現在這樣渴望跟隨摩西，跟隨他到那應許之地——那裡沒有戰爭，沒有羈絆。在他們看來，托馬

---

14 參閱瑪格麗特·麥克米倫，《締造和平：1919巴黎和會及其開啟的戰後世界》，鄧峰譯（北京：中信出版社，2018），頁20-21。
15 佩里·安德森，《美國外交政策及其智囊》，李岩譯（北京：金城出版社，2017），頁7-8。

斯‧伍德羅‧威爾遜就是摩西。」[16]狄龍的描述並非誇張，當時不管是勝利國的法國還是失敗國的德國，不管是資產階級還是無產階級，不管右翼還是左翼，都把威爾遜看作是救世主，都期待著他把世界從深陷的泥潭中舉起，並為人類的解放和蛻變掃除世俗的障礙。巴黎和會簽署的《凡爾賽和約》由此被稱為「威爾遜式盟約」。歐洲各國之所以普遍對威爾遜的到來倍感鼓舞，是因為威爾遜向世界提供的終極和平方案——十四點和平原則，[17]不是基於歐洲傳統的依靠力量均勢的外交理念，而是基於一種共同的價值觀，那就是用自由和民主的原則不僅構造各個國家的政治制度，而且也據此構造國際聯盟組織，也就是威爾遜所說的：「世界必須是權力的共同體，而非權力的均

---

16 埃米爾‧約瑟夫‧狄龍，《巴黎和會》，仇全菊譯（北京：東方出版社，2021），頁110。

17 1918年1月8日，威爾遜總統在美國國會為重建歐洲和平提出十四條原則，主要內容包括：以公開的方式締結合約；保證航海自由；建立平等的貿易條件；限制各國軍備；自由、開明、公正地處理殖民地問題；從俄國撤出軍隊；以自由和民主的方式處理比利時、法國、義大利、羅馬尼亞、塞爾維亞、土耳其、波蘭諸國的領土和主權問題；根據專門公約成立一個普遍性的國際聯合組織，目的在於使大小各國同樣獲得政治獨立和領土完整的相互保證。參閱任李明，《威爾遜主義研究》附錄一，頁134-135。瑪格麗特‧麥克米倫的研究表明，歐洲戰勝國和戰敗國對「十四條和平計劃」的反應迥然不同，法國人要求確保自己能獲得戰爭賠償，英國人不同意航海自由這一條，而德國人則期待完全接受威爾遜的原版計劃。最後的結果是，《凡爾賽和約》基本滿足了法英等國的要求，威爾遜由此認為是狡猾的歐洲人「玷污了新外交政策的純潔意圖。」參閱瑪格麗特‧麥克米倫，《締造和平：1919巴黎和會及其開啟的戰後世界》，頁27。這個情況表明，道德主義外交在現實中是抵擋不住國家利益的衝擊。

衡。」[18]具體而言,就是設想在國家(民族)自決、自由貿易以及由國際聯盟維護和平的基礎之上建立起世界秩序。這既是一個理想主義的目標,也是一個現實主義的目標,用《美國世紀》的作者的話來概括:「(1)用一個開放的、經濟上自由和政治上基本自決的世界取代歐洲人的力量均勢格局;(2)用威爾遜的自由主義綱領取代列寧的革命綱領。」[19]

誠如季辛吉所言,「威爾遜的出現是美國歷史上一個轉折點,是罕見的領導人徹底改變本國歷史方向的一個例子。」「威爾遜構想中的世界是講原則不講實力,講法律不講利益,完全與歐洲列強的歷史經驗與運作方式背道而馳。」[20]威爾遜奠定的美國道德理想主義的外交理念,對後來歷任美國總統的外交政策產生了深遠影響,不僅是羅斯福和杜魯門這兩位民主黨總統一直自視是「威爾遜主義者」,始終是以威爾遜的價值理念推動建構自由主義國際秩序;而且作為「終極現實主義者」(ultimate realist)的共和黨總統尼克森,也是把威爾遜奉為偶像,主動在白宮懸掛他的肖像以表示由衷的尊敬。季辛吉從美國現實主義外交理念出發,認為威爾遜在地緣政治上遠遠算不上最為精明,在外交政策上也遠遠算不上20世紀最成熟的人物,但這都不妨礙威爾遜一直躋身於美國「最偉大的」總統之列,按他的說法:

---

18 轉引自亨利・季辛吉,《大外交》,頁33。
19 沃爾特・拉菲伯、理查德・波倫堡、南希・沃格奇,《美國世紀:一個世紀大國的崛起與興衰》,頁118。
20 亨利・季辛吉,《大外交》,頁32、202。

> 伍德羅‧威爾遜之所以偉大，歸根結底是因為他提出了宏大願景，極大地激發了美國例外主義傳統，讓那些起初的缺陷顯得微不足道。他被尊崇為先知，美國矢志追求他的願景，並以此評判自己的行為。[21]

威爾遜主義開創了美國道德理想主義的外交傳統，但這一傳統在現實中並非是無往而不勝的，相反，基於美國價值觀的外交政策總是在現實中四處碰壁。理查德‧霍夫施塔特在《美國政治傳統及其締造者》一書中把威爾遜的國家政策描述為是「在一個與世隔絕的幻境中遊蕩」，「他作為一個世界政治家的一生是接連遭受失敗」。[22]季辛吉則把「威爾遜主義的悲劇」概括為：「它留給20世紀這個舉足輕重的大國的是一套令人振奮但脫離歷史感和地緣政治意識的外交政策學說。」[23]狄龍在報導巴黎和會時就看到了威爾遜主義所面臨的現實困境：威爾遜致力於將「十四條原則」與道德理想相結合，融於國際聯盟中，由於兩者的內在矛盾性，結合幾乎不可能實現。戰後歐洲各國關係與威爾遜所希望建立的「道德友誼時代」的本質格格不入，戰勝國與戰敗國之間始終不能基於一種道德原則來重建歐洲秩序，正義被復仇所吞沒。因此，在狄龍看來：「巴黎和會是一次精心設計的會議，其目的是攫取更高利益，削弱當代人的道德意識，煽動國家和民族仇恨的火焰，拉大統治階級和

---

21 亨利‧季辛吉，《世界秩序》，頁351。
22 理查德‧霍夫施塔特，《美國政治傳統及其締造者》，崔永祿、王忠和譯（北京：商務印書館，2018），頁332。
23 亨利‧季辛吉，《世界秩序》，頁351。

人民群眾之間的鴻溝，打開無政府主義浪潮的閘門。真理、正義、公平和自由已經被扭曲，被迫為經濟政治利益服務。」[24]狄龍對威爾遜主義缺乏現實性的激烈批評在後來獲得了越來越多的歷史事實的支持，鄒讜在他的著作中就證明，威爾遜倡導的對華門戶開放政策所體現的理想主義目標從美國的自身利益來看是缺乏必要支持的，也就是說，「儘管在這些原則上，美國的理想與自身利益融合為一體，但是她從未試圖動用國家的軍事力量來實現這些原則。她主要通過發送外交照會，發表正式聲明，或要求各國簽署書面協議的形式使這些原則被接受。」[25]由此導致的結果是，美國的對華政策看上去體現出一種積極的干涉主義，和美國對歐洲採取的孤立主義政策形成對比，但干涉主義只限於停留在理想主義關懷的道德層面，而缺少實現理想主義的具體措施和路徑。一旦理想主義原則在現實中被破壞，美國並不嘗試運用更為強硬的手段包括戰爭方式來維護這些原則。威爾遜主義信奉「不訴諸武力的外交政策」對於羅斯福政府在1941年前後處理對日關係和中國國內問題時均有充分體現，鄒讜指出了這一點：「儘管美國的理想賦予她的遠東政策以積極的和『干涉主義的』特徵，但是幾乎沒有任何美國的官員認為在中國打一場戰爭以捍衛或推進美國的利益的做法是有道理的。」[26]這個情況可以解釋為什麼美國政府在國共衝突中始終不願意直接軍事介入，因為它一直試圖以威爾遜主義的道

---

24 埃米爾・約瑟夫・狄龍，《巴黎和會》，頁466。
25 鄒讜，《美國在中國的失敗（1941-1951年）》，頁6-7。
26 同上書，頁8。

德說教與和平方式來解決中國問題。

　　佩里・安德森是從另一個角度來質疑美國價值觀的現實性與有效性，他認為美國為執行傲慢的彌賽亞式外交政策而反覆付出了代價，這種外交政策使得美國從來不根據理性判斷下的國家利益來確定自己的輕重緩急；威爾遜主義作為一種意識形態不過是美國運用權力時的犬儒裝飾，掌握美國權力者始終相信在美國價值和美國利益之間不存在衝突；不管是共和黨總統還是民主黨總統，都深信美國的至上地位不僅是一筆國家財富，還是美國的普遍利益之所在，他們全部同意「美國應該是國際體系的領袖」這一說法。安德森由此認為，這是盎格魯—美利堅的成功孕育出來的一種幻想，「即執著地相信世界其他地區遲早都會自願走上由自己引領的通往自由、多樣與繁榮之路」。[27]安德森的批評也算是擊中了威爾遜理想主義外交理念及其政策的要害所在。

　　正是基於美國政治長期存在的理想與現實的矛盾，塞繆爾・亨廷頓認為：「理想與現實之間的鴻溝一直是美國政治的中心話題，這是其他國家所沒有的現象。」[28]他把這條鴻溝的形成歸之於美國政治理想的三個特徵：第一，美國社會一直存在關於基本政治價值和信仰的廣泛共識，「美利堅信條」（American Creed）的價值和信念是美利堅國家認同的獨特根源；第二，「美利堅信條」的價值體系包括自由、民主、平等

---

27 佩里・安德森，《美國外交政策及其智囊》，頁133、139。
28 塞繆爾・亨廷頓，《美國政治：激盪於理想與現實之間》，先萌奇、景偉明譯（北京：新華出版社，2017），頁6。

和個人主義，它使一切等級制、強制性、權威主義的組織失去合法性；第三，美國人對理想的信仰強度隨時間和群體的不同而不同，美國社會在信仰狂熱和信仰消極之間來回擺動。根據這三個特徵，亨廷頓把美國對價值理想的追求看作是美國政治經驗的核心內容，同時又把因追求理想而遭遇的失敗視為是美國政治的核心經驗：「美國政治的歷史就是好開頭與壞結果、希望與失望、改革與反動的循環往復。」[29]從亨廷頓的這一觀察視角來看，威爾遜主義或許就是最典型地反映出美國外交理念及其政策在理想與現實、承諾與實際之間的巨大鴻溝，這個鴻溝決定了作為威爾遜主義者的羅斯福總統和杜魯門總統在決定美國對華政策時，必然會陷入在一種理想願景與現實困境的深刻矛盾之中。如同威爾遜總統在巴黎和會之後並未如願以他的和平計劃阻止一場更大規模戰爭的爆發，羅斯福總統和杜魯門總統也沒有能夠按照他們的道德理想主義方案為中國創造和平，相反，他們竭力堅持不武力干涉中國事務的威爾遜式主張，在客觀上為加速國民黨政府在中國大陸的全面失敗創造了合適的國際環境。

羅斯福在雅爾達製造的中國難題

約瑟夫・奈伊在其《美國總統及其外交政策》一書中提出了一個重要的問題：「我們該如何評判美國總統的外交政策中的倫理？美國總統有他們自己的價值觀和信念，但他們同時也

---

[29] 同上書，頁18。

是生活在馬克斯‧韋伯筆下的非完美主義倫理現實世界中的領導人。」[30]也就是說，美國總統在特定情況下是否做出了最佳道德選擇，並不是僅僅根據其固有的價值觀和信念，而是基於約瑟夫‧奈伊所提出的三個道德維度，依次從現實主義、自由主義、世界主義這三張道德地圖中汲取靈感和智慧。由此可見，美國總統的外交政策不管充滿著多麼濃厚的自由主義道德色彩，它最終仍然是受制於美國與世界的現實關係的制約。美國總統面向世界時既要宣示美國的價值觀，也要思考如何依託世界政治的機制框架，使美國的價值觀更有可能得到實現。

從現實主義的維度觀察，威爾遜主義設想的關於一戰後世界秩序的道德圖景儘管在歐洲獲得了超階級、超黨派和超國家的普遍歡迎，但在現實中卻歸於失敗，威爾遜主義試圖建立的兩個目標：通過建立有約束力的國際法和組織，對世界無政府狀態進行馴化；朝著憲政民主的方向對體系內的其他國家進行改造。此二者均未實現。反對威爾遜主義的力量主要還是來自於美國國內的共和黨人，他們把控的國會參議院否決了《凡爾賽條約》和威爾遜提出的國際聯盟方案。反對的理由如佩里‧安德森所概括的：「美國並不需要實現威爾遜的雄心壯志，它還沒有做好無止境延伸對全世界事務進行重生性干預的準備。」[31]1920年，威爾遜總統到期卸任，共和黨人上臺，在共和黨總統執政的12年裡，美國外交政策重新轉向19世紀的孤立主義，國內輿論普遍認為美國捲入第一次世界大戰並努力創造一

---

30 約瑟夫‧奈伊，《美國總統及其外交政策》，頁40。
31 佩里‧安德森，《美國外交政策及其智囊》，頁8-9。

個新的世界秩序是巨大的錯誤。直至富蘭克林・羅斯福代表民主黨人在1933年重新贏得總統大選，威爾遜主義終於迎來了它的衣缽傳人。美國歷史學教授羅伯特・達萊克在考察羅斯福的對外政策時提到了這一點，強調羅斯福作為1920年代「威爾遜主義的最強有力的代言人」，「雖然他瞭解到威爾遜主義那時正在衰落，但他認為，美國人最終會重新回到他們的進取信念上來的；他們一旦這樣做時，他定能占據強有力的地位，贏得他們的支持。」[32]正是憑著對威爾遜主義的充分信念，羅斯福從共和黨人那裡奪取了總統寶座。

羅斯福在他的首屆總統任期內，外交並不是他首先要考慮的事情，他亟需應對的是世界經濟大蕭條給美國造成的災難性影響，所謂「羅斯福新政」重點要解決的是國內的一系列問題。當羅斯福在第二任期開始真正面對世界並需要確定美國在二戰時期的對外政策時，他在國內既要承受著孤立主義的巨大壓力，又要在國際上接受一戰以來的最大挑戰——納粹德國的崛起迅速打破了歐洲的力量均勢，而日本侵略中國造成的遠東問題迫使美國必須對此標明立場。對於羅斯福總統來說，從他執政的第一天起，就始終堅信用威爾遜主義理念來處理國際事務應該是美國外交政策的基本準則：「美國的外交政策必須維護國際條約的神聖不可侵犯，這是整個國際關係賴以建立的基石。」[33]因此，當納粹德國在1939年9月1日發動對波蘭的侵略戰

32　羅伯特・達萊克，《羅斯福與美國對外政策：1932-1945》，上冊，伊偉等譯，白自然校（北京：商務印書館，1984），頁18。

33　轉引自同上書，頁39。

爭時，總統迅速作出反應，向美國人民發表講話：

> 我認為我們有充分的權利和充足的理由繼續將維護基本道德規範、宗教教義和為維護和平進行不懈的努力作為我們的國策——因為總有一天，我們能對瀕臨崩潰的人類做出更大的貢獻，雖然這一天還很遙遠。
>
> 在當代國際關係領域，大家一開始必須掌握一個簡單卻恆久不變的事實。任何地方的和平遭到破壞，世界各地所有國家的和平就會處於危險之中。
>
> 我不能預知這次新的戰爭對我國的直接經濟影響，但是我確實要說，任何美國人在道德上都沒有權利以他們的同胞或者在歐洲戰爭中活著的或死去的男人、女人和兒童為代價，坐收漁利。
>
> 我們合眾國的多數人都相信精神價值。我們中的大部分人信奉《新約》精神——一種偉大的教導：反對自己使用暴力、武裝力量、遠征軍和投彈。我們絕大多數人都追求和平——國內和平，以及不會危及我們國內和平的其他國家的和平。
>
> 我們擁有國家安全的明確的信念和理想，今天我們必須行動起來去保護這種安全，並使我們的孩子在未來的歲月裡享有安全。34

---

34 富蘭克林·羅斯福，《爐邊談話》，趙越、孔謐譯（北京：中國人民大學出版社，2017），頁139-142。

羅斯福總統發表的這篇充滿著威爾遜主義道德情操的講話，並沒有馬上喚醒仍然還沉睡在孤立主義精神囚籠中的美國人，美國國會在1935年通過的中立法案試圖讓美國置身度外於歐洲和亞洲的戰火。1936年和1937年進行的蓋洛普民調顯示，70%的美國人相信當年捲入第一次世界大戰是個錯誤。1940年，認為美國應向海外派出部隊的受訪者比例不到10%。1941年，這個比例增加到23%，然而大多數公眾仍然對此持反對態度，他們並不認為納粹德國會對美國構成威脅。[35]這是美國歷史上從未出現過的情況，當總統在向自己的人民呼籲投入世界反法西斯陣營時，他回頭一看卻發現身後沒有人跟著，於是，他不得不在總統權限與法律框架之間的狹小空間裡推行支持盟國的軍事和外交政策，通過諸如《租借法案》向英國提供大量的軍事援助。「珍珠港事件」幫助羅斯福總統完成了美國外交政策的重大轉變，1942年12月9日，羅斯福總統代表美國政府正式向日本及軸心國宣戰，美國在他的領導下終於走出了孤立主義，成為世界反法西斯戰爭的中流砥柱。

　　美國對日宣戰讓中美關係前所未有地具有了戰略性意義。自1937年中日爆發全面戰爭以來，美國一改它以往只是道德譴責日本侵略中國而同時又實行不干預主義的政策，開始轉向對日本採取強硬的制裁措施，要求日本軍隊全部撤出中國，不承認日本一手扶持的「滿洲國」政府的合法性。羅斯福政府也承擔起教育美國人民的責任，促使他們認識到不捲入中國事務的危害性，強調各國在華機會均等和使中國領土完整的重要性。

35　參閱約瑟夫‧奈伊，《美國總統及其外交政策》，頁55。

太平洋戰爭的爆發，在很大程度上是因為日本不能接受美國國務卿赫爾提出的最後通牒——要求日本從中國和印度支那撤軍，[36]以及不堪忍受美國的經濟制裁尤其是石油禁運。羅斯福總統明確認為：「我們已捲入戰爭。不是為了征服，也不是為了報復，而是為了重建一個新世界。」[37]基於這項歷史使命，他重點考慮的不僅是如何儘快開動美國的戰爭機器，以便最大限度地調動起美國強大的戰爭能力來徹底消滅敵人；而且也在考慮再次用威爾遜主義的兩個理想目標——建立一個類似於國際聯盟的聯合國組織，按照憲政方式對世界各國的政治制度進行改造，來重建戰後世界秩序，用民主的力量從根本上保證人類社會的永久和平。

1943年11月23日至26日，美國、英國和中國在開羅舉行三國會議，商討打擊日本的戰略及戰後國際秩序的安排，制定盟軍合作反攻緬甸的戰略及援華方案。會後發表的《開羅宣言》明確要求日本無條件投降，向被侵略國歸還一切侵占的土地，根據公平正義原則規劃戰後東亞新局面。「開羅會議」的一個

---

[36] 1941年11月26日，經美國總統羅斯福批准，國務卿赫爾向日本駐美大使野村吉三郎遞交了一份措辭強硬的備忘錄，即《赫爾備忘錄》，其主要內容是：日本從中國和印度支那撤軍；美日兩國只承認重慶的國民政府，不得以任何方式支持其他政權；美、英、日、中、蘇、荷、泰等國締結一項多邊互不侵犯條約，以重新確立《九國公約》精神，取代德、意、日三國同盟條約。野村大使收到備忘錄後當即表示不可接受。東條英機首相聲稱，備忘錄是美國對日本的最後通牒。有日本學者認為，不管是否有《赫爾備忘錄》，日本在11月27日的大本營聯席會議上達成了共識，決定在12月8日向美國不宣而戰。參閱古川隆久，《毀滅與重生：日本昭和時代（1926-1989）》，章霖譯（杭州：浙江人民出版社，2021），頁140。

[37] 富蘭克林・羅斯福，《爐邊談話》，頁204。

重要成果，是由羅斯福總統提議，確立中國為世界「四大國」之一，中國在戰後世界秩序重建中享有與美國、英國、蘇聯同等重要的政治權力與地位。[38]羅斯福作出這項決策，既是出於戰爭形勢的考量，中國戰區在整個太平洋戰爭體系中無疑具有至關重要的位置，蔣介石領導的中國軍隊對日本展開的全面戰爭牽制住了日本近兩百萬軍隊；也是出於威爾遜式的理想主義構想，深信蔣介石領導的國民政府一定能夠按照憲政方式完成政治改革，使中國成為與美國一樣的民主國家。羅斯福首次在中美關係史上，不是像以往那樣將美國視為中國的拯救者，而是將中國塑造為決定戰後世界新秩序的主要力量。開羅會議把中國問題置於首要位置，彰顯出羅斯福政府對華政策的理想主義色彩和現實意義。羅斯福高度評價了蔣介石的優秀品質：「他是一位有遠見卓識、英勇無畏、對目前及將來的諸多問題有獨到見解之人」；同時，他展望了「四大國」的合作前景：「英國、蘇聯、中國、美國以及其他盟國的人口占了世界總人口的3/4還要多。只要這四個軍事力量強大的國家團結一心，堅定地維護世界和平，就不會有哪個國家能夠再次挑起世界大戰。」[39]

---

38 邀請蔣介石參加開羅會議，是羅斯福總統提議並堅持的結果。史達林因為擔心得罪日本而根本拒絕與蔣介石見面，而邱吉爾則從內心根本看不起蔣介石。羅斯福不顧蘇聯和英國的反對，堅持邀請蔣介石參會並確立中國作為「四大國」之一，一方面是基於遠東戰略考慮，認為中國戰場在太平洋戰爭體系中具有重要意義；另一方面是基於對中國的一種特殊感情，也就是威爾遜主義式的道德責任感。參閱羅伯特・達萊克，《羅斯福與美國對外政策：1932-1945》下冊，陳啟迪等譯，白自然、馬清槐校（北京：商務印書館，1984），頁600。

39 同上書，頁284，286頁。

開羅會議對於中國意義重大，蔣介石自稱是他一生「革命事業」的「重大成就」，是「中國外交史上空前之勝利」。一個多世紀以來，中國領導人第一次和西方列強領導人平起平坐。蔣介石將功勞歸於夫人宋美齡，宋美齡於1943年2月18日在美國國會發表的富有魅力和激情的演講，征服了國會議員，所有美國電臺競相播送她的演說，所有報紙都在頭版刊登他的演說詞，美國最著名的《時代週刊》和《新聞週刊》都以她為封面人物。「夫人外交」為美國人民塑造了一個正在為世界反法西斯戰爭作出巨大貢獻的中國形象，她的美國之行為開羅會議奠定中國作為世界大國的地位做了很好的宣傳。中美關係在羅斯福總統的主導下，並經由蔣夫人的積極努力，以開羅會議為標誌，達到了近百年來的最高峰。

　　但是，開羅會議作為中國歷史上空前的外交勝利的政治效應，只持續了短短一段時間。1943年12月，美國答應英國要求，為優先保證歐洲戰場而取消了原定反攻緬甸的機會，這被認為是美國對華政策的一個轉折點，美國在太平洋戰爭初期提出的「保持中國處於戰爭」的戰略由積極轉向消極，中國在羅斯福總統心目中的重要性開始大幅減弱。最關鍵的是，他對蔣介石的認識也開始有所轉變，主要體現為兩點：第一，擔心蔣介石能否承擔起中國戰區的領導責任，考慮在蔣介石不能抵擋日軍新的進攻時選擇其他人來替換他，如史迪威記錄了羅斯福總統的真實想法──「如果蔣介石翻船了，支持別人」；[40]第二，擔心蔣介石不能如其所願完成民主化政治改革並與共產黨

---

[40] 參閱陶涵，《蔣介石與現代中國》，頁190。

一起建立一個聯合政府,因為蔣介石一直試圖說服他不支持共產黨,而共產黨在羅斯福眼裡並非是洪水猛獸,毋寧是可以團結和改造的力量。隨之而來的是,「史迪威事件」造成了羅斯福與蔣介石私人關係不可逆轉的破壞。羅斯福原來期待通過史迪威將軍實際掌握中國戰區指揮權來提高中國軍隊的現代化水平,並促使蔣介石政府進行民主化改革,這一設想因為嚴重挑戰了蔣介石的權威而完全無法實行,最終是在蔣介石的壓力下以被迫召回史迪威將軍而宣告終結。「史迪威事件」導致美國對華政策出現重大調整,也就是從軍事支持國民政府轉向以建立一個聯合政府為目標的政治改革。羅伯特・達萊克在他的著作中揭示了羅斯福這一時期對中國的主要關切:

> 羅斯福決定遷就蔣介石,主要基於政治上的考慮,而不是著眼於軍事。他認為,在史迪威的委派問題上採取直接對抗會加速蔣介石的垮臺。參與推翻中國政府會破壞他為促進中國成為一個獨立的主權國家而作的一切努力。這樣還可能會決定性地毀掉他要把同美國結盟的大國中國引進世界之林的已經搖搖欲墜的計劃……羅斯福這時對中國事務的主要興趣已改變為締結一項國共協定,從而以防止一場內戰,以免損害他的戰後計劃。爆發內戰不僅會破壞他要把中國帶進國際政治舞臺並使它站在美國一邊的希望,而且會產生一個親蘇政權,導致蘇聯對滿洲的控制,並對戰後美蘇合作帶來嚴重的挑戰。[41]

---

41 羅伯特・達萊克,《羅斯福與美國對外政策:1932-1945》下冊,頁710-

很顯然，儘管中國事務在羅斯福心目中占有一個很大的位置，但是，他更多地還是從美蘇關係角度來看待和處理中國事務，因為在世界反法西斯戰爭中，蘇聯毫無疑問地是決定戰爭形勢發展以及戰後世界政治版圖重組的一個決定性因素。羅斯福相信，只要處理好了美蘇關係，與中國相關的所有問題就不難解決。1945年2月4日至11日，世界「三巨頭」——美國總統羅斯福，蘇聯人民委員會主席史達林，英國首相邱吉爾，在克里米亞的雅爾達皇宮舉行會議，商討制定戰後世界新秩序和列強利益分配及勢力範圍，會議的主要內容是戰後處置德國問題、波蘭問題、遠東問題和聯合國問題，會議之後形成的雅爾達體制對戰後世界格局產生了深遠影響。在開羅會議上被確定為「四大國」之一的中國領導人被排除在外，羅斯福總統沒有再像出席開羅會議時那樣，為蔣介石申請一張世界性大國的出場券。這個情況表明蔣介石失去了與「三巨頭」就中國及遠東問題進行討價還價的機會，無法代表中國政府在這個關鍵時刻維護中國的核心利益。雅爾達會議期間，羅斯福總統儘管也試圖為中國說話，反對犧牲中國向蘇聯讓步，但是，最後就遠東問題達成的秘密協定（對中國保密），還是嚴重侵犯了中國主權和利益：（1）蘇軍出兵東北；（2）維持外蒙古獨立現狀；（3）恢復蘇聯在中國東北地區的權益：大連港國際化，旅順港作為軍事基地被蘇聯租用，中東鐵路由蘇中合辦公司共同經營。1945年6月，在雅爾達會議結束後四個月，美國代理國務卿約瑟夫·克拉克·格魯把在雅爾達簽署的秘密協議條件出示

711。

給中國外交部部長宋子文時，告訴他美國政府承諾支持協議上「所寫的條件」。宋子文答道：「問題是你們同意支持的是什麼」，莫洛托夫添加的文字讓蘇聯有法律藉口可對中國人予取予求。[42]在這個時候，美國人仍然沒有向中國政府送達協議原版，後來在中國政府大力施壓之下，羅斯福總統向中國駐美大使魏道明公開了秘密協議的部分記錄，蔣介石在讀到大使的報告後深感「痛憤」，他在自己的日記中寫道：「雅爾達果已賣華乎……則此次抗倭戰爭之理想，恐成夢幻矣。」[43]他最不能接受的是，美國人和英國人竟然自認有權利把中國的主權讓渡給蘇聯，這對他和中國不啻是極大的侮辱。[44]

對於美國政府來說，從總統羅斯福到國務卿斯退丁紐斯再到馬歇爾將軍，普遍確信美國通過雅爾達會議贏得了和平的第一場偉大勝利。羅斯福總統在離開雅爾達之際打電報給史達林，聲稱「我們在雅爾達達成了意義深遠的決議，將加速勝利的到來，並為永久和平奠定堅實的基礎。」總統顧問霍普金斯堅信「新的烏托邦已經降臨……蘇聯人已經表示他們願意聽從理性，總統也確信他『可以與他們和平共存』」。國務卿斯退

---

42 參閱沙希利·浦洛基，《雅爾塔：改變世界格局的八天》，林添貴譯（北京：中信出版社，2018），頁370。
43 轉引自陶涵，《蔣介石與現代中國》，頁278。
44 鄧野的研究表明，蔣介石在1943年8月25日曾經提出一個策劃，由中美英三國組成一個太平洋作戰會議，以此將蘇聯排斥於對日作戰之外。但是，雅爾達會議作出蘇軍對日作戰的決定，卻將蔣介石排斥在外了。如果蔣介石的規劃能夠落實，那戰後遠東地緣形勢則會是完全另一個樣子。參閱氏著，《聯合政府與一黨訓政：1944-1946年間國共政爭》（北京：社會科學文獻出版社，2011），頁121。

丁紐斯在其回憶錄中認為:「從會議記錄看,顯然蘇聯在雅爾達對美國、英國做出的讓步,遠超過美英兩國對蘇聯做出的讓步」。美國軍方尤其有特別的理由滿意雅爾達會議的結果,因為蘇聯參加對日作戰已經成為定案,海軍五星上將威廉‧丹尼爾‧萊希和陸軍五星上將喬治‧卡特利特‧馬歇爾不約而同地表示「不虛此行」,他們都認為蘇軍出兵中國東北,將會減少數十萬美國士兵的死亡數字。擔任羅斯福總統俄語翻譯的查爾斯‧波倫說:「總而言之,我們在離開雅爾達時,對戰後和蘇聯在政治問題上真心合作是抱有希望的。」[45]蘇聯人同樣對雅爾達會議的結果表示滿意,史達林在西方國家的聲望於雅爾達會議時達到頂點,1945年2月5日的《時代》週刊以他為封面人物。蘇聯沒有想到的是,羅斯福居然首先提出以「秘密交易」的方式來達成《雅爾達協定》,同意用蘇聯加入對日作戰,來換取從日本劃讓領土、在中國東北建立勢力範圍和確保外蒙古繼續獨立的重大回報。史達林為了讓羅斯福放心這樣做,答應在戰後支持蔣介石政府而不是中國共產黨,他就像一個「隱藏的天才」(波倫語),表情溫和慈祥,不露聲色,甚至非常風趣幽默,真誠地向羅斯福保證「盟友不應該互相欺騙」,而羅斯福則完全相信了史達林的這個承諾。

根據陶涵的記載,羅斯福是在生命的最後一段時間裡,經由赫爾利的提醒,才意識到《雅爾達協定》嚴重抵觸《大西洋憲章》的精神:領土調整必須符合相關人民的意願。「羅斯福的罪惡感被喚醒」,「羅斯福和華盛頓其他高級官員事實上也

---

45 參閱沙希利‧浦洛基,《雅爾塔:改變世界格局的八天》,頁429、420。

對雅爾達協議和美蘇整體關係，有了重新思考。」基於對赫爾利的信任，羅斯福同意美國對華政策的核心就是支持蔣介石政府，但是，他同時又告訴赫爾利：「現在，請你儘量寬容（中共），多說好話⋯⋯別把武裝部隊可能和平統一的基礎毀掉了。」[46]羅斯福至死都沒有改變他內心中的一個信念：蘇聯預備甚至渴望在戰後世界以「正常國家」的地位與世界合作，不再是決心創造意識形態衛星帝國的革命國家；中共也具有民主化的潛質，可以與國民黨一起建立一個聯合政府，以共同推動戰後中國進入和平民主統一新階段。從後來的歷史進程來看，《雅爾達協定》，尤其是背著中國政府制定的關於中國主權的秘密協議，製造了羅斯福政府後來根本無法解決的難題，在蘇軍出兵並控制中國東北地區之後，必然會造成共產主義在中國大肆蔓延的態勢，使中國重演一戰後威爾遜主義式的結局：贏得了戰爭，卻失去了和平。

杜魯門主義：路徑依賴下的對華困境

1945年4月12日，富蘭克林・羅斯福總統因突發腦溢血去世，沒有完成他的第四個任期，副總統哈里・杜魯門在白宮宣誓就任總統，聲稱將執行羅斯福的內政和外交政策。但是，羅斯福生前從不向其副總統隨時通報情況，或提供關於最高層的決定和計劃的背景情況，杜魯門曾為此向羅斯福總統夫人抱怨過總統「從未與我表示信任地談過戰爭，或外交事務，或他對

---

46 參閱同上書，頁278。

戰後和平的想法」。[47]在毫無準備的情況下入主白宮，杜魯門並沒有自己一套清晰的外交政策議程，他唯一能夠明確的是，像羅斯福那樣將威爾遜主義作為自己默認的道德選項，期待通過堅持美國理想主義的價值觀來落實羅斯福對戰後秩序的宏大設計。杜魯門上任之後做出的第一個決定就是保留羅斯福政府的所有班底，繼續執行羅斯福總統的既定政策，用他自己的話來說：「我要消滅國內外以為既定計劃將會有所改變的任何謠傳和疑慮。」[48]這是典型的路徑依賴，杜魯門總統是基於相同的價值觀信念而決定「蕭規曹隨」。

杜魯門執政之後面臨的首要任務是如何落實《雅爾達協定》所確定的各項條款。此時的歐洲戰場和太平洋戰場的形勢均發生了根本性變化，盟軍以壓倒性優勢準備向納粹德國和日本帝國發起最後的攻勢，尤其是美國擁有了原子彈這個大殺器，讓美國前所未有地掌握著決定世界反法西斯戰爭勝利的最大籌碼。但是，在勝利即將來臨之際，蘇聯並沒有按照《雅爾達協定》的基本精神與原則和盟國共同處理戰後秩序重建問題。史達林信奉的原則是：「這場戰爭不同以往，誰能占領土地，誰就能在這片土地上推行他的社會體制。」[49]因此，蘇聯毫不猶豫地背棄它曾經向盟國作出的完成東歐民主化改革的承諾，反而在它占領的波蘭和其他東歐國家裡一律建立起蘇維埃式的傀儡政府。隨著蘇軍在德國戰場取得節節勝利，雅爾達會

---

47 大衛・麥可洛夫，《杜魯門》，頁409。
48 哈里・杜魯門，《杜魯門回憶錄》上卷，李石譯（北京：東方出版社，2007），頁14。
49 轉引自沙希利・浦洛基，《雅爾塔：改變世界格局的八天》，頁434。

議精神被參與國按自己的方式所理解,雅爾達體制實際上已經開始淡出歷史舞臺,史達林似乎越來越與西方盟國背向而行,他根本不考慮西方盟國的意願,純粹按自己的主觀願望在歐洲劃定新的共產主義勢力範圍。在史達林咄咄逼人的攻勢下,曾經陶醉於史達林恭維的邱吉爾——史達林稱其是「百年才出一個的偉人」,首先意識到了戰後新興世界的危險:勢力範圍並不是按照相互協商好的百分比界定,而是用難以跨越的意識形態和制度差異界定的。他在1945年4月28日發給史達林的一封長信中預言:「展望未來,你和你主宰的國家,加上其他許多國家的共產黨將歸到一邊,而那些向英語國家及其屬地、自治領靠攏的國家會劃到另一邊,這其實令人相當不安。」[50]與邱吉爾具有相同判斷的是美國時任駐蘇聯大使哈里曼,他在杜魯門上任伊始便兼程從莫斯科趕回華盛頓,就是為了向新總統報告:「坦白說,我急忙趕回華盛頓的目的之一是,擔心你不瞭解史達林正在破壞協議——這一點羅斯福是明白的。」他提醒杜魯門,這是一場新的「蠻族入侵歐洲」。杜魯門對此形勢並非懵懂無知而被動地接受下屬的建議,事實上,他在上任總統的第二天,就對國務卿有關美蘇現階段關係的簡報做了明確批覆,指示國務院在這個關頭必須向蘇聯人強硬起來:「我們不能對他們太寬鬆」。[51]

雖然美英兩國與蘇聯在東歐民主化問題上的明爭暗鬥已經全面展開,但是,《雅爾達協定》對各國的約束力在戰爭最後

---

50 轉引自同上書,頁488。
51 參閱同上書,頁483、482。

階段還是存在的,協定中所涉及的遠東問題仍有待各國合作解決。1945年7月17日至8月2日,美、英、蘇三國首腦在柏林近郊的波茨坦舉行戰時的第三次會晤。此時盟國在歐洲戰場已經取得完全勝利,德國法西斯無條件投降,但美國在遠東戰場對日作戰還在激烈進行中。杜魯門在前往波茨坦之前,接見了中國外交部長宋子文,就雅爾達秘密協定向中方作出解釋,強調美國需要蘇聯的幫助來對抗日本,暗示在雅爾達達成的協議將得到執行,中國若想從蘇聯那裡索取更好的條件,就得自己去爭取了。於是,中國國民政府在6月27日派出了以蔣經國為首的代表團,與蘇聯政府展開談判,史達林向蔣經國和宋子文保證蘇聯將支持國民政府統一中國的努力,支持中國所有軍隊都必須接受中央政府的管制,蘇聯軍隊將在日本投降之後三個星期內開始撤出東北。8月14日,中國國民政府和蘇聯政府正式簽署《中蘇友好同盟條約》,條約除了規定締約國共同對日作戰以及確保日本無再事侵略和破壞和平之可能的條款之外,還就中長鐵路、旅順口、大連等港口問題達成協定。此外,中蘇兩國政府還互換了關於中國政府承認蒙古人民共和國獨立的照會。〈波茨坦公告〉是在相關各國博弈下,就解決「遠東問題」達成了共識,實際上是進一步確認了雅爾達秘密協定所達成的條款:以蘇軍出兵中國東北地區打擊日本,來換取其恢復在東北的傳統勢力範圍和維持外蒙古的獨立現狀。

在雅爾達會議之後,日本的軍事力量在美國軍隊強有力的打擊下已經被摧毀了大部分,美國原子彈也試爆成功而且美國政府已決定向日本投擲這個威力無比的巨型炸彈,美軍進攻日本本土根本不存在還將死掉數十萬士兵的可能性。在這種情

況下，為何美國還要堅持蘇聯介入東北戰事，以結束太平洋戰爭？事實上，當時也有美國軍事幕僚提出是否仍有必要讓蘇軍出兵東北而讓其唾手而得巨大的戰果：百萬日本關東軍的所有武器裝備，日本人在滿洲建立的亞洲最先進的工業設備，以及旅順口、大連的不凍港資源。最為關鍵的是，蘇軍占領東北之後，為中共軍隊開闢出一個千載難逢的機會，讓其得以迅速填補這個巨大的戰略真空，從而獲得前所未有的軍事和經濟資源，讓林彪指揮的部隊得以在以後幾年的國共內戰中占據優勢地位。很顯然，杜魯門政府沒有充分估計到蘇軍出兵東北後會產生何種複雜的地緣政治局勢，他也沒有完全看清楚蘇聯政權的本性，他覺得除了必須信守《雅爾達協定》之外，沒有其他更充足的理由去推翻這個協定。就像羅斯福在雅爾達會議上被史達林迷住一樣，杜魯門在波茨坦會議期間，「越來越欣賞史達林，覺得他是個聰明、誠實的人——史達林高明的手段又添了一個信任者。」[52]具有諷刺意味的是，杜魯門在史達林眼裡，卻始終是一個微不足道的人物，是「資本主義的小偷。」大概10年之後，杜魯門才承認他在波茨坦時太天真了——「一個天真的理想主義者」，認識到史達林是一個「冷酷的俄國集權者」。[53]

　　蔣介石領導的中國國民政府在極其不滿雅爾達秘密協定的前提下，最後不得不接受這個嚴重侵犯中國主權和損害中國重大利益的協定，一方面是因為中國受挫於抗日戰爭的艱鉅形

---

[52] 同上書，頁494。
[53] 大衛・麥可洛夫，《杜魯門》，頁519。

勢而必須依賴於強大的外部支援，另一方面則是因為蔣介石相信美國和蘇聯給予他的雙重承諾：前者承諾向中國政府提供必要的財政支持和軍事援助，後者承諾不支持中共政權而是支持國民政府。在陶涵看來，《中蘇友好同盟條約》是在欠缺堅強保障之下簽署的，也就是說，蘇聯政府並沒有用十分清晰的語言明確承諾不干預中國內政事務，它所說的只對中國中央政府提供支持和援助，留下了一個洞開的後門——蘇共或其他「非官方」機構可提供援助給中共。同時，中國政府也沒有獲得美國政府的明確承諾：一旦蘇聯干預東北事務，美國人就應該強力介入以阻止蘇聯的越界行為。在美蘇兩國的承諾都不能完全兌現的情況下，正如美國駐蘇聯大使哈里曼所言：「儘管蘇聯保證會把東北交還給蔣介石政府，『蘇聯軍方在當地部署的規模』將『使蘇聯政府依然在所有關鍵方面，主宰局勢』。」[54]

1945年8月6日和9日，美國在日本廣島和長崎先後投下了兩顆原子彈。8月15日，日本天皇向全日本廣播，接受波茨坦公告，宣布無條件投降，結束戰爭。蘇軍是在大局已定的情況下，於8月9日出兵東北，以死傷僅兩萬人的代價迅速擊潰日本關東軍，占領了中國東北、內蒙古、北部朝鮮、南庫頁島和千島群島。從時間上看，蘇軍出兵東北和美軍投擲原子彈對於促使日本投降似乎具有同等重要的意義，但是，從後果上看，蘇軍占領中國東北和美軍占領日本，對於遠東乃至世界的地緣政治形勢所產生的影響，完全不可同日而語。在當時已經形成的美蘇戰略對峙的格局中，中國國共力量的對比關係及其主導的

---

[54] 轉引自陶涵，《蔣介石與現代中國》，頁287。

政治走向,對於戰後世界秩序重建無疑具有重要意義。如果按照美蘇在雅爾達會議和波茨坦會議上的共同約定,以及根據中蘇達成的同盟條約,蘇軍在占領東北之後應該首先保證國民黨軍隊開進東北並接受日本遺留下來的所有軍事裝備和經濟資產,然後在全國進行民主化政治改革,建立多黨派合作的聯合政府,實行軍隊國家化和全國政令軍令的統一。問題就在於,史達林並不想完全根據雅爾達制定的規則出牌,他是想在蘇軍占領的中國東北地區再次複製一個「波蘭模式」,即通過其政治代理人——中國共產黨,在東北建立一個由蘇聯支持的地方政權,不僅使其從《雅爾達協定》「合法」獲得的利益和勢力範圍有可靠的保障,而且為中共問鼎全國政權創造一個最強大的根據地。將中國改造為一個共產主義國家,始終是史達林構想的世界革命版圖中的一個重要組成部分,其戰略意圖在與美國共同構築的反法西斯陣營中或許會有所淡化,但絕不會主動放棄。美國在雅爾達會議期間形成的戰後美蘇合作的宏偉計劃和以和平方式建立團結與民主的中國的政策,之所以在1945年日本投降後即陷入困境,根源正如前述鄒讜分析的那樣,從羅斯福政府到杜魯門政府,錯誤地估計了蘇聯意圖,並對國際共產主義運動和中國共產黨做出了錯誤的判斷。

約瑟夫·奈伊綜合兩位俄國問題專家的看法,把從二戰結束到「杜魯門主義」出臺的一年半時間,視為「美國外交史上最困難和令人困惑的時期之一」,其主要特徵是美國在世界上面臨著一種與假設性政策預測直接相悖的形勢,蘇聯和西方盟國的意識形態與地緣衝突日益加劇;他進而認為,把杜魯門描繪成「傀儡」的評價都忽略了其對美國在世界上應發揮作用的

道德視野,「杜魯門擁有威爾遜一般的美國例外主義視角,這種視角在對蘇圍堵路線的形成過程中發揮了重要作用。」[55]從威爾遜主義的道德視野來評判杜魯門總統的戰後對外政策,的確可以發現美國道德理想主義的價值觀並非如邱吉爾所諷刺的那樣,只不過是「美國的偉大幻想」,而是具有促使杜魯門政府迅速從對蘇聯的合作政策轉向圍堵政策的巨大精神動力。梅爾文・萊弗勒在其《權力優勢:國家安全、杜魯門政府與冷戰》這部重要著作中就認為:「杜魯門及其顧問們並非天真之人,在戰爭剛結束時,總統就對國會發表了幾場演講,他在其中的一次演講中指出,『我們必須面對這樣一個現實,即和平必須建立在實力以及善意和善行之上』。」[56]杜魯門還沒有愚蠢到用純粹的道德說教來感化蘇聯統治者,他很清楚1945年之後的美國在世界上獲得了獨一無二的超群地位,二戰的勝利再一次確認了美國價值觀——個人自由、代議制政府、自由企業、私有財產和市場經濟——的優越性,美國人深信能夠按照美國的形象來重塑世界,並創造一個美國世紀,而要完成這一使命,則有賴於美國果斷地發揮一種「權力優勢」。杜魯門在其回憶錄中談到了對蘇聯認識的轉變:

　　我曾經希望俄國人能以德報德,但是差不多就是在我當了總統以後,我發現他們的行動從不考慮鄰國的利益,而

---

55 約瑟夫・奈伊,《美國總統及其外交政策》,頁65。
56 梅爾文・P・萊弗勒,《權力優勢:國家安全、杜魯門政府與冷戰》,孫建中譯(北京:商務印書館,2020),頁31。

且公然違反他們在雅爾達承擔的義務。我在會談中有機會遇到的第一位俄國領袖是莫洛托夫，甚至從那時起，我就必須用直截了當和簡單明瞭的方式進行會談。我確信，俄國人瞭解堅決和果斷的言語和行動，勝於瞭解外交上的客套。57

所以，在1945年這個對杜魯門來說「具有許多困難的和重大的決定性事件的一年」，他並沒有淪落到一個不可救藥的理想主義者地步，相反，在約瑟夫·奈伊看來，杜魯門迅速接受喬治·凱南提出的「圍堵」理論（編按：陸譯「遏制」理論或「遏制」政策），把指導當時美國外交政策的圍堵目標解釋為美國對二戰後兩極化地緣政治新架構的形成做出的反應：「圍堵是一種現實主義的均勢政策，但在杜魯門的指引下，成為自由主義國際秩序的一部分。他的道德觀起了作用。同時，他又相當務實，願意為了國家安全利益拿自由主義價值觀做交換。」58從1945年起，杜魯門政府攜手英國在歐洲範圍內對蘇聯的擴張趨勢做出了強有力的反應。1946年3月5日，邱吉爾在杜魯門的母校西敏學院發表了著名的「鐵幕」演說：

從波羅的海的斯德丁到亞德里亞海邊的小城里雅斯特，鐵幕已在（歐洲）大陸落下。在這道線後方，是中歐、東歐所有古國的首都。華沙、柏林、布拉格、維也納、布達

---

57 哈里·杜魯門，《杜魯門回憶錄》上卷，頁552。
58 約瑟夫·奈伊，《美國總統及其外交政策》，頁66。

佩斯、貝爾格萊德、布加勒斯特和索菲亞,所有這些著名的城市及其周遭的居民全部落入我必須稱之為蘇聯控制區的地方,全都不僅受到蘇聯的影響,還受到了來自莫斯科的高壓控制。[59]

這份標誌著開啟了冷戰時代的著名演說,實際上是邱吉爾和杜魯門合作的作品,是杜魯門專門邀請邱吉爾到他的家鄉演講並為演講稿確定了主題——「英國同美國為維護世界和平進行全面軍事合作的必要性。」他敬佩邱吉爾像一個先知一樣最早預見到蘇聯給戰後世界秩序所製造的重大危機,完全贊同用「鐵幕」來比喻橫亙於歐洲大陸上兩個完全對峙的世界。1947年3月12日,「鐵幕演說」一年後,杜魯門在國會向議員們發表了歷史性演講:

在世界歷史的當前時刻,幾乎每一個國家都必須在兩種生活方式之間做出選擇。這類選擇卻往往不是一種自由的選擇。

一種生活方式以多數人的意志為基礎,並且以自由制度、代議制政府、自由選舉、對個人自由的保障、言論和宗教自由以及免受政治壓迫的自由為特徵。

第二種生活以被強加於多數人的少數人意志為基礎。它依賴於恐怖和壓迫、受到控制的報紙和廣播、預先安排好結果的選舉,以及對個人自由的壓制。

---

59 轉引自沙希利・浦洛基,《雅爾塔:改變世界格局的八天》,頁501。

我認為，美國的政策必須是支持正在反抗由武裝的少數集團或由外來壓力企圖進行的征服的各國自由人民。

　　我認為，我們必須援助各國自由人民使之能以自己的方式來決定自己的命運。

　　……

　　我們必須採取迅速而果敢的行動……。60

　　該演講被公認為是「杜魯門主義」的正式出臺，是總統以自己名字命名的冷戰宣言。杜魯門主義採取的第一個行動，是美國聯合英國對當時發生的希臘和土耳其危機進行干預，在國會通過援助希臘和土耳其法案，讓大批美援進入這兩個國家，穩定當地經濟以避免兩國淪為蘇聯勢力範圍，堅決阻止波蘭模式在歐洲的關鍵部位重演。杜魯門主義採取的第二個行動，是在1947年7月實行「馬歇爾計劃」，美國政府在四年時間裡，向歐洲「民主國家」提供130億美元的龐大援助，旨在通過財政援助和技術支持來重建戰後破敗的歐洲經濟，通過發展經濟以彰顯西方憲政民主制度的優越性。杜魯門主義採取的第三個行動，是在1949年4月4日，由美國、英國等12個國家在華盛頓簽署了《北大西洋公約》，成立了旨在集體防禦蘇聯的軍事同盟，決心根據民主、個人自由和法治原則來捍衛歐洲的共同遺產和人民的自由。美國和歐洲的媒體普遍認為，杜魯門主義是「美國對外政策中一個歷史性的里程碑」，「杜魯門主義抵制共產主義的決定，其重要意義被視為不亞於門羅主義和決定反

60　轉引自大衛‧麥可洛夫，《杜魯門》，頁634-635。

抗希特勒」。[61]威廉‧富布賴特參議員聲稱：「作為『二戰』以來美國對外政策的指導思想，沒有什麼比杜魯門主義中的反共產主義更重要。」[62]中國外交家顧維鈞亦認為，杜魯門主義確實是美國外交政策史上一個劃時代的大事，因為它意味著美國今後不僅使用外交手段，還將使用經濟和軍事行動來實現它的全球利益。[63]

在杜魯門主義規劃的新的世界政治版圖中，中國的重要性在杜魯門政府中沒有誰會否認，但也沒有誰會把中國事務置於歐洲事務之上。以馬歇爾將軍為代表，「他強烈地意識到西歐對美國資源的需求迅速增長，而且美國可能需要將軍隊部署在希臘、義大利或者巴勒斯坦。他贊同凱南的看法，即中國是一個不太重要的地區，因為它羸弱、貧困不堪並且在技術上落後。」[64]就杜魯門政府外交議程的輕重緩急而言，中國事務只能排在歐洲事務和日本事務之後，甚至還趕不上中東事務重要。因此，儘管杜魯門政府的「圍堵」政策包括了中國，但它對蘇聯違反《雅爾達協定》在中國擴張的態勢所做出的反應，明顯地不如它為防止希臘和土耳其的共產化所做出的反應。顧維鈞在他的回憶錄中指出了這一點：

---

61 參閱梅爾文‧P‧萊弗勒，《權力優勢：國家安全、杜魯門政府與冷戰》，頁195。
62 參閱沃爾特‧拉費伯爾，《美國、俄國和冷戰》，牛可等譯（北京：世界圖書出版公司，2014），頁46。
63 參閱顧維鈞，《顧維鈞回憶錄》第六冊（北京：中華書局，1988），頁87-88。
64 梅爾文‧P‧萊弗勒，《權力優勢：國家安全、杜魯門政府與冷戰》，頁327。

在當時的美國人民心目中毫無疑問,遠東問題和中國局勢對美國的意義和影響要遠比希臘重要得多。客觀地說,如果杜魯門主義要付諸實施,那就首先應該在中國實施,至少也應同時實施於中國。65

鄒讜在分析美國為何不願意軍事干預中國內部事務時認為,直到1941年為止的美國傳統的遠東政策包含了兩個相互矛盾的方面,支持門戶開放政策,然而拒絕為捍衛美國在中國的利益與原則而戰。這一做法背後的根本動機是美國的理想主義。由此導致的結果是:「美國一方面不願為推進她的理想和保衛她的利益而付出極高的代價,另一方面她也不願意放棄她的原則和取得未來利益的希望。」66 事實上,鄒讜所說的情況不止於1941年,美國不願意為中國的利益而戰的情況也不止於理想主義,因為雅爾達秘密協定容許蘇軍出兵東北,對中國而言無異於開門揖盜;當蘇聯政府明顯違反《雅爾達協定》全力支持中共軍隊建立東北根據地時,美國政府不全力支持國民黨軍隊,不僅違背其一貫標榜的理想主義,也違背了其現實主義的「圍堵」政策。中國國民政府之所以同意簽署它事先並不知情的雅爾達秘密協定,為蘇軍出兵東北付出巨大代價,就是因為它相信美蘇兩國分別作出的承諾。當蘇聯背棄它對中國的承諾時,美國也放棄它對中國的承諾,由此必然在中國內戰中導致國共軍事力量對比的迅速轉化,中共軍隊依託於蘇軍的縱容

---

65 顧維鈞,《顧維鈞回憶錄》第六冊,頁90。
66 鄒讜,《美國在中國的失敗(1941-1951年)》,頁20。

與支持在東北地區獲得的巨大的軍事經濟資源，讓其戰爭能力得以迅速提高。[67]可以設想，如果蘇軍在出兵東北之後完全按照《雅爾達協定》將東北主權移交給中國國民政府，而不是實際交給中共軍隊，國共全面內戰的可能性肯定會大幅度下降；中共軍隊如果沒有了東北根據地，那就沒有了奪取全國政權的資本，在這種情況下，美蘇在《雅爾達協定》中共同策劃的建立中國各黨派的「聯合政府」的可能性則肯定會大幅度提高。歷史可以復盤卻無法重複，國共之爭實際上也是美蘇之爭，蘇聯在堅定地支持中共時，美國卻放棄了對國民黨的全力支持，國際的和國內的政治與軍事均衡由此被打破，得到了蘇聯支持的中共如虎添翼，失去了美國支持的國民黨焉有不輸之理？

贏得了勝利，卻失去了和平，這是威爾遜主義在第一次世界大戰後面臨的局面，這一局面同樣在第二次世界大戰結束後出現了。從羅斯福總統到杜魯門總統，致力於通過雅爾達體制不僅在歐洲而且也在中國建立一個足以保證永久和平的局面，根本經不住一個遠比納粹主義更為極端的共產主義運動的衝擊。用沙希利・浦洛基的話來問：「這兩位經由民主程序選出的領袖（羅斯福和邱吉爾），曉得怎麼樣對付一手締造古拉格

---

[67] 胡素珊在其著作中提到：儘管蘇聯搬走了東北的大部分工業設備，但仍有許多機器留了下來，撫順煤礦80%的機器沒有被損壞，鞍山昭和鋼鐵廠剩下的機器能每月生產2部火車頭和100根鐵軌；煉鋼設備也是完好的，錦西地區的工業設備保留下來，遼陽紡織廠的一部分機器仍然可以使用；雖然大部分火力發電機被蘇聯人運走了，但水力發電機保留下來。「因此，蘇聯人撤走後，東北地區的工業生產能力仍是相當可觀的。」參閱氏著，《中國的內戰：1945-1949年的政治鬥爭》，頁23。

的教父嗎?」[68]事實證明,雅爾達會議的確成了世界「失去和平」之路的里程碑,無論從哪方面估量,人們都有理由指控羅斯福對蘇聯政權性質的輕視與無知導致其失去了東歐和中國。尤其是對中國而言,《雅爾達協定》如同一張信用廢紙,它讓中國付出了巨大的代價,收穫的卻是共產主義革命在中國大地上的凱歌行進。杜魯門主義的崛起是為了應對史達林主義對戰後世界秩序的挑戰,此時唯有美國才能在世界上承擔起抗擊共產主義擴張的道德責任和實力,但它卻放任了中國國民政府的徹底潰敗而任由中共政權取而代之。當美國對華政策在堅持理想主義價值觀和限制現實主義干預政策之間來回搖擺時,它存在的主要問題是,既沒有深刻地認識盟友(國民黨),也沒有深刻地認識敵人(共產黨),由此導致的結果就是鄒讜所說的那樣:「一個有良好願望和高尚理想的政策,卻受到了悲劇性的後果。這個政策就是缺乏與自身利益相關連的估計作基礎,就是沒有得到能跟高尚目標相稱的軍事力量的支持。」[69]

---

68 沙希利・浦洛基,《雅爾塔:改變世界格局的八天》,〈導論〉,頁VI。
69 鄒讜,《美國在中國的失敗(1941-1951年)》,頁469。

三

美國將軍的中國經驗和外交使命——從馬歇爾到史迪威與赫爾利

總統軍事顧問的外交使命

　　美國的外交政策本質上是總統的外交政策，米德提出的美國外交的四個流派或模式，均是以總統名字命名。這在很大程度上是與美國的制度構成相關，美國只有在對外時才是一個國家，而在對內時則呈現為由50個高度自治的州所組成的聯邦。外交是美國總統的第一使命，即使「孤立主義」外交，亦是美國總統根據國內民意對外部世界作出的政策反應。佩里・安德森在《美國外交政策及其智囊》一書中分析了美國制度的兩大特色：對外部世界所知甚少的目光狹隘的選民；將幾乎不受限制地處理外交事務的權力賦予總統，使得因受制於無法控制的立法權而難以實現國內目標的總統能夠自由地在海外採取

行動。[1]基於這個判斷，安德森批評美國外交政策存在著重大局限：只限於圍繞在總統周圍的一小群外交政策精英，以及一套在國內政治中沒有對應物的獨特的意識形態詞彙，即關於美國應該在全球事務中追求的「宏大戰略」的各種概念。在他看來，壟斷了處理對外事務權力的美國總統，因為執行了傲慢的彌賽亞式外交政策，使得現實主義淪為了為任何以自由主義之名進行的冒險提供正當理由的工具，由此導致了美國外交史上的一長串災難，包括「失去」中國──「冷戰期間華盛頓遭受的最沉重的打擊」。[2]

安德森對美國外交政策的批評，儘管充滿著英國新左派對美國霸權地位一以貫之的意識形態的反對色彩，但他對美國以總統為核心所構成的一個只有少數外交精英參與的決策圈所提出的質疑，是可以被一些歷史事實所證實。至少在羅斯福政府時期，總統在決定對華政策時，他前後的兩個副總統（華萊士和杜魯門）幾乎毫不知情，能夠影響他決策的人不會超過5個人。羅斯福的顧問和傳記撰寫人之一雷克斯福德・特格韋爾曾這樣寫道：「他有意識地隱藏自己的思考過程。他寧願讓後人相信，對他說來，任何事情都是簡單的，輕易就可以處理的……而不肯承認自己也曾因舉棋不定而苦惱……因錯誤而憂慮。」[3]約瑟夫・奈伊為了證實羅斯福總統的外交風格之一是要求身邊的幕僚們相互競爭，以便使自己可以同時擁有多條信息

---

1 參閱佩里・安德森，《美國外交政策及其智囊》，頁2。
2 參閱同上書，頁77。
3 轉引自羅伯特・達萊克，《羅斯福與美國對外政策：1932-1945》，上冊，頁1。

渠道，專門引述了一位歷史學家的看法：「羅斯福是個能把自己輕易偽裝起來的高手，他不喜歡大聲說出令人討厭的事實。『珍珠港事件』後，無論是對敵人還是盟友，羅斯福從來沒有如實透露過他的宏大外交政策目標。」[4]因此，羅斯福被公認為是美國歷史上最難共事的總統，獨斷專行的性格使他不會依賴於一個由職業外交官組成的外交團隊，在他的外交決策圈子裡，指揮軍隊的將軍反而扮演著舉足輕重的角色。

在第二次世界大戰的條件下，軍人的地位和重要性勢必會得到顯著提高，諸如美軍參謀首長聯席會議這樣的軍事指揮機構，不僅是作為三軍總司令的軍事參謀，協助總統統一指揮美國軍隊對軸心國進行作戰的所有軍事事務，而且也是作為總統的外交顧問，協助總統處理美國與盟國的一切外交事務。參謀首長聯席會議既是軍事機構，又在某種程度上成為外交機構，而參謀首長聯席會議成員，自然也就成為總統的軍事和外交決策班子中的一員。吳昆財的相關研究表明，觀察美國如何制定對華政策，可以同時注意兩個面向——機關與個人。所謂「機關」，是指透過固定的政府機制，如美國駐華大使館、遠東司、中國科、在華軍事顧問團，以及情報系統等單位，總統可以充分瞭解中國政治、經濟與社會局勢，並得到各種建議，進而制定美國所需要的對華政策。所謂「個人」，是指除政府機制外，對華政策的制定與具體的個人作用相關。「個人範疇經常在變換，實際上它隱含著外交政策規劃和執行者，與上層決策者之間微妙的互動關係。不同的人的意識形態與經驗，會導

4　約瑟夫・奈伊，《美國總統及其外交政策》，頁57。

致他們在對華政策的評估上，產生截然不同看法。換言之，人事亦會影響政策。」[5]作者以馬歇爾將軍和麥克阿瑟將軍為例，認為馬歇爾對調停國共糾紛失望而指責國民政府之際，同樣在遠東的麥克阿瑟卻有不同意見而主張援助國民黨軍隊。吳昆財所述基本符合羅斯福政府時期的外交特點，從某種意義上說，羅斯福更側重於依賴「個人」而不是「機關」來執行他的外交理念與政策，由此使得「個人」的獨特經歷、經驗甚至個性在很大程度上可以決定外交政策的構成與走向。

就個人對羅斯福總統制定對華政策的影響力而言，排在首位的不是負責外交事務的最高行政官員的國務卿，而是他的首席軍事顧問馬歇爾將軍。馬歇爾是美國有史以來的第一位五星上將，於1944年12月16日，即64歲生日前兩個星期出任陸軍參謀長。他是使美軍從區區20萬兵力迅速發展成為八百多萬大軍的策劃者兼執行者，被公認為是領導盟軍在歐洲開闢第二戰場的不二人選，但羅斯福堅持要他留在華盛頓，以備隨時諮詢。羅斯福告訴他：「你不在華盛頓，我恐怕睡不安穩。」[6]在羅斯福的議事日程中，處理歐洲戰線事務以及確定與史達林的合作框架，是他首先關注的重點；其次是考慮如何在中國戰區建立起在蔣介石領導下的抗日統一戰線，致力於推動中國各黨派建立一個聯合政府。為實現聯合政府計劃，馬歇爾實際上充當了羅斯福總統的首席中國顧問，這除了是因為他在總統戰時顧問班子中擁有戰略規劃的相關職權之外，一個重要的因素是他曾

---

5 吳昆財，《美國人眼中的國共內戰》，頁91-92。
6 參閱沙希利‧浦洛基，《雅爾塔：改變世界格局的八天》，頁117。

於1924年在美軍駐天津第十五步兵團擔任執行官的經歷。這段經歷未必讓總統相信他具有「中國通」的身分，但與那些從未在中國生活和工作過的外交官與軍人們相比，無疑有更多的關於中國的直接經驗感受。馬歇爾向羅斯福推薦史迪威將軍——他的第十五步兵團的同事——擔任蔣介石軍隊的參謀長，也是參照了自己的履歷標準，他相信史迪威在中國工作和服役的經驗，足以構築起與蔣介石友好合作關係的基礎。

職業軍人與職業外交官具有某種相似的品質，那就是純粹以自己的職業標準來衡量外界事物及其關係，並對此作出相應的事實判斷和價值判斷。從這個角度來看，軍人和外交官都是天生的現實主義者，他們從不根據理想主義的想像來規劃應對現實問題的行動方案。在軍人史迪威眼裡，中國最大的現實問題基本上就是一個軍事問題，他從早先「中國經驗」中獲得的最深印象，莫過於中國軍隊的腐敗、渙散和裝備落後，以致在與日本軍隊的軍事較量中始終處在下風。他構想中要解決的主要問題是：如何通過軍隊現代化改造以提升國民黨軍隊的戰鬥力，以及如何聯合共產黨軍隊以形成全國統一指揮的武裝力量。這一軍事改造計劃符合羅斯福和馬歇爾的聯合政府計劃，但是，他們都沒有想到的是，中國軍事問題的背後往往是政治問題。政治問題既牽涉到蔣介石對自己權力地位是否會被削弱的擔憂，也牽涉到國共合作是否具有可能性。正如鄒讜的批評：「史迪威軍隊改造計劃這段歷史的現實意義在於它最清楚地表明：美國全神貫注地考慮的是戰爭中直接的軍事方面的問題，而忽略了使中國成為大國的政策。美國還不習慣以政治上的主次來思考問題，它總是讓取得速勝的願望主宰戰爭中的一

切行動。」[7]這其實不是史迪威一人的局限性，在雅爾達會議期間，從羅斯福到其所有軍事顧問，均存在著軍事優先於政治的思維短板，也就是急於想讓蘇聯出兵中國東北以加速日本的失敗，而不惜以中國的主權和利益作為交換條件。他們根本沒有預見到，放任蘇聯在遠東地區的大肆擴張，將會對戰後國際秩序重建產生何種嚴重政治後果。

馬歇爾當然不是一個單純的「軍事決定論」者，當意識到史迪威的「中國經驗」不能有效解決其所面臨的與蔣介石合作的困難時，他及時調整外交策略，再次向總統推薦赫爾利將軍以總統特使身分使華，以便首先從「政治」上調處國共矛盾，為建立聯合政府和統一全國軍令政令掃清障礙。赫爾利的出場是美國對華政策從側重於「軍事解決」方案走向「政治解決」方案的演變，他使華的最初階段似乎也在國共政治和解上取得了某些突破，但最終還是受制於國共無法調和的矛盾而歸於失敗。赫爾利之後，馬歇爾親自上場，作為杜魯門總統的特使赴華，再次嘗試通過軍事手段和政治談判的方式來調處國共矛盾，幾經周折的談判過程構成了美國對華政策與中美關係史上最錯綜複雜的一章，用國務卿艾奇遜的話來說：「令人難以置信地複雜，複雜到了大概只有中國式的談判才能有的程度。一方提出了一個建議；他方說他們可以接受這些提議之一，但對其他提議則有四條附加條件。然後提議的一方又倒回去，表示願意接受某些附加條件，但又對附加條件提出了附加條件。於

---

7 鄒讜，《美國在中國的失敗（1941-1950年）》，頁73。

是，不久之後，就變得談不下去了。」[8]馬歇爾卓越的外交才能在國際舞臺上盡顯風采，卻在國共兩黨的談判桌上根本施展不出來，他提供的和解方案以及為此展開的談判過程，重蹈了赫爾利的覆轍，這對他本人而言，無疑是一段難以啟齒的歷史。

三位美國將軍——馬歇爾、史迪威和赫爾利，深度參與了羅斯福政府和杜魯門政府對華政策的制定與執行，他們關於中國的認知與經驗對總統做出外交決策產生了重要的影響。這三位美國將軍分別出場的階段，恰恰可以劃分出中美關係史上的三個重要時刻：以開羅會議為標誌的中美蜜月期，因為「史迪威事件」而提前終止；赫爾利作為總統特使訪華力促國共兩黨建立「聯合政府」的計劃，在現實中遇阻而破產；最後是馬歇爾使華的失敗，國共內戰不可阻擋地全面展開，美國對華政策隨國民黨的失敗而徹底退出中國舞臺。三位美國將軍的在華遭遇，從一個方面足以揭示出美國總統對華政策的演變及其失敗的原因。

「史迪威事件」：美國對華政策的轉折點

史迪威將軍之所以在羅斯福政府處理對華事務中占據重要位置，是基於他在長期的職業生涯中形成的兩個獨特優勢。首先，史迪威是一位卓越的軍事指揮官，有著輝煌的軍事履歷：1904年畢業於西點軍校，任中尉；1916年晉升為上尉；1917年任少校；1918年隨美軍參加第一次世界大戰的凡爾登戰役，供

---

8 轉引自同上書，頁328。

職於潘興將軍手下，晉升為中校和上校；1919年，因為戰爭結束美軍縮編，史迪威再次成為上尉。第二次世界大戰爆發後，史迪威先後任美軍旅長、師長和軍長；1942年至1944年，他出任中、緬、印戰區美國陸軍司令兼中國戰區參謀長；1945年他又先後出任美國地面部隊司令和第10集團軍司令。1944年，史迪威被晉升為四星上將，當時獲此殊榮的只有四位將軍：馬歇爾、艾森豪、麥克阿瑟和阿諾德。史迪威作為一位經歷了兩次世界大戰的職業軍人，完全具備了一個美國將軍的所有優秀品質：精明強幹，剛直不阿，討厭阿諛奉承和虛張聲勢；同時也存在著嚴重的性格缺陷：冷酷無情，尖酸刻薄，與人難以相處，為此獲得了「醋酸喬」的外號。

其次，史迪威有一個所有美國將軍都沒有的獨特履歷：從1911年開始與中國發生了密切的關係，不僅見證了辛亥革命以來中國所出現的一系列巨大變化，而且直接參與到中國的巨變進程中。1919-1923年的軍閥時代，史迪威被任命為代表陸軍的駐華首任語言教官；1926-1929年的蔣介石國民政府時期，他任美軍駐天津第十五步兵團的軍官，與馬歇爾成為同事；1935-1939年日本入侵中國時，他是美國駐華使館的武官。史迪威的在華經歷培養了他對中國的一種特殊感情與經驗，他把自己的英文名字「Stiwell」翻譯成「史迪威」，就是想把中文的「歷史」、「啟迪」和「威風」結合在一起。史迪威的「中國經驗」使得他與其他在華美國軍官顯著不同，那就是以他的獨特方式來觀察中國，試圖為美國政府提供關於中國的一手信息和見解。史迪威在1928年一家名叫《崗哨報》上開闢專欄，介紹「中國局勢中的重要人物」，之所以這麼做，是因為在他看

來,多數美國人既不瞭解中國,也誤解了中國革命。巴巴拉‧塔奇曼對史迪威這一時期的工作做了一個客觀的評價:「儘管由於當時距離太近而未免對歷史有些曲解,但是同時也避免了由於是事後觀察而造成的曲解。」[9]

史迪威卓越的軍事指揮才能和在華的特殊經歷,以及獲得了馬歇爾將軍的鼎力支持與推薦,使得他成為美軍中國戰區最高指揮官的不二人選。1942年,日軍不僅在中國戰場上長驅直入,迫使國民黨軍隊退守中國西南地區,而且在東南亞和緬印戰場亦形成了勢如破竹的進攻態勢。為徹底改變這個被動局面,美國總統羅斯福和英國首相邱吉爾都意識到必須加強盟軍在中、緬、印戰區的統一部署和統一指揮。鑒於他們對國民黨軍隊戰鬥力的擔憂和對蔣介石戰略指揮能力的不信任,任命史迪威擔任中、緬、印戰區司令和中國戰區參謀長就成為當時一個迫在眉睫的選擇。為了讓蔣介石同意這項任命,盟國先是宣布蔣介石擔任同盟國中國戰區最高統帥,中國戰區不僅涵蓋中國本土,而且包括東南亞與緬印地區。接著是在開羅會議上正式宣布中國為世界四強之一,中國的國際地位和蔣介石的個人聲望由此達到了空前的高度。正是在這種氛圍中,蔣介石欣然接受史迪威成為他的參謀長,並同意授權他實際指揮所有中國軍隊。

雖然蔣介石最初接受了史迪威的任命,但史迪威的「醋酸」性格使他從內心始終不認可蔣介石的軍事才能,他在自己的日記中把這位最高統帥戲稱為「花生米」甚至獨裁者,把美

9　巴巴拉‧塔奇曼,《史迪威與美國在中國的經驗:1911-1945》,頁120。

國與國民黨軍隊的結盟視為是「同僵屍結盟」,不敬之心由此可見一斑。史迪威對蔣介石的輕蔑態度必然會影響到羅斯福對蔣介石的看法,從而逐步動搖其在開羅會議上把後者樹立為大國領袖的決心。1943年12月,開羅會議結束後沒幾天,羅斯福曾問史迪威「蔣介石能維持多久」?史迪威的回答是:局勢是嚴重的,美國必須要有替代蔣介石的預案。羅斯福完全同意這個判斷。[10]這是羅斯福式的機會主義,他在開羅會議上把蔣介石抬得這麼高,完全是因為中國戰區的戰略重要性,蔣介石不過就是他在當時不得不使用的一個籌碼,他所考慮的主要問題就是讓中國軍隊在史迪威的指揮下迅速形成戰鬥力,以便有效地反擊日軍在緬印戰區的進攻。[11]所以,鄒讜認為,羅斯福的對華政策主要是從軍事角度著眼:「太平洋戰爭期間,美國在遠東的主要目標是在首先打敗德國的全面戰略中實現日本的無條件投降。為了達到這一目的,美國遵循了一條拖住中國的政策,以便在共同作戰的努力中,最大限度地利用中國的軍事潛力和地理上的戰略位置。」[12]史迪威的主要使命就是根據美國遠東戰略對中國軍隊進行現代化改造,他計劃在兩年時間內完成90個師的改造任務,以便在中國戰區形成一支抗擊日軍的現代化軍

---

10 參閱羅伯特・達萊克,《羅斯福與美國對外政策:1932-1945》,下冊,頁693。

11 理查德・霍夫施塔特把富蘭克林・羅斯福稱之為「有教養的機會主義者」,認為羅斯福在道德境界上與威爾遜有很大的差距,羅斯福在雅爾達會議上,沒有像威爾遜在巴黎和會上那樣,為了思想的堅定不移及道德責任而與對手竭力爭辯。參閱氏著,《美國政治傳統及其締造者》,頁418。

12 鄒讜,《美國在中國的失敗(1941-1951年)》,頁29。

隊。

　　按理說，蔣介石和史迪威在中美兩國共同反擊日本侵略這個大目標上沒有根本性矛盾，史迪威力主推行的中國軍隊的現代化改造計劃也完全符合中國利益，但是，兩人還是發生了不可調和的衝突，衝突有史迪威桀驁不馴的性格原因，更多的則是源於他在兩個方面突破了蔣介石可以忍受的底線。第一，蔣介石始終不想放棄對中國軍隊的指揮權而將這個權力完全移交給史迪威，對他而言，軍隊就是他的命根子。史迪威後來也意識到，蔣介石之所以對不利於自己權力的事情有不可思議的牴觸情緒，原因在於他害怕「讓一個可能的對手統率一支訓練有素的高效部隊是危險的」。[13]第二，蔣介石始終不能容忍史迪威聯合中共軍隊與美軍一起投入到太平洋戰爭的計劃，該計劃準備用美械武器裝備中共軍隊5個師，而且還要求國民政府和共產黨簽訂合作協定，雙方建立一個聯合政府以形成全國統一抗戰的格局。在蔣介石看來，聯合中共抗日的計劃是因為「中國共產黨的宣傳愚弄了美國人，他斷言美國對解決中國問題的最好貢獻莫過於以『疏遠』和『冷淡』的態度對待共產黨人」，他警告美國人：「不可相信共產黨」。[14]

　　史迪威作為一個職業軍人，他在中國戰區尋求反擊日軍進攻的潛在武裝力量時，並沒有「親共」的意識形態在支配著他的決策，他純粹是從軍事角度著眼於當時已經擁有50萬軍隊

13　參閱巴巴拉・塔奇曼，《史迪威與美國在中國的經驗：1911-1945》，頁390。

14　參閱羅伯特・達萊克，《羅斯福與美國對外政策：1932-1945》，下冊，頁700。

的中共如何轉化為抗擊日本的一支有生力量，以彌補國民黨軍隊戰鬥力的不足。他之所以相信共產黨人，一方面是因為中共領導人通過特定渠道向他表達了中共軍隊願意接受其領導的信息，另一方面是他的兩個主要政治顧問——謝偉思和戴維斯，通過向他遞交他們赴延安的考察報告，讓他進一步確信中國共產黨及其軍隊是可以合作的，是比國民黨軍隊更富有活力和戰鬥力。

　　羅斯福總統最初並未完全接受史迪威改造國民黨軍隊的方案，他在1943年5月前後曾傾向於陳納德提出的以美國空軍力量擊敗日本人的軍事方案，認為這個方案在時間上更為迅速，更能被蔣介石所接受，而要落實史迪威的陸軍改造方案則過於曠日持久。但是，他很快發現陳納德的空軍作戰計劃遠遠沒有實現它的目標，於是，在開羅會議之後，他明顯地轉向史迪威和馬歇爾的對華看法：加快對國民黨軍隊的現代化改造與統一指揮，同時督促國民政府進行民主化改革，推動國民黨與共產黨建立聯合政府。1944年7月，羅斯福總統正式致電蔣介石，建議蔣委員長使史迪威「在您的直接領導之下，統帥所有的中、美部隊」，包括共產黨的部隊，「他對阻止敵人大規模推進的協調和作戰指揮承擔全部責任，享有完整的權力。」[15]在羅斯福總統的強大壓力之下，蔣介石準備作出妥協，接受美國人提出的任命史迪威為中國軍隊最高指揮官的要求。可是沒有想到的是，正當史迪威信心滿滿地計劃落實最高司令部「不折不扣的完整權力，包括獎懲（即刻處罰）權、任免權」時，蔣介石認

15　參閱鄒讜，《美國在中國的失敗（1941-1951年）》，頁95。

為史迪威對戰地總司令的權力的理解與自己的想法完全風馬牛不相及，決定推遲對史迪威的任命。這一情況立即招來了羅斯福總統第二封致蔣介石的電報（該電報由馬歇爾主持起草），電文充滿著譴責性含義，指責蔣委員長拖延任命史迪威為中國軍隊的總司令，可能導致災難性的後果，他在電文中這樣寫道：「我非常坦白地說明我的想法，因為我們這裡所有的人都看得非常清楚，如果再拖延下去，你們和我們為挽救中國所作出的一切努力都會前功盡棄。」[16]正是這份最後通牒式的電報讓蔣介石忍無可忍，他不僅收回了早先作出的任命史迪威為中國軍隊總司令的諾言，而且堅決要求美國政府召回史迪威。對於蔣介石來說，接受這個最後通牒，無異於會從根本上動搖他的軍事統治和政治統治。

在蔣介石近乎憤怒的反擊下，羅斯福總統不得不選擇退讓，他聽從了赫爾利的話：「您和蔣介石之間除了史迪威之外沒有任何分歧……我認為，在這場辯論中，如果您保留史迪威，就會失去蔣介石，中國就可能和他一道失去。」[17]羅斯福此時並沒有可以替代蔣介石的人選，他只能以召回史迪威的方式來繼續維持中美的軍事合作關係。儘管雙方就魏德邁將軍取代史迪威任中國戰區參謀長，以及邀請赫爾利將軍為總統特使參與處理中國事務達成了一致意見，但「史迪威事件」在羅斯福總統和蔣介石委員長之間製造的難以彌補的裂隙是顯而易見

---

16 轉引自羅伯特・達萊克，《羅斯福與美國對外政策：1932-1945》，下冊，頁707。

17 轉引自鄒讜，《美國在中國的失敗（1941-1951年）》，頁99。

的。羅斯福的對華政策由此作出重大調整：一是不再委派美國軍官指揮中國軍隊，美國終止了對中國軍隊進行現代化改造的計劃；二是美國大大放緩了對國民政府的支持力度，堅持要求把美援與國民政府的民主化改革相關聯；三是不再邀請蔣介石參加後來舉行的雅爾達會議和波茨坦會議，讓中國作為「四大國」之一徒有其名。

鄒讜曾經假設，如果美國充分認清了蘇聯的侵略意圖和正確地理解了中國共產黨的性質時，早日實現史迪威改造中國軍隊的計劃或許會給美國提供一個在中國更加可靠的軍事工具，以反抗共產主義集團的威脅。尤其是對國民政府而言，經由史迪威訓練後形成的裝備完善的精銳部隊，對於圍堵中國共產主義的擴張，無疑會成為軍事和政治解決方法的組合中一個不可缺少的因素。但歷史並沒有按照這種假設出現，美國人和蔣介石都沒有認識到「史迪威事件」後果的嚴重性，正如鄒讜事後的總結：

> 美國失去中國的根源可追溯到以召回史迪威為象徵的戰時挫折和失敗。而蔣在表面上戰勝了那位極為失望的美國將軍後也播下了他在中國大陸垮臺的種子。[18]

---

18 同上書，頁105。

赫爾利使華：聯合政府的陷阱

　　1944年9月，在史迪威與蔣介石的矛盾處於最後攤牌之際，羅斯福總統接受馬歇爾將軍的推薦，邀請帕特里克・傑伊・赫爾利少將擔任自己的私人顧問赴華，這既是為了調處史蔣矛盾，也是為了繼續推行他的「聯合政府」計劃。赫爾利作為來自於奧克拉荷馬州的共和黨人，畢業於華盛頓國立大學並獲得法學博士學位，做過律師，有參與若干重大談判的豐富經驗，第一次世界大戰時是美國陸軍上校，在胡佛總統時期擔任過陸軍部長，1944年晉升為少將。赫爾利顯赫的經歷讓羅斯福和蔣介石都有理由認為這是一位「具有政治遠見和有能力的、有影響的個人代表」，相信他既能對協調蔣介石與史迪威的關係「有很大的貢獻」，也能將「軍事合作」置於「政治合作的基礎上」。[19]蔣介石始終認為，處理與中共的關係，不能像史迪威那樣僅僅從軍事角度考慮問題，而是要從政治著眼，首先在解決了全國的軍令和政令統一之後，再來考慮與中共建立起政治合作與軍事合作的關係。在羅斯福看來，蔣介石處理中共問題的立場符合其關於在中國建立一個「聯合政府」的構想，赫爾利將這一構想理解為：「（1）統一中國的一切抗日武裝；（2）支持中國人民為自己建立一個自由、統一、民主政府的願望。」[20]

　　為了避免重蹈史迪威的覆轍，赫爾利來華伊始即明確主

19　參閱牛軍，《從赫爾利到馬歇爾：美國調處國共矛盾始末》，頁65。
20　參閱鄒讜，《美國在中國的失敗（1941-1951年）》，頁118-119。

張必須維護蔣介石在中國的統治地位，建立一個在蔣介石領導下的「統一和民主」的中國。蔣介石正是從赫爾利這一承諾中得到鼓舞，認為史迪威並非不可取代，赫爾利的到來為他提供了一條無需藉助史迪威來表達自己觀點和願望的渠道。因此，赫爾利使華並沒有緩解蔣介石與史迪威的矛盾，反而加速了後者的離去。赫爾利在意識到他無法阻止蔣介石決心趕走史迪威的決定之後，轉而支持蔣介石，他給羅斯福總統的信中提出的「失去蔣介石就是失去中國」的忠告，成為總統決定召回史迪威的最後依據。此時，赫爾利並非是對史迪威落井下石，他從中國當時的情勢判斷，認為取得蔣介石的充分信任，是在中國建立一個「聯合政府」的首要前提，而建立「聯合政府」則是羅斯福政府對華政策的首要目標。羅伯特・達萊克認為：「羅斯福決定遷就蔣介石，主要基於政治上的考慮，而不是著眼於軍事。他認為，在史迪威的委派問題上採取直接對抗會加速蔣介石的垮臺。參與推翻中國政府會破壞他為促進中國成為一個獨立的主權國家而作的一切努力。這樣還有可能會決定性地毀掉他要把同美國結盟的大國中國引進世界之林的已經搖搖欲墜的計劃。」[21]因此，羅斯福聽從了赫爾利的建議，拋棄史迪威，全面支持蔣介石，他深信在中國建立一個「聯合政府」具有刻不容緩的迫切性。這一方面是基於國際地緣政治的考慮，雅爾達會議通過的蘇聯軍隊出兵中國東北地區的決定，既賦予了蘇聯消滅日本百萬關東軍的責任，也為蘇聯在遠東地區的擴張創造了千載難逢的機會；如果在蘇軍進入東北之前不能在中

---

[21] 羅伯特・達萊克，《羅斯福與美國對外政策：1932-1945》下冊，頁710。

國建立一個親美的「聯合政府」,則將為戰後遠東秩序重組帶來的巨大的不確定。另一方面從中國國共力量對比考慮,羅斯福始終對國民黨軍隊的軍事素質和戰鬥力不抱信心,儘管國民黨軍隊在數量上擁有對中共軍隊四比一的優勢。正是基於國際和國內形勢的判斷,羅斯福政府形成的共識是:在中國建立一個聯合政府不僅是戰後中國重建的一個最佳選擇——促進國共合作,消弭內戰的可能性,通過自由民主的方式統一中國;而且也是戰後遠東秩序重建的一個最佳選擇——一個自由民主的中國必將成為抵制蘇聯共產主義在遠東擴張的強大屏障。

羅斯福在勾畫中國聯合政府的前景時,不是沒有意識到蘇聯在占據東北之後「賴著不走」的可能性,他於1944年11月10日曾問美國駐蘇大使哈里曼:「假如俄國人開進中國,他們還會撤出去嗎?」[22]然而,這樣的擔心已不可能影響雅爾達會議形成的既定條款,此時他只能選擇相信史達林會遵守在雅爾達作出的諾言——在擊敗日本占領軍三個月後將東北領土、主權和行政管理權全部移交給中國國民政府,同時承諾不支持中共軍隊。羅斯福傾向於一個關鍵性假設:「蘇聯預備甚至渴望在戰後世界以『正常國家』的地位與世界合作,不再是決心創造意識形態衛星帝國的革命國家。」[23]赫爾利在出使中國前訪問蘇聯,也是期待從蘇共領導人那裡獲得他們關於中國的真實想法。在經過幾輪會談之後,他從蘇聯外長莫洛托夫口中得到了令他倍感鼓舞的信息:蘇聯政府完全支持美國對華政策,支持

---

22 參閱同上書,頁711。
23 參閱陶涵,《蔣介石與現代中國》,頁277。

在中國建立一個聯合政府,包括支持中國的武裝部隊全都統一納入在蔣介石領導之下。

　　蘇聯之行讓赫爾利對實現羅斯福總統在中國建立「聯合政府」的計劃充滿信心,他確信「中國共產黨實際上不是共產黨人,⋯⋯俄國並沒有援助在中國的所謂共產黨人,⋯⋯俄國渴望同中國建立更親密的和更和睦的關係。」同時,他確信蘇聯不會干擾美國在中國實施建立一個「聯合政府」。1944年10月19日,赫爾利致電羅斯福總統:「看來,中國所有軍隊第一次開始出現統一的可能性了。」羅斯福在回電中鼓勵他說:「我希望目前的安排將成功地團結所有的中國軍隊,共同打擊侵略者。」11月,赫爾利到延安去同中共領導人討論統一問題時,羅斯福又對他的努力加以鼓勵:「我希望,你此行會取得使這兩個敵對集團更接近於達成協議與合作的結果。」[24]

　　1944年11月7日,赫爾利未經提前通知中共,乘飛機從重慶抵達延安,口袋裡裝著他親手起草的關於國共合作的「五點建議」。[25]中共領導人對赫爾利突如其來的訪問表示由衷的歡迎,

---

24　參閱羅伯特・達萊克,《羅斯福與美國對外政策：1932-1945》下冊,頁711-712。

25　赫爾利的「五點建議」草案內容是：1. 中國政府與中國共產黨合作,實現國內軍隊統一；2. 中國政府和中國共產黨均承認蔣介石為中華民國主席及所有中國軍隊的統帥；3. 中國政府及中國共產黨均擁護孫中山的三民主義,在中國建立民有、民治、民享之政府；4. 中國政府承認中國共產黨為合法政黨,所有國內各政黨,均予以平等、自由及合法地位；5. 中國只有一個中央政府和一個軍隊,中共軍隊和政府軍隊均享受同等待遇。後經國民黨王世杰等修改並經蔣介石修訂,「五點建議」突出了國民政府的「軍令政令統一」的原則,即把第二點修改為：「中國共產黨軍隊,將遵守與執行中央政府及其軍事委員會的命令。」參閱牛軍,《從赫爾利到馬歇

這是美國政府代表與中共在延安的首次正式接觸，中共意識到這是他們爭取政黨和軍隊合法化的一個重大機會。對於赫爾利帶來的「五點建議」，毛澤東明確認為不能接受關於整編中共軍隊的內容，也就是提案的第二條，他要求首先將國民黨一黨政府改組為各黨派的聯合政府，然後中共軍隊可以服從聯合政府和聯合軍事委員會的指揮。對於毛的修改意見，赫爾利立即表示「完全贊成」。雙方最後一致同意達成的「五點協議」之第二條被修改為：「現在的國民政府應改組為包含所有抗日黨派和無黨無派政治人物的代表的聯合政府，並頒布及實行用以改革軍事政治經濟文化的新民主政策。同時，軍事委員會應改組為由所有抗日軍隊代表所組成的聯合軍事委員會。」[26]比較「五點建議」和「五點協議」前後兩個版本，可以看出兩者的重大差別在於：蔣介石同意的版本是實現軍令政令統一在先，實現聯合政府在後；毛澤東同意的版本是實現聯合政府在先，實現軍令政令統一在後。也就是說，蔣介石是先要求實現軍隊國家化，再實現政治民主化；毛澤東則是先要求實現政治民主化，再實現軍隊國家化。赫爾利之所以能接受毛同意的版本，很大程度上是來自於美國人的價值觀，基於他的民主理念，政治民主化先於軍隊國家化是天經地義的事情。因此，他才會認為「五點協議」的條款都是公平合理的，特別是中共領導人表示繼續承認蔣介石的領袖地位，更使他感到滿意和放心。在離開延安時，赫爾利致電羅斯福，稱「五點協議」中「幾乎所有

爾：美國調處國共矛盾始末》，頁76-79。
26 參閱同上書，頁83。

的基本原則都是我們的」。[27]包瑞德在其回憶錄中曾提到,赫爾利到達重慶後即宣布:如果談判失敗,錯誤更多地是在國民政府方面,而不是在共產黨人方面。[28]

出乎赫爾利的預料,他從延安帶回來的「五點協議」遭致了蔣介石、宋子文、王世杰等國民黨要人的一致反對,反對的理由還是集中於第二條,他們堅持先軍事(統一軍令政令)後政治(建立聯合政府)的原則,用蔣介石的話來說:「政治與軍事應整個解決,但對政治之要求予以極度之寬容,而對軍事則嚴格之統一不稍遷就。」[29]國民黨據此對「五點協議」提出了「三點反建議」,其核心的修改意見是:在中共武裝力量被改編為國軍並在薪餉、津貼、軍火及其他配備方面取得與其他部隊的同樣待遇之後,國民政府承認中國共產黨之合法地位,吸收中共高級軍官參加軍事委員會,同時承諾保障言論自由、出版自由、集會結社自由以及其他公民自由權利。對於國民黨的「三點反建議」,中共表示絕對不能接受,毛的批語是:「黨治不動,請幾個客,限制我軍。」[30]

圍繞著赫爾利的「五點建議」所展開的國共之爭,看起來在建立一個聯合政府的目標上雙方並無分歧,但政治改革和軍事改革究竟孰先孰後的分歧,卻讓雙方根本走不到一起。事實

---

27 參閱同上書,頁84。
28 參閱D・包瑞德,《美軍觀察組在延安》,萬高潮、魏明康等譯(濟南:濟南出版社,2006),頁119。
29 轉引自陶涵,《蔣介石與現代中國》,頁289。
30 參閱《毛澤東年譜(1893-1949)》中卷(北京:中央文獻出版社,2013),頁560。

上，在國民黨提出「三點反建議」之後，赫爾利力求實施的聯合政府計劃已經成為美國對華政策的一個陷阱。牛軍的研究表明：「隨著赫爾利在調處過程中不斷碰壁，羅斯福政府內部圍繞對華政策問題爆發了一場激烈的爭論。這場爭論的中心就是羅斯福政府從一開始介入國共爭端時便面臨的那個基本問題：如果未能使國共兩黨達成協議，美國下一步應該採取什麼對策。」[31]此時以赫爾利為代表，在經歷了與中共代表的多次談判後不再對中共抱有幻想，轉而實行一條堅決支持蔣介石在政治和軍事方面的領導地位，以及統一所有中國軍隊的路線，這條路線被中共定性為「扶蔣反共」。另一條路線則是以戴維斯、謝偉思等為代表的國務院「中國通」們提出的政策建議，他們主張「聯共抗日」，用戴維斯在1945年4月從莫斯科發回的電報中的話來說：「在此關頭可以得出的結論是：如果有什麼共產黨政權易於成為美國的政治『俘虜』的話，那就是延安。」[32]基於這個判斷，他們認為美國政府只給蔣介石援助，使得他不願妥協，會大大增加爆發內戰的可能性，從而危害美國的利益。他們為此要求總統通知蔣介石：「由於軍事上的需要，我們必須向共產黨和其他能幫助抗日的適當團體提供援助並同他們合作。」[33]鄒讜認為赫爾利與戴維斯、謝偉思之間的根本性政策分歧，在於對中國政治可能的發展趨向和對國民黨繼續掌權的前景作出了千差萬別的估計，前者堅定地支持蔣委員長，不為

---

31 牛軍，《從赫爾利到馬歇爾：美國調處國共矛盾始末》，頁107。
32 參閱歐內斯特‧梅、小詹姆斯‧湯姆遜編，《美中關係史論》，頁302。
33 參閱羅伯特‧達萊克，《羅斯福與美國對外政策：1932-1945》下冊，頁741。

與中共合作而向他施加壓力；後者則認為必須通過向蔣委員長施加壓力，迫使他與共產黨合作以實現統一、民主的中國的目標。鄒讜把這兩種政策分歧概括為：

> 赫爾利的觀點與外交官們的建議可以比作兩條相互交叉的直線。這兩條直線的起點是相反的，他們在對國民黨和中國共產黨的相對力量的估計上，在對實現統一和民主的中國的方法上的觀點是截然不同的。這兩條直線在一個共同點相遇，這就是建立聯合政府的中間目標。然後，他們又分別走向兩個相反的目的地，赫爾利的目標是鞏固國民政府，而兩位外交官的目標則是尋求爭取中國共產黨人站到美國一邊的途徑，或者使他們遵循一種獨立於蘇聯的方針。[34]

在赫爾利與美國駐華外交官的矛盾衝突中，雖然羅斯福總統是站在赫爾利一邊，允許他將戴維斯和謝偉思這些國務院的「親共分子」驅逐出美國駐華大使館，但是總統的對華政策仍然沉陷在「偉大的美國式的夢想」（邱吉爾語）中，繼續按照「中國通」們提供的方案，推動國民黨和共產黨建立一個聯合政府。蘇聯和中共也在配合美國實現這一偉大夢想。1945年4月，赫爾利再次訪問蘇聯，史達林親口向他保證，中共主要是為了爭取改善民生的政黨，蘇聯「願意協助」美國對華政策。中共在4月23日召開「七大」，毛澤東作了題為「論聯合政

---

[34] 鄒讜，《美國在中國的失敗（1941-1951年）》，頁120。

府」的政治報告,明確提出了「廢止國民黨一黨專政,建立民主的聯合政府」的政治主張,承諾「中國共產黨同意〈大西洋憲章〉和莫斯科、開羅、德黑蘭、克里米亞各次國際會議的決議」,同時宣布在中國成立了一個「新民主主義的聯合政府」之後,中共將願意和國民黨一起把軍隊交給它。[35]史達林發出的政治信號,讓美國人相信蘇聯人會恪守《雅爾達協定》;毛澤東論「聯合政府」的政治報告,亦讓美國人相信中共有誠意為建設一個統一民主的中國作出貢獻。儘管在其後的一個時間裡(7月10日和12日),中共通過新華社連續發表了兩篇評論文章,猛烈批評「赫爾利政策的危險」,斷言「赫爾利和蔣介石的雙簧已經破產」;但赫爾利卻對中共指名道姓的抨擊置若罔聞,寧願繼續為「聯合政府」這個空中樓閣尋找基石。1945年8月14日,中國國民政府和蘇聯政府正式簽署《中蘇友好同盟條約》,這個條約被赫爾利認為是蘇聯正式疏遠中共並迫使中共服從國民政府統一領導的轉折點。在他的主導下,蔣介石前後三次致電延安,邀請毛澤東親赴重慶談判。歷時43天的重慶談判達成了《雙十協定》,讓「聯合政府」的前景一下子變得豁然開朗,也讓赫爾利取得了他使華期間的最大成果。

然而,《雙十協定》墨汁未乾,國共軍隊因為爭先恐後地接收日軍投降後空出的地盤而互相大動干戈,內戰大有全面爆發的態勢。1945年11月之後中國事態的發展,完全超出了羅斯福政府原來設想建立「聯合政府」的三個前提條件:1、蘇聯

---

35 參閱毛澤東,〈論聯合政府〉,《毛澤東選集》第三卷(北京:人民出版社,1991)。

保證支持國民政府並促使中共與國民黨妥協；2、蘇聯將嚴格遵守《雅爾達協定》，不援助共產黨；3、蘇聯無條件支持美國和平統一中國的政策。與此相反，蘇聯出兵中國東北地區並沒有受《雅爾達協定》和《中蘇友好同盟條約》的約束，站在國民政府一邊，而是明裡暗裡地支持中共擴大其武裝力量，為其通過戰爭奪取全國政權創造一切有利條件。面對蘇聯公然違反《雅爾達協定》的行為，美國政府並沒有相應地作出有力反應，對日戰爭的倉促結束也使美國政府來不及制定一個向中國提供軍事援助的戰後方案，美國的援助僅限於向華中和華北的日軍占領區空投和運輸國民黨軍隊，同時，美國作出了陸續從中國撤回其12萬軍隊的決定。蘇聯大規模「進入」中國和美國逐步「退出」中國形成了鮮明的對照，美蘇在中國的政治平衡被打破——這個平衡是保障中國國內和平的必要國際條件，中共依靠蘇軍的支持在東北迅速形成一支強大的武裝力量，它足以與國民黨軍隊為接收東北而大打出手。國共即將全面內戰的態勢，終於終結了赫爾利使華的主要使命，前述鄒讜所說的赫爾利試圖通過建立聯合政府來鞏固國民政府的路線失敗了，而戴維斯和謝偉思等尋求爭取中共站到美國一邊並獨立於蘇聯的計劃，更是成為子虛烏有的事情。

  1945年11月27日，赫爾利毫無預兆地向杜魯門總統遞交了辭職書，在此之前，他遭到了一些政敵和報刊的猛烈攻擊，指責他顛覆了羅斯福的對華政策，認為美國在華困境在於他實行扶蔣政策。赫爾利唯有通過辭職發起反擊，他在辭職書中認為美國對華政策沒有得到國務院全體職業外交人員的支持，指控他們「同中共這個武裝的黨以及推行違背中國本國利益使中

國持續分裂的政策的帝國主義國家集團站在一起」,「為共產黨出謀劃策」,「公開策動共產黨這個武裝的黨拒絕將中國共產黨的軍隊同國民黨的軍隊聯合起來」。他進而嚴厲批評杜魯門政府的對華政策「莫衷一是,陷入混亂」,有必要全面改組「那些制定對華政策的機構」。[36]赫爾利的辭呈既是為自己使華失敗的結局推卸責任,也是對杜魯門政府的對華政策公開提出挑戰。在隨後幾天舉行的一個新聞發布會上,赫爾利控訴道:「在戰爭中,我們為美國的民主和理想而戰」,而現在卻派美軍「維護同美國的民主、理想迥異的意識形態」;有些外交人員和軍官甚至還想把美國武器、物質提供給共產黨。甚至現在,還有兩名「不忠的」外交官被清除出中國,可轉而又「被分派到亞洲,當上了盟軍最高司令的顧問」。[37]他所說的這兩名「不忠的」外交官指的是艾奇遜和謝偉思。具有諷刺意味的是,在杜魯門總統第二天接受了赫爾利的辭呈之後,最先慶祝的就是艾奇遜和謝偉思,他們把赫爾利的去職視為是職業外交官的勝利。中共中央對赫爾利的辭職也公開表示歡迎,他們在7月12日呼籲改變「將給美國政府和美國人民以千鈞重負和無窮禍害」的「赫爾利式政策」,好像是先見之明,終於因為這項人事更迭而得以初步驗證,他們樂見「扶蔣反共」的「帝國主義者赫爾利」退出了中國的政治舞臺。

為填補赫爾利辭職留下的空缺,杜魯門總統迅速作出決定,宣布馬歇爾將軍為總統特使前往中國,繼續完成赫爾利沒

---

36 參閱伊・卡恩,《中國通:美國一代外交官的悲劇》,頁228-229。
37 參閱琳・喬伊納,《為中國蒙難:美國外交官謝偉思傳》,頁191。

有完成的使命——調停國共內戰，建立基於國共合作的「聯合政府」。在作出這項決定時，杜魯門總統根本沒有想到，赫爾利遺留給馬歇爾的調處國共矛盾的使命會面臨一個比以往更加複雜和棘手的局面；馬歇爾恐怕也沒有想到，他的調處工作在順利展開幾個月後便舉步維艱，最終也不得不重蹈赫爾利使華失敗的覆轍。

馬歇爾的調停之路：重蹈赫爾利覆轍

杜魯門總統在中美關係的關鍵時刻請出喬治·馬歇爾將軍擔任特使，赴華調處國共矛盾，無疑是最佳人選。與史迪威將軍和赫爾利將軍相比，無論從個人聲望還是從豐富的政治和軍事經驗來看，馬歇爾都具有無與倫比的優勢，他毫無疑問地是美國二戰以來的第一軍人，曾被《時代》雜誌稱之為「祖國的託管者」和「不可或缺的人」，他同時也是一位卓越的外交戰略家，跟隨羅斯福總統參與制定了美國與盟國的一系列政治、軍事和外交的重大決策。就美國對華政策而言，按照萊弗勒的看法，雖然有大量的個人和機構在同中國打交道，但是只有一人在美國對華政策的發展演變過程中發揮著決定性影響，那就是馬歇爾——「馬歇爾1946年出使中國的經歷以及他在軍事問題上的專業素養意味著，當他決心做他想做的事情時，幾乎每個人都會聽從他的意見。」[38]因此，從馬歇爾使華到他後來被任

---

[38] 梅爾文·P·萊弗勒，《權力優勢：國家安全、杜魯門政府與冷戰》，頁327。

命為國務卿,被公認為是「杜魯門總統任期中最明智最重要的決定之一」。[39]

在赫爾利辭職之後,美國對華政策面臨著何去何從的抉擇,鄒讜將其概括為:1、武裝干涉;2、向中國提供大規模軍事援助及作戰諮詢;3、支持國民黨政府,但不採用武裝干涉的手段,也不使軍事援助升格到武裝干涉的程度;4、不介入國共兩黨間的軍事政治衝突,但只向被承認的政府方面提供經濟援助;5、全部從中國撤退。[40]在這五個選項中。杜魯門政府實際上既不能選擇武裝干涉,包括選擇向中國提供大規模軍事援助,也無法選擇全部從中國撤退。因為不管是武裝干涉還是撤出中國都不符合美國傳統的對華政策,從海約翰對中國提出「門戶開放」政策到羅斯福總統力主在中國建立「聯合政府」的主張,均體現出美國政府長期堅持的一種看法:美國要幫助和促進中國完成民主化改革以確立其世界性大國的地位,但絕不以直接介入的、尤其是通過戰爭的方式來實現這一目標。赫爾利使華的原則就是以和平民主的方式統一中國,武裝干涉根本就不在美國政府的考慮之中,雖然他以失敗而收場,但這一原則作為美國對華政策的基本依據仍然成為馬歇爾使華的準則。

在馬歇爾使華前夕,杜魯門總統特地發表聲明,強調一個不統一的和被內爭所分裂的中國,是不能成為美國給予貸款、在經濟方面實行技術援助以及軍事援助的適當地區,國民政府

---

39 參閱大衛·麥可洛夫,《杜魯門》,頁617。
40 參閱鄒讜,《美國在中國的失敗(1941-1951年)》,頁279。

作為一個「一黨政府」,必須進行民主改革,擴大政府的基礎以容納國內其他政黨,使這些政黨在國民政府內享有公平有效的代表權;同時,他也指出像共產黨那樣的自治性軍隊的存在是與中國的政治統一不一致的,實際上使統一成為不可能,廣泛的代議制政府一經成立,自治性軍隊即應取消,所有中國軍隊應有效地統編為中國國軍。為此他授權馬歇爾以極為坦率的態度同蔣介石委員長及其他中國領袖對話,通過和平談判完成:

(1)國民政府與中國共產黨及中國其他持異議的武裝部隊之間協商停止敵對行動,以使整個中國回復到中國人民有效管制之下,包括立即遣送日軍在內。

(2)召開全國主要政黨代表的國民會議,以求早日解決目前的內爭,促成中國的統一。41

國共雙方都對馬歇爾使華表示歡迎,蔣介石和夫人宋美齡在南京接見馬歇爾時表示,贊許杜魯門總統的對華政策聲明,表達了國民政府尋求以和平方式解決中國內部問題的決心,指出總統聲明中提到的消滅中國自治性軍隊(例如共產黨軍隊)的必要性,是極為重要的部分。蔣介石還認為,蘇聯與中共之間存在著明確的聯繫,蘇聯已在滿洲用武器裝備的方式援助中共,目的是在滿洲建立一個中共控制下的傀儡政權。在與中共代表的會談中,周恩來向馬歇爾表示中共重視他的出使任務,

---

41 參閱馬歇爾,《國共內戰與中美關係:馬歇爾使華秘密報告》,頁3。

強調他們希望停戰,並希望建立一個聯合政府,在這個政府領導下實現軍政管理的統一。儘管國共雙方都表達出對馬歇爾使華的積極態度,但馬歇爾還是從國共互不信任的關係中認識到:「這種由兩個對抗的政黨間的擔心、不信任和懷疑所造成的障礙,已成為中國實現和平統一的最大阻力,這種障礙是國共兩黨之間經過多年的鬥爭逐漸形成的。」[42]馬歇爾使華的主要使命就是調處國共矛盾,化解兩黨在長期鬥爭中形成的互不信任的障礙,最終促使兩黨通過和平民主的方式實現國家統一,建立一個基於多黨派合作的聯合政府。

在馬歇爾使華的前三個月裡,國共關係在他的斡旋之下有了極大的改善,兩黨的政治合作和軍事合作有了重要進展。首先,1月7日,國共雙方和美方共同成立了三人小組,國民黨以張群為代表,共產黨以周恩來為代表,馬歇爾為三人小組主席,小組的主要使命是商討停止衝突的措施和有關問題。其次,在1946年1月10日,召開了政治協商會議,包括國民黨、共產黨、民主同盟、青年黨及社會賢達共38名代表參加了會議;會議形成了五個決議文本,涉及到當時社會最關切的五大類問題:政府組織的民主化改革、和平建國綱領、軍隊國家化、國民大會和憲法草案修改原則;會議確定在1946年5月5日舉行國民大會,通過憲法,實行總統普選和「五院分立」制度。第三,在政治協商會議召開的當日,三人小組達成一項發布停戰令的協議,命令由蔣介石委員長向中華民國國民政府的一切部隊,包括正規軍、民團、非正規軍和遊擊隊發布,並由中共毛

---

42 同上書,頁6。

澤東主席向中共領導的同樣的軍隊發布。停戰令下達時,政協會議禮堂一片歡呼,中共代表陸定一說:「讓我們用這會場作為最後的戰場。」這話引發高度共鳴,爭相傳誦。

　　馬歇爾使華的開局堪稱完美,美國的巨大影響力,加上馬歇爾個人的崇高威望,讓人們前所未有地看到了打破國共之間僵局的希望;而最初形成的一系列協議究竟對國共兩黨是否公平合理,則成為打破僵局的關鍵。在陶涵看來:「元月初只經過少數幾次會議,三人小組就令人驚詫地達成了有關軍隊整合、聯合政府以及停火的協議,而且條件全有利於國民黨政府。」[43]但是在鄒讜看來,由於美國和平統一方案正好符合中共在那時的要求,所以美國加給國民黨政府的壓力,要比對共產黨的壓力大得多;而且由於美國不願承擔在中國進行武裝干涉的責任,這就把所能加到中共頭上的壓力約束到一個最低限度。他根據海軍部長福萊斯特爾的說法,認為馬歇爾在1946年7月意識到了他促成的作為先行條件的1946年1月的停火「在某種程度上是對共產黨有利的。」[44]國民黨內的一些元老也認為停火對政府不利,例如,閻錫山就警告說,停火只會使中共有時間重新編組和擴張。政協會議結束後,國民黨內有一股強大的呼聲,認為政協會議達成的各項協議對共產黨有利,強烈要求把軍隊國家化作為政治民主化的前提條件。馬歇爾由此認識到,國共兩黨的基本分歧是:「國民黨爭辯說,統編共產黨軍隊為一支國軍應在聯合政府建立之前;共產黨也同樣堅持組成一個

---

[43] 陶涵,《蔣介石與現代中國》,頁305。
[44] 參閱鄒讜,《美國在中國的失敗(1941-1951年)》,頁296。

他們在其中有真正發言權的聯合政府,這是將他們的軍隊統編為一支國軍的先決條件。」[45]這意味著,馬歇爾調處國共矛盾的主要工作就是能否按照政協會議的相關決議,適時完成整編軍隊及統編中共軍隊為國軍。

政治協商會議雖然涉及眾多議題,但核心議題還是軍隊問題。蔣介石在政治協商會議閉幕日,對國家施政綱領提出了兩點意見,其一,綱領中規定的人民自由權利國統區要做,共產黨控制區也要做;其二,軍隊國家化是國家和平統一的最大要素。為解決軍隊國家化問題,政治協商會議期間共提出了四個方案,即青年黨的「停止軍事衝突實行軍隊國家化案」,民主同盟的「實現軍隊國家化並大量裁兵案」,國民黨的「全國軍隊國家化確保軍令政令統一案」,以及繆嘉銘所提「請迅速大量裁兵案」。這四個方案基本上與國民黨提出的軍隊整編方案一致,同意對全國軍隊採取統編(混編)方式;但中共仍然希望保持比例整編,而非混合整編,意圖保留中共軍隊的獨立性。最後形成的協議還是滿足了中共要求,以比例整編取代國民黨原先堅持的混合整編。這不能不說是中共在政治協商會議上所取得的一個重大勝利,表明中共絕不想完全放棄對軍隊的控制,軍隊仍然是其與國民黨爭奪天下的最大籌碼。

政治協商會議結束後,馬歇爾調停工作主要集中於兩個方面,一是督促國共軍隊停止軍事衝突,二是抓緊落實全國軍隊整編。兩項工作高度相關,停戰是要為解決政治問題和軍事問題的談判能夠在一種和平的氣氛中進行,而統編中共軍隊為

---

45 馬歇爾,《國共內戰與中美關係:馬歇爾使華秘密報告》,頁7。

國軍則是在民主基礎上實行軍隊國家化的關鍵性步驟。自1946年2月14日起，三人小組經每天連續工作，在2月25日終於達成協議，正式簽署了「軍隊整編及統編中共部隊為國軍之基本方案」。該協議按比例整編的方式，設想在十二個月終了時將國民政府軍隊裁減至90個師，將中共軍隊裁減至18個師，也就是按照五比一的比例確定國共軍隊的規模。協議還規定，協議生效後，政府和任何政黨、團體，都不容許保持或以任何方式支持秘密的或獨立的武裝力量，並盡速遣散一切偽軍和非正規軍。馬歇爾在三人小組的正式會議上，對協議的基本原則作了明確說明：

> 中國必須遵循西方軍事傳統，建立一支國家的、不干預政治的軍隊，用以作為一支民主的軍隊，而不是爭實權的工具。所達成的協議就建立在軍隊與政治分離這種總原則的基礎上，而且這種思想在協定中雖未公開陳述，但各種條款都堅持這一總的方案。[46]

雖然國共雙方正式簽署了軍事整編協議，但是馬歇爾很快發現這紙協議被「無限制地擱置起來」。1946年3月26日，國民黨軍隊總參謀長陳誠向三人小組送交了國民政府所擬保留的90個師的表冊和頭兩個月部隊復員的次序，中共卻拒絕提交所要求的此種表冊，理由是國民黨未能履行一致同意的政協決議，他們堅持只有在國民黨履行了政協協議之後，才會提交指定參

---

46 馬歇爾，《國共內戰與中美關係：馬歇爾使華秘密報告》，頁38。

加國民政府委員會的人員名單和所要求的部隊表冊。出現這個重大變故，主要源於國共軍隊為接受東北地區發生了劇烈的軍事衝突。本來在三人小組會議上，周恩來代表中共明確承認國民政府為恢復中國主權有權將軍隊開入滿洲，承認此種軍隊調動與1945年8月簽署的《中蘇友好同盟條約》是一致的，亦承認美國幫助國民政府將軍隊運送至這一地區是根據美國政府對中華民國政府承擔的義務。但是，由於中共軍隊在日本投降後早於國民黨軍隊占據了東北的廣大地帶，要讓已經吃進嘴裡的肥肉再吐出去，是中共領導人無論如何都難以接受的。東北地區的戰略重要性對於國共雙方來說都是顯而易見的。早在1945年12月28日，毛澤東向中共中央東北局發出了〈建立鞏固的東北根據地〉的指示，指示要求在1946年一年內，在東滿、北滿、西滿建立「鞏固的軍事政治的根據地」；在大城市和交通幹線附近地區「建立第一道防線，決不可輕易放棄」；在西滿和熱河，「堅決地有計劃地粉碎國民黨的進攻」；在東滿和北滿，「則是迅速準備粉碎國民黨進攻的條件」。[47]由此可見，當中共軍隊在東北擁有了40萬軍隊並將其根據地連成一片時，要其履行三人小組達成的軍隊整編方案，無異於是與虎謀皮。

中共軍隊之所以敢於在東北地區大肆擴張，是因為蘇聯對國共的態度發生了根本性轉變。蘇軍在最初進入東北時，基於《雅爾達協定》所確立的美蘇合作的基本框架，以及與中華民國達成的《中蘇友好同盟條約》，大致是遵循《雅爾達協

---

47 參閱毛澤東，〈建立鞏固的東北根據地〉，《毛澤東選集》第四卷，頁1179-1181。

定》,支持國民政府在美國幫助下空運軍隊到瀋陽和長春等大城市,行使接收東北領土、主權和行政管理權,同時按照原先向美國和中國政府作出的承諾,拒絕向中共軍隊提供援助。此時蘇聯的策略選擇如牛軍所言:「與其冒支持中共軍隊奪取東北而與美國發生公開對抗的風險,不如通過談判把已經掏空的東北交給國民政府,換取外交上的主動地位。」[48]但這種局面並未持續多久,蘇聯在實際占領東北的有利條件下始終掌握著對中國政府外交的主動權,當不能確認中國在美蘇關係中保持中立地位時,它勢必通過加強中共軍隊來削弱國民政府的軍事力量。1945年10月和1946年2月,蘇軍兩次延期撤出長春,前一次是蘇軍為了配合國民黨軍隊不能及時完成接收工作而暫緩撤軍,後一次則是蘇軍為中共軍隊占領長春而故意為之。3月12日,蘇軍撤出瀋陽;4月14日,蘇軍撤出長春;5月3日,蘇軍全部從東北撤回國內。至此,東北三個重要城市,國民黨只接管了瀋陽,以及瀋陽通往錦州到山海關的沿線地區,而中共軍隊則占領了四平、長春、哈爾濱、齊齊哈爾四個大城市,並在東北各地建立了57個據點。馬歇爾認為:「中共進攻並占領長春是對停戰令的重大違反,而且如後來的發展所顯示的,是會引起嚴重後果的行動。」這個行動使得在東北取得初步勝利的共產黨將領們過於自信,更不願意同國民政府妥協,同時也使得說服蔣委員長採取某種妥協行動變得更加困難,國民政府中的「極端反動集團的勢力」也更加確信共產黨「從來沒有打算堅

---

[48] 牛軍,《從赫爾利到馬歇爾:美國調處國共矛盾始末》,頁311。

持履行達成的協議」。[49]

在東北全面惡化的形勢下，馬歇爾仍然沒有放棄調停的努力，他提出的停火方案是：中共軍隊撤出長春，由三人小組領導的軍調部前進指揮所進入長春，政府軍隊停止繼續前進。中共基本同意這一方案，但指揮作戰的國民黨將領們卻因為戰局進展順利而不願與共產黨妥協，覺得一定能用武力解決問題。5月19日，國民政府軍隊攻下四平街，接著一鼓作氣於5月23日進占長春。長春問題解決後，國民政府軍隊的下一個進攻目標就是哈爾濱，如果拿下哈爾濱，則東北戰局基本可以由國民政府定奪了。但是，就在國民政府軍隊即將大獲全勝之際，馬歇爾在5月26日緊急致電蔣介石，要求他「立即發出在二十四小時內停止國民政府軍隊前進和追擊的命令」。5月29日，由於沒有接到蔣介石對5月26日的電報的回覆，馬歇爾又致電蔣介石：「國民政府軍隊在滿洲繼續前進，你並沒有採取任何行動以停止衝突，與你經由蔣夫人5月24日信中所提條件全不相符，使我作為一個可能的調解人的工作陷於十分困難，也許不久實際上陷於不可能了。」5月31日，馬歇爾再次致電蔣介石，請求他「立即發布停止政府軍隊前進、攻擊或追擊的命令」，否則他「正直誠實的地位要成為嚴重的疑問了」。[50]正是在這三封急急如律令的電報催促下，蔣介石終於在6月1日的回電中，同意馬歇爾的請求：派遣軍調部前進所到長春，立即向在滿洲的國民政府軍隊發布停止前進、攻擊和追擊的命令，同時宣布停火10

---

49 馬歇爾，《國共內戰與中美關係：馬歇爾使華秘密報告》，頁86。
50 同上書，頁106、108、109。

天。周恩來於6月4日通知馬歇爾，他接受蔣委員長的建議，但主張將停火時間延長為一個月。經馬歇爾再次斡旋，蔣介石同意將停火時間延長為15天。6月21日，蔣介石發表聲明，稱為了再一次給中國共產黨一個機會，以便對軍事衝突、恢復交通、軍隊整編與重新配置等問題獲得完滿解決，他命令將以前的停止前進、攻擊和追擊的命令的有效期限延長至6月30中午。這次由馬歇爾主導的停火，後來被證明是根本無助於解決國共的軍事衝突，反倒是為中共軍隊在四平大敗後贏得了寶貴的喘息時間。白崇禧在其晚年口述回憶錄中，認為國民黨丟掉大陸，最重要的原因還是軍事，軍事逆轉，經濟亦逆轉，他特別提到四平一戰：「1946年，關外有5個美械軍，四平街一戰把林彪打垮了，旋克長春，如果我們一直打，打到哈爾濱、滿洲里、佳木斯，把他們打完了，把東北民眾組織起來，把頭一等的軍隊調回關內打聶榮臻，這是完全不同的戰事結果，戰事好轉，其他一切也不至於崩潰下去，可能就獲得了勝利。」[51]蔣介石後來也承認：這次停火令國軍士氣消沉，是政府軍最後「在東北之失敗」的開始。[52]

馬歇爾儘管在6月促成了國共軍隊在關外的停火，但擋不住國共軍隊在關內也開始大打出手了，國共內戰呈全面爆發的態勢。此時，馬歇爾已意識到他「已無繼續談判的基礎」，在他看來，共產黨在休戰期間的談判中是比較願意就停止衝突達成

---

51 《白崇禧口述自傳》，賈廷詩、陳三井記錄，郭廷以校閱（北京：中國大百科全書出版社，2016），頁510-511。
52 參閱陶涵，《蔣介石與現代中國》，頁316。

協議,而政府則提出了苛刻的條件,以致使得共產黨不太可能接受這些條件。他確信「某些國民黨文武領袖的力量和權力是以武力解決為目標的,他們的信念是,全面戰爭要比目前伴之以經濟與政治停滯的半戰爭狀態為好。」因此,國民政府應該為談判的破裂承擔主要責任。他曾警告蔣介石,如果國民政府試圖以軍事手段解決問題,美國民眾會「判定它因為平息不了民怨使國家陷入混亂」,如果委員長刻意被軍方拉著走,將有如日本一般走向滅亡。據說馬歇爾的這番警告讓蔣介石「幾乎哭泣」。[53] 在決定蔣介石對共產黨軍隊究竟是採取戰還是和的立場時,明顯地有兩股力量按相反的方向推著他走,馬歇爾是希望把蔣介石拉入到談判的軌道,而國民政府中的那些激進的軍事將領則堅持用武力解決中共問題。在馬歇爾的心目中,儘管中共的宣傳攻擊美國的調停努力和美國的對華政策,但他還是相信中共並不真正希望美國退出談判,他把談判不能正常進行下去的主要障礙歸之於「國民政府的軍事領袖」和國民黨內「一個強有力的政治集團」,他們根本不相信共產黨會實行任何一項達成的協議,以及堅決相信建立一個聯合政府是不可能的。

自1946年7月以來,馬歇爾的調停之路實際上已經走不通了,國共兩黨談判已經喪失了互相信任的基礎,雙方就像是一對死死糾纏在一起的拳擊手,完全不顧比賽規則,讓馬歇爾這個裁判根本無從下手以確保比賽能夠正常進行下去。10月10

---

[53] 馬歇爾,《國共內戰與中美關係:馬歇爾使華秘密報告》,頁148。另參閱陶涵,《蔣介石與現代中國》,頁316。

日,國民黨軍隊攻占中共重鎮張家口;同日,國民政府宣布恢復全國範圍的徵兵;11日,國民政府頒布一項命令,宣告國民大會將依照預定日期在11月12日召開。11月18日,毛澤東向黨內下達指示:「中國人民堅決反對蔣介石一手包辦的分裂的『國民大會』,此會開幕之日,即蔣介石集團開始自取滅亡之時。」[54]19日,周恩來乘美國軍用飛機離開南京飛往延安,國共談判徹底破裂,隨之而來的是國共內戰全面爆發,馬歇爾的調停之路走到了盡頭。1947年1月7日,馬歇爾奉召回國,他在回國前發表聲明,聲稱「和平的最大障礙是中國共產黨和國民黨彼此之間幾乎是不可抗拒的完全的懷疑和不信任」,認為正是在兩黨極端分子的阻擾下,調處以失敗而告終。杜魯門總統則把國共和談破裂的原因主要歸罪於蔣介石,他在自己的回憶錄中寫道:「馬歇爾的使命之所以未能獲得成功,是由於蔣介石政府得不到中國人民的信仰和支持。蔣委員長的態度和行動和一個舊軍閥差不多,他和軍閥一樣沒有得到人民的愛戴。我毫不懷疑地認為,只要蔣介石稍微遷就些,本是可以達成一項諒解的。」[55]

馬歇爾使華歷時一年,在這一年裡,中共軍隊沒有受損反而進一步壯大,在蘇聯的支持下獲得了更多更好的武器裝備,在全國各個戰場共消滅了國民黨軍隊57個旅;而國民黨軍隊儘管接管了全國的大中城市和主要交通幹線,但受限於戰線太長

---

[54] 毛澤東,〈一九四六年十一月十八日的指示〉,《毛澤東選集》第四卷,頁1219。

[55] 哈里・杜魯門,《杜魯門回憶錄》下卷,李石譯(北京:東方出版社,2007),頁110。

和兵力不足，並未形成有效的戰略優勢；尤其是在東北地區，因為被停火束縛手腳而沒有在四平之戰後乘勝追擊以取得突破性進展。最關鍵的是，美國政府經由馬歇爾使華進一步鞏固了對華政策的一個共識：支持蔣介石政府，但在蔣介石政府完成民主化改革並建立基於國共合作的聯合政府之前，決不向其提供大規模的軍事和經濟援助，更不會直接介入中國內戰。鄒讜對馬歇爾在華使命的批評是有道理的：「馬歇爾犯的可以避免的錯誤乃是：在中國局勢的發展證明聯合政府為不可能、他的調節努力落空以後，他既未能使限制美國對華承擔的政策得到美國國內兩黨一致的堅定支持，又未能在得不到支持之後，公布一切有關情報，並儘早使公眾辯論他的政策。」[56]在馬歇爾回國擔任國務卿之後，美國政府對華政策實際上陷於空白狀態。陸軍部長派特森曾特別提醒馬歇爾：國府的軍事挫敗意味著中共將會占領全中國，美國不應坐視不管。他還要求參謀首長聯席會議據此對中國在遠東的戰略重要性作一評估，以便瞭解中國在遠東的戰略地位。對於派特森的意見，馬歇爾仍然堅持他在使華期間的一貫立場，不贊成以武力和大規模軍事援助的方式介入中國事務，強調美國將繼續鼓勵中國以和平的手段完成統一。[57]美國在1948年的對華政策實際上是「沒有政策」，龐大的美國軍事機器幾乎就是眼睜睜地看著中共軍隊在中國大地上橫掃國民黨軍隊，直至建立一個新的一黨專制政府。

從羅斯福到杜魯門，從赫爾利到馬歇爾，美國對華政策的

---

56 鄒讜，《美國在中國的失敗（1941-1951年）》，頁315。
57 參閱吳昆財，《美國人眼中的國共內戰》，頁100。

最終結局，既沒有促使在中國建立一個基於多黨派合作的聯合政府，也未能阻止美國一直支持的蔣介石政權在中國大陸全面崩潰。在美國對華政策徹底失敗之際，馬歇爾並沒有喪失美國式的理想主義情懷，他把中國實現清明的政治和邁向穩定的進步的希望寄託於在中國出現一個「自由主義反對派」，並且堅持認為：「美國應該繼續以同情的態度看待中國人所面臨的問題，應該採取任何並不干涉中國內政的行動去實現那些代表著中國人民也代表著美國人民的希望和心願的目標。」[58]這話看上去具有崇高的道德境界，卻又是如此的蒼白無力。在毛澤東的眼裡，「馬歇爾系統的政策」不過就是美國帝國主義騙人的伎倆，是美國侵略政策徹底失敗的象徵。

---

58 馬歇爾，《國共內戰與中美關係：馬歇爾使華秘密報告》，頁363。

四

美國現實主義外交的價值觀維度——用喬治‧凱南「對勘」謝偉思

美國現實主義外交傳統及其問題

美國外交傳統儘管如米德所概括的那樣，存在著四大學派，即漢密爾頓主義、威爾遜主義、傑斐遜主義和傑克遜主義，但實際上可以更為簡略地劃分出理想主義和現實主義的分野。季辛吉認為：「在日常的外交活動中沒有比美國更務實的，但在追求其歷史傳承的道德信念上，也沒有比美國更具理想主義的國家。沒有任何國家比美國更不願意介入海外事務，即使美國在海外的結盟與承諾均達到空前的範圍與規模，這個立場仍不改變。」[1]亨廷頓亦認為，美國始終對世界具有一種「理想國家的承諾」，政治理念、理想主義、道德動機和信條

---

[1] 亨利‧季辛吉，《大外交》，頁2。

激情在美國政治中扮演了重要角色,構成了美利堅民族認同的核心,「但總是無法以令人滿意的方式實現它們。由此導致理想/制度間的鴻溝成為緊張和認知失調的持續源頭⋯⋯。」[2] 美國的對華政策最典型地反映出理想主義和現實主義的衝突,從羅斯福到杜魯門,他們都深信美國負有傳播其價值觀並以和平方式推動中國建立聯合政府的特殊使命,但由於缺少實現這一理想目標的現實而有效的手段,導致了目標和手段之間失去了平衡,使得美國政府的對華政策長期陷於一種相互矛盾的境地:支持中國維護主權獨立和統一,然而拒絕為美國在中國實現其價值觀與利益而戰。換言之,只有理想主義的承諾,沒有現實主義的措施,構成了美國戰後對華政策失敗的總根源。

美國政府之所以一直堅持在中國建立一個聯合政府的目標,是基於兩個基本判斷:第一,認為蘇聯不僅是世界反法西斯陣營中的盟國,而且也將在戰後世界和平秩序重建中與美國一起負起領導責任。羅斯福在德黑蘭會議上與史達林首次見面後形成了很好的印象,他在《爐邊談話》中說:「我和史達林之間能夠『處得來』。他這個人意志堅定,又非常幽默。我認為他的確是蘇聯人民的主心骨。而且我也認為我們與史達林之間,與蘇聯人民之間會和睦相處。」[3]第二,相信了史達林的說法,認為中國共產黨與蘇共不同,不是真正的共產黨人,而只是「人造黃油式」的共產黨人,是一群迫切要求打敗日本人的民族主義者。所以,赫爾利才會「力促蔣介石同共產黨人達成

---

2 塞繆爾・亨廷頓,《美國政治:激盪於理想與現實之間》,頁361。
3 富蘭克林・羅斯福,《爐邊談話》,頁286。

諒解,並採取步驟『同蘇聯取得進一步的諒解和合作』。」[4] 美國人從總統到特使對蘇共和中共的良好印象與期待,並非是來自於對現實經驗的觀察與總結,毋寧是來自於美國人慣有的理想主義想像。按照鄒讜的理解,這種「美國式的天真想法」──堅信「美國對全人類有著道義上的義務」,以及「認為最終人們是都會行善的」,導致了對蘇聯和中國共產主義性質的重大誤判。

雖然羅斯福和杜魯門是美國歷史上最鮮明的威爾遜主義者,他們在制訂對外政策時始終堅持美國理想主義的道德價值觀,以致史達林在與他們打交道時根本無法理解他們思考外交政策時為何那麼看重道德性和合法性,以及為何堅持原則立場又不和任何戰略利益有關聯。但是,兩位總統又不是生活在道德真空中,按照約瑟夫・奈伊的說法,大多數美國總統都是從現實主義、自由主義(理想主義的又一種表述)和世界主義這三張道德地圖中汲取靈感和智慧。例如,1941年8月通過的《大西洋憲章》(*Atlantic Charter*)是自由主義國際秩序的奠基性文獻之一,羅斯福和邱吉爾通過憲章向世界昭告了推動免於匱乏和恐懼的自由的決心;但是,他們內心也很清楚,重建世界的道德秩序離不開經濟實力和軍事實力的支持。正如邱吉爾所宣稱的那樣,戰爭這隻「骯髒的手」存在的必要性,是他跨越道德規則的正當理由。[5]因此,現實主義是美國任何一個總統在制訂對外政策時都必須堅持的一個立場。問題在於,總統實行什

---

4 參閱羅伯特・達萊克,《羅斯福與美國對外政策:1932-1945》,頁699。
5 參閱約瑟夫・奈伊,《美國總統及其對外政策》,頁32。

麼樣的現實主義外交政策？究竟是一種將價值判斷和事實判斷結合在一起的現實主義？還是一種完全脫離了價值判斷只忠於事實判斷的現實主義（即約瑟夫・奈伊所說的「以一種假裝道德選擇並不存在的方式形容世界的現實主義」）？這兩種性質迥異的現實主義對美國對外政策產生了完全不同的影響。

季辛吉作為美國現實主義外交大師，在他的視野裡，邱吉爾的地緣政治分析證明遠比羅斯福正確，他從一開始就對羅斯福的中國政策提出批評，認為其構想的「聯合政府」計劃不過就是一個「偉大的幻想」。在季辛吉看來：「羅斯福不願以地緣政治條件看待時局，乃是促使美國參戰，並使它能維護自由大業的同一個理想主義之另一面相。假如羅斯福遵循邱吉爾的方案，他有可能增強美國的談判地位，但也可能犧牲了美國抵抗冷戰衝突的能力。」實際情況則是：「二戰結束之後，留下一個地緣政治大真空形勢。權力均衡已毀，廣泛的和約依然虛幻難捉。世界因意識形態不同而分裂為兩大陣營。戰後時期將成為一段漫長痛苦掙扎、以達成戰爭結束前即已困擾各國領袖的和解方案的時期。」[6]羅斯福期待實現的基於國共合作的中國聯合政府計劃，亦是屬這一時期的「和解方案」之一。如前所述，聯合政府的計劃經由赫爾利和馬歇爾兩位總統特使的不懈努力均告失敗，顯然是因為這一計劃缺少賴以實現的現實基礎。也就是說，羅斯福政府由於對蘇聯和中共作為世界共產主義運動的重大誤判，沒有像邱吉爾那樣及時從「雅爾達神話」中清醒過來，提前意識到蘇聯在戰後勢必對西方世界形成迫在

6　亨利・季辛吉，《大外交》，頁375。

眉睫的威脅。1946年3月5日，邱吉爾發表的「鐵幕」宣言，為之後東西方陣營展開冷戰定了調，由此形成了如沙希利・浦洛基所說的「處理國際關係兩條不同路線之間的衝突」：「羅斯福的政策是自由派國際主義的具體表現，重在建立國際體制，傳播民主價值」；而與之對抗的是「兩個主張現實政治的對手」，一個是「從大國利益角度看待世界」的史達林，另一個是「認真承諾支持民主價值」的邱吉爾。[7]基於理想主義和現實主義的不同外交理念，羅斯福把史達林視為潛在的盟友，而不是競爭者；邱吉爾則把史達林視為是競爭者，是潛在的敵人，絕非盟友；但在史達林的眼裡，不管是羅斯福還是邱吉爾，都是共產主義的敵人。邱吉爾和史達林同為現實主義政治家，卻因為價值理念的根本不同而成為兩大敵對陣營的領袖。

事實上，在邱吉爾發表了「鐵幕」演說之後，美英兩國為對抗蘇聯在歐洲咄咄逼人的攻勢，形成了一個「杜魯門和邱吉爾的同盟」。「杜魯門主義」可以被視為是羅斯福的理想主義和邱吉爾的現實主義的綜合表述，其標誌性事件就是杜魯門政府在1947年3月，推動國會迅速通過援助希臘和土耳其法案，以實際行動堅決抵制蘇聯向這兩個國家的廣泛滲透。基於歐洲優先的觀念，美國對蘇聯向東歐以外的歐洲國家的擴張的確作出了強有力的反應。時任美國國務卿的貝爾納斯宣稱：希臘和土耳其是我們的前哨陣地，杜魯門主義發揮作用的舞臺已經搭建起來。[8]

7　參閱沙希利・浦洛基，《雅爾塔：改變世界格局的八天》，頁502。
8　參閱梅爾文・P・萊弗勒，《權力優勢：國家安全、杜魯門政府與冷戰》，

但是，杜魯門主義在中國的行動卻並未表現出它在歐洲那樣的強度，馬歇爾使華失敗之際，恰恰是杜魯門主義形成之時，美國對華政策必須根據現實情況的變化作出調整，兩個最具有現實主義色彩的部門——參謀首長聯席會議和國務院，形成了兩種不同的對華政策。前者於1947年6月9日向國務院、陸軍部和海軍部提出報告，報告認為美國政府可以有兩個選擇：其一是美國支持國民政府，以強化對蘇聯的抵抗，而且，這項行動足以讓國民政府有充分時間處理政治問題。其二則是美國選擇完全從中國撤退，聽任中國內戰蔓延，最後導致蘇聯全盤掌控東北，並延及到中國其他地區。報告為此建議：美國應該放棄不介入中國事務的政策，應該給予國民政府充分的援助，以便讓國民政府能夠清除所有軍事的共產反對勢力。國務院明確反對軍方的意見，認為直接軍援蔣介石政權會導致如下危機：（1）將不可避免使美國直接介入內戰；（2）會刺激蘇聯採取相同介入的手段；（3）除非是美國直接出兵，否則所有援助都將可能徒勞無功；（4）會引起中國人民的反感；（5）若對中國給予戰略承諾，將不符合美國的全球戰略規劃。9

國務院反對軍事援助蔣介石政府的意見，主要是來自於駐華外交官和負責遠東事務的亞洲司司長文森特，以及時任副國務卿的艾奇遜，他們均是秉持現實主義外交原則的職業外交官，支持馬歇爾的使華政策。在萊弗勒看來，國務院與國防官員持有相同的目標，認同美國政策的主要任務是要防止中國被

頁171。
9　參閱吳昆財，《美國人眼中的國共內戰》，頁102-104。

納入蘇聯的勢力範圍，但是，他們對中國形勢及其前景的判斷與國防部大相徑庭，堅持認為對華援助的中止不會對國民黨人立刻構成威脅，國民黨人在1946年夏季取得的一連串軍事勝利讓他們處於一種強勢地位，因此，「扣留對華援助並不意味著要放棄美國遏制蘇聯人和中國共產黨人的努力。它意味著美國要實行一種更加微妙和靈活的政策，可以最大限度地發揮美國的影響力。」[10]在國務院和軍方的兩種對華政策之間，杜魯門總統明顯地「聽任馬歇爾和國務院的安排」，反對在蔣介石建立聯合政府之前對中國進行大規模援助。馬歇爾採納大多數外交官的意見，認為如果美國為蔣介石提供過多的軍事援助，既無助於中國的民主化改革，又會進一步引來蘇聯對中國事務更大規模的介入，從而阻礙美國實現其目標——促進建立一個統一、穩定和對美友好的中國。

美國國務院主導杜魯門政府這一時期的對華政策，從表面上看，是馬歇爾和艾奇遜這類高官在發揮決定性的作用，實際上，影響他們判斷和決策的是謝偉思和戴維斯這樣的外交官，後者提供的關於中國的戰時報告以及對國共兩黨的不同價值判斷，通過亞洲司司長文森特這個渠道，最後成為總統和國務卿制訂對華政策的主要參考依據。需要特別指出的是，馬歇爾在1947年1月回國後被杜魯門總統任命為國務卿，他上任伊始所做的第一件重要事情就是在國務院成立政策規劃處，任命當時以提出「圍堵」理論而聞名的前駐蘇外交官喬治·凱南為主任，

---

10 梅爾文·P·萊弗勒，《權力優勢：國家安全、杜魯門政府與冷戰》，頁174。

主要職責是分析各種國際關係，提供政策建議和前瞻的外交構想與計劃。凱南作為國務院頭號的蘇聯問題專家，與謝偉思這類「中國通」具有相同的一面，那就是遵循職業外交官的現實主義外交原則；但是，他們為應對蘇聯和中國共產主義挑戰提出了不同的理論與策略，並對美國外交政策產生了迥然不同的影響。由此產生的問題是：現實主義外交是否就是一種純粹的地緣政治理論而可以完全罔顧理想主義價值觀？或者說如同史達林式外交可以為實現自己的政治目標而不擇手段？抑或應當像邱吉爾那樣始終把民主與專制的二元對立放在外交的首要位置？用凱南「圍堵」理論來「對勘」謝偉思的中國戰時報告，或許可以發現問題的癥結所在。

喬治・凱南的「圍堵」理論

1946年2月22日，時任美國駐蘇聯代辦的喬治・凱南向美國國務院發送一份長達8000字的「長電報」（Long Telegram），電報表達了美國對蘇外交史上前所未有的一種看法：蘇聯外交政策的根源深植在蘇聯制度本身之內，本質上是共產主義意識形態的狂熱與舊式沙皇擴張主義兩者的混合體。他寫道：

> 在這個（共產主義的）教條裡，基於利他的目的，他們為其本能地懼怕外在世界尋找理由，因為獨裁者沒有這份理由就不知如何去統治，他們的暴行使他們必須以此解說，他們的犧牲也令他們必須有所交待。他們以馬克思主義為名目，在其手段和戰術上犧牲了每一項倫理價值。今

天,他們已經不能拋棄它。它是一張無花果葉,遮蓋住他們的道德和知性責任。沒有它(遮蓋),他們將站在歷史上受審判,至多也不過與俄羅斯一連串殘暴不仁的統治者蛇鼠一窩,暴虐壓迫國家,追求軍力新高峰,以便對內部脆弱的政權求得外部安全的保障。[11]

凱南的上述判斷既是事實判斷,也是價值判斷,他真實地揭示出蘇聯政權的本質——一個完全無視人類基本價值準則的極權體制,由於懼怕西方這個地域上更能幹、更有力、更高度有組織的社會,而必定採取敵視西方的立場,無法和西方國家的政治制度和平共處。美國的任何道德說教或甘言美語,都改變不了蘇聯政權的反人類本性。基於這雙重判斷,凱南主張,美國必須預備從事長期鬥爭,美國和蘇聯的目標與哲學無法調和。

1947年,美國著名的《外交》雜誌發表了一篇作者署名為「X」的文章,作者很快被查明就是當時已經擔任了國務院政策規劃處主任的喬治‧凱南,他之所以用這個奇怪的筆名,是不想對公眾暴露自己作為國務院幕僚的身分。這篇題為「蘇聯行為的根源」的文章,被季辛吉稱讚為是第二次世界大戰結束之後出現的數千篇文章中最突出的一篇,文章「行文清晰、論說有力、詞藻華麗,自其『長電』進一步發揮」,把蘇聯的挑釁提升到歷史的層面來探討分析,無可置疑地為自己贏得了美國頭號蘇聯問題專家的聲譽。在美國冷戰史專家約翰‧劉易斯‧

---

11 轉引自亨利‧季辛吉,《大外交》,頁401。

加迪斯看來，凱南從職業外交官到冷戰戰略家的突然轉變，不止僅僅出自於一個「長電報」的偶然表現，而是表明「他的寫作和思想中已經有一種戰略洞察，一種認識到目標與能力、雄心與利益、長期優先事項與短期優先事項之間關係的技能」，在官僚機構中「十分罕見」。[12]馬歇爾正是鑒於凱南的卓越理論研究能力破格提拔他出任政策規劃處主任，負責制訂和發展旨在實現美國對外政策目標的長期規劃。

凱南的突出理論貢獻在於他「締造了他那個時期的外交信條」（季辛吉語），也就是在美國外交史上首次系統闡述了一種以「圍堵」（Containment）命名的理論，其要旨是：「美國對蘇聯的任何政策的主要方面必須是長期的，耐心、堅定和警惕地對俄國人的擴張傾向進行圍堵。」[13]圍堵戰略的實質不是軍事戰爭而是「政治戰爭」，也就是說：「我們不可能對蘇聯發動一場摧毀性的戰爭。要與之對抗，我們必須開展一場政治戰爭，一場為特定目的而進行的消耗戰。」[14]這意味著美國對外政策將出現了一個重大轉折。加迪斯認為，在1941年，華盛頓的官員們心中多有「圍堵」念頭，然而並沒有將此長期關切與打敗軸心國這一更為緊迫的任務結合起來，以致沒有人會提前意識到「圍堵」戰略的現實性；只是到了羅斯福和杜魯門政府在

---

12 參閱約翰・劉易斯・加迪斯，《遏制戰略：冷戰時期美國國家安全政策評析》，時殷弘譯（北京：商務印書館，2019），頁30。
13 喬治・凱南，《美國大外交》，雷建鋒譯（北京：社會科學文獻出版社，2013），頁165。
14 喬治・凱南，《凱南日記》，曹明玉譯，董旻傑譯校（北京：中信出版社，2016），頁246。

執行對蘇合作政策的前後相繼的失敗中,「凱南的『圍堵』觀念才最終脫穎而出」。[15]凱南後來被公認為是美國戰後的「冷戰之父」,他提出的「圍堵」理論為杜魯門主義的誕生、馬歇爾計劃的實施和另一份被認為是延續了凱南圍堵政策的重要文件——國家安全會議第68號文件,[16]創造了最重要的理論前提。

作為一項新的戰略性思考,凱南提出的「圍堵理論」是基於對「蘇聯行為的根源」的歷史性分析。首先,蘇聯政權的政治人格是意識形態和環境的產物,「蘇聯現今領導人所繼承的意識形態來自於孕育他們政治起源的運動和他們已經行使了近三十年的俄國權力環境」,馬克思主義意識形態賦予他們的基本認識是,資本主義的生產方式是邪惡的,資本主義必然滅亡,帝國主義必然導致戰爭與革命。其次,「他們所信奉的意識形態教導他們,外部世界是敵對的,最終推翻境外的政治勢力是他們的責任。」第三,「由於蘇聯領導人的精神世界和他們的意識形態的特點,蘇聯領導人從不正式承認反對他們的行為含有任何價值和合理因素。」他們認為敵對行為只能來自於

---

15 參閱約翰‧劉易斯‧加迪斯,《遏制戰略:冷戰時期美國國家安全政策評析》,頁10。

16 〈國家安全會議第68號文件〉(National Security Council Report 68)是美國國家安全委員會於1950年4月撰寫的一份機密政策文件,該文件主要是為了應對冷戰時期與蘇聯的對抗而制定的。本來這份文件應當由凱南主持撰寫,但因為凱南和國務院意見不合而在1949年底辭去了政策規劃處主任一職,這項工作由他的繼任者保羅‧H‧尼采主持。加迪斯認為,國安會68號文件有若干處反映了凱南的觀點,文件的目的是將圍堵系統化,並且找到使之行之有效的手段,但是,「將圍堵戰略簡約為書面文件這做法本身,暴露了凱南與行政當局之間業已開始形成的分歧……」。參閱約翰‧劉易斯‧加迪斯,《遏制戰略:冷戰時期美國國家安全政策評析》,頁93。

垂死的資本主義懷有敵意和頑固的力量。第四,「蘇聯政權的安全建立在黨的鐵的紀律、無所不在的秘密警察的殘暴和毫無妥協餘地的國家對經濟的壟斷上。」「蘇聯政權主要機關的任務就是完善獨裁制度和在俄國民眾中維持蘇聯處於包圍之中,敵人兵臨城下的觀念。」第五,蘇聯政權對早先的意識形態沒有絲毫放棄,這意味著蘇聯與其視為資本主義國家的列強之間沒有共同的目標,雙方暫時的妥協只是一個策略手法而已。第六,蘇聯領導人相信自己一貫正確,黨的領導人是真理的唯一來源,「蘇聯政府機器,包括外交機構,就像上了發條的玩具汽車一樣不容變更地沿著既定的方向前進,直至遇到不可抗拒的力量才停下來。」

正是基於上述分析,凱南認為:「蘇聯對西方世界自由制度的壓力可以通過在一系列地理和政治點上,根據蘇聯政策的轉換與調整,靈活而警惕地使用反擊力量而被圍堵,不能以哄誘和商討使其消失。」他相信圍堵如果持續十年到十五年,蘇聯的政治安全和重工業必然難以承受以人民生命的犧牲、願望的破滅和體能的驚人消耗為代價,而且「人民對這個政權的目標沒有表現出多少信仰和獻身精神」,「人民的肉體和精神力量都是有一定限度的。如果超出了這個限度,就是最殘酷的獨裁政府也不能驅使他們。」蘇聯黨的最高權力的交替也面臨著其難以克服的內在危機,隨時都會因為權力競爭者的鬥爭而使黨陷入分裂和癱瘓。綜合這些因素,蘇聯很可能「在一夜之間從世界上最強大的國家之一淪為最虛弱和最值得同情的國家之一。」

凱南依據上述分析對美國政府提出的政策建議是:

在可見的未來，美國政府不能和蘇聯政權保持政治上的密切關係。

美國應該對堅定的遏制政策充滿信心，「在俄國人露出侵害世界和平與穩定跡象的每一個點上，堅定不移地進行反擊。」

美國的政策並不是純粹的維持現狀和守株待兔。美國完全可能通過自己的行為影響俄國內部和國際共產主義運動的發展。[17]

凱南的「圍堵」理論堪稱是美國現實主義外交的經典理論，他本人也堪稱是美國現實主義外交的大師級人物。用加迪斯的話來說：「外交史上，難得有單獨一人在單獨一項文件內，設法表述如此強有力和如此能說服人的思想，以致立即改變一國的對外政策。」[18]在凱南系統闡釋其「圍堵」理論之前，國務院系統的外交官們不是沒有人認識到美蘇兩國從戰時的同盟關係走向戰後的敵對關係的可能性。例如，1945年5月，美國駐蘇聯大使哈里曼緊急從莫斯科飛回華盛頓，提請剛剛擔任美國總統的杜魯門考慮他這種深信不疑的看法：蘇聯指揮下的國際共產主義已經開始邁出了進攻的步伐。他預言，不到一年，至少半個、也可能整個歐洲將「共產主義化」。如果美國鑄成大錯，支持「中國的共產黨軍隊去反對蔣介石，我們最後將不

---

17 上述引文均引自喬治・凱南，〈蘇聯行為的根源〉，《美國大外交》，頁149-176。
18 約翰・劉易斯・加迪斯，《遏制戰略：冷戰時期美國國家安全政策評析》，頁24。

得不面臨這樣的局面,即只要克里姆林宮一聲令下,兩三億人就會揮戈前進。」到了7月,哈里曼開始認識到,希特勒最大的罪惡在於「他的行動打開了東歐通向亞洲的大門。」[19]但是,哈里曼對蘇聯共產主義擴張態勢的描述,並沒有像凱南那樣上升到深刻的理論和歷史層面,這就決定了他向總統提出的政策建議難以產生一種振聾發聵的效應。凱南對蘇聯政權前所未有的剖析,是來源於他從1930年代中期就一直在蘇聯任職的經歷,他親眼見證了史達林大清洗時代的恐怖氣氛和農業集體化的嚴重後果,堅信這個「極權主義」政權不會因為與美國共同戰勝了法西斯主義軸心國而改變其向世界擴張的本性。凱南發出的信息是永遠把納粹極權主義的形象銘刻在蘇聯對外政策之上,由此把杜魯門政府從《雅爾達協定》所製造的蘇聯和史達林神話中喚醒過來。正如萊弗勒所說:「他對蘇聯意圖和動機清晰的評估、他說教式的口吻、他對西方潛在優勢的強烈自信以及對克里姆林宮固有缺點的分析等引起了人們的高度重視。」[20]很顯然,凱南「圍堵」蘇聯的現實主義外交理論及其政策,是有著深刻的理想主義動機,體現出美國固有的價值觀。

從外交理念上看,凱南並不認同羅斯福式的自由主義(理想主義),認為美國外交政策在很大程度上是受自由主義思想驅動的,而自由主義思想通常會使美國陷入困境,他斷言,自由主義要為1950年美國所面臨的外交政策問題負主要責任。他

---

19 參閱邁克爾·沙勒,《美國十字軍在中國:1938-1945》,頁223。
20 梅爾文·P·萊弗勒,《權力優勢:國家安全、杜魯門政府與冷戰》,頁147。

對羅斯福政府二戰時期對外政策的主要批評是：「我們的失敗源自我們對我們時代歷史進程的普遍無知，特別是源自我們缺乏對特定情勢下權力現實的關注。」[21]所謂「權力現實」，不僅僅是自由主義一貫倡導的個人自由、代議制政府、自由企業、私有財產和市場經濟這些要素，而是更多地體現在美國基於強大的軍事實力所擁有的戰略圍堵能力。但是，凱南又不是一個單純的權力決定論者，他提出的「圍堵」概念主要是把來自蘇聯的威脅視為一種政治危險，而不是軍事危險，因此，圍堵的進程更像是一個比較漫長的制度和價值觀的競爭過程，用他自己的話來說：「蘇美關係從本質上講是對作為世界民族之一的美國總體價值的考驗。為了避免毀滅，美國只需達到其民族之最好傳統，並證明其值得作為一個偉大的國家的存在。」[22]深信美國的制度和價值觀最終能戰勝蘇聯的極權制度及其意識形態，恰恰是美國理想主義或自由主義的精髓所在。所以，季辛吉才會認為，僅僅把凱南視為一個地緣政治家是大大貶低了他應該享有的歷史地位，凱南對蘇聯最後結局的預言，「彷彿預卜到戈巴契夫出現後蘇聯發生的種種事實現象。在蘇聯徹底土崩瓦解之後，再談凱南加諸美國人民肩上的職責有多艱鉅，似乎也太過吹毛求疵。」[23]凱南的現實主義沒有背棄而是堅守了美國理想主義的價值目標。

---

21 同上書，頁126。
22 同上書，頁176。
23 亨利‧季辛吉，《大外交》，頁408。

謝偉思「職業外交」的價值觀局限

凱南對蘇聯行為根源的深刻洞見，來源於他在擔任駐蘇外交官期間對蘇聯制度及其社會結構的持續觀察，通過「在場」不斷地從蘇共宣傳機器製造的無數令外人迷惑的假像中，揭示出有關史達林獨裁統治之所以長期存在的核心奧秘，以及美蘇之所以不能長期和平共存的終極原因。凱南信奉在外交政策行為中必須堅持「專業主義的原則」，在國務院建立起一支「專業人員的隊伍」，也就是實行「職業外交」而不是「業餘外交」，他認為這是「現代世界外交」必須遵循的守則。從這個維度來看，美國國務院亞洲司裡這批「中國通」，幾乎個個都是優秀的職業外交官，而在這個群體中，謝偉思無疑是最重要的人物，他提供的中國戰時報告以及對美國對華政策提出的建議，獲得了國務院的高度肯定，被認為是「及時的、透闢的分析和建設性建議」。[24]1944年，時任美國駐華大使高斯在評價謝偉思一份關於國共情況的簡報時說過：「凡是和中國有關係、打交道的人都應該從頭至尾讀讀這份簡報。」[25]他還把謝偉思視為是自己36年多外交生涯中所見過的最出色的年輕官員。鄒讜在其著作中也曾不時地用「現實主義」來評價謝偉思和戴維斯等「中國通」們的工作，承認他們「以充分的現實主義態度」提供的報告和政策建議，尤其是關於國共兩黨相對實力的估

---

24 參閱約瑟夫・W・埃謝里克編，《在中國失掉的機會：美國駐華外交官約翰・S・謝偉思第二次世界大戰時期的報告》，頁137。
25 參閱琳・喬伊納，《為中國蒙難：美國外交官謝偉思傳》，頁57。

價,遠比赫爾利要準確得多,從而能夠獲得國務院大多數外交官的支持。

謝偉思從外交職業經歷來看,與凱南具有相似性——從駐外使館的政策研究領域幹起,逐步成長為一個對美國宏觀和微觀決策均有影響力的外交官。1941年,31歲的謝偉思在重慶美國大使館擔任三等秘書,在高斯大使手下工作。1944-1945年,謝偉思撰寫的一系列中國戰時報告在國務院系統和軍方系統均受到了特別關注,他和戴維斯被公認為是國務院內研究中國問題最出色的專家,他們力主美國政府在對華關係中採取「現實主義」立場,即擺脫只支持國民黨的立場,轉向尋求與共產黨的合作,以此推動國共建立聯合政府。為實現這一目標,謝偉思的戰時報告向國務院及其他部門提供了對國共兩黨完全不同的認識與評價,描繪出一個腐敗的、無能的、失去了領導資格的國民黨與一個清廉的、團結的、富有戰鬥力的共產黨的不同政黨形象,據此提出了向蔣介石政府施壓以迫使其採取聯合共產黨政策的綱領性意見:

> 我們的對華政策應該以兩項論據為指針,第一,不持強硬的態度,就不能期望與蔣打交道會成功。其次,不考慮反對派力量——共產黨、地方勢力和自由派,我們就不能期望解決中國的問題(現在也是我們自己的問題)。[26]

---

[26] 約瑟夫・W・埃謝里克編,《在中國失掉的機會:美國駐華外交官約翰・S・謝偉思第二次世界大戰時期的報告》,頁166。

謝偉思根據自己的觀察，深信國民黨的戰時政策肯定是要失敗的，如果失敗的結果是中國的崩潰，必將對美國當前的軍事計劃和美國在遠東的長遠利益，造成災難性的後果。他把聯合共產黨和支持共產黨的武裝力量，視為是克服中國國內危機的唯一選擇，不僅相信中共與蘇共不是同一性質的馬克思主義政黨，而且相信中共是真心實意要求實行民主，它從形式和精神上看都更像美國而不是俄國。戴維斯對中共的認識與謝偉思完全一致，他將共產黨人描述為「中國最堅忍不拔、最有組織性和紀律性的群體」，共產黨的地方政府和軍隊「真正屬人民」，「共產黨人將在中國延續下去。中國的未來不屬蔣介石而屬他們。」[27]在「中國通」的心目中，毛澤東成了推動中國政治民主化最重要的政治領袖。謝偉思在1945年3月13日的一份報告中，對他與毛澤東再次進行談話後發表感想：「我認為毛主席的見解的廣泛的表述，在中國內部事務這一危急的轉折關頭，具有重大意義。」他將毛的談話的新觀點概述為：蔣介石堅持貫徹其國民黨一黨壟斷的國民大會計劃，不承認其他黨派，將導致國家的公開分裂。他為此提醒國務院：

> 我相信，美國的政策是影響中國共產黨以及國民黨的行動的一個決定因素。就建立一個政治的聯合政府而言，共產黨人是願意合作的。但是，一味支持中央政府和蔣，而把共產黨人排除在外，將會促進不統一，而且後果將會是

---

[27] 轉引自保羅・希爾，《喬治・凱南與美國東亞政策》，小毛線譯（北京：金城出版社，2020），頁19。

悲慘的。[28]

與凱南不同的是，謝偉思等「中國通」們向上級部門提供的政策建議均是來自於他們從經驗層面和現象層面的感受與觀察，而缺少來自於理論層面的深度思考。他們在赴延安調查之前，幾乎對中國共產主義運動的理論和歷史毫無所知，也沒有認真讀過幾本中共領導人的著作。因此，他們撰寫的戰時報告以及對國共兩黨的認識，看起來具有現實參考價值，實際上卻因為囿於現象的觀察而沒有深入到對象的內在本質。報告中毫不掩飾地表達對國民黨的強烈不滿與對共產黨的由衷好感，構成了鮮明的對比，這種有違客觀的立場顯然並不符合現實主義精神。謝偉思的頂頭上司、國務院亞洲司司長約翰・文森特擔心：「謝偉思是被共產黨的親和態度迷倒了，懷疑他的敘述有偏頗，不夠客觀。」[29]但是，由於謝偉思提出的政策建議，為羅斯福政府一貫堅持的聯合政府的主張，提供了大量貌似「客觀」的證據和來自延安的「第一手」材料，以致總統、總統顧問、國務院以及史迪威和馬歇爾這樣的軍方將領，都對謝偉思「有理有據的分析和務實的建議」印象良好。在美國政府從總統到外交官共同營造的「聯合政府」的幻覺中，謝偉思的「現實主義」戰時報告無疑就是一支大劑量的致幻劑，它讓深陷幻覺中的美國外交決策者們長時期難以清醒。

按照謝偉思的傳記作者琳・喬伊納的說法，謝偉思其實

---

28 同上書，頁325、326。
29 參閱琳・喬伊納，《為中國蒙難：美國外交官謝偉思傳》，頁76。

很清楚：戰時聯合政府說到底就像「一件寬敞的斗篷，拿來包裹國民黨和中共之間團結統一的假說罷了，實際上還是各是各」，「聯合政府或許只是一個在中國土生土長的外國人的一廂情願而已」。[30]戴維斯後來也承認他對中共的分析有誤：「回首過去，在政治上拉攏中共的想法是不現實的⋯⋯更好的考量是這樣：美國對中共的援助——我認為中共不管怎樣會控制整個中國——可以讓它在物質上無需依賴蘇聯，從而減少克里姆林宮對它的影響。」[31]另外一位「中國通」外交官雷蒙德・盧登對馬歇爾使華困境似乎也並不感到意外，他在1945年5月就判定馬歇爾的處境會與史迪威兩年前的處境一樣可悲，在他看來，由於蔣介石的頑固不化，國共合作根本無法正常進行。陳納德將軍從一開始就對謝偉思的「聯共抗日」方案持反對態度，他的副官喬・艾爾索普明確認為：企圖搞國共和解、企圖利用共產黨的武裝，均是「危險、愚蠢之舉」；在他看來，美國人「認為中國共產黨不是蘇聯的附庸，這是很幼稚的想法」。[32]可是，問題在於，在國共兩黨的政治分歧猶如巨大的鴻溝難以跨越之際，這些「中國通」們為何執意相信可以在鴻溝之上建立起一座橋樑？為何明知不可為而為之？在美國「聯合政府」的計劃徹底破產之後，謝偉思和戴維斯以及其他「中國通」們只是單純地把國共合作失敗的原因歸之於蔣介石的獨裁本性，卻從來沒有從根本上反省他們「現實主義外交」的問題所在。

---

30 參閱同上書，頁119。
31 轉引自保羅・希爾，《喬治・凱南與美國東亞政策》，頁20。
32 參閱琳・喬伊納，《為中國蒙難：美國外交官謝偉思傳》，頁115。

鄒讜指出了從赫爾利、馬歇爾到謝偉思這些外交官們的共同問題在於：盲目信任蘇聯的最終意圖，以為蘇聯不會干預中國事務；錯誤理解中國共產主義的性質，將中共理解為鐵托式的民族主義政黨；過度相信中共領導人對美國的友好表白，認為中共在美國的支持下會脫離蘇聯而選擇「親美」立場；過度低估了中共武裝奪取全國政權的決心，以為中共會遵守其民主化承諾而與國民黨合作建立一個聯合政府。從根本上說，美國對中共的錯誤印象和伴隨而來的建立聯合政府的綱領，除了源於美國的理想主義政治傳統之外，那就是對共產主義愚昧無知。當謝偉思在戰時報告中對共產黨在其統治地區深獲人民支持的現象津津樂道時，他缺乏的是一種凱南式的批判意識和價值觀立場，根本沒有認識到一場極權主義運動或一個極權主義政府有時可以激起人民巨大的熱情，中共的抗日軍事鬥爭不管具有多麼濃厚的民族主義色彩，它始終都沒有改變過作為共產主義運動的本質。

從謝偉思等「中國通」們的政治立場來看，一些共和黨人和麥卡錫主義者指責他們是一批「親共」分子或共產黨的間諜，是完全沒有事實根據的。早在1945年12月，謝偉思針對赫爾利指控他持「親共」立場時曾致信國務院為自己辯解，明確寫道：「我不是共黨分子。任何熟悉我的人都可以證明這一點。」「我沒有『破壞』美國的對華政策。」「我沒有給過共產黨人任何信息；我也沒拿我的報告或其他官方報告給共產黨人或其他中國人看過；我也沒有在口頭上或以其他方式向共產黨人提供過美國的任何機密軍事情報。」「我沒有鼓吹過打垮或推翻中央政府。相反，我的報告將證明，我始終認為，中央

政府能夠（也應該）通過實行開明政策——這樣能在民主的基礎上把國家統一起來——加強自身的力量，美國應該為實現這個目標施加影響。」[33]國會安全委員會的相關調查後來證明，謝偉思為自己所作的辯護是成立的，他們沒有發現赫爾利將軍提到的那些駐華外交官或者國務院的其他工作人員，曾把與美軍在中國作戰的軍事計劃有關的任何情報傳送給中國共產黨人。從外交職業倫理看，謝偉思等撰寫的中國戰時報告並沒有違背美國政府的對華政策；但是，從價值觀傾向來看，他們無疑是對中國共產黨持「同情式理解」的立場。1951年6月，國務院忠誠審查委員會在調查前駐華外交官柯樂布時曾列出一個清單，指控其從1931年起直至1940年期間，不僅與共產黨人有交往，而且有明顯的「粉紅色」傾向，對某些共產主義的原則有明顯的偏愛，對蘇聯和共產主義持友好甚至是「贊同」態度。[34]這些指控雖然不能作為法律定罪的證據，但它們所依據的事實是客觀存在的，至少表明這批在華工作的「中國通」們基於左翼的思想立場，對中國共產主義運動缺少批判的價值維度，以致他們提供的中國戰時報告對國共兩黨性質的判斷存在著重大偏頗。如果說他們對國民黨政權的專制和腐敗性質的揭露，在很大程度上是有事實根據的，而且也符合人們當時的普遍看法；那麼，他們把中國共產黨視為一個要求實行民主的、更像美國而不像俄國的政黨，則顯然是一個錯得離譜的判斷。由於缺少對蘇聯主導的共產主義運動以及中共理論和歷史的深度理

---

33 轉引自伊・卡恩，《中國通：美國一代外交官的悲劇》，頁236。
34 參閱同上書，頁297-298。

解，謝偉思等「中國通」們被中共製造的假像所迷惑，錯誤地以為中共是中國「最團結、最進步、最強大的勢力」（戴維斯語），而國民黨則因為腐朽不堪難以承擔起領導中國的大任。請看謝偉思在戰時報告中的如下判斷：

> 當國民黨已喪失了它早期的革命性，並隨著這一喪失而呈現四分五裂的時候，共產黨由於必須繼續奮鬥而保持了其革命性，而且漸漸壯大和比較成熟了。……這一運動是強大和成功的，它後面有某種動力，而且它把自己和人民聯繫得如此密切，因而將不會被輕而易舉地扼殺掉。[35]

從凱南的「圍堵」理論視角來看謝偉思的中國戰時報告，兩者的顯著差距既在於一種現實主義的事實判斷，也在於一種理想主義的價值判斷。凱南之所以主張對蘇聯採取圍堵政策，是基於對「蘇聯行為的根源」的歷史性分析和價值批判，從蘇聯制度得以形成的意識形態、獨裁政權運行的基本機制和社會基本構成諸方面，證明了「蘇聯的外交政策不會表現出對和平穩定的熱愛，不相信社會主義和資本主義友好共處的可能性，而是對所有競爭對手的影響力和權力施以謹慎、長期不懈的壓力，將其瓦解和削弱競爭對手的影響與力量。」[36]因此，在凱南設計的圍堵戰略框架中，美蘇的對峙與衝突將是長期的、不

---

[35] 約瑟夫・W・埃謝里克編，《在中國失掉的機會：美國駐華外交官約翰・S・謝偉思第二次世界大戰時期的報告》，頁184。

[36] 喬治・凱南，《美國大外交》，頁174。

可調和的，美國必須承擔起應對蘇聯挑戰的道義和政治領導責任，對其在世界各地進行的共產主義擴張運動堅定不移地進行反擊。然而，以謝偉思為代表的所有「中國通」們不僅缺乏凱南式對共產主義運動本質的深刻認識，沒有從國共之爭的背後洞察到美蘇兩種制度與價值觀之爭的深遠意義；而且也沒有遵循現實主義外交的基本準則，而是在所謂的事實觀察和調查報告中，傾注了充滿個人價值偏好的預設立場，對國民黨的厭棄和對共產黨的讚美，此皆缺少一種實事求是的態度。缺失了普世價值觀指導的現實主義外交，必定淪為一種目光短淺的、自以為是的地緣政治博弈，在歷史的關鍵時刻把握不住歷史發展的方向，最終迷失在人類的價值黑洞之中。

從世界政治史和外交史來看，史達林和毛澤東都是玩弄現實政治的高手，也是現實主義外交大師。在一個時期裡，他們領導的共產主義運動在自己的國家所向披靡，也在其他國家產生了一系列連鎖反應。美國在中國的失敗，在1949年以來的歷史進程中，曾經反覆出現，這是美國「現實主義」外交和「理想主義」外交的雙重失敗？1989年10月，柏林牆倒塌，隨後是蘇聯解體，東歐社會主義國家陣營全面崩潰，這些歷史性事件驗證了凱南的偉大預言，是不是意味著能夠和共產主義理念及其運動進行終極對抗並取得勝利的致命武器，大概非美國理想主義價值觀莫屬了？季辛吉在其外交生涯中一直致力於發揚光大美國現實主義外交傳統，但他還是經常提到美國理想主義精神的永恆力量：

美國在走上現代世界第三度建構世界秩序的道路時，

> 理想主義依然與往常一樣重要，甚至可能更加重要⋯⋯美國過去的威爾遜式的目標——和平、穩定、進步和人類自由——將必須在無盡頭的旅途上去尋求。[37]

世界外交史證明，惟有崇尚自由、民主、人權和憲政的外交政策，最終會在所有的地緣政治衝突中勝出。人類歷史如有終結的一日，一定不是終結於戰爭和暴力，而一定是終結於自由和民主在世界各國的普遍實現。

凱南「圍堵」理論在中國的認識盲區

用凱南的「圍堵」理論來對勘謝偉思的延安「中國戰時報告」，可以清楚地發現，失去了理想主義價值觀支撐的現實主義外交，最終必定會在地緣政治的叢林中迷失方向。價值觀外交與現實主義外交在理念上並不衝突，相反，兩者的有效結合才是制定正確的外交政策的首要前提。凱南的「圍堵」理論之所以對美國戰後的對蘇外交政策有深遠的影響，就在於這一理論是建基於對蘇聯共產主義政權性質的深刻分析和透徹把握之上，從不相信這一政權會因為與美國一起站在世界反法西斯的同一陣營而主動放棄馬克思主義意識形態和極權主義體制。對於富蘭克林・羅斯福總統來說，他並非沒有意識到美國與蘇聯在價值觀和制度上的根本性差異，但他還是選擇相信，在決定史達林的行為方面，民族國家利益考慮已開始遮蔽意識形態考

---

[37] 亨利・季辛吉，《大外交》，頁775。

慮；進而選擇相信，隨著軸心國的戰敗，隨著西方國家願在塑造未來和平方面使蘇聯成為一名充分的夥伴，蘇聯長期形成的對西方國家的敵意會逐步得到平息。凱南的「長電報」無疑是對羅斯福政府的對蘇政策所做的一項重大「戰略修改」，它旨在證明——用加迪斯的話來概括：

> 第二次世界大戰期間和其後的美國對蘇政策的整個基礎存在錯誤。這項政策無論是以羅斯福強調整合的形態，還是以哈里曼著重討價還價的形態，都假定蘇聯內部不存在建立正常關係的結構性障礙。相反，史達林對西方顯示的敵意出自外部威脅滋生的種種不安全感。據認為，這些不安全感能被克服，辦法是通過豪爽大方贏得史達林的信賴，或是通過一種「有予有取」方針贏得他的尊重。在這兩種情況下，關於合作會不會繼續下去的選擇取決於美國：如果華盛頓挑選了正確的方針，蘇聯人就會跟著走。[38]

事實如凱南所看到的那樣，蘇聯的對外政策與美國做什麼或不做什麼幾乎沒有關係，不管美國是對蘇聯採取「豪爽大方」的政策，還是採取與之進行「討價還價」的策略，都改變不了蘇聯對西方國家的強烈敵意。因為「蘇聯行為的根源」在於一種根深柢固的意識形態，這種以馬克思主義命名的意識形態始終是把消滅資本主義私有制和實現共產主義視為自己的歷

---

[38] 約翰・劉易斯・加迪斯，《遏制戰略：冷戰時期美國國家安全政策評析》，頁25。

史使命，通過依靠虛構外部威脅來維持它的國內合法性，強調國外資本主義的存在為保留獨裁政權做辯護，也就是說：「莫斯科所強調的蘇聯面對外部世界的威脅，並不是建立在外國敵視的現實之上，而是建立在為了維持國內獨裁統治而做辯護的基礎上。」[39]正是基於對蘇聯共產主義政權性質的深刻認識，凱南認為美蘇兩國不可能長久和平共處，蘇聯虛構的「美帝亡我之心不死」的理論預設，主導著它的統治集團始終在著手進行你死我活的鬥爭準備，以便在一個確定的時間推翻美國在世界的領導地位。因此，凱南明確主張：「美國對蘇聯的任何政策的主要方面必須是長期的，耐心、堅定和警惕地對俄國人的擴張傾向進行遏制。」[40]為實現這一目標，美國必須採取三大步驟：（1）通過鼓動受蘇聯擴張主義威脅的國家的內部自信來恢復均勢；（2）利用莫斯科與國際共產主義運動之間的緊張，以減少蘇聯將勢力投射到國境以外的能力；（3）假以時日，逐漸修正蘇聯的國際關係思想，同時懷有以協商解決突出問題的想法。[41]

約翰·米爾斯海默在為喬治·凱南的《美國大外交》一書60周年版所寫的長篇序言中，對凱南及其理論貢獻給予高度評價，明確認為喬治·凱南將會作為「圍堵政策之父」而青史留名，圍堵戰略是整個冷戰期間美國應對蘇聯威脅所採用的主要戰略，這一戰略對於指導美國對蘇政策以及制訂馬歇爾計劃、建立自由歐洲電臺和指揮中央情報局的秘密行動，均起到了核

---

[39] 參閱喬治·凱南，〈蘇聯行為的根源〉，《美國大外交》，頁157。
[40] 同上書，頁165。
[41] 參閱約翰·劉易斯·加迪斯，《遏制戰略：冷戰時期美國國家安全政策評析》，頁42。

心作用。但是，米爾斯海默並不認為凱南的所有觀點都是正確的，他主要是不同意凱南這一斷言：20世紀上半葉，美國無視強權政治而去追求自由主義的外交政策。[42]雖然凱南的「圍堵」理論具有強烈的自由主義動機，但他卻在《美國大外交》一書中用大量的篇幅來描述自由主義與現實主義之間的衝突，強調這一衝突製造了學者和美國外交政策實踐者之間關鍵的知識鴻溝。他從現實主義立場出發，認為美國外交政策在很大程度上是受自由主義思想驅動的，自由主義（凱南將自由主義等同於條文主義和道德主義）要為1950年美國所面臨的外交政策問題負主要責任。米爾斯海默認為凱南的這一說法是錯誤的，因為凱南對於蘇聯進行圍堵的戰略性思考實際上就是來源於自由主義的價值觀，沒有自由主義對自由、民主和人權的基本主張，蘇聯行為的意識形態根源的性質就會無從判斷。在米爾斯海默看來，所有與圍堵有關的問題不僅對理解冷戰史重要，而且對於理解當前的國際關係依然重要，他結合中國的崛起這一情況，指出美國的戰略家和決策者已經在討論美國是要遏制還是接觸中國，以及中國主要是一個軍事威脅還是一個政治威脅的問題，他希望聽到這一觀點：「由於中國依然執著於共產主義意識形態，因而中國是一個嚴重的威脅。」[43]從他的角度來看，基於美國自由主義價值觀和現實利益考量的圍堵政策，既是凱南外交生活的中心，也是美國外交政策持續不變的一個重要依據，「對圍堵政策的爭論具有永恆的品質」。

---

42 參閱喬治・凱南，《美國大外交》，序言，頁6。
43 同上書，頁23。

需要特別注意的是，米爾斯海默在序言中提到了凱南自己承認的「我所犯過的最大錯誤」，那就是凱南反對美國軍隊在1950年全面介入朝鮮戰爭。這是凱南外交生涯中一段不容忽視的歷史。1950年8月21日，時任國務院政策規劃處主任的凱南給時任國務卿艾奇遜寫了一份備忘錄，該備忘錄對美國東亞政策的總體方向提出警告，他寫道：「我們當前的行動，在我看來，是如此的希望渺茫、充滿危險，以至於從誠實的角度出發，我勸你不要繼續為此負責。」他認為，華盛頓在朝鮮半島的目標和戰略並不清晰，有可能會引發戰事升級；同時，在日本保留美軍力量的決定有削弱與東京長期關係的風險；此外，華盛頓在中國大陸與臺灣敵對政權之間的曖昧立場又有疏遠雙方及該地區其他國家之虞。他對艾奇遜提出的首要政策建議是：「儘快停止對亞洲大陸的介入，並獲得最有利的條件。」他甚至提議，華盛頓撤出在日本和韓國的軍事力量，以換取蘇聯同意安排朝鮮軍隊撤出韓國。」44 很顯然，凱南的這一政策建議與他的對蘇圍堵戰略完全背道而馳，倒是與杜魯門政府的對華政策有異曲同工之處——不是針鋒相對地圍堵蘇聯共產主義在遠東地區的擴張，而是幻想通過一種所謂的「現實主義」妥協或交易來達到美蘇勢力在這一地區的均衡分布。這段歷史表明，凱南並沒有一如既往地將他的「圍堵」理論有效運用於對東亞地緣政治形勢的分析，沒有像他在三年前的文章中所提出的那樣，堅決遏制蘇聯共產主義在非東歐地帶的擴張，沒有

---

44 參閱保羅・希爾，《喬治・凱南與美國東亞政策》，小毛線譯，夏小貴校（北京：金城出版社，2020），頁1-2。

充分重視共產主義在中國和朝鮮的蔓延所可能產生的嚴重政治後果。實際上，凱南在參與制定美國的東亞政策時犯下了與謝偉思相同的錯誤：背離了自由主義價值觀，同時也背離了現實主義的外交準則，沒有對遠東的共產主義化趨勢給予足夠的重視。

1947年1月，馬歇爾國務卿創建了政策規劃處並任命凱南為主任，凱南的「長電報」給他留下了深刻印象，讓他相信凱南是擔任這一職務的最佳人選。戰後美國外交政策的重點是應對蘇聯在東歐和東亞的地緣政治擴張，在蘇聯基本控制了東歐的情況下，東亞成為美蘇勢力較量的主要區域。馬歇爾選擇凱南擔任規劃處主任，顯然是著眼於他提出的「圍堵」理論有助於建構美國在東亞的戰略思路，以此形成在東亞對抗蘇聯擴張的外交政策。按照保羅‧希爾的研究，從1947年至1949年，凱南在中國和日本事務上扮演了具有深刻影響力的角色，他引用歷史學家威爾遜‧米斯康博（Wilson Miscamble）的話說：凱南對東亞政策的影響「也許超過了他對美國對歐政策的影響」。面對中國內戰，凱南大力促成了華盛頓作出置身事外的決定——放棄對蔣介石政權的軍事支持。對於日本的戰後占領政策，凱南主張從懲罰性手段轉變為經濟重建。約翰‧劉易斯‧加迪斯認為，凱南在這一時期的角色是「中樞性的」。[45]但是，自1950年夏天起，凱南關於「美國遠東政策戰略視野」與美國政府的主流想法差之甚遠，他發現美國政策不斷向介入和軍事戰略傾斜，他在艾奇遜任下的國務院被邊緣化了。朝鮮戰爭爆發時，

---

45 轉引自同上書，頁2。

凱南幾乎是唯一一位對美國軍事干預三八度線以北地區提出警告的人，他後來也是最早反對美國向印度支那地區投入軍事力量、繼承法國角色的美國官員之一。凱南的「圍堵」理論對蘇聯在歐洲的擴張持「鷹派」立場，卻對蘇聯在東亞的擴張持「鴿派」立場，立場為何有這麼大的變化？值得玩味。誠如保羅‧希爾在他的著作中觀察到，凱南「圍堵」理論在面向不同國家的外交政策實踐中存在著令人困惑的悖論：一方面，他和華盛頓大多數制定政策的人一樣，將蘇聯視為美國面對的頭號戰略威脅，對東亞的觀點主要著眼於評價蘇聯在這一地區威脅的性質和程度；另一方面，他並沒有堅持和鼓吹他為這一地區提出的戰略概念，「他對東亞的政策和他對蘇聯與世界其他地區的政策一樣，並不總是完善、現實、始終如一的，也不總是在政治上可行的。」46

凱南作為美國頭號的蘇聯問題專家，他在東亞事務上幾乎沒有什麼經驗，按他自己的說法，他從來沒有去過遠東，也從未對遠東問題有過特別的興趣。凱南關於東亞的概念和理論構建主要是來源於他的兩位同僚，一位是曾在1925至1929年任美國駐華公使的馬慕瑞，他在1935年寫給國務院的備忘錄──《影響美國在遠東政策的發展》，讓凱南「印象深刻」，由此構成了他長期思考東亞問題的基礎。另一位就是與謝偉思齊名的「中國通」──約翰‧戴維斯，在凱南擔任美國駐蘇聯大使館公使銜參贊期間，他與戴維斯曾共事一段時間；在他任政策規劃處主任時，戴維斯又成為該處首席亞洲事務專家。凱南對

---

46 同上書，頁6。

戴維斯的專業能力評價甚高，稱其是自己有關亞洲事務的「導師」。

保羅・希爾的研究表明，馬慕瑞對凱南的影響主要體現為一種「中國觀」，即馬慕瑞對中國和日本相對戰略重要性的不同評價——前者是邊緣性的，而後者是決定性的。凱南後來對遠東問題的研究充分吸收了馬慕瑞的這個看法，認為中國不外乎就是一塊「荒地」，缺乏戰略重要性，而日本則是美國在遠東地區「戰略概念」的核心，對美國具有至關重要的利益，日本是美國抵抗蘇聯影響的前線。事實上，凱南為美國政府制定的東亞政策明顯地表現出「保日棄中」的傾向，這是因為凱南並沒有將其「圍堵」理論運用於對中國形勢的分析，否認「圍堵政策」可以適用於中國大陸，強調「圍堵政策」是為了阻止莫斯科的影響力擴散到對美國具有戰略重要性的地區，而中國大陸在他的政治地圖中則不屬這樣的地區。由於接受了馬慕瑞對中國的評價，凱南始終認為中國對美國而言在戰略上不重要，甚至也不相關，因此，中國不應在美國的外交戰略規劃中占據一個重要位置。直到1960年代，凱南依舊堅持這樣的看法：中國「不是東方的大國」，它沒有軍事能力，也沒有經濟和工業能力投射能力或者「對我們產生難以戰勝的軍事威脅或造成麻煩」。[47]保羅・希爾指出了凱南「圍堵政策」的根本問題所在：「凱南堅持認為，『圍堵政策』不適用於中國，因為它在戰略上和美國不相關。凱南的說法無視了中國的戰略潛力，

---

47 參閱同上書，頁241。

也缺乏前瞻性。」[48]

如果說馬慕瑞塑造了凱南的「中國觀」，那麼，約翰‧戴維斯則塑造了凱南的「中共觀」，凱南對中國共產黨領導的中國共產主義運動的認識，幾乎都是來自於戴維斯的言傳身教。在1945至1946年的莫斯科，凱南與戴維斯開始形成夥伴關係，戴維斯在回憶這段工作經歷時高度評價凱南是「特別具有啟發性的老師」，而凱南則把他與戴維斯的合作視為美國駐莫斯科大使館的一塊基石，他後來在提及戴維斯的作用時明確認為：「我在那些年能夠對蘇聯遠東政策的性質有所洞見，主要歸功於他。」[49] 凱南把戴維斯視為是職業外交官的典範，他用自己的經歷以身說法：「作為一個二十五年來一直使自己忙於專業外交事務的人，我忍不住要說，我堅信，在外交政策行為中，我們能夠更有效地利用專業主義的原則。」[50]在凱南心目中，戴維斯是一位卓越的符合專業主義原則的職業外交官，他在外交實踐中堅持「價值中立」的立場以避免被引入「情緒主義和主觀主義的歧途」。基於這個判斷，凱南始終認為戴維斯一系列關於中國共產黨的調查報告和據此提出的政策建議，具有專業主義的嚴肅性和可信性。保羅‧希爾在他的著作中提到：1945年12月，馬歇爾訪華，開始調停國共內戰，建立統一的中國政府成了美國政府一個關鍵的政策議題，此時，「戴維斯的專業知識得到了充分發揮」。1946年1月，在一封由凱南署名、實際

---

48 同上書，頁235。
49 轉引自同上書，頁22。
50 喬治‧凱南，《美國大外交》，頁134。

上反映了他和戴維斯共同看法的電報中，他們向華盛頓指出，現有證據不足以說明延安是否聽令於莫斯科，中共的獨立性有可能是驚人的高。理由是：第一，中共並不欠莫斯科什麼，中共的存活和成長並不是因為與莫斯科的關係，而是由於沒有關係。第二，中共是所有共產黨中最成熟的，發展了自己的馬克思主義體系。第三，中共不是密謀者組成的亡命之徒，而是多年來在運作一個事實上的政權，擁有自己的軍隊和官員。第四，中共已經讓民族主義成為他們意識形態的關鍵元素。[51]

戴維斯除了向凱南提供關於中國共產黨獨立於蘇聯共產黨的大量信息之外，還為他塑造了一個腐敗的國民黨的政治形象，並且嚴厲地批評「中國遊說團」和國會的「援華集團」對蔣介石政權的支持，指責這群「雜亂、結構淩亂、隨心所欲、動機多樣的美國宣傳人員、商人、軍官、政客、教士和變節的共產黨人」，「進行這場腐朽、註定失敗的反共鬥爭。」[52]他們深信，與腐敗的不可救藥的國民黨相比，中共更像是「鐵打的」，腐敗也更少，從而很有可能擴張他們在中國的控制範圍。正是基於對國共兩黨性質的截然不同的認識與評價，凱南和戴維斯對馬歇爾提出的政策建議是：國民黨的垮臺「對美國在華利益而言不一定是一場災難」，華盛頓不應該大規模支持國民黨政權，而只應該向其提供「最低限度援助，從而滿足美國民意」。「如果有可能，阻止中國政府突然的完全崩潰。」

---

51 參閱保羅・希爾，《喬治・凱南與美國東亞政策》，頁23-24。
52 參閱同上書，頁29。

但是,確保國民黨的完全勝利是「完全不可行的」。[53]他們同時認為,中共不太可能控制整個中國,隨著中共力量和權力的增長,它也不太可能「保持運動的意識形態色彩,也保持不了當前對莫斯科的依賴」。[54]

凱南和戴維斯關於中國事務的政策建議,對於馬歇爾和艾奇遜兩屆國務院制定對華政策顯然發生了重要影響。1947年9月,魏德邁將軍在考察中國之後向馬歇爾遞交了一份報告,報告認為:中國正在分裂,面臨蘇聯的威脅,中國最緊迫的需要,是華盛頓對國民黨提供「道德上、諮詢上和物質上的支持」,「援助計劃若能有效實施,將會增強對共產黨擴張的抵抗,將會有利於中國的逐漸穩定。」[55]但是,馬歇爾否定了魏德邁的建議,相反,他參照凱南和戴維斯的意見,在1948年4月召開的國會上向議員們陳述:中國問題「實際上是無法解決的」,華盛頓既不能完全從中國撤出,也不能「無止境地耗盡資源」。在他力主下,國會通過的《援華法案》只批准了一億二千五百萬美元額度,這對國民政府的龐大軍事開支而言,只是杯水車薪。1949年1月20日,艾奇遜取代馬歇爾任國務卿,他繼續延續了馬歇爾的對華政策,實際上是繼續按照凱南和戴維斯提供的思路,認為在目前形勢下向中國大陸的國民黨政權輸送援助是一種浪費,有落入共產黨手中的危險。雖然艾奇遜領導的國務院強調美國政府應當集中精力,防止中國「成

---

53 參閱同上書,頁32。
54 參閱同上書,頁31。
55 參閱同上書,頁32。

為蘇聯的附庸」，但它沒有提供任何具體計劃以實現這一目標。到了1949年3月，美國政府關於是否支持大陸國民黨政權的爭論終於結束了。按照保羅・希爾的描述，最後的結果是：

> 凱南和戴維斯自1947年底起，建議最低限度援助和逐漸脫離的政策，最終占了上風……凱南「袖手旁觀」的對華政策——儘管政治和官僚因素認為這種方法不切實際，甚至根本不可能——是當局行動的依據。它引起了國會和公眾的許多批評，但它是最佳的出路——正如凱南所言，幾害相權取其輕。凱南和戴維斯不是唯一呼籲脫離中國內戰的人，但他們是官僚系統中最氣勢洶洶、最不屈不撓的支持者——由於五角大樓沒有別的可行方案，他們戰勝了對方。因此，政策規劃室為馬歇爾和後來的艾奇遜在決定撤出美國在中國大陸的投入時提供了辯護。[56]

凱南和戴維斯在政策規劃處工作期間（1947-1950年）所形成的政策意見，對美國兩任國務卿制定對華政策產生的重要影響力是不言而喻的，雖然凱南在其回憶錄中堅持認為自己在20世紀40年代後期提出的觀點，「對華盛頓官方只造成了微弱乏力和大為不足的影響」。約翰・劉易斯・加迪斯也試圖為凱南提供某種辯護，認為凱南只是杜魯門政府時期若干關鍵的國際事務幕僚之一，他的影響力兼有兩種性質：「圍堵」理論作為一種戰略思想，對於指導美國的歐洲政策以抵抗蘇聯在歐洲

---

[56] 同上書，頁53。

範圍的擴張具有重要意義,而這一戰略運用於遠東地區時則面臨著手段與工具的限制,也就是說:「在冷戰最初幾年,行政當局和國會的態度有個引人注目的特徵,即確信不管外部威脅有多危險,美國只有用來與之鬥爭的有限的資源。」[57]這個情況意味著,美國政府只能根據蘇聯共產主義在世界不同地區的擴張態勢的輕重緩急來做出反應,歐洲的重要性肯定是第一位的,其次是中東和日本,中國或許只能排在第三的位置。凱南的作用在於,他對中國戰略重要性的低估和對中國共產黨獨立於莫斯科的基本認識,一旦轉化為一種政策建議時,既會促使他放棄「圍堵政策」用於對中國及遠東地緣政治形勢的分析,也會進一步強化美國政府的決策者形成這樣的看法:共產黨在歐洲的任何擴張都是對美國的致命威脅,而共產黨在中國的進展雖然是不幸的,但可以忍受。由於相信中共是一個獨立於蘇共的鐵托式的民族主義政黨,從凱南、戴維斯到艾奇遜,都期待「中共和蘇共自然發生衝突的臨界點」的到來,幻想著「通過政治和經濟手段利用中共和蘇共之間的裂痕、利用史達林主義者和中共內外其他因素之間的裂痕」,將中共引向美國這一邊。基於這種信念,當中共於1949年10月1日成立了中華人民共和國之後,凱南和戴維斯都主張儘快承認中共政權,戴維斯認為:「我們沒有堅實理由不去承認共產黨」,「克里姆林宮反對我們承認北京的理由,恰恰決定了為什麼我們應該承認北京」。凱南在1950年1月初給艾奇遜的一封信中寫道:對於關心

---

[57] 約翰・劉易斯・加迪斯,《遏制戰略:冷戰時期美國國家安全政策評析》,頁63。

中國的公眾，承認共產黨政權的問題「沒有我們想像的那麼重要」。「無論我們承認不承認，中國真正重要的事態發展也不會受到很大影響；……如果現實考慮需要我們維持外交聯繫，我們出於感情理由不去承認也不會贏得什麼。」[58]1950年6月朝鮮戰爭爆發，中美直接開戰，凱南有關承認中共政權的建議無人問津，他在國務院的地位日趨邊緣化，他的東亞外交戰略構想的短板也被越來越多的人認識到了，加迪斯指出了這一情況：「杜魯門和他的其他幕僚越來越難接受凱南的四項前提假設：（1）戰爭危險遙遠；（2）不對稱可被無限期容忍下去；（3）談判如果符合雙方利益，就能產生成果；（4）外交應該靈活。」[59]朝鮮戰爭以事實證明，在蘇聯共產主義向遠東擴張的態勢下，爆發戰爭是很大機率的事情，戰爭恰恰是雙方力量不對稱的結果，所有共產主義國家都更願意選擇戰爭而不是談判來解決國家之間的利益與意識形態衝突問題，外交的靈活性在面對一個咄咄逼人的對手時總是失靈。顯而易見的事實表明凱南在國務院的失勢是必然的，他關於美國不應該介入朝鮮戰爭的建議遭到了艾奇遜國務卿的強烈反對，用沃爾特・拉費伯爾的話來說：「這位國務卿更喜歡以前的『X』先生而不是現在的這位『X』先生。」現在的這位「X」先生顯然並沒有將他以前提出的「圍堵」理論全面運用於歐洲防務和亞洲的地緣政治衝突。[60]1950年7月25日，美國《外交》雜誌編輯漢密爾頓・菲

---

58 參閱保羅・希爾，《喬治・凱南與美國東亞政策》，頁118-119。

59 約翰・劉易斯・加迪斯，《遏制戰略：冷戰時期美國國家安全政策評析》，頁86。

60 參閱沃爾特・拉費伯爾，《美國、俄國和冷戰》，頁75。

什·阿姆斯特朗給凱南去電話，請他撰文詳細闡述圍堵政策對亞洲的意義：我們在亞洲大陸遭受了怎樣的境遇？我們如何擺脫不守信用的領導人拒不合作的困境？在這方面我們對中國的政策有哪些經驗和教訓？我們怎樣才能利用民族主義的力量為他們建立一個自由的世界，而避免他們被共產黨所利用？圍堵政策的底線在哪裡？應該怎樣準確地去描述它？投放在亞洲板塊的海軍力量和陸軍力量，有效的範圍在哪裡？[61]針對阿姆斯特朗提出的這些問題，凱南表示會認真考慮，但他後來並沒有作出相應回答，因為他對是否有必要在亞洲推行圍堵政策仍然持謹慎的態度。

凱南在1950年1月離開國務院政策規劃處去普林斯頓大學任教，此時他的同事戴維斯已經陷入麥卡錫主義掀起的政治問責風暴中，被指控為美國「失去」中國的主要責任人。凱南出席國會聽證會，竭力證明戴維斯「是一個具有寬廣、精巧、懷疑性政治理解的人，他沒有一點對共產黨的同情。他對我們政府利益的奉獻無人可比。」[62]凱南的證詞對於還戴維斯的清白之身起到了重要作用。對共和黨人提出的「失去了中國」這句話，凱南和拉鐵摩爾一樣，認為沒有比這更大的廢話了：「美國政府從未擁有中國。既然如此，哪裡談得上什麼『失去』中國呢？」他後來在一個演講中憤怒批駁了麥卡錫主義的這項指控：

使共產黨有可能在中國掌權的基本條件是蔣介石政權

---

61 參閱喬治·凱南，《凱南日記》，頁245。
62 喬治·凱南，《美國大外交》，頁134。

的軟弱和腐敗,是這個政權依賴我們而不使自己振作的傾向。不僅指控本身是荒謬的,而且,以它的名義對杜魯門和艾奇遜發起的政治攻擊,與美國政治史能夠提供的任何事物一樣邪惡和不負責任。實際上,這些攻擊與反共產主義的狂熱浪潮有密切關係,他們實際上是這一浪潮的開始部分。這種狂熱以麥卡錫主義而聞名——這個我們公共生活中的可恥事件,就是我們今天談及它也覺得臉紅。[63]

從職業外交官的政治倫理而言,無須懷疑凱南和戴維斯的政治立場會有什麼「親共」傾向,儘管他們提供的研究報告和政策建議並不主張「圍堵」反而是放任了共產主義勢力在中國和遠東的發展。從某種意義上說,他們參與制定的美國對華政策在客觀上的確加速了美國「失去」中國的進程。凱南後來坦承他在朝鮮戰爭問題上犯下了「最大錯誤」,[64]但遺憾的是,並未見到他對這一錯誤有過深刻的自我反省。米爾斯海默或許是為尊者諱,他在提及凱南這一「最大錯誤」時只是點到為止,並未深究,而且他認為,凱南的一些批評美國自由民主的錯誤說法與他豐富的深刻見解相比,是微不足道的。[65]針對凱南在有關朝鮮戰爭決策上所存在的明顯失誤,作為凱南傳記作者的加迪斯曾委婉地提出過批評,但他把這個批評的嚴厲性降低到最低程度,認為凱南失敗的不是「圍堵」理論,而是沒有根據東

---

[63] 同上書,頁231。
[64] 參閱同上書,序言,頁23。
[65] 參閱同上書,序言,頁6-7。

亞的地緣政治形勢對這一理論做出相應的調整和改變，尤其是沒有進一步在東亞演化為一種新的圍堵戰略：「凱南的方略需要靈活性：在不忘記長遠目標的情況下，能針對事態的發展相應地改變方向，改變側重點，必要的話還改變開支。」[66]在加迪斯看來，凱南其實內心很清楚，美國不只是對外部世界發生的事態做出反應，它自己的行為事實上將在很大程度上塑造這個世界；因此，有必要仔細監控美國的主動行為的影響，在需要的場合修正它們。凱南顯然沒有完全做到這一點。比較而言，保羅·希爾對凱南「有關東亞的遺產」的認識是深刻的，他指出了凱南理論的現實困境：

> 凱南有關美國東亞政策的職業經歷以深遠影響為開始，又以無盡沮喪而告終，儘管作為政策規劃室主任，他最初指導二戰後美國對華和對日政策在戰略實用方向上取得了輝煌成就，但他隨後影響朝鮮半島和東南亞政策的努力則沒有那麼成功。此外，他所構想的美國對華和對日思路都是曇花一現。在朝鮮戰爭爆發之後，華盛頓決定轉向臺灣國民黨政府（凱南對它很鄙視），在日本建立長期的軍事基地（凱南對此表示反對）。因此，哪怕是在他對美國東亞政策影響深遠的地方，政策在很多方面都是轉瞬即逝的。[67]

---

66 約翰·劉易斯·加迪斯，《遏制戰略：冷戰時期美國國家安全政策評析》，頁89-90。

67 保羅·希爾，《喬治·凱南與美國東亞政策》，頁231。

在保羅・希爾看來，凱南東亞政策的最大問題是，他適用圍堵原則的範圍是如此狹隘，將關注點幾乎只放在日本上，而完全把中國和朝鮮排除在有關圍堵的任何討論之外，認為蘇聯對這兩個地區包括對東南亞（越南）的支配並不是對美國利益的嚴重威脅或不可容忍的損失。更不可理解的是，凱南幾乎終其一生都對中國的戰略重要性表示懷疑，不僅在1950年代否認「圍堵政策」可以適用於中國大陸，而且在1960年代，依然沒有運用「圍堵」理論來談論中國，繼續將中國刻畫為忙於內戰、外交孤立、無力主動對美國構成威脅的國家。到了1973年，當再次被問及「圍堵政策」是否適用於中國時，凱南重申了他以往的看法：這一戰略與中國沒有「很大關聯」。保羅・希爾對此評論道：「凱南進入20世紀70年代後，一反常態地短視和不現實，認為中國永遠也不會成為需要正視的力量。令人驚訝而不幸的是，凱南個人對中國——無論國共——和中國外交的厭惡，讓他拒絕並忽視中國的重要性。」[68]1996年，凱南已是92歲高齡，按他自己的說法，他的生命已接近於「精神和意志上的崩潰」，此時他對中國有了新的認識：「這個國家憑藉其偉大文明，值得我們懷著最崇高的敬意來對待。」但他仍然認為：「我看不到中美政府間關係的加強會給我們帶來什麼美好的發展前景」。他為此忠告美國商界：「我們應該防止我們的商界人士在中國展開過於深入廣泛的商務活動，即便這會迫使企業家們減少在他們堅信的『巨大中國市場』中占據顯著位置的渴望。」同時他敦促美國政府：「堅定而徹底地摒棄一

---

68 同上書，頁242。

種做法,無論現在還是未來,都不要再因為人權問題而向中國政府施壓。那是他們的事情,與我們無關。」[69]2001年,據說凱南寫下了他生平中最後一份關於中國的評論,針對美國媒體和公眾對中國的迷戀,他提醒美國人:「無論我們做什麼,他們都不會愛上我們。……沒有必要將中國視為危險的敵人。另一方面,如果他們接受友好談判,也沒有理由將中國視為主要盟友。」[70]當讀到這些文字時,可以體會到凱南與生俱來的固執,在他終老時,龐大的中國依舊是他的「圍堵」理論觀察的盲區,他既沒有看清楚中國的過去,也對中國的現在和未來缺乏清晰準確的判斷,他對中國的認識似乎一直執著於五十年前形成的那個被人曾批評為有點「種族主義」色彩的信念:不必過分關注中國,因為「中國是一個完全靠不住的國家」。[71]

凱南的「圍堵」理論因為深刻地把握了蘇聯共產主義運動的性質而青史留名,他對史達林獨裁政權毫不留情的批判,既體現了自由主義價值觀在制定外交政策中的決定性意義——美蘇衝突的根本原因是意識形態和制度之爭,也彰顯出現實主義外交在處理具體的地緣政治衝突中所具有的原則性和靈活性的統一。用「圍堵」理論來「對勘」謝偉思、戴維斯等「中國通」們的「延安戰時報告」,可以發現兩者的差距猶如雲泥之別,後者因為缺失了自由主義價值觀而讓所謂的「價值中立」的現實主義外交淪為了自欺欺人的政策。凱南的重大失

---

69 喬治・凱南,《凱南日記》,頁592。
70 參閱保羅・希爾,《喬治・凱南與美國東亞政策》,頁240-241。
71 喬治・凱南,《凱南日記》,頁246。

誤在於，他沒有一以貫之地將「圍堵」理論運用於對中國及遠東形勢的分析，這一方面是因為他在馬慕瑞和戴維斯的影響下形成的「中國觀」和「中共觀」，既沒有充分認識中國在世界格局中的戰略重要性，也沒有深刻把握中共與蘇共作為共產主義政黨的一致性，以及中共在蘇共的指使和支持下向遠東地區擴張態勢的嚴重性，由此對中國和中共做出了雙重誤判。另一方面，凱南在「圍堵」理論上的不徹底性，源於他對自由主義價值觀立場的動搖，他對美國自由民主理念的諸多批評，將自由主義視為美國外交政策失敗的主要思想根源，以及主張美國「退出」中國內戰、「退出」朝鮮戰爭和「退出」日本軍事占領的政策建議，的確如保羅・希爾所批評的那樣，「一反常態的短視和不現實」。如果當時的杜魯門政府執行凱南的東亞政策，美國在「失去」了中國和朝鮮之後，很快就會再次「失去」韓國和日本。朝鮮戰爭終於驚醒了美國人，正像艾奇遜和他的助手們後來認為的那樣，「朝鮮出事了，把我們救了。」[72] 美國由此進入了全面落實1950年4月通過的美國國家安全委員會68號文件（National Security Council Report 68）的關鍵時期，該文件明確主張：第一，反對與俄國進行談判，因為強迫克里姆林宮「顯著改變其政策」的條件還不夠充分；第二，研製氫彈，以便抵消蘇聯在1954年前可能會擁有有效的核武庫所帶來的影響；第三，迅速發展常規武器，以便在不必打核戰爭的情況下保全美國的利益；第四，大幅增加稅收來支付這種新的、代價高昂的軍備設施所需的費用；第五，動員美國社會，包括

---

[72] 參閱沃爾特・拉費伯爾，《美國、俄國和冷戰》，頁83。

由政府在美國民眾中營造關於「犧牲」和「團結」的必要共識;第六,建立由美國人領導的強大的同盟體系;最後,通過「使俄國人民在這項事業上與我們結盟」來從內部侵蝕「蘇聯極權主義者」。[73]此時的杜魯門和艾奇遜對蘇聯採取的外交政策已不限於「圍堵」了,而是想要取得對蘇聯的一場徹底的勝利。這意味著凱南在國務院決策機構中退場的時刻到了,其結局是:「美國在東亞的『圍堵政策』要比凱南曾預想或支持的更加廣泛、更加軍事化。它標誌著凱南夢想破滅,最終離開美國官方遠東政策的制定。」[74]

據說凱南一生都在渴望他的預見能夠得到認可,最好是能夠得到總統以及高級官員的認可,如若不然,就得到民眾以及子孫後代的認可。如其所願,凱南的「圍堵」理論已被歷史所認可,作為美國冷戰史上最重要的理論成果,其永恆的價值歸根結底是來源於自由主義的價值觀。不管凱南曾經無數次對自由主義提出過批評,他本人在自由主義道路上也有過彷徨和動搖,但他始終沒有放棄對自由主義的基本信念,他深信自由主義猶如一支光線強烈的蠟燭:「我們可以肯定它的光線將穿透俄國房屋,最終發揮其作用,驅散籠罩那裡的黑暗。甚至在西伯利亞的最深處,沒有鐵幕可以壓制這樣的消息——美國已經擺脫了分裂、困惑和懷疑的枷鎖,迎來了一個希望與決心的新機會,正滿懷熱情、目標明確地著手完成其使命。」[75]

---

73 參閱同上書,頁82。
74 保羅・希爾,《喬治・凱南與美國東亞政策》,頁199。
75 喬治・凱南,《美國大外交》,頁212-213。

五

美國誤判中國的輿論之源——
從斯諾到白修德和貝爾登

誰在塑造「美國的中國形象」？

　　從羅斯福到杜魯門，兩屆民主黨政府的對華政策均以在中國建立聯合政府為主要目標，為達到這一目標，從總統到總統軍事顧問再到國務院的外交官們，均在不同程度上存在著鄒讜所批評的「對中共性質和意圖的普遍錯誤理解」。從根源上看，美國誤判中國除了與美國悠久的理想主義外交傳統緊密相關之外，也與美國國內由基督教文化和左翼文化共同主導的輿論環境有關。按照鄒讜的理解，謝偉思和戴維斯提供的關於中共的描述以及據此形成的政治設想，能夠得到其他美國官員和當事人的廣泛贊同，不可能是陰謀詭計的產物；他們對中共性質和意圖的錯誤理解其實是當時公眾輿論的反映，「它的根源

必須在與錯誤判斷一樣無處不在的社會和政治事實中尋找」。[1]這些「社會和政治事實」的構成，除了前述提到的原因——美國理想主義的政治傳統、對共產主義的普遍無知、以美國政黨鬥爭的模式來理解國共之爭的性質、以及對中國的政治傳統和中國特點的錯誤理解，還包括一些傳教士和左翼記者、作家、歷史學家們在他們的著作中所塑造的中國形象，對美國國民產生了廣泛而深遠的影響，進而對美國政府中那些制訂對華政策的各級官員產生了潛移默化的影響。

自美國政府主張對中國實行門戶開放政策以來，美國人始終抱有對中國人的一種特殊感情，按照邁克爾·沙勒的說法：「美國人想像中的中國是充滿著神秘色彩的。它那精彩奇異的語言和文化，它那潛在市場的誘惑力，像磁石一般從太平洋彼岸的地平線上吸引著美國人。」[2]在最初進入中國的那批美國人中，傳教士扮演著極為重要的角色，美國政府的政策制訂者是把大部分在華的活動交給傳教士去進行，他們一般都認為中美關係的實質不是物質主義，更多的是文化和精神上的，其中傳教士是不可忽視的聯結者。傑斯普森撰寫的《美國的中國形象》一書描述了一個重要的歷史事實：中國引發了美國的宗教熱忱，美國要通過基督教這個「神聖的暴力」來啟蒙和重塑中國：「美國人要用他們無邊的善良和美德——他們基督徒般的獻身精神和民族使命感——去救贖數以萬計的中國人。」[3]許多

---

[1] 鄒讜，《美國在中國的失敗（1941-1950年）》，頁175-176。
[2] 邁克爾·沙勒，《十字軍在中國：1938-1945》，頁5。
[3] T·克里斯托弗·傑斯普森，《美國的中國形象（1931-1949）》，姜智芹譯（南京：江蘇人民出版社，2010），頁1-2。

美國傳教士遠渡重洋來到中國，立志按照美國的精神、政治和文化形象把儒教中國改造成一個基督教國家。根據費正清的研究，美國海外教會托事部成立於1810年，第一個到中國的傳教士是俾治文，他是在1829年被派出的；到了1844年，《中美望廈條約》締結時，美國派往遠東的傳教士不到20人；中國被早期傳教士看作是「一條戰線的盡頭」，是最遙遠的戰場，是最後要打開的地盤。[4]然而，到了1920年代，中國有了27所教會學院和大學，其中21所是在1900年以後建立的，在校和畢業的學生達數萬人之多。[5]至1930年代，美國在中國的傳教士超過上千人，他們普遍具有一種福音布道的使命感和拯救生活於黑暗中的中國民眾的道德情懷，期待以美國的理想主義政治和信仰模式改造中國。

傳教士除了懷抱改變中國的理想之外，他們在中國的經歷還對下一代產生了重要影響，他們的孩子被稱為「傳教士兒童」。在這個群體中，湧現出一批為美國人塑造中國形象的著名人物，如作家賽珍珠（Pearl Buck）、教育家司徒雷登、《時代》雜誌創始人亨利·R·魯斯，包括本書研究的兩位外交官約翰·謝偉思和約翰·戴維斯，他們都是來自於中國傳教士家庭，童年記憶完全是在中國城鄉環境中形成的。賽珍珠在她後來的著作中曾滿懷溫情和愛意地回憶起她在中國的成長歲月；

---

4 費正清，《十九世紀的美國與中國》，歐內斯特·梅、小詹姆斯·湯姆遜，《美中關係史論：兼論美國與亞洲其它國家的關係》，齊文穎等譯（北京：中國社會科學出版社，1991），頁27-28。

5 參閱哈羅德·伊羅生，《美國的中國形象》，于殿利、陸日宇譯（北京：中華書局，2006），頁141。

司徒雷登在他的回憶錄中特別寫到了他的出生地杭州的絕世美景——西湖的花燈水榭，亭臺樓閣，那段富有中國特色的生活始終留在了他的腦海中；魯斯把他兒時生活的青島描述為「沒有其他城市能和它媲美，溫柔的細浪輕拂著金色的沙灘」；謝偉思的出生地是四川成都，這個中國西南城市給他的記憶是古老陳舊，沒有絲毫現代氣息。他們對中國的記憶顯然經由傳教士父親的教誨而具有一種作為上帝選民的彌賽亞意識，用司徒雷登的話來說：「我心中那個清晰的上帝指引著我的人生之路。」[6]基於在中國的生活經歷和感受，他們願意在中國工作或為中國貢獻一份責任，把改造中國視為美國建設新邊疆的一部分。

在中國傳教士的第二代中，從公共傳播的影響力而言，賽珍珠對於促進美國20世紀30年代對中國的浪漫化認識起到了重要作用，她發表於1931年的長篇小說《大地》，以同情的筆觸和白描的手法，塑造了一系列勤勞樸實的中國農民形象，生動地描繪了他們的家庭生活，寫出了「農民靈魂的幾個側面」。用伊羅生的話來說：「賽珍珠實際上創造出了一種新的範式。無人記起在她的書中同樣描寫的罪惡、邪惡和殘忍；他們所留下的是尊貴的中國農民形象，堅強、奇妙、善良、令人欽佩。」[7]賽珍珠的小說影響巨大，出版後暢銷一百五十萬冊，1933年登上了百老匯舞臺，四年後又被搬上銀幕，先後獲得了「普立茲小說獎」（1932年）和諾貝爾文學獎（1938年）。史

6　司徒雷登，《在華五十年：從傳教士到大使——司徒雷登回憶錄》，頁1。
7　哈羅德‧伊羅生，《美國的中國形象》，頁156。

景遷稱這部小說是關於中國「最有影響力的信息來源」，美國人由此瞭解到這個東方大國的情勢更惡劣不堪，對正在遭遇經濟大蕭條的美國而言，也算是一種安慰。[8]傑斯普森則從另一角度把賽珍珠小說《大地》中塑造的中國形象和蔣介石皈依基督教相提並論，認為這兩個事件為美國後來重新致力於他們的中國夢奠定了基礎。[9]他還闡述了一個重要的觀點：美國人關於中國的形象、觀念和文化建構涉及中美關係的大眾話語，包括信念、情感、定型化形象、看法、主觀影像以及希望，這一切都是美國公眾在自己的文化視野內，不斷地建構中國形象的一部分，由此對美國政府制訂對華政策產生了一定影響。他為此引述了美國社會學家斯維德勒的觀點：「美國公眾的看法推動了某些對外政策的出臺，這些政策反過來又使這些看法廣為人知……。」[10]

美國公眾的看法往往是輿論引導的結果，在言論自由的條件下，新聞媒體作為國家的「第四權力」無疑具有舉足輕重的作用。魯斯在1930年代創辦的《時代》週刊、《生活》畫報和《財富》雜誌，在電視時代到來之前，對20世紀美國社會產生了關鍵性的影響，這三大雜誌在1941年訂戶數量達到了驚人的380萬份，在全美國擁有廣泛的讀者，魯斯以此無可置疑地居於美國新聞界老大的地位，他的媒體帝國亦無可置疑地成為影

8　參閱史景遷，《追尋現代中國》，溫洽溢譯（成都：四川人民出版社，2019），頁491。
9　參閱T・克里斯托弗・傑斯普森，《美國的中國形象（1931-1949）》，頁39。
10　轉引自同上書，頁9。

響美國大眾思想和塑造美國人認識中國的一種方式。魯斯對中國與生俱來的關注和熱愛與賽珍珠一樣，從基督教信仰出發堅定地認為美國負有對中國一種特殊的歷史使命，美國可以利用其強大的政治、道德和經濟實力，在中國獨特的歷史時期促使其按照美國的模式發展。蔣介石與宋美齡聯姻並皈依基督教，被魯斯視為是中國可以成為一個像美國一樣的基督教國家的重要契機，他為此持續地製造一個深受中國人民愛戴的蔣介石形象，把蔣介石描述為努力將中國建設成一個具有基督道德、政治民主、工業現代化的國家領袖，曾先後10次讓蔣介石成為《時代》封面人物，稱頌其「無疑是遠東最偉大的領袖」，「寧波的拿破崙」，他的「智慧和願望必將帶領中國人民取得非凡的成就」。正是通過《時代》週刊巨大的公共影響力，魯斯為美國人塑造了蔣介石的英明威武形象，並通過對蔣介石的宣傳大大激發了美國人對中國的熱情，從而在美國的輿論環境中營造出一個前所未有的「中國熱」。《時代》週刊對蔣夫人宋美齡1943年訪美的宣傳和報導，譜寫了該刊關於中國系列故事中最精彩的一章，讓美國人在宋美齡身上看到了一個能代表美國化中國夢想的所有神秘、奇妙、美好的人物形象，看到了一個沿著美國的道路建設新中國的鮮活例子。

從魯斯對蔣介石伉儷的態度中可以看出，他不僅是一個虔誠的基督徒，而且是一個典型的共和黨人，按照左翼的評價標準，「《時代》週刊並不完全踐行新聞公正，而是傾向於右翼勢力」。得出這個結論的居然是魯斯聘請的《財富》雜誌的編

輯德懷特‧麥克唐納，後者承認自己傾向於左翼勢力。[11]在魯斯雇傭的記者和編輯隊伍中，與麥克唐納具有相同左翼立場的人不在少數，其中最著名的是白修德。這個情況表明，雖然魯斯的政治立場一直被詬病，包括其旗下的刊物也一直被批評為帶有明顯的傾向性——「打著報導事實的幌子，用虛構的故事來迷惑讀者」。但實際上《時代》週刊並未成為魯斯個人的輿論工具，更未墮落為由右派壟斷的言論陣地，諸如白修德這樣的左翼記者對蔣介石政府的批評性報導，均是因為在《時代》週刊上發表後才產生了巨大影響。

在美國1930年代的時代政治文化氛圍中，由民主黨政府執政的美國看上去更像是一個「左派國家」而不是「右派國家」，主導公眾輿論走向的人並不是魯斯這些右翼新聞大鱷，而毋寧是賽珍珠這樣的左翼作家和諸如埃德加‧斯諾、白修德和傑克‧貝爾登這樣的左翼記者。陶涵就認為，在1930年代的美國，有三本具有濃厚左翼色彩的著作產生了重要影響：伊羅生的《中國革命的悲劇》，1938年出版，由托洛斯基作序，該書被認為是討論1927年國共分裂以及蔣介石早年事業的最佳著作；法國作家馬爾羅撰寫的以1927年國民黨血腥清共的上海為背景的小說《人的命運》，1933年出版；兩位作者都把蔣介石和宋氏家族描寫成無可救贖、毫無國家意識和原則的人。而最有影響力的書當屬斯諾撰寫的《紅星照耀中國》（《西行漫記》），1937年首先由《生活》畫報發表了斯諾在延安拍攝的大量照片，1938年由美國著名的藍燈書屋出版全書，隨即在美

---

11 參閱同上書，頁22。

國引起巨大反響,成為暢銷書。陶涵把這三本書之所以在美國廣為流行的原因歸之於世界形成了一種普遍主張平等的時代精神:「近年的世界經濟大蕭條、美國與法西斯主義的生死鬥,以及蘇聯英勇抗德,全都助長時代精神,使得具有理想主義的美國人傾向於相信鼓吹沒有剝削或貧窮的人人平等運動之主張。」[12]到了1940年代,美國左翼文化仍然是出版界和新聞界的主流。《時代》週刊駐華記者白修德撰寫的《中國的驚雷》(1945年)和美聯社戰地記者傑克·貝爾登撰寫的《中國震撼世界》(1949年),這兩本著作都把蔣介石政權視為一個完全獨裁的政權,而把共產黨的延安視為一個巨大的革命力量的源頭。有人據此把這兩本書和《西行漫記》共同列為「當時三本最偉大的著作」。[13]由此可見,魯斯這樣的右派儘管掌握著美國最有影響力的媒體,但他在左翼的政治文化氛圍中卻並沒有掌握足以影響公眾輿論的話語權,他竭力塑造的以蔣介石為核心的中國形象,與左翼記者和文化人塑造的以延安為核心的中國形象,構成了劇烈的意識形態衝突。也就是說,以魯斯為代表的右派勢力在這場左右分明的輿論之戰中並未占據上風,美國公眾對中國的印象和認識更多地還是來自於斯諾的《紅星照耀中國》、史沫特萊的《偉大的道路》、白修德的《中國的驚雷》、傑克·貝爾登的《中國震撼世界》,以及諸如安娜·路易斯·斯特朗、海倫·福斯特·斯諾(斯諾前妻)、哈里森·

---

12 陶涵,《蔣介石與現代中國》,頁162。
13 參閱歐內斯特·梅、小詹姆斯·湯姆遜,《美中關係史論:兼論美國與亞洲其它國家的關係》,頁313。

弗曼、甘得・斯坦和安那里・雅各比這些左翼記者關於中共的各種報導。[14]這些文化人對美國和中國的社會與政治變遷均持左翼立場，他們未必具有傳教士「二代」那種從父輩那裡繼承來的彌賽亞式情結，但共產主義的救世主理論或多或少對他們有深遠影響，他們關於中國的報導和文章不僅為美國讀者描繪了一個紅色中國的輪廓，而且引導美國公眾輿論走向左翼政治文化對中國的一種特定理解——把同情中國與同情中共及其軍隊聯繫起來，進而把後者塑造為改變中國和給中國帶來希望的新的解放力量。

傑斯普森在他的著作中批評魯斯作為打造浪漫化中國的主要踐行者，「將自己的經商智慧和對新聞的理解結合起來，製造了一種美國關於中國的最重要的、最影響深遠的幻象。」[15]如果這個批評可以成立，那麼，來自這些左翼記者筆下的中國，是否也製造了關於中國的更為重要的和更為影響深遠的幻象呢？

斯諾：報導紅色中國的首席記者

在塑造「美國的中國形象」的輿論較量中，美國在華記者

---

14 黃靜認為：「1936-1945年是『紅色中國』形象在世界範圍開始被建構和傳播的十年，在斯特朗、史沫特萊等一批記者和作家先前發表大量文章的基礎上，斯諾及之後的一批作家共同創造並傳播『紅色中國』形象最有影響力的十年。藉助他們作品的影響，在國際上出現一大批同情和支持中國共產黨的人。」參閱氏著，《美國左翼作家筆下的「紅色中國」形象：1925-1949》（北京：九州出版社，2021），頁172。

15 同上書，頁15。

無疑扮演了極為重要的角色。如果說賽珍珠的小說按史景遷的說法是美國「最出色的關於中國或由中國激發出來的作品」，它極大地喚起了美國人民對中國人民的巨大同情，但它塑造的中國形象畢竟是文學想像的產物；那麼，美國在華記者忠實於新聞真實的原則所描繪出來的中國形象，則具有非虛構作品與生俱來的信服力——通過對現實事件、人物和過程的描述來還原真實的歷史場景。伯納德・托馬斯在其撰寫的斯諾傳記中引述了歷史學家斯蒂芬・麥金農（《史沫特萊：一個美國激進分子的生平和時代》作者）與他的合作者共同提出的一個問題：「美國的記者怎能發現和回應本世紀最重要的事件之一——30年代和40年代的中國革命？」[16]這一問題顯然是根據以埃德加・斯諾和艾格尼絲・史沫特萊為代表的左翼記者撰寫的關於中國共產黨和中國紅軍的一系列著作而提出來的，正是這批左翼記者來到中國，不是像傳教士那樣給中國帶去福音書，而是通過他們的報導把關於紅色中國的信息傳回到美國，由此不僅型塑了美國大眾輿論對中國的認識，而且對美國政府制訂對華政策產生了深遠影響。

費正清認為，斯諾撰寫的《紅星照耀中國》一書是「中國現代史上的重大事件」。[17]因為在這部著作出版之前，幾乎沒有一個美國人對中國共產主義運動的實際狀況有基於切身經歷的認識，更不必說對這場運動的領導人有細緻入微的直接觀

---

16 伯納德・托馬斯，《冒險的歲月：埃德加・斯諾在中國》，吳乃華等譯（北京：世界知識出版社，1999），〈導言〉，頁11。

17 參閱約翰・馬克斯韋爾・漢密爾頓，《埃德加・斯諾傳》，沈蓁等譯（北京：學苑出版社，1990），頁3。

察。[18]石川禎浩認為，在1937年之前，不要說是美國人對毛澤東領導的中共革命知之甚少，即使是日本外務省的情報機構也搞不清楚毛澤東的真實面貌，甚至共產國際在宣傳中共領導人時，關於毛澤東的資料也是多有錯漏。最典型的例證是，1930年年初，共產國際出版的《國際新聞通訊》竟載有一篇悼念毛澤東病逝的文章，該文稱「中國共產黨的奠基者、中國游擊隊的創立者和中國紅軍的締造者之一毛澤東同志，因長期患肺結核而在福建前線逝世。」[19]這條烏龍消息表明，在國民黨軍隊的嚴密包圍和言論控制中，外部世界很難透過有形和無形的屏障瞭解到中共的真實信息。斯諾著作的開拓性意義在於，他第一個向世人宣揚和讚美了以前一直被國民黨媒體妖魔化的中共領導人，對當時中共剛剛達到的陝北根據地的軍事和社會生活狀況提供了第一手描述，尤其是以毛澤東自己的語言詳細敘述了他的生平事蹟。斯諾認為這部著作在很大程度上實際上是毛澤東、彭德懷、周恩來、林伯渠、徐海東、徐特立、林彪這些中共領導人的口述，以及幾十篇和無名的紅色戰士、農民、工人、知識分子所作的對話，他坦承自己是在歷史上最黑暗的時刻發現了中國的希望就在這一小批長征倖存者的身上。正是由

---

18 伊羅生記述了一個頗有趣味的事情：1942年，在珍珠港事件後4個月，一項民意調查表明，在對美國人所進行的全國範圍的抽樣中，60%的人不能在世界地圖上指出中國的位置所在。到了二戰後期，更多的美國人才知道諸如重慶、馬尼拉和海參崴等地的位置。參閱氏著，《美國的中國形象》，頁3。

19 參閱石川禎浩，《「紅星」：世界是如何知道毛澤東的？》，袁廣泉譯（北京：北京大學出版社，2021），頁24-52。

於斯諾深入到的中國革命的「現場」，通過廣泛記錄中共革命者的言行，《紅星照耀中國》「寫出了人類歷史上偉大革命之一的基本歷程，以及投身這場革命的人們」。[20]其深遠意義正如石川禎浩的評價：「作為來自革命發生現場的經典性報導，斯諾的《紅星照耀中國》曾與里德（John Reed）的《震撼世界的十天》合稱雙璧。」[21]

從斯諾的政治身分來看，他在大多數場合被公認為是一個左翼人士。在1960年斯諾與毛澤東的一次對話中，毛曾問他「你屬中產階級吧？」斯諾的回答是：「許多報紙說我是左派。」毛聽了後開懷大笑。[22]對於斯諾來說，他始終認為自己是一個秉持客觀立場的新聞記者，一直試圖捍衛獨立的思想和完整的人格，不想「加入隊伍」。他在《紅星照耀中國》1938年中譯本作者序中說「我從沒有加入過任何政黨」，強調自己所做的工作「是把我和共產黨員同在一起這些日子所看到、所聽到而且所學習的一切，作一番公平的、客觀的無黨派之見的報告。」[23]斯諾強調的公平性、客觀性和無黨派性恰恰就是新聞的力量所在，美國奉行新聞自由和新聞客觀的原則讓斯諾關於紅色中國的報導能夠迅速產生廣泛的公共新聞效應，不僅是左翼

---

20 埃德加・斯諾，《復始之旅》，《斯諾文集》第1卷，宋久等譯（北京：新華出版社，1984），頁2。
21 石川禎浩，《「紅星」：世界是如何知道毛澤東的？》，頁233。
22 斯諾日記自述，參閱伯納德・托馬斯，《冒險的歲月：埃德加・斯諾在中國》，頁1。
23 埃德加・斯諾，《紅星照耀中國》，《斯諾文集》第2卷，董樂山譯（北京：新華出版社，1984），頁2。

報刊歡迎這些報導，而且右翼媒體更願意登載斯諾的作品。伯納德‧托馬斯證實：「直到20世紀50年代，斯諾幾乎所有的報導，都發表在人們普遍認為保守的美國報刊上，發表在反共的英國工黨的報紙《每日先驅報》上。」[24]斯諾拍攝的毛澤東頭戴紅軍八角帽的那張著名照片，就是首先在魯斯麾下的《生活》畫報上發表的，照片盡顯毛澤東清秀俊朗、威武睿智的神采，成為了中國革命的經典形象和美國人心目中紅色中國的特有符號。從這個角度觀察，斯諾關於紅色中國的系列性報導的確具有超黨派性，其公共意義是首次在美國輿論世界中樹立起中國共產主義運動及其領導人的正面形象，也確立了他作為美國報導中國的首席記者的地位。據說在伊羅生所採訪過的近200個有影響的美國人中，作為瞭解和談論中國人情況的重要資料來源，他們引用斯諾這本書的次數僅次於賽珍珠風靡一時的流行小說和電影《大地》。[25]但是，就傳播的廣度和深度而言，斯諾關於紅色中國的新聞報導和照片，藉助於諸如《時代》週刊和《生活》畫報這類有著強大傳播力的媒體，毫無疑問地會對公眾產生更大的影響力。

《紅星照耀中國》的橫空出世，儘管有斯諾始終強調的作為一個新聞記者的獨立客觀立場和超黨派的價值觀，但整部著作中體現出來的對中國革命和中國共產黨人的偏愛是不加掩飾的：

---

24 伯納德‧托馬斯，《冒險的歲月：埃德加‧斯諾在中國》，頁116。
25 參閱同上書，頁210。

我對那些「更出色」的人們和他們當時的政策留下了美好而深刻的印象。我欽佩他們的勇氣和無私，欽佩他們真誠拯救中國，並承擔其領導責任的決心，欽佩他們那些高級領導人的非凡才華，注重實際的政治意識和誠實、正直的個人品質。26

事實上，斯諾對中共及其領導人的上述認識並非是在1936年到了「蘇區」後才形成的，在1928年進入中國的第一天起，他就對中國近代以來的革命者抱有充分的好感。譬如，他認為太平天國運動在實現社會理想方面——恢復漢人的統治權，取消外國人特權，平均分配土地，限制鴉片貿易，禁止婦女纏足和實行基督教改革，走在了亞洲和歐洲的同時代人的前面，他們採用的方式也並不更野蠻。他為此把孫中山、蔣介石和毛澤東視為是都體驗過太平天國的革命及其受到鎮壓的中國民族主義者，認為「太平天國革命從未結束過」。27斯諾之所以把中共革命者視為是中國新的革命運動的先驅，一方面是因為太平天國奉行的基督教義喪失了信譽，共產黨人以信奉和崇尚西方一種新的「普世信仰」即馬克思主義的共產主義來取而代之。另一方面，原來在斯諾心目中作為革命者代表的蔣介石，在奪取了全國政權之後已經徹底喪失了革命性。他在1929年12月致父親的一封信中稱蔣介石沒有受到良好的教育，「缺乏人格魅力，目光短淺，無惡不作」，後來又斷言蔣介石的「獨裁註定

---

26 轉引自同上書，頁180。
27 參閱埃德加・斯諾，《復始之旅》，《斯諾文集》第1卷，頁24。

要滅亡」。[28]那麼，究竟由誰來取代蔣介石？究竟由誰來充當偉大的救世主以拯救中國？斯諾通過對蘇區的考察發現了一位「新救世主——他的名字叫毛澤東」。[29]他從毛澤東身上感受到「一種天命的力量」。[30]紅星照耀中國，在某種意義上也可以理解為毛澤東照耀中國。

1936年是中國國內局勢大轉變的關鍵性一年，中共領導的工農紅軍經「二萬五千里長征」在「陝甘寧邊區」建立了新的根據地，這個微型要塞以及不過數萬人的軍事武裝，何以能在強大的國民黨軍隊的圍追堵截中倖存下來並站住腳跟，成為中國和美國輿論普遍關心的一個謎。在斯諾進入蘇區之前，關於中共紅軍的現狀有兩種截然相反的傳說，一種說法是否認紅軍的存在，認為偏僻的陝北只不過是流竄著幾千名饑餓的土匪罷了；另一種說法則稱頌紅軍和蘇維埃是中國要擺脫一切弊害禍患的唯一救星。斯諾憑記者的直覺顯然不會輕易相信這兩種說法，他決定親自進入蘇區，通過直接與中共領導人的接觸來為公眾提供「這些老資格的『赤匪』」的傳奇故事。他為這次「冒險」之旅開出的問題清單是：

中國的紅軍是不是一批自覺的馬克思主義革命者，服從並遵守一個統一的綱領？中國共產黨人究竟是什麼樣的人？他們同其他地方的共產黨人或社會黨人有何異同？紅軍的領導人是誰？他們是不是對於一種理想、一種意識形態、一種學說抱著

---

28 參閱伯納德・托馬斯，《冒險的歲月：埃德加・斯諾在中國》，頁67。
29 埃德加・斯諾，《復始之旅》，《斯諾文集》第1卷，頁25。
30 埃德加・斯諾，《紅星照耀中國》，《斯諾文集》第2卷，頁63。

熱烈信仰的受過教育的人?他們是社會先知還是為了活命而盲目戰鬥的無知農民?紅軍抗擊極大優勢的軍事聯合力量達九年之久,這個非凡的記錄應該拿什麼來解釋?中國的蘇維埃是怎樣的?農民是否支持它?共產黨人怎樣穿衣、吃飯、娛樂、戀愛和工作?紅軍的兵力有多少?他們的武器和彈藥是從哪裡來的?它是一支有紀律的軍隊嗎?中國共產主義運動的軍事和政治前景如何?它能成功嗎?一旦成功,對美國意味著什麼?對日本意味著什麼?它在世界政治上會引起什麼變化?共產黨倡議在中國建立「民族統一戰線」,停止內戰,這到底是什麼意思?[31]

　　正是帶著上述問題,斯諾開始了他的「探尋紅色中國」之旅。1936年7月,斯諾在一隊紅軍戰士的護衛下抵達中共中央所在地保安。在隨後的三個多月的時間裡,斯諾先後同毛澤東、周恩來、李德、馮文彬、吳亮平、王觀瀾、王稼祥、葉劍英、秦邦憲、博古、林彪、賀龍、楊尚昆、彭德懷、鄧小平、李天佑、徐海東、劉曉、聶榮臻、左權、朱瑞等中共軍政領導人會談或會晤,以及與為數不少的紅軍戰士、農民、知識分子的各種交流。與毛澤東的會談多達十幾次,有時是徹夜長談。通過記錄毛的口述,斯諾試圖把毛澤東從一個農民出身的知識分子轉變為革命家的歷史,視為整整一代共產黨人的一個豐富的橫斷面,視為瞭解中國國內動向的原委的一個重要指南。他從毛的身上不僅看到了一種天命的力量,而且看到了一種實實在在的根本活力和異乎尋常的品質:熟讀世界歷史,對世界政

31　參閱埃德加・斯諾,《紅星照耀中國》,《斯諾文集》第2卷,頁2-6。

治有驚人的把握，認真研究哲學，每天勤奮工作十幾個小時，生活簡樸猶如清教徒，感情深邃幽默隨和，包括不拘小節——在與客人談話時不時鬆下褲帶搜尋寄生物，等等。斯諾記述的毛澤東的形象是真實可信的，而他關於「毛澤東也許可能成為一個非常偉大的人物」的預言，也就絕非是戲言了。斯諾是在與毛澤東談話的不斷展開過程中，日漸相信他面對的這位共產黨領袖的歷史不僅僅是其個人的歷史，而是一種對中國有實際意義的適合國情的共產主義的歷史。他基於對毛的信任和認識為中國共產主義革命者作出了辯護：不論他們曾經犯過多麼嚴重的錯誤，不論他們的過火偏向造成了多大的悲劇，不論他們在這個問題上或那個問題上的強調或重視有多麼誇大，「他們真誠的迫切的宣傳目標始終是要震撼、喚起中國農村中的億萬人民，使他們意識到自己在社會中的責任，喚起他們的人權意識，強迫他們起來為『人民當家作主』——這是中國農村中的新氣象——而鬥爭，為共產黨心目中的具有正義、平等、自由、人類尊嚴的生活而鬥爭。」[32]

在斯諾的身上，體現出一種美國式的理想主義和一種亞洲式的激進主義的緊密結合。就理想主義而言，斯諾在觀察和評價中國共產主義運動及其領導人的政治動機時，始終沒有忘記用美國向全世界推行自由民主的傳統價值觀作為分析問題的框架，他把中國共產黨人視為民主化改造中國的有生力量，認為他們遠比國民黨南京政府所通過的一切口頭上十分虔誠而實際上毫無意義的決議，更加能夠迫使在中國實現巨大的變化。

---

32 同上書，頁103。

就激進主義而言，斯諾從中共領導人身上看到了自太平天國以來的一群真正具有堅定信仰和鬥爭意志的革命者形象，從紅軍「二萬五千里長征」中，看到了「這些千千萬萬青年人的經久不衰的熱情、始終如一的希望、令人驚詫的革命樂觀情緒，像一把烈焰，貫穿著這一切」，無論在大自然、上帝還是死亡面前，都絕不承認失敗。[33]紅軍的史詩般的遠征經由斯諾的描述和總結，成為世界軍事史上偉大的業績之一，也成為歷史上最盛大的武裝巡迴宣傳，其革命意義在現代史上無與倫比。

斯諾在中共控制的陝甘寧邊區不僅看到了一大群鬥志昂揚的革命者，而且也看到了一種帶有社會主義性質的社會實驗和初步建立起來的「蘇維埃社會」：重新分配土地，取消高利貸，取消苛捐雜稅，消滅特權階級，禁止纏足和溺嬰，消滅鴉片、貪官污吏、乞丐和失業，以及在蘇區建立經濟合作社，實行私人資本主義、國家資本主義和原始社會主義的「奇怪混合」。蘇區工業基礎極其薄弱，以手工業為主，其經營方式是合作社，「為人民所有，由人民管理」，生產和銷售均按計劃進行。斯諾用一句話來概括陝北蘇區這個奇特的「工業中心」的性質：「即使缺乏社會主義的物質，卻有社會主義工業的精神。」[34]對於中共在蘇區建立的「工農政府」，斯諾亦有自己的獨特理解，他把無產階級專政看作是必要而暫時的「惡」，是通往「無階級社會」的必要途徑，認為馬克思主義、俄國革命、蘇聯的成就對中國人民發生的精神影響要比所有基督教資

33　同上書，頁169。
34　同上書，頁237。

產階級的影響加起來還要深刻。

　　1936年10月12日，斯諾從保安返回西安，然後秘密回到北京。當斯諾的夫人佩格（海倫・福斯特・斯諾）看到丈夫帶回來的共產黨領導人的照片時，「激動得渾身顫抖」，她很清楚這批照片必將載入史冊。斯諾立即著手整理採訪記錄，以便迅速發表。1936年11月，斯諾與毛澤東的長篇談話在《密勒氏評論報》上發表，該報在中國的工商界、專業人員和知識分子中有廣泛的讀者。倫敦的《每日先驅報》在「西安事變」同一日（12月12日）也發表了這篇談話，由此製造了毛澤東的橫空出世與蔣介石被張學良、楊虎城扣留的具有強烈對比的新聞效應。美國《生活》畫報為斯諾的25張照片支付了1000美元，在該刊上陸續發表。斯諾隨後撰寫了約30篇的系列文章供《每日先驅報》連載，它們構成了《紅星照耀中國》一書的核心部分。《亞洲》雜誌發表了選自該書的6篇文章，《郵報》則刊發了斯諾題為「我到了紅色中國」的文章。1937年7月，《紅星照耀中國》脫稿；10月，該書由倫敦左翼出版社維克多・戈蘭茨（Victor Gollancz）以「左翼圖書俱樂部」名義出版，該版本封面注有「非公開發售」，銷量卻在最初幾周裡迅速達到了十萬多冊。1938年2月，著名的藍燈書屋正式出版了《紅星照耀中國》的美國版，這個版本雖然只銷售了不到三萬冊，但銷量在遠東非小說類作品中仍達到了新的高度。在全世界到處都面臨著法西斯發動的各種肆無忌憚的侵略戰爭時，美國人迫切期盼著那些被侵略的國家湧現出果敢剛毅的英雄人物以承擔起民族解放的使命。在這樣的時代環境中，斯諾的書出版得非常及時，美國人通過閱讀這本書，瞭解到以前幾乎就是一個空白

的中國共產黨及其紅軍的現狀；尤其是對許多知識分子來說，《紅星照耀中國》一書「消除」了共產黨人在人們心目中的「妖怪」形象。賽珍珠評價此書具有「很強的可讀性」，是一部「非凡的著作」，它傳達了各種「事件和消息，栩栩如生地展示了令人難以忘懷的人物素描，每一頁都很重要」。[35]伊羅生的評價是：「這本書給日益焦慮的、有世界意識的自由主義知識分子們留下了最深刻的印象。它在大多數美國人的頭腦中開始產生出與蔣介石的國民黨的笨手笨腳、腐敗、靠不住的領導人截然不同的、作為樸素的、全心全意的愛國者的中國共產黨形象。」[36]在美國版出版的同時，上海復社出版社首次將《紅星照耀中國》翻譯成中文出版，出版時為避免國民黨新聞審查的干擾，將書名翻譯為《西行漫記》。斯諾專門為該版本撰寫了序言，稱「創造本書的故事的勇敢的男女戰士」，是他在中國十年以來所遇見過的「最優秀的男女」。該書在中國產生了巨大影響，成了千千萬萬青年立志革命的指南，按石川禎浩的說法：「受該書感染而改變了人生的中國青年，可謂不計其數。所謂改變了人生，指開始嚮往共產黨，並決心把一生獻給革命。」[37]

斯諾的書不僅打動了普通美國人的心，更重要的是對那些負責制定美國外交政策的要人們產生了不可忽視的影響。羅斯福總統就是通過《紅星照耀中國》一書「認識」了斯諾，並

---

35 參閱伯納德·托馬斯，《冒險的歲月：埃德加·斯諾在中國》，頁211。
36 哈羅德·伊羅生，《美國的中國形象》，頁164。
37 石川禎浩，《「紅星」：世界是如何知道毛澤東的？》，頁190-191。

把斯諾列為他在戰時的非官方海外情報來源之一。從1942年到1944年，羅斯福曾先後三次與斯諾主動會面，自稱由他來「採訪」斯諾，「一個接一個地談了許多各種各樣的問題」，話題極其廣泛。雖然難以準確估量斯諾與羅斯福的對話對美國政府制定對華政策究竟會產生何種實際影響，但可以確定的是，斯諾在書中對蔣介石和毛澤東迥然不同的評價基本上是被羅斯福所認可。在1944年的最後一次談話中，羅斯福明確告訴斯諾，美國政府應該同時與中國的「兩個政府」（國民黨政府和共產黨政府）合作，「直到我們能使他們湊到一起為止」。斯諾對此評價道：「這最後一次談話反映出總統對蔣介石的冷淡態度……蔣介石一意孤行，引起了總統的警覺，他密切注視著蔣的軍事和政治家族內部貪污腐化、道德敗壞和昏聵無能等令人厭惡透頂的詳情末節。」[38] 與此形成鮮明對照的是，《紅星照耀中國》一書描繪的中共紅軍形象，想必一定在總統及其下屬心目中留下了深刻印象。羅斯福的內政部長哈羅德·伊克斯在讀了該書後告訴斯諾以前的一位燕京大學同事：「任何人，只要他能夠像紅軍那樣，經受住長征期間及其後的考驗」，他「必然無敵於天下」。[39]

在斯諾掀起的紅色中國的輿論聲浪中，國務院的那批「中國通」外交官們會更加堅信他們已經初步形成的與中共建立聯合政府的基本判斷。謝偉思在1936年期間就和斯諾有密切接觸，他在斯諾從蘇區返回北京後曾組織家庭聚會，邀請斯諾講

---

38 埃德加·斯諾，《復始之旅》，《斯諾文集》第1卷，頁395-396。
39 參閱伯納德·托馬斯，《冒險的歲月：埃德加·斯諾在中國》，頁210。

述共產黨在陝北根據地的情況，斯諾提到共產黨希望和國民黨建立「統一戰線」的情況讓謝偉思興奮不已，認為中國的內戰有可能就此結束，共產黨亦有可能成為取代國民黨的新生力量。[40]戴維斯與斯諾交往的歷史也可以溯及到1930年代，在二戰期間又多次相遇：在開羅、印度、華盛頓，最後是在俄國，斯諾認為戴維斯是一個優秀的外交官。在喬治·凱南擔任國務院政策規劃處主任期間，戴維斯曾提出建議，邀請斯諾參加他們擬議中的代號為「黃褐田雲雀」的一項行動，該行動試圖利用斯諾的影響力來激起大河彼岸（蘇聯）的反響，從而幫助國務院分析共產黨情報局的宣傳與情報目標及其手法。[41]這項行動實際上是要斯諾充當一個類似間諜的角色，利用其「親共」的身分來達到美國政府的反共目的。讓斯諾沒有想到的，這項始終沒有被執行的行動計劃，後來卻成了麥卡錫指控戴維斯「通共」的一條罪狀，也讓斯諾由此在美國處境困難，最後不得不移居瑞士，成為一個「流亡者」。

作為美國塑造紅色中國的首席記者，斯諾的《紅星照耀中國》一書征服了一大批美國人，但卻引發了美國共產黨的抗議，他們認為斯諾在書中表達的對蘇聯獨裁政權的批評完全是出自於「托派」（托洛斯基派）的立場，為此拒絕在其關聯書店出售此書。的確，斯諾對蘇聯的不滿態度是一以貫之的，他在書中毫不掩飾地對中國革命「從屬史達林獨裁統治下蘇俄的廣泛戰略需要」提出了批評，認為共產國際的領導讓中共無疑

---

40 參閱琳·喬伊納，《為中國蒙難：美國外交官謝偉思傳》，頁18。
41 參閱埃德加·斯諾，《復始之旅》，《斯諾文集》第1卷，頁372。

得到了很大好處,「但同樣確切的是,中國共產黨人在其生長發育的痛苦過程中遭到嚴重的挫折,也可以歸因於共產國際。」[42]斯諾後來一直試圖在中共與蘇共之間劃出一條明確界線,以顯示兩黨的根本性差異。1949年4月,他在《星期六晚郵報》上發表文章,對中共即將奪取全國政權作出預言:「**中國將成為第一個由共產黨統治而不聽從莫斯科指揮的大國。這件事本身就會在社會主義陣營內和在其他地方開闢完全新的前景……**」(著重號是斯諾自己加的)。[43]他同時認為,一個新的亞洲——由新中國與其他亞洲國家合作形成的一個重要的國家集團,足以在俄國勢力範圍和美國勢力範圍之間保持一種穩定的均勢。當時提出這樣的預言和對遠東地緣政治形勢的判斷,顯然既不能被蘇共所接受,也不能被中共所接受——兩黨基於共同的意識形態和政治制度,構成了世界共產主義運動的核心組成部分。因此,儘管《紅星照耀中國》一書在中共最困難的時期為其塑造了民主政黨的朝氣蓬勃的政治形象,以及把毛澤東塑造成天命賦予中國的新的救世主形象,但是,在中共別無選擇地「一邊倒」向蘇聯為首的社會主義陣營時期,斯諾的書在中國顯然是不合時宜的。[44]這種情況到了1960年才被改變,中

---

42 埃德加・斯諾,《紅星照耀中國》,《斯諾文集》第2卷,頁353-354。

43 埃德加・斯諾,〈1960年首次回到新中國〉,《斯諾在中國》,頁180。

44 石川禎浩認為,《西行漫記》在中共建政後的一段時間裡受到冷遇,一個原因是,該書描述的革命史和毛澤東的形象,以及書中人物的逸事、評價等,與中共在1949年建政前後確立的正式歷史敘述發生了偏離,毛的形象在1949年以後被進一步抬高,成為完美無瑕的領袖;另外,該書中描述的人物,經其後十餘年大浪淘沙,有些人已不宜正面評價(如被定為「黨的叛徒」等)。因此,該書只能被當作「內部讀物」,其中有些內容不便讓

蘇公開對抗的局面讓斯諾再次成為毛澤東的座上賓。在中國該年度的國慶大典上，斯諾登上了天安門城樓，他的手又和毛澤東的手握到了一起。斯諾非常感慨的是，24年前，紅軍大本營是在一個名叫保安的殘破小鎮上，毛澤東不過是一批不到四萬人的「赤匪殘部」的領導人，蔣介石已追趕他們走過中國幾千英里的路程，而今他真正成為新中國的偉大領袖，上百萬人的遊行隊伍面向他山呼萬歲。

1970年10月1日，斯諾再次站到天安門城樓上，參加國慶節的慶祝活動。「美國友好人士」斯諾站在主席身邊的那張著名照片，既是向全世界證明斯諾的《紅星照耀中國》一書具有何等的先見之明，也是向全世界傳達了一個特殊信號：「美國作為最兇惡的帝國主義魔鬼的形象，可能已由官方進行了某種修正」。亨利・季辛吉後來寫道，那個信號「太隱晦，以至於我們這些粗糙的西方大腦完全沒有理解其含義。」[45]在事態還處在一個撲朔迷離的時刻，斯諾的文章再次讓美國人醒悟過來，他把經過整理後的關於毛澤東的談話記錄發表在《生活》雜誌上，其中引述了毛澤東的自我評價：「他不過是一個帶著破傘雲遊世界的孤僧」。後來他的翻譯姚偉寫信告訴他，他當時把這句話理解錯了，更好的譯文應該是：「和尚打傘，無法無天。」[46]正是在這篇談話中，毛澤東通過斯諾的筆向美國總統尼克森傳達一個口信：他將樂於同美國總統談話，不論作為旅遊

一般人瞭解。參閱氏著，《「紅星」：世界是如何知道毛澤東的？》，頁203。
45　參閱伯納德・托馬斯，《冒險的歲月：埃德加・斯諾在中國》，頁406。
46　參閱同上書，頁411。

者或者作為總統來都好。[47]這回美國人迅速作出了反應，先是季辛吉秘密訪華，隨後是尼克森總統大張旗鼓地開啟紅色中國之旅，當總統走下飛機舷梯與周恩來總理握手的那一刻，他深信：「一個時代結束了，另一個時代開始了。」[48]

中美兩國的歷史性和解究竟在一個什麼意義上開創了另一個時代？是截然對立的意識形態分歧的消弭？是根本性的制度衝突的徹底消解？還是斯諾所展望的前景——以新中國為核心的亞洲國家集團在美蘇對立的世界格局中構成了一種新的均衡力量？不管如何理解中美關係的性質與變化，斯諾終其一生的工作，確如毛澤東對他的評價：「為增進中美兩國人民之間的相互瞭解和友誼進行了不懈的努力，作出了重要的貢獻」（毛澤東致斯諾逝世的唁電）。斯諾對中國的熱愛是真誠的，對中國共產主義革命的同情是始終如一的，對毛澤東領導的政權的理解亦具有一個新聞記者超越黨派的客觀性和深刻性。因此，在中美兩國開闢出一個新的蜜月期時，斯諾並沒有忘記給美國人發出新的忠告：

> 危險在於，美國人可能幻想中國人正在放棄共產主義和毛的世界觀，要變成可愛的農村民主主義者。一個更加現實主義的世界確實已經在望了。但是如果公眾產生幻想，以為世界的各種意識形態會甜甜蜜蜜地融合起來，或者以為中國會放棄對革命手段的信念，那麼當幻想破滅時，只

---

47 參閱理查德・尼克森，《尼克松回憶錄》下卷，頁578。
48 同上書，頁590。

能使深淵變得更深。在北京看來,不可想像世界會沒有革命和變革,中國最親密的友邦會不是革命的國家。[49]

在斯諾心目中,中國革命是一個漫長的革命,毛澤東及其戰友是一群堅定的、在任何時候都不會改變其共產主義信仰的革命者,他們不信任長期的穩定,從來不滿足於變化的速度,但他們又很實際,能夠為逐步實現共產主義目標付出巨大的耐心。僅就這個忠告而言,斯諾的遠見仍然具有穿透歷史鐵幕的現實意義。

白修德:《中國的驚雷》粉碎「蔣介石神話」

在埃德加・斯諾以《紅星照耀中國》一書在美國暴得大名時,白修德(西奧多・H・懷特 Theodore Harold White)還是哈佛大學的一名學生,正在費正清的指導下研究中國問題。那時費正清也不過29歲,到過中國,結識了斯諾夫婦,費正清把他們的「勇氣、力量、熱情和事業心傳授給白修德」,並讓他悟出了一個道理:沒有比中國更重要的事了。[50]1939年4月10日,23歲的白修德在費正清的鼓勵下抵達了中國的戰時首都──重

---

[49] 埃德加・斯諾,〈漫長的革命〉,《斯諾在中國》,頁317-318。另參閱埃德加・斯諾,〈漫長的革命〉,賀和風譯(北京:東方出版社,2005),頁177。兩個譯本的譯文有所不同,前一個譯本應該更準確。

[50] 參閱哈里森・索爾茲伯里為白修德的《中國的驚雷》1980年版撰寫的序言,白修德、賈安娜,《中國的驚雷》,哈里森・索爾茲伯里,〈序二〉,端納譯(北京:新華出版社,1988),頁8。

慶，先是作為《時代》雜誌的「通訊員」（非雇員），後來又很快轉為專職記者，成為魯斯手下報導中國事務最得力的幹將。因為「他無處不到，以狂熱的好奇心，鋼鐵般的耐力、非凡的寫作才能和對真理的不懈的追求，去涉足一切事情。」[51]在不到一年的時間裡，白修德就以他多產的和敏銳的新聞寫作而成為一名「人所公認的記者」，《時代》雜誌為此大幅增加了對他的預支稿酬，紐約藍燈書屋則發來電報，邀請他寫一本關於中國抗戰的書。白修德在中國戰時報導領域初露頭角，「在戰爭的激流中乘風破浪」，切身地體驗到作為一個名記者的諸多好處，不僅能夠通過新聞報導來影響社會公眾輿論，而且可以破天荒地過上一種夢寐以求的生活——「在豪華的旅館下榻，在最考究的餐館用飯，而不必計較賬單、人力車費或其他支出。」[52]

作為一個年輕的記者，白修德初出茅廬便迅速贏得在新聞界的良好口碑，這一方面是因為他出眾的才華，另一方面應歸功於《時代》雜誌的巨大影響力和魯斯不拘一格的用人原則。白修德自己承認，魯斯對中國的特殊感情讓《時代》雜誌在最大程度上向報導中國事務開放版面，以致也可以同時容忍他的許多文章所體現出來的左翼立場。他們倆人構成了一個獨特的合作關係，右翼老闆和左翼雇員既互相適應又互相衝突，決定

---

51 同上書〈序二〉，頁8-9。
52 白修德，《探索歷史：白修德筆下的中國抗日戰爭》，馬清槐、方生譯（北京：生活・讀書・新知三聯書店，1987），頁53。該書另有漢譯本，參閱白修德，《追尋歷史：一個記者和他的20世紀》，石雨晴、何育辰譯（北京：中信出版集團，2017）。本書引述此書主要參照三聯版。

了他們的合作關係始終充滿著張力。白修德的政治立場顯然受到了斯諾和費正清的影響，他在很短的時間裡便迅速形成了對國民黨和共產黨的截然不同的評價。比如，他對蔣介石的看法是：「我最初對他很敬仰，繼而對他產生過同情，最後把他看得一文不值。」[53]他對國民黨政權的看法被斯諾概括為：「在軍事上無能，在政治上腐敗，在道德上無從辯護。」[54]相反，對中國共產黨及其領袖人物的看法，白修德的描述充滿著溢美之詞。他對周恩來的評價是：「周恩來是我所遇到和認識的三個偉人之一，其餘兩位是史迪威和約翰‧甘乃迪。我幾乎是毫無保留地信任他們的判斷而從來不加懷疑的。」他進而認為從本世紀共產主義運動中湧現出來的其他任何人物，均沒有像周恩來那樣的才華橫溢和鐵面無私，「他剛毅果斷，深謀遠慮，堅定不移……又是熱情滿懷、極通人情、舉止瀟脫、彬彬有禮」，是一個「完人」。[55]1944年10月，白修德與約翰‧戴維斯同機到達延安，他通過幾個星期的觀察，認定從毛澤東、朱德等中共領袖身上根本看不到中共作為「壓制性機構的任何跡象」，「找不出中共有任何像重慶那種獨裁專制性的機構」。[56]他把延安視為中國革命的起點，視為美國值得信賴的盟友和朋友，甚至視為是除了羅馬的基督教革命或者18世紀的法國革命和美國革命之外的具有思想的強大力量的革命發源地。事實上，白修德對國民黨和共產黨的不同認識與評價，與斯諾在

---

53 同上書，頁11。
54 白修德、賈安娜，《中國的驚雷》，埃德加‧斯諾，〈序一〉，頁2。
55 白修德，《探索歷史：白修德筆下的中國抗日戰爭》，頁70-71。
56 白修德、賈安娜，《中國的驚雷》，頁281。

《紅星照耀中國》一書中形成的基本結論如出一轍，因此，後者才會不惜筆墨地為白修德撰寫的《中國的驚雷》一書作序並給予高度評價：

> 由於作者具有優秀的洞察力，懂得怎麼樣去選擇重要的材料，這本書因之便具備了真正的寬度與深度，並且有一種不同尋常的廣闊的範圍。沒有一個字是浪費了的，現實與歷史的完整性，性格與因果的協調，事故對企圖的撞擊，以及內在的與外在的相互作用，都在熟練的組織觀念之下完成了。這是一本新型的戰時記者的書，有詳盡的歷史背景，正確的細節，尤其使讀者有清醒之感的，便是作者在這空前顛覆的社會動力之前，自動地磨煉了自己。[57]

從非虛構文學創作的角度來看，白修德發表於1946年的《中國的驚雷》一書，的確具有某種索爾茲伯里所說「史詩般」的意義，因為該書「捕捉到了處於大動亂中的一個國家的現代歷史」，以獨特的觀察將發生在中國抗戰後期和國共內戰爆發前的諸多隱秘事件，如河南大饑荒、史迪威事件、赫爾利和馬歇爾使華失敗，國共和談破裂，等等，首次為公眾繪製了一幅關於中國戰時和戰後形勢演變的全景式圖畫。按照白修德自己的定位，這本書是中國戰爭的一部分的歷史，他試圖向美國讀者揭示出中國的真相：蔣介石作為革命的產兒，現在除了把革命當作必須加以粉碎的可怕的東西而外，已經不能真正瞭

---

[57] 白修德、賈安娜，《中國的驚雷》，埃德加·斯諾，〈序一〉，頁6。

解什麼是革命;而中國共產黨人則自始至終都在堅持將革命進行到底,在10時間裡把一支只有八萬五千人的部隊發展成為百萬大軍,從一百五十萬農民的治理者變成為九千萬人的主人。在白修德看來,中國戰爭的故事就是蔣介石悲劇的故事,國共的政治和軍事力量對比在抗戰即將結束時已經發生了重大轉變:「共產黨有人民在一起,而且因為和人民一起,他們形成了自己的新的正義。在戰爭的最後一年間,縱然美國的技術力量移來支持蔣介石,美國成了他的後盾,也並不能使蔣氏重新獲得他在光輝的抗戰初年所曾經擁有過的權力。」[58]

當中國在抗戰後期成為世界「四大國」之一時,當蔣介石領導中國抗戰取得全面勝利而無可置疑地居於國家合法領袖地位時,《中國的驚雷》卻公開提出了這樣的問題:「人民擁護蔣介石嗎?」作者在斷言蔣介石是一個在民族敵人剛剛失敗後就要在同一晚發動全部機構的齒輪從而使國家重新陷入內戰泥沼的人時,其實並沒有掌握充分的證據,他更多地是根據自己的道德好惡標準來對蔣介石的行為作出判斷,認為這位國民黨領袖對權力的貪欲、無情的計謀和無比的頑固,已經不只是一種個人的特質,而是一種國家政治中的力量。他通過回顧蔣介石的生平——不幸的童年,去日本留學,在上海的冒險經歷,直至投身於孫中山領導的國民革命並「襲取了黨領袖的地位」,最終是要證明這個「作為領導全國抗戰的領袖」,不過就是一個「在叛逆和暴烈的時代成長起來的」軍閥而已,與同時代的軍閥並沒有什麼不同,除了權力之外什麼法律都不遵

---

[58] 同上書,〈序言〉,頁18。

守；由此認定蔣介石不是一個優秀的軍人和一個戰略家，對於戰爭攻防沒有全盤的計劃，他真正的天才是在政治方面——「讓政府、軍隊和黨都成了他自己的私人領地」。[59]白修德塑造了蔣介石的獨裁者形象，認為他儘管掌握著國家的最高權力，卻依舊無法阻擋全國各地軍閥和廣大農民與他離心離德的態勢——「一種愈來愈厲害的反蔣的情緒是：中國比蔣更重要，而蔣本人卻是癱瘓的中心點。」[60]

白修德對蔣介石及其政權的直率批評和嚴厲質疑，在抗戰結束前後的中國言論環境中無疑具有空谷足音的效果，即使斯諾的著作和共產黨的報紙在當時也不敢如此公開激烈抨擊中國一個合法的最高領導人。白修德對蔣介石前所未有的批評性文字，的確具有驚世駭俗的衝擊力，尤其是對國民政府的合法性和公信力是一個沉重打擊。1944年，白修德關於河南大饑荒的報導在《時代》雜誌發表後，引發了正在美國訪問的蔣介石夫人宋美齡的極大憤怒，她認為這篇揭露「老百姓正在餓死」和河南省普遍存在的無政府狀態的報導，嚴重損害了國民政府的形象，她要求魯斯從《時代》雜誌撤下這篇稿子並解雇作者。這個要求遭到了魯斯的拒絕。按照傑斯普森的理解，魯斯刊登中國災情報告的原因與其說是出於譴責蔣介石和他的政府，不如說是他的傳教士本能使然，他期待通過刊登這樣的報導來刺激蔣介石政府行動起來，因此，他能容忍白修德這類紀實性的

---

59 同上書，頁140。
60 同上書，頁144。

批評報導。[61]但是,兩年之後,當白修德把《中國的驚雷》的書稿拿給魯斯看時,魯斯就再也忍受不了,因為該書對蔣介石個人及其政權的合法性幾乎是全面否定,卻把中國共產黨領導下的延安描繪成中國最民主的實驗地,兩人從此再無互相妥協的餘地,只能分道揚鑣。沒有了白修德的《時代》雜誌,繼續貫徹魯斯無條件支持和宣傳蔣介石的編輯方針,「《時代》週刊試圖告訴美國的評論家,蔣介石的力量不是來自於腐敗或獨裁,而是源於他在人民群眾中的崇高威望,蔣介石在二戰中的表現以及他的領導才能最終『證明那些長期以來堅信蔣介石政府牢牢紮根於人民的美國人是正確的』。」[62]然而,《時代》週刊對蔣介石強大的宣傳攻勢卻很難抵擋住《中國的驚雷》一書所形成的衝擊力,該書在出版後成為當月的暢銷書,獲得了很高的發行量,共售出45萬冊。索爾茲伯里有理由說,《中國的驚雷》對以前一直彌漫在美國公共輿論中的「蔣介石神話」是「粉碎性的一擊」:

> 白修德的《中國的驚雷》為使美國人瞭解這個危險的形勢作出了重大的貢獻。他曾就蔣介石和毛澤東各意味著什麼以及他們所扮演的角色同亨利・魯斯及《時代》雜誌爭吵,並因而同他們分手。他帶著激情寫作,因為他感到中國和美國正站立懸崖上。他不遺餘力地想在局面變得不可

---

61 參閱T・克里斯托弗・傑斯普森,《美國的中國形象(1931-1949)》,頁171。
62 同上書,頁192。

收拾之前,讓美國人民掌有關於真正的中國的事實。他出色地達到了目的。[63]

《中國的驚雷》雖然得罪了魯斯和一大批右翼人士,但白修德自認憑藉此書使自己有資格「躋身於美國新聞史上的巨人之列」,[64]而且該書的基本立場在當時的時代氛圍中一點也不顯得孤立,相反,它與羅斯福、杜魯門政府的對華政策具有一致性。白修德對蔣介石及其國民政府的嚴厲批評,對延安共產黨領袖的由衷讚美,對中共與美國合作前景的樂觀展望,以及把中共與蘇共區別開來的看法,恰恰就是從羅斯福到杜魯門的民主黨政府制定「聯合政府」政策的基本依據,白修德從新聞記者的角度對此提供了強有力的輿論支持。兩者有所不同的是,白修德更為堅定地認為,美國死死抱住蔣介石領導下的一個腐朽的制度和政權,把戰後亞洲的一切希望完全寄託在它的身上,將不可避免地導致一場徹底的軍事失敗,最終讓美國不得不處在與共產黨中國長期為敵的狀態。他深信,在過去二十年的混亂和紛擾中,中國共產黨人被證明是比世界上任何其他共產黨人都更直接地和人民大眾相處,他們跨在革命的洪潮大浪上,他們無情、冷酷而果斷,他們不加遲疑地要求成百萬的農民做最大限度的犧牲,就如同他們願意犧牲自己的生命一樣,因此,他們在中國和亞洲進行的革命是無法抑制的。美國可能

---

63 白修德、賈安娜,《中國的驚雷》,哈里森・索爾茲伯里,〈序二〉,頁10。
64 白修德,《探索歷史:白修德筆下的中國抗日戰爭》,頁189。

選擇的對華政策極為有限，干涉主義政策和孤立主義政策都行不通，「唯一實際的政策之第三者：鼓勵中國成立一個多黨政府，它將是中國所需的變革的媒介物」。[65]白修德最後對中國開出的藥方是：美國對中國恢復不偏不倚的立場，美國的干涉必須終止，美國的軍隊必須撤退，美國通過與蘇聯的諒解來推動國民黨和共產黨的談判，「如果內戰繼續，蘇聯和我們必需從中國搬走槍栓、槍膛和槍銃——我們的軍隊，我們的裝備，我們的財政和技術的援助。」[66]

一個偉大的記者在政治上是如此的幼稚，他對中共和蘇聯的真誠期待又是如此的可笑，他的歷史觀遮蔽了基於常識和經驗的基本判斷：在共產主義運動史上從來就不存在著多黨民主制，期待紅色的蘇維埃政權可以與其他黨派分享權力，得到的只能是血與火的教訓。在鄒讜看來，諸如白修德這類「自由主義左翼人士」對中共的誤判是「新教基督教和自由主義傳統相輔相成導致了對中國的錯覺」，[67]而在我看來，這毋寧是斯諾和費正清長期洗腦的結果，最終是按照「延安的思想工廠」的機制，將自己塑造為共產主義的同路人。在麥卡錫主義時代，白修德也為他在中國的言論受到過迫害，被扣上過「讓中國赤化」領頭人的帽子，後來他被證明只是「有爭議」，而不是「危險分子」。從此之後，白修德的寫作主要關注美國國內政治問題，因撰寫了美國總統如何誕生的系列文章而榮獲了普

---

65 白修德、賈安娜，《中國的驚雷》，頁367。
66 同上書，368頁。
67 鄒讜，《美國在中國的失敗（1941-1950年）》，頁181。

立茲獎，他故意忽視外交政策和國防的動態，包括再也不對中國事務發表見解，他確信「美國需要從中國革命的道路中出來」。[68]《中國的驚雷》在白修德的寫作歷史上就像一道閃電，在瞬間爆發出巨大的能量後就永遠消失不見了。這可能就是一個記者的宿命，他只願意從歷史的表象中捕捉能夠迅速凝聚公眾關注的新聞熱點，卻從來不願意潛入歷史深邃的黑洞中去探尋歷史的真相。

貝爾登：《中國震撼世界》的認識盲區

如果說白修德在1946年發表《中國的驚雷》一書是對國共之爭以共產黨勝利和國民黨失敗為結局的一個預言，那麼，傑克‧貝爾登（Jack Belden）在1949年發表《中國震撼世界》一書，則就像是對這個預言的一個驗證。此時，國共勝負已定，國民黨軍隊在共產黨軍隊的打擊下全面崩潰，中共通過戰爭方式奪取全國政權指日可待。貝爾登認為，這是歷史上少有的急劇變動時期，涉及世界五分之一人口的崛起，沒有幾個人曾預見到中國內戰這種戲劇性的轉折，他來華的使命就是要探尋究竟是何種原因造成蔣介石的失敗，揭示中國革命的性質和偉大意義——「把那個驕橫不可一世的中國獨裁者打翻在地，使東方的力量對比發生如此深刻的變化，以致整個世界歷史都可能為之而改觀。」[69]貝爾登的《中國震撼世界》一書，與斯諾的

---

68 參閱白修德，《追尋歷史：一個記者和他的20世紀》，石雨晴、何育辰譯（北京：中信出版集團，2017），頁460。
69 傑克‧貝爾登，《中國震撼世界》，邱應覺等譯（北京：新華出版社，

《紅星照耀中國》、白修德的《中國的驚雷》，在時間上貫穿於中國共產主義運動從延安到北京的全過程，堪稱是美國記者描述紅色中國誕生和成長的三部曲。

貝爾登第一次在中國登岸是在1933年，那年他23歲，是一名船員，原打算在中國待兩個禮拜，卻因為喜歡上中國，一住就是9年，於1942年離開中國。1946年，貝爾登第二次來到中國時，是以美聯社記者的身分，他當時雖然還沒有像白修德那樣的名聲，但中國的經歷已使他成為著名歷史學家歐文·拉鐵摩爾心目中的傳奇式人物，後者在為《中國震撼世界》一書所作的序言中寫道：「1946年底，貝爾登重返中國，這時蔣介石同共產黨之間的最後一場內戰已經開始。要報導這場戰爭，各國記者中只有他最勝任。他瞭解中國，中文較好，對美國人和蔣介石的軍事思想都有較透徹的瞭解，也瞭解美國人對中國的看法。」[70] 拉鐵摩爾特別強調，美國駐華外交機構、軍事機構以及許多傳教士和各種救濟機構的代表，都可以對中國革命的情況進行觀察，中國革命簡直就是在美國決策人的眼皮底下進行的，但是，「美國的決策人卻採取了一種不近情理的、愚蠢而頑固的態度，根本不願意正視中國革命的實際情況。他們一味認為，只要整天念叨『自由』和『民主』之類的辭句（再加上投入大量金錢），就可以像變戲法那樣，變出一個俄亥俄州的或者像英格蘭那樣的政權，以挽狂瀾於既倒。」[71] 他感到慶倖的

1980），頁3。
70 同上書，〈序〉，頁3。
71 同上。

是，在美國人普遍無視中國革命的偉大意義時，貝爾登撰寫了《中國震撼世界》這部報導中國革命的「最佳著作」，認為該書與斯諾的《西行漫記》一樣可以被「尊為經典著作」。

美國人誤判中國的確是美國對華政策始終不能納入在一個正確軌道的主要原因。按照貝爾登的觀察，當他於1946年到達中國時，在華的外國觀察家對國共之爭的結局大致上有三種估計：少數西方軍界人士認為，蔣委員長不出一年就會擊敗共產黨，迫使他們投降，或者把他們消滅；更少的、被認為是思想非常激進和左傾的人認為，如果沒有外國的干涉，戰爭將繼續二、三十年以至五十年；絕大多數人認為，蔣介石即使不能完全消滅共產黨，也能把他們趕入山中，打通鐵路線，重新統一中國，誰也無法與他爭雄。但是，這三種估計在1949年全部落空。在貝爾登撰寫他的著作時，蔣介石的處境已經急轉直下，被迫逃離首都南京，退居原籍鄉下，而中共百萬大軍已經渡過長江，攻占了南京，大有橫掃全中國之勢。對於這個顛覆性的局面，原先作出錯誤預測的觀察家們，轉而將蔣介石失敗的原因歸之於國民政府的腐敗或美國錯誤的對華政策。貝爾登是在國共勝負已經極其明朗的形勢下，認為中國翻天覆地的巨大變化的原因，不是未得到正確的理解，便是受到蓄意的歪曲，他試圖提供一個關於中國革命的解釋框架，由此證明，是中國革命，而不是任何別的原因，造就了中國共產黨的奇跡：「不但要徹底推翻蔣介石的二十年王朝和西方帝國主義在東方的百年統治，而且要完全改變中國超過二千年的幾乎原封不動的生活

方式。」[72]

革命是20世紀的大詞,誰掌握了革命的話語權誰就擁有了革命的正當性,用革命史觀和革命話語來解釋中國共產黨戰勝國民黨統治,顯然就不能僅僅把國共之爭看作是中國歷史上經常發生的兵家之爭,也不是新舊王朝的更替,而毋寧應該理解為是顛覆一切舊制度的革命性變革。貝爾登的中國革命敘事在某種程度上還比白修德的著作更具有一種馬克思主義意識形態色彩,他在解釋中國革命的發生時,明顯地運用了列寧主義的語言,將革命的前提概括為:

一、社會處在解體中,它已病入膏肓,再也無法解決本國的迫切問題和保障人民的生活條件;二、人民痛恨現政權,廣大群眾中出現了革命的情緒,人們被逼得走投無路,為了找到活路,準備不惜一切犧牲,鋌而走險,視死如歸;三、統治集團內部存在不可調和的矛盾,這個集團喪失了一切創造精神,對把社會拉出死胡同毫無信心;四、出現了一個新集團或政黨,能夠利用上述各種因素來取得對社會的控制,並實施它自己的拯救社會的綱領。[73]

基於上述前提性認識,貝爾登認為只有從中國所由產生的歷史環境中,才能找到中國革命的主要線索,一百年來中國社會存在著用革命加以改造的迫切必要性,但在革命的可能性

---

72 同上書,頁2。
73 同上書,頁3-4。

和必要性之間始終存在著一條鴻溝，革命一直沒有完成，原因在於帝國主義的力量太強大，直至最強大的帝國主義的日本被打敗了，西歐的帝國主義也遭到削弱，才使得中國革命成為可能。依據革命的必要性邏輯，貝爾登把中國共產黨奪取全國政權視為革命的必然結果，它既取決於日本的失敗和西方資本主義的削弱，也取決於抗日戰爭時期中國內部發生的變化，以及從1945至1949年間中國經濟及中國各階級的社會基礎的變化。也就是說，中國共產黨恰恰是在世界歷史的這個時刻戰勝蔣介石的，當中國絕大多數人民的人心向背發生了急劇變化並對中國社會的客觀環境發生作用時，「共產黨及其同盟者才能乘勢奪得天下」。[74]從革命史觀出發，貝爾登強烈批評美國整體上缺少關於中國革命的問題意識，報刊上沒有一個字報導這場革命，政府官員、情報人員以及中國問題專家也絲毫不關心這場革命。針對這種輿論狀況，他決意在美國新聞史上填補這一空白，寫出一部前所未有的中國革命史。

與斯諾和白修德一樣，貝爾登抵達中國後最迫切的願望是進入「紅色區域」，親自到中國革命的現場，考察革命的實際進程，用事實來呈現革命者與眾不同的精神品質。但是，他並不想走斯諾和白修德的老路——飛到延安去見毛澤東或朱德，「因為這種方式不能深入瞭解中國人民、中國內戰和革命」，他更願意進入中共軍隊控制下的地方根據地——晉冀魯豫邊區——進行田野考察。在共產黨區域，貝爾登發現了與國民黨區域迥然不同的景象，其中有兩個革命性事件對農村政治產生

---

[74] 同上書，頁5。

了深刻影響，一個是土地改革把地主逐出村政權，政府對農民來說不再是不可抗拒的勢力；另一個事件是遊擊戰，共產黨幹部為尋求掩護而與農民打成一片，「官員們像農民一樣穿著棉布棉衣，像農民一樣說話，像農民一樣生活。」這兩個事件推動了共產黨在邊區實行「新式民主」，即由農民自由選舉來產生村級政權和邊區的最高政治機關——參議會。貝爾登確信共產黨通過民主選舉喚醒了千百萬中國農民，邊區「政府的賢明，是國民黨區的政府根本無法比擬的。」[75]他由此批駁了美國人對中國的一個錯誤認知：以為中國的內戰主要是以蔣介石為代表的民主主義與以毛澤東為代表的共產主義之間的搏鬥，他要告訴美國人的真相是：共產黨支持了人民自己建立的政府，蔣介石之所以失敗，是因為人民起來反對他壓制民主。

貝爾登所理解的中國革命，具有與人類歷史上其他國家革命的不同特點和複雜性，簡言之，法國大革命的中心問題是實現平等和民主，近代德國革命的中心問題是實現統一，俄國革命的中心問題是土地革命，而中國革命的任務則是同時解決這三種問題，即同時爭取民族獨立、爭取民主和開展土地革命。土地革命的核心是爭取農民的擁護，「誰爭取到了農民的擁護，誰就能取得中國的政權。」[76]這個判斷應該是符合國共內戰的實際情況，國民黨敗於失去了農民的支持，而共產黨則贏在了土地改革。除此之外，貝爾登還看到了知識分子在中共革命中的重要作用，認為雖然農民支持與否是內戰的決定因素，

---

75 同上書，頁108。
76 同上書，頁175。

但革命不是農民起義,共產黨要打贏戰爭,取得天下,還必須使相當一部分知識分子、商人和軍隊摒棄國民黨政權,參加革命,成為革命的有生力量。

由於確立了中國革命的正當性和道德高度,因此,在貝爾登的解釋框架中,國共之間發生的內戰就不單純是一場戰爭,而是革命的必要形式,戰爭與革命在共產主義運動的意義上具有統一性,這意味著中共開展推翻中國舊社會的共產主義革命,實際上就是打敗蔣介石軍隊的「正義戰爭」,革命和戰爭可以視為同一進程:

> 進行戰爭一般是用軍事手段克敵制勝。進行革命則通常是用政治手段把大部分敵人爭取過來。中國共產黨人對戰爭和革命的藝術作出的貢獻,主要是把政治和戰爭這兩種鬥爭形式空前密切地結合起來使用,簡直把兩者完全融為一體了。[77]

用革命的正當性賦予戰爭的正義性,用革命的戰略方針來支配戰爭的策略,用革命的目標來規定戰爭的目的,構成了貝爾登為中國內戰和中國革命提供合法性辯護的主要邏輯鏈。根據這個邏輯鏈,作為內戰一方的國民黨軍隊代表著專制政權的垂死勢力,而作為內戰另一方的共產黨軍隊則代表著人民政權的新生力量,國共內戰的實質將是「一個時代的終結」──「一方面,新的社會正在誕生;另一方面,舊的制度正在滅

---

[77] 同上書,頁512。

亡。」[78]基於這種對革命和戰爭的新的定義,美國政府通過馬歇爾使華以求實現停止國共內戰的調停工作,必然被看作是帝國主義助紂為虐的強盜行為,而國民黨政府最後發動的「和平攻勢」在毛澤東的眼裡就不過是徹底失敗前的垂死掙扎。國共自開啟全國性內戰以來,就註定無法以和平收場,按照貝爾登的正面表述:「共產黨奪取政權,最重要的是必須在戰爭中打敗蔣介石的軍隊。如果不充分認識到這一點,就不可能懂得中國國內內鬥的奧秘。」[79]就對中共性質和中國革命奧秘的認識而言,貝爾登雖然是基於左翼的立場,但他的確比美國政府中諸如馬歇爾、謝偉思、戴維斯這些外交智囊看得更清楚,至少他認識到中共為了奪取全國政權是絕不會主動將戰爭機器停止下來,更不用說在他們即將大獲全勝之際接受國民黨的和平方案。

貝爾登作為戰地記者,在共產黨控制的晉冀魯豫邊區,廣泛接觸各式人等,從共產黨高級幹部到遊擊隊戰士、婦女幹部、普通農民,甚至包括像趙樹理那樣的作家和其他知識分子代表,從他們那裡獲得關於中共根據地的各種信息和材料,在很大程度上應該是符合新聞真實的標準,他據此撰寫一本中國革命史也具有實證依據。他對國共截然對立的不同評價,並非完全是出自於一種左翼的意識形態,蔣介石政權自身難以克服的專制與腐敗導致其軍事上的失敗,是被人們普遍公認的歷史事實,批判和譴責這個已被歷史唾棄的政權,當然是一個以真

---

78 同上書,頁559。
79 同上書,頁513-514。

實報導中國事務為己任的記者應有的立場。但是，貝爾登把中國內戰上升到革命史觀的高度來予以認識和評價，把一場勝王敗寇的戰爭視為中國革命的實現方式，顯然大大地高估了革命和戰爭的正當性，而沒有看到國共內戰的結局——不管是作為贏家的共產黨還是作為輸家的國民黨——都沒有為創造一個真正有別於專制主義舊制度的新中國奠定基礎，這是《中國震撼世界》一書無法自我克服的認識盲區。貝爾登在展望中國共產黨取代國民黨統治的未來前景時，不是沒有意識到「中國革命並沒有削弱國家的權力，而是通過摧毀阻礙它發展的社會結構來強化這種權力」；他也不是沒有警覺到「共產黨將要在中國建立獨家統治」，這種統治將有可能「趨於專制化」，並「可能發展成為暴政」；他甚至看到了「勝利在望的共產黨人開始出現走向神權政治的趨勢」，其主要標誌是毛澤東被稱為人民的「救星」。基於美國傳統的民主價值觀，貝爾登在高度評價中國革命「震撼」世界的同時，也不得不持一種謹慎的立場，強調共產黨將來也可能會像國民黨一樣被權力所腐蝕，認為「新中國」能否避免重蹈專制主義危險，「部分地取決於來年將建立一個什麼樣的代議制的國家體制」。[80] 在書的最後，貝爾登終於表達出對中國共產黨的一個清醒認識：

> 中國共產黨人並不像我們所理解的那樣，一言一行都從個人自由的信仰出發。他們對自由主義毫無興趣，對資本主義社會十分蔑視。他們希望把中國引向社會主義，而且

---

[80] 同上書，頁587。

看來他們決心要置社會權利於個人權利之上。[81]

馬克思在《共產黨宣言》中早就說過:「共產黨人不屑於隱瞞自己的觀點和意圖,他們公開宣布:他們的目的只有用暴力推翻全部現存的社會制度才能達到。」[82]消滅資本主義私有制,實現共產主義,是全世界共產黨人的共同目標,他們在任何時候都不會放棄,最多只是在走向目標的過程中根據不同形勢作出一些策略性調整。貝爾登說得沒錯,中國共產黨人對自由主義毫無興趣,對資本主義社會十分藐視,對社會主義始終堅信不疑,這是共產主義運動的性質所決定的。在中國的美國人,不管是左翼還是右翼,是民主黨人還是共和黨人,是官方人士還是民間人士,在不同的時期總是有人懷抱著對中國共產黨人的美好期待,深信或半信半疑他們能夠選擇建立一個憲政制度以實現人民主權,落實憲法賦予人民的各項自由權利。從斯諾到白修德和貝爾登,他們作為左翼知識分子,對紅色中國的觀察和認識具有他們特定的意識形態立場,他們都不是共產主義者,從來都不認可在共產主義運動中盛行的極權獨裁與個人崇拜現象,從來都是主張以自由主義和民主主義的方式來推動共產黨的政治轉型,但是,他們對共產主義的同情式理解和天真幻想最終都會在嚴酷的現實中破滅。正如貝爾登看到的那樣,「一個奮力擺脫其權力所受束縛的統治集團,一般是不會

---

81 同上書,頁638。
82 《馬克思恩格斯選集》第一卷(北京:人民出版社,1995),頁307。

長期容忍任何異己力量存在的。」[83]中共「漫長的革命」和建政後的歷史充分證明了這一點,一個壟斷了所有權力的統治集團,從來不會主動洗心革面並為自己塑造自由民主的形象。

---

83 同上書,頁590。

六

美國誤判中國的史學之源——
從拉鐵摩爾到費正清

歷史學家「思想」對總統的影響

美國外交政策究竟是有哪些人在決定?這可能是一個不成其問題的問題。如前所述,決定美國對外政策的首當其位者當然是總統,是沃爾特‧拉塞爾‧米德依據歷史上四位美國總統的個人風格所概括的四個外交學派——漢密爾頓主義,威爾遜主義,傑斐遜主義,傑克遜主義,「影響了從18世紀到21世紀的美國外交政策辯論。它們在喬治‧W‧布希時期與在喬治‧華盛頓時期同樣重要,而且綜合起來看,美國外交政策將在它們之間的碰撞和爭論中繼續前進,一直到遙遠的將來。」[1]因此,一般說來,美國外交政策實際上是「美國總統及其外交政策」,美國外交政策的有效性和影響力,取決於美國總統究竟

---

1 沃爾特‧拉塞爾‧米德,《美國外交政策及其如何影響力世界》,〈導言〉,頁XXI。

以何種外交理念、道德尺度和行為規則去執行這些政策。

美國總統至上的外交權力結構，在佩里・安德森看來，與美國國父設計的政治制度的價值取向截然相悖，導致因受制於國會權力而難以實現國內目標的總統，能夠憑藉自己的意志自由地在海外採取行動，他由此批評美國對世界各國的霸權主義干涉在很大程度上成了總統個人性格的國家化演繹。[2]但是，美國總統既不是在外交領域為所欲為，也不是生活在信息和知識的真空中，圍繞在總統周圍的一小群外交政策精英對於總統制定外交政策的影響，是直接而深遠的。即使被公認為是在外交領域最獨斷專行、而且對國務院的外交官們最不信任的羅斯福總統，在作出重大外交決策時還是要聽取身邊的政治、經濟、軍事和外交顧問們的意見，包括從斯諾那裡獲取有關紅色中國的信息。由於負責美國外交政策的官員們的思維框架遠不是千篇一律的，尤其是來源於公共輿論的信息被各種意識形態和價值觀所規定，總統的關鍵性作用就在於，他個人的智力判斷和道德境界將決定著不同意見和信息的取捨。這意味著人們會經常看到約瑟夫・奈伊所指出的那種情況：「美國總統雖帶著良好意圖行事，但薄弱的情境智力（contextual intelligence）和魯莽的現實測試（reality testing）有時會造成惡劣後果和倫理潰敗。」[3]他舉出的兩個例證是，威爾遜總統終身缺乏實踐和操作其願景所需要的領導技巧，儘管其願景的合理性後來被聯合國的創立部分證明；與此形成鮮明對比的是，老布希總統的外交

2　參閱佩里・安德森，《美國外交政策及其智囊》，頁2。
3　約瑟夫・奈伊，《美國總統及其外交政策》，頁20。

政策是過去一個世紀以來美國最好的外交政策之一,「他的外交技巧讓美國在潮起時獲益,遇風暴時免於翻沉。」[4]約瑟夫‧奈伊由此得出結論:情境智力對致力於制定道德主義外交政策框架的美國總統來說是極其重要的一項技能,它是理解不斷演變的環境並對不同趨勢加以利用的能力。

美國外交史上出現過若干次重大失敗,包括美國對華政策在中國失敗,顯然與美國總統的外交決策失誤密切相關,這個失誤是否如約瑟夫‧奈伊所說僅僅與總統的「情境智力」不足有關呢?從威爾遜總統到羅斯福總統,一個公認的看法是,他們兩個是美國歷史上最典型的「威爾遜主義」者,也就是說,在他們的外交政策中最鮮明地體現出美國道德理想主義外交傳統的核心價值——自由和民主,他們在任何時期都不會因為一些策略性的考慮而放棄這些基本的價值觀。尤其是對羅斯福總統而言,他被認為是美國歷任總統的評價排行榜上居於第三的位置(僅次於華盛頓和林肯),亦被認為是如果今天在拉什莫爾「總統山」上重新雕刻,幾乎可以肯定會把他的頭像增加上去,與華盛頓、林肯、傑斐遜和老羅斯福排列在一起。富蘭克林‧羅斯福能夠享此殊榮,絕不僅僅是因為道德形象完美,毫無疑問地與他的卓越領導才能有關——四次當選美國總統是其領導才能被美國人民充分認可的最好證明。因此,斷言羅斯福總統像威爾遜總統那樣,在堅持道德主義的外交理念和拓寬美國外交的道德話語方面沒有問題,有問題的是應對情境複雜性的「情境智力」沒有被充分調動起來,以致為實現美國的理

---

4 同上書,頁43。

想主義外交目標缺乏行之有效的現實手段與策略,證據並不充分。事實上,道德理想主義境界與「情境智力」並非總是處在截然對立的狀態,它們兩者發生矛盾時,一定有更為深層的原因所致,除了「情境智力」之外,理想主義的外交理念也需要被重新認識。

鄒讜一直批評羅斯福政府的對華政策失之於不願訴諸武力干預和維護理想主義目標之間的深刻悖論,他也指出了這一悖論是源於美國道德主義的外交傳統,即在1899年美國國務卿海約翰提出的對華門戶開放政策,該政策強調既要維護中國的領土和主權的完整與統一,又要反對美國為捍衛其在華利益而進行一場戰爭。在鄒讜看來,羅斯福總統深深地迷戀於以《大西洋憲章》和《聯合國宣言》的崇高原則為基礎的國際和平、自由、正義的時代即將來臨的前景,並深信美蘇合作以及基於美蘇合作所建立起來的中國國共合作能夠開闢出遠東的和平國際秩序,卻沒有深刻認識到用似是而非的語言所粉飾的普遍性原則根本不可能解除各國之間的衝突,並遏制處於攻勢的革命力量的銳氣。也就是說,羅斯福政府的問題不在於約瑟夫·奈伊所說的「情境智力」不夠,而是理想主義的道德尺度失之於空泛和抽象,沒有意識到美蘇之間以及國共之間的價值觀對立是絕無可能僅僅通過設置共同的理想主義目標來加以化解。因此,儘管戰後美蘇合作的宏偉計劃和以和平方式建立團結與民主的中國的政策,是符合戰後世界秩序重組的理想願景,然而,用鄒讜的話來說:「不幸的是這種全面規劃是以錯誤估計了蘇聯的意圖,並對國際共產主義運動和中國共產黨做出錯誤的判斷為基礎的。當蘇聯和中國共產黨人並沒有像美國官員所

期待的那樣採取行動時,這一規劃就破產了。」[5]

於是,需要進一步追問,究竟是何種因素導致美國總統在制定對外政策時出現重大失誤?或者說,影響他們不能有效執行理想主義外交政策的「情境智力」是在何種情況下出現重大誤判?經濟學家凱恩斯在其名著《就業、利息和貨幣通論》中有一個著名的判斷:

> 經濟學家和政治哲學家的思想,不論它們正確與否,其影響力之大總要超過常人的理解。事實上統治世界的就是這些思想。實用主義者自以為他們不受任何學理的影響,其實他們經常是某個已故經濟學家的俘虜。狂人掌權,自以為受命於天,實際上他們的狂想卻往往取自數年前某個學者的思想。……無論好壞與否,真正危險的不是既得利益,遲早還是思想。[6]

在凱恩斯的上述精闢判斷中,「思想」的載體無疑需要擴大,從影響人類歷史和現實進程而言,歷史學家是可以與經濟學家和政治哲學家同列,因為歷史學並不純粹是關於「過去」的記述與闡釋,而毋寧如法國年鑑學派代表人物費爾南・布羅代爾所言:「過去和現在是互惠地照亮著對方」。或者如他的前輩呂西安・費弗爾所言:「歷史學既是有關過去的科學,也

---

[5] 鄒讜,《美國在中國的失敗(1941-1950年)》,頁30。
[6] 約翰・梅納德・凱恩斯,《就業、利息和貨幣通論》,宋韻聲譯(北京:華夏出版社,2013),頁294-295。譯文根據原文略有調整。

是有關現在的科學」。[7]歷史學是對人類生活和社會演變的記錄與解釋，歷史學的精神在根本上是批判的，是對人類社會從古代到現代的變遷，或贊同與拒絕，或參與與緘默，用司馬遷的話來說，是「究天人之際，通古今之變，成一家之言」。歷史學家發現的人類社會的基本規律和定律，具有穿越時空的長久效力，並在當下發揮作用。

如果說經濟學和政治哲學所提供的「思想」具有鮮明的意識形態色彩，那麼，歷史學則在最大限度上保持著這一學科的超意識形態特徵。從希羅多德以來，西方史學一直遵循著「如實記載」的傳統，這個傳統到了蘭克史學階段更是被推向極致。在實證主義的敘事邏輯中，蘭克的「如實直書」是旨在將歷史學家的所有個人偏好都從史學領域驅除出去，歷史被要求具有科學般的明晰、客觀、公正和價值中立的品質。歷史學的主要依據是「事實」或「真實」，儘管歷史領域中的「事實」總是由研究它們的歷史學家來篩選、加工甚至被歪曲。

斯諾不是一個歷史學家，但他信奉以事實為依據，以超黨派立場來處理各種經驗材料，依靠證據做判斷，注重細節觀察，抓住人物特點。他的《紅星照耀中國》一書具有伯納德・托馬斯所說的「撰寫和創造歷史」的性質，即通過深入現場的紀實報導，不僅真實地再現了中共控制下的陝甘寧邊區的實際狀況和中共領導人的精神風貌，而且還從中共當時極其微弱的武裝力量中預見到中國革命的未來前景。他的著作能夠產生如

7　[法]費爾南・布羅代爾，《論歷史》，劉北成、周立紅譯（北京：北京大學出版社，2008），頁40、41。

此巨大和長遠的影響力，顯示出歷史學和歷史學家的話語力量。

歷史學作為一門經驗主義的學科，與奉行真實第一的新聞報導一樣，不單純具有記述事實真相的功能，它還具有一種批判和建構的導向，後者體現出歷史學固有的意識形態功能。正如一些後現代主義者所理解的那樣：「遠非相信我們正在書寫的東西就是絕對的真相，必須要相信我們是帶著道德或政治立場在書寫它。」「『沒有真正的客觀』的歷史，只有歷史哲學，歷史學家的工作均可化約為某些意識形態立場。」[8]後現代主義者徹底否定歷史的客觀性或質疑歷史的真實性，必然陷入相對主義的陷阱，但他們強調的道德和意識形態在歷史書寫中不可或缺的位置亦是客觀存在的事實。儘管斯諾曾反覆聲明他的新聞寫作具有超黨派和超意識形態的性質，但實際上他還是帶著自己的道德標準來評價事態與臧否人物，他同情乃至支持共產主義運動的立場是不加掩飾的，因為他在很大程度上是把中國共產黨人發動的革命視為歷史發展的方向。

歷史學家對現實政治的影響力，一方面是他們書寫的歷史天然地具有「規訓」政治的作用，按照歷史學家約翰・西雷爵士（Sir John Seeley）的說法：「歷史是過去的政治，而政治則是現在的歷史。」[9]對政治史家而言，「歷史」往往與探究高層政治相關，歷史係出自偉人之創造。另一方面，歷史學家在

8　參閱理查德・艾文斯，《捍衛歷史》，張仲民等譯（桂林：廣西師範大學出版社，2009），頁219、218。

9　參閱同上書，頁160。

書寫歷史時或許能夠表現出一種超意識形態的「客觀」態度，但在現實政治中他卻未必能保持價值中立的立場，而他們對現實政治的看法則又未必具有作為一個歷史學家的真知灼見。鄒讜在評價畢恩來和歐文·拉鐵摩爾的歷史學研究與他們的政治見解的關係時，明確認為他們在專業領域對自己的問題有著精深的研究，對豐富的經驗性材料有精闢的分析，「但不幸的是，一旦涉及中國事務和美國外交政策的全域性問題時，他們的著作便難以勝任了。他們缺少堅定不移的思想方針，不能準確地把握外交政策的實質，使他們在半學術性的著作中，更多地受到當時政治潮流變動的影響，而並沒有立志作出獨立的判斷。」[10]實際情況確如鄒讜指出的那樣，當學者未能履行提供正確思想導向這一職能時，或者說他們提供的思想不僅脫離現實政治的邏輯，而且對於加深人們原有的錯誤觀念提供了貌似真實的虛假經驗時，他們建構的「歷史」和提供的「新聞」就具有很大的誤導性。鄒讜指出了斯諾著作中明顯的矛盾之處：一方面，他把中國共產主義描述為「中國的土地改革運動」，強調中共與蘇共在性質上的差異；另一方面，他又認為中共不會「建立美國意義上的自由民主」，他們是馬克思主義者，是真正的共產黨人。邏輯不能自洽的原因，從根本上看，是源於「對中國共產主義的性質所產生的日益混亂的思想」，正是這些「思想」不僅主導著他自己對中國現代歷史演變的錯誤觀念，在大眾輿論中製造了關於紅色中國的革命神話，而且對美國政府制定對華政策產生了不可忽視的影響。

---

10 鄒讜，《美國在中國的失敗（1941-1950年）》，頁181。

羅斯福總統的主要顧問是：國務秘書哈里‧勞埃德‧霍普金斯，行政助理勞克林‧居里，軍事顧問馬歇爾將軍，經濟顧問雷蒙德‧莫利，財政顧問小亨利‧摩根索，金融顧問伯納德‧巴魯克，法律顧問薩姆‧羅森曼，等等。另外，總統周圍還有一批私人顧問，他們不屬任何部門，報酬由白宮開支，報界稱他們為「羅斯福的聰明的青年人」，這些人物幫助羅斯福推行新政和擺脫孤立主義的外交政策。在總統的私人顧問圈子中，惟獨沒有一個歷史學家，但這並不表明這些直接參與總統外交決策的政要們，會比埃德加‧斯諾的歷史性著作對總統產生更大的影響，後者的影響力是潛在而深遠的。1941年6月，經勞克林‧居里的推薦，由羅斯福總統認可並親自提名，歷史學家歐文‧拉鐵摩爾擔任中國國家領袖蔣介石的私人顧問，這是歷史學家首次出場構建中美兩國元首直接溝通的橋樑。羅斯福為此專門致函蔣介石對拉鐵摩爾做了介紹：

　　親愛的總司令：非常高興向您介紹歐文‧拉鐵摩爾先生。他精明能幹，瞭解並完全贊同我的基本立場。相信他的建議會對您有所裨益。我和他一樣十分清楚，作為您的政治顧問，他將只服務於中國的利益，並完全地效忠於您。[11]

　　如果說斯諾關於紅色中國的新聞報導具有撰寫和創造歷史

---

11 磯野富士子整理，《蔣介石的美國顧問：歐文‧拉鐵摩爾回憶錄》，〈附錄（乙）〉，頁234。

的性質，但他本人並不是嚴格意義上的歷史學家，那麼，拉鐵摩爾則是一位在歷史專業領域獲得過舉世公認的學術成就的真正的歷史學家。他以歷史學家的身分進入中國現實政治場域，構成了中美關係史上的一個重要事件，他的「思想」是否如鄒讜所言，顯示出「令人困窘的缺乏理論洞察力」，對國共之爭作出了錯誤判斷，以致應該為美國丟失中國負首要責任？還是如他自己所言，他只是履行了一個歷史學家的基本職責，盡可能客觀地把自己觀察到的中國真實情況提供給美國外交決策部門，敦促總統「讓一些沒有參與制訂或實施這種政策的顧問們公正地審查美國對華政策」？[12]對於這兩種截然不同的評價和自我評價，需要返回歷史現場重新加以檢視。

拉鐵摩爾：歷史學家迷失於現實政治（上）

歐文·拉鐵摩爾被羅斯福總統推薦擔任蔣介石的私人顧問，出乎了許多人的預料，包括他自己也在問：「怎麼會選中我？」[13]當時他並非是唯一的人選，看起來更適合擔任這個職務的有美國駐中國大使高斯，還有一個來自費城的名叫威廉·布利特的富豪，他曾在1933年被羅斯福總統任命為美國駐蘇聯首任大使。這兩個人都是資深的職業外交官。拉鐵摩爾最後能夠勝出，取決於他擁有別人無法企及的幾項優勢。第一，他是一個政治素人，自稱對政治不感興趣，從不介入美國國內的政

---

12 參閱同上書，頁244。
13 同上書，頁81。

治黨派鬥爭,這一點讓蔣介石滿意,蔣介石對美國國務院系統的外交官始終抱有戒心,認為他們在思想感情上偏向中共。第二,他自幼在中國生活,能夠熟練運用漢語,經歷過中國1919年的五四運動和1925年的上海「五卅運動」,對中國社會變遷和人情世故有直接的感受。第三,他無可爭議地是當時美國研究中國、內亞和遠東問題最負盛名的專家,高斯就是在《大西洋月刊》上讀到了拉鐵摩爾一篇關於美、中、日的文章,認為該文是「比我長期以來看到的任何人的文章都更有說服力」,以此向居里證明拉鐵摩爾是出任蔣介石私人顧問的最佳人選。拉鐵摩爾之所以願意接受羅斯福的提名,是基於他的一個前提性認識:「我認為中國國共兩黨間的危機是兩種政權之間的危機,而不是民主與非民主之間的危機,我樂意與蔣介石合作,主要是由於統一戰線的存在。」[14]拉鐵摩爾從內心充分認同羅斯福關於在中國建立「聯合政府」的信念,認為這個信念並非政治理論問題,而只是對一個非常明顯的事實的確認:中國在抗戰的關鍵時期,如果陷於內戰,「那麼一切都完了」。

簡單回顧一下拉鐵摩爾在中國的非凡經歷,有助於理解這位卓越的歷史學家的「巔峰時刻」何以集中在20世紀30年代和40年代。1900年,拉鐵摩爾出生於美國,不到周歲,他就被父親帶到中國,用他母親的話來說:「歐文爬過了太平洋」。12歲時,拉鐵摩爾被父親送到瑞士和英國讀書,用法語學習拉丁語和希臘語,這顯示出他在語言上的天賦,這一天賦後來又表現在他學習德語、俄語和蒙古語上。1919年,拉鐵摩爾未能

---

14 同上書,頁93。

實現他「唯一的雄心壯志」——獲得牛津大學的獎學金,只得返回中國,在上海一家洋行做雇員。1921年,拉鐵摩爾應聘《京津泰晤士報》做副編輯,由於主要工作是校對清樣而不能外出採訪,他很快就厭倦並離開了這家報紙,重新去了洋行工作。1925年,拉鐵摩爾與埃莉諾・霍爾蓋特結婚。此時,他仍在為未能去牛津求學而感到遺憾,為彌補這遺憾,他作出一個重大決定:做實際上比在牛津求學更適合自己的條件和智力氣質的事情,從事一種新的職業,那就是沿荒漠道路旅行去土耳其斯坦。1926年,拉鐵摩爾夫婦離京赴歸化(呼爾浩特),從那裡開始他們的第一次長途旅行,途徑蒙古、新疆、克什米爾、印度,最後到達巴黎。這次旅行誕生了拉鐵摩爾的第一部著作——《通往土耳其斯坦的荒漠道路》(*The Desert Road to Turkestan*),於1928年出版。他在新疆南北旅行的故事收在1930年出版的《高地韃靼》(*High Tartary*)一書中。這兩本書初步奠定了拉鐵摩爾在地理學界的地位,美國社會科學研究理事會(The Social Science Research Council),在1928年審核拉鐵摩爾計劃去「滿洲」考察的獎學金時,「富有想像力地作出裁決」,認為拉鐵摩爾撰寫的《通往土耳其斯坦的荒漠道路》「相當於」攻讀一個博士學位,同意向他預付一筆獎學金,供他在1928-1929學年以研究生身分在哈佛大學人類學系進修。1929年,拉鐵摩爾的一次關於新疆的內部講演打動了芝加哥富豪羅伯特・巴雷特,後者爽快地向他開出了一張1000美元的支票,這在當時是非常可觀的金額。主要靠這筆錢,拉鐵摩爾夫婦在中國東北待了九個月,依據這段經歷寫出了《滿洲,衝突的搖籃》一書,於1932年出版。接下來的三年(1930-1932

年),拉鐵摩爾在哈佛－燕京學社和古根漢基金會的兩筆研究員基金的贊助下,在北京從事研究工作,開始學習蒙古語和蒙文寫作。在此期間,他分別見過德王、傅作義、張學良、鮑羅廷、吳廷康等中國要人,以及日本著名記者松方義三郎、政治家近衛文麿和岸信介等。1933年,拉鐵摩爾被聘為太平洋關係學會的季刊《太平洋事務》(*Pacific Affairs*)的編輯,該學會是一個國際性組織,成員包括美國、蘇聯、日本的各方人士和來自中國的學者陳翰笙、冀朝鼎。1940年,拉鐵摩爾出版了歷史性著作——《中國的亞洲內陸邊疆》,該書開拓了歷史學研究的一個全新領域,按照約翰·霍普金斯大學歷史系教授羅威廉(William T.Rowe)的概括,拉鐵摩爾的內亞史研究的重要性在於:「致力於發展出一種解釋人類社會在邊疆地帶形成、進化、成長、衰落、變異並彼此互動的『科學』模式」,運用諸如「生態決定論」、「生物學種族主義」、「經濟地理學」和「馬克思主義生產方式理論」等分析方法,力圖挫敗那些自以為是的目的論,不管是西方的「進步」觀,還是中原漢地在對待遊牧周鄰時所持的「文明」觀。

總體而言,歐文·拉鐵摩爾(1900-1989)的研究為人類歷史的根本動力問題提供了一種獨特見解,這是一種在全球時空層面對流動人群所作的相對連貫、擴展性的分析。

拉鐵摩爾的分析方法被廣泛地運用到廣闊的空間領域:中國邊疆地區(最著名的同時幾乎專指性的「內亞邊疆地區」)、中國內地、日本、歐洲、美洲,乃至整個世界。……在滿懷雄心從事整體歷史對比的潮流之中,他是

一位關鍵參與者。[15]

　　此書上卷為批判中國新左派的「天下體系」理論，專門引述拉鐵摩爾的這部經典著作，認為該書對於開拓出中國的內亞（Inner Asia）史和邊疆史研究具有奠基性意義，在他的研究框架中，儒家長期堅守的「華夷之辨」的史學觀被徹底清算，代之以「內亞史觀」和「邊疆史觀」，所謂「四夷」的概念被轉化為中原帝國長期面臨的四個外部存在，即蒙古、滿洲（東北）、中亞（新疆）和西藏，由此證明中國歷史上根本不存在著一個以中原文明為中心並不斷向四周輻射發展的共同的「天下」。拉鐵摩爾的「內亞史觀」是對中國（中原）中心主義史學觀的挑戰，後者試圖將周代以來長期存在的草原遊牧社會與中原農耕社會的衝突、融合及其互相征服的歷史，納入在一元論的史學敘事框架中；而拉鐵摩爾則以充分的歷史資料和幾乎無可辯駁的分析，證明了草原歷史的週期性變動與中原歷史的消長起伏存在著重要的相關性，由此揭示出整個中國亞洲內陸邊疆的歷史規律。

　　概括地說，該書的主要觀點有：

　　（1）「中國本部」的概念。這一概念指稱清末時代之18省，面積大約是150萬平方英里，人口4億-5億之間；長城以外的新疆、西藏、蒙古和滿族（東北），面積約300萬平方英里，人

---

15 羅威廉，〈歐文‧拉鐵摩爾、亞洲與比較史學〉，唐曉峰、姚大力等著，程秀金譯，袁劍校，黃達遠、袁劍主編，《拉鐵摩爾與邊疆中國》（北京：生活‧讀書‧新知三聯書店，2017），頁20-21。

口約4500萬人。中國人（漢族）主要在黃河及長江流域繁衍，從未永久性地成功地移民於長城之外，這是為什麼？這是由於「漢族與草原民族不能結合在一起，是由於草原社會發展的不同。」草原社會的統治不是像中原那樣以土地所有權為基準，而是更注重循環移動的權利，沒有一個單獨的牧場是有價值的，人必須跟著移動的牲畜走，統治者要指揮這種移動，並要防止外人來阻礙移動的進行。[16]移動權比土地所有權更重要，顯示出草原社會與中原社會的根本性區別。

（2）**草原社會和中原社會的分離及其互相影響**。中國歷史上，草原社會和中原社會始終處於分離狀態，二者的互相影響卻沒有停止過。遊牧民族征服中原時，移動性對財富的統治最強，但是，這種局面又因財富的積累而妨害了移動性。遊牧民族的統治者到了中原之後，他們就脫離了本身權力的根源，轉而依賴笨重而易遭攻擊的農業機構。因此，「當開發定居文明社會的利潤減退時，他們也和其他朝代一樣，被叛亂或是新的遊牧民族的侵入而摧毀。」[17]

（3）**圍繞中原社會的三個「邊疆」概念**。沿著北方長城邊疆，中原不但抵禦外來的侵略，也限制自己的人民向外發展，漢族只要過於深入草原環境，就會與中國分離。相反地，漢族在南方無論怎樣發展，都不存在與中國分離的問題。因此，「南方是一個開闊並有無限深度的邊疆，而北方則是一個想要

---

16 參閱歐文‧拉鐵摩爾，《中國的亞洲內陸邊疆》，唐曉峰譯（南京：江蘇人民出版社，2010），頁10、47。
17 參閱同上書，頁55。

關閉卻未能真正關閉的邊疆。」第三種邊疆地區是位於中國西南部的西藏,「它的歷史是受到那個難以逾越、無法侵入的地理環境特徵支配的。」[18]

(4)「邊疆」(Frontier)與「邊界」(Boundary)的區別。前者是被歷史的起伏推廣成一個廣闊的邊緣地帶,而後者則是地圖上所劃的地理和歷史的界線。中國長城看起來是列國之間的邊界,實際上它是「亞洲內陸邊疆」的標誌,以長城為界將草原社會和中原社會區隔開來,既是阻止少數民族自長城之外對中原的攻擊,也是相當努力地阻止漢族及其權益向長城以外發展。基於對地理區域及環境的宏觀分類,可以將長城內外的民族粗略地分為農業民族、遊牧民族和森林民族,它們在長城線上互相接觸、重疊,由此可以推斷過渡社會的形成。[19]

(5)**漢族與少數民族分化與「華夷之辨」的形成**。民族分化多半集中在同一地理環境中存在地方差異的範圍內,從這個過程中出現了起初模糊、但後來變得清晰的趨向:落後地區的社會組織逐漸形成一個進化遲緩的原始集團,而活躍地區的社會組織則與之分離,自行成為一個迅速進化的集團,到了後來,一個就成了「蠻夷」,一個就是「中國」。拒絕漢人的主要環境是草原,草原社會是抵抗中國社會的最堅決的組織。兩者的分化大體起源於西元前八世紀,也就是在西周時代,因為這種分化使中國產生了「華夷之辨」的觀念。中原農耕文化以中華先進文明自居,而將周邊遊牧文化打入蠻夷落後文明之

---

18 參閱同上書,頁141。
19 參閱同上書,頁163-164、172。

列。20

（6）**在草原社會與中原社會之間不可能有過渡社會**。沿著中國的草原邊疆，從來沒有一個建立在粗耕或農牧混合經濟基礎上的重要的獨立社會，立足於中原的精耕經濟與草原的遊牧經濟之間，原因就在於中國整個歷史的決定因素是基於灌溉制的精耕農業的發展，而過渡社會在很大程度上是被更為強盛的農業社會排擠到草原上來的，由此導致任何過渡的混合經濟部落不得不在政治上或依存於草原，或依存於中國。21

（7）**漢族與少數民族從同族同源走向分離**。漢族與少數民族的起源同在一個上古時期，一切文化都同樣原始，只是因為各地的自然資源的不同，在文化表現上存在若干差異，其後顯著地分化為「先進」與「落後」，最終分離為漢族與少數民族。漢族很可能從其賴以立足的精耕農業的環境中，「逐出」了一些原來與他們祖先同族的「落後」部落，促成了草原社會的建立。22

（8）**中國歷史上的「邊疆形態」**。當草原部落不再是落後的、邊緣的，而是發展成一個獨立的草原社會時，就會出現一個新的問題，它與中原農耕社會究竟誰應在政治上占得優勢？事實上，遊牧民族與農業居民互相接觸，他們的相互影響極其重要，由此在中國歷史上可以看出一個顯著的「邊疆形態」：或者是一個王朝建立在邊疆以外，然後向中原推進，建立其對

20　參閱同上書，頁189-191。
21　參閱同上書，頁227。
22　參閱同上書，頁281。

中國的統治；或者是在中國以內建立王朝，然後向外推進，建立其對邊疆及其邊疆以外的統治。[23]

（9）**長城作為統一帝國的統一邊疆**。在西元前四世紀的最後一二十年至西元前頭十年，中國及亞洲內陸邊疆出現的突然並廣泛的修築長城運動，是封建制度達到其發展盡頭的表現，每個重要地區的統治者在其領土擴展到封建制度政治範圍的最大限制時，就感覺有必要使他們的邊疆「永久」化，修築長城是最自然的辦法，這是假定一個社會或國家可以用一條確定的界線劃定其占有的土地。但亞洲內陸邊疆有一個重要特徵：它是不能用界線來劃定，中國北部伸入亞洲內陸，它的邊緣並不確定。秦帝國的建立以及修築萬里長城，其意義主要是帝國獲得控制南部「漢族土地」的力量，而不在於對草原的控制。長城標誌著一個處於真正中國與真正草原之間的過渡地區，「亞洲內陸邊疆之中終於生長出一個處於中間的邊疆世界來！一個滲透著中國及草原的影響而不能被任何一方永遠統治的世界。」[24]

（10）**長城是整個亞洲內陸的中心**。當漢族完全發展到草原邊緣，長城也連成一體時，就出現了草原邊疆歷史發展的框架，大草原本身被原來在它邊緣的居民侵入，這些人成了真正的遊牧民族，可以自由地向任何方向作長距離的移動，並建立了一個以中國地理範圍一樣、只是人口比較稀少的遼闊草原世界。漢族占領了長城邊疆之後，草原上的遊動才具有政治意

23　參閱同上書，頁281-282。
24　參閱同上書，頁322。

義。「從此,對於漢族是邊緣的長城地帶,對整個的亞洲內陸卻是一個中心。」[25]

(11)**漢帝國與中亞綠洲的關係,不是為了征服**。西元前140年,漢武帝時代,漢族迅速而深遠地進入中亞的綠洲地區,這些活動與同一時期在草原上的活動不一樣,不是為了征服以建立一個帝國殖民地,或為了貿易以索取奢侈品,而是基於兩個考慮:或者是控制中亞的綠洲及部落,以建立對抗草原遊牧民族的同盟;或是對綠洲進行防禦性占領,以免遊牧民族利用它們作根據地。因此,征服和擴張都是一種想像,遊牧民族和漢族所取得的成功,沒有一個不產生對自己的反動。「不停的勢力消長說明,在最典型的草原與標準的中國農業的城池及水田之間,隱藏著亞洲內陸邊疆上遷徙及征服的秘密。」[26]

(12)**中原社會與草原社會融和的失敗及其兩個「循環」**。亞洲內陸邊疆在漢民族進入統一帝國時代之後,便成為中國歷史中的一個恆定因素,中原社會和草原社會各有其特殊的模式,兩者不可能在中國及亞洲內陸間建立一個清楚確定的界限,亦不可能混合成一個在經濟上既有精耕也有粗放、在政治上既是集權又是分散的社會。「兩種社會既不能分離,也不能吸納或永遠控制任何一方。因此,兩千年來,從前漢到19世紀中葉,亞洲內陸與中國的相關歷史,可以用兩個循環來說明,這兩個循環型式互有差異,在歷史過程中卻相互影響,這就是草原部落的分裂及統一的循環,和中國朝代的建立與衰亡

---

25 參閱同上書,頁327。
26 參閱同上書,頁339、349。

的循環。」[27]

（13）19世紀以來的工業化進程從根本上終止了中國亞洲內陸邊疆消長起伏的歷史。歐美工業社會秩序侵入整個亞洲後，使新的整合成為可能或必然，資本主義生產方式結束了在中國亞洲內陸邊疆所展開的中原社會和草原社會潮起潮落的歷史。「唯一可以真正整合以農業為主和以畜牧為主的社會的橋樑是工業化」。雖然工業化具有整合中國與它的亞洲內陸的巨大功能，但因為各民族的歷史差異，變革並不一定相同，又因為工業化及其他新因素無法平均分配，導致變革的程度也不一樣。這意味著研究歷史上亞洲內陸邊疆及各種不同社會對各種環境的影響，以及研究它們對各種外部挑戰所作出的不同反應，對於理解中國的現實變遷均有著極大的參考價值。[28]

拉鐵摩爾對中國的亞洲內陸邊疆的開創性研究，即使以現在的史學標準來予以衡量，仍然具有強大的學術有效性和不可動搖的權威地位。按照《危險的邊疆》作者托馬斯·巴菲爾德的說法，關於中原與北方部落民族關係的最著名著作，當屬拉鐵摩爾的《中國的亞洲內陸邊疆》，他稱讚此書在出版了五十年之後依然具有里程碑的貢獻，強調自己的研究深植於拉鐵摩爾的傳統之中，儘管他也對拉鐵摩爾有關遊牧統治的週期以及征服王朝的建立所作的眾多假說提出了異議。[29]費正清評價拉鐵摩爾是一個「行走的歷史學家」，這既是指他的研究來源於多

---

27 參閱同上書，頁350-351。
28 參閱同上書，頁376-378。
29 參閱巴菲爾德，《危險的邊疆》，袁劍譯（南京：江蘇人民出版社，2011），頁15。

年來對亞洲內陸邊疆的長距離實地考察——這是許多書齋中的歷史學家難以做到的事情,也是指他的理論視野完全沒有被大學的陳規教條所束縛,走出了一條幾乎是獨一無二的學術創新之路。費正清坦承,他瞭解中國學者和知識分子,但不瞭解真正的人民群眾——農民,而這正是拉鐵摩爾所瞭解的。針對費正清的中國研究,拉鐵摩爾自己說過:「這些漢學家接受的訓練與我的知識背景大相徑庭。」[30]在1930年代至1940年代的美國史學界,拉鐵摩爾關於中國內亞和邊疆史研究,無疑比費正清的中國歷史研究具有更大的學術影響力。

拉鐵摩爾的理論貢獻可以從諸多方面進行總結,諸如史學界普遍關注其在總體歷史研究中展開比較史學研究,將生態、環境、地理因素置於歷史研究的重要位置,廣泛運用人類學和民族學的知識與方法建構一個獨特的史學分析框架——內亞邊疆史學;而且在研究方法上亦有新的突破,創立了「地理學研究方法」(geographical approach)或「文化生態學」,這種方法將內陸亞洲劃分為幾個關鍵地區,每個地區有其自身文化發展的機制。羅威廉的評價切中肯綮:拉鐵摩爾對於世界上相對說來未知和具有浪漫色彩地區所進行的專門研究、遒勁有力的行文風格、廣泛的地緣政治和史學研究模式、爭強好鬥的個性以及總是大膽地表達政治立場的作風,使他成為學術界和歷史科學不可忽視的公共知識分子;在20世紀晚期,拉鐵摩爾所提倡的好幾種歷史「風格」明顯得以復興,被許多重要歷史學家

---

30 參閱磯野富士子整理,《蔣介石的美國顧問:歐文・拉鐵摩爾回憶錄》,頁39。

公認為是比較史研究領域的先驅者,他與湯恩比一起作為主力共同打碎了「歷史統一」的目的論設想。[31]

然而,在我看來,拉鐵摩爾最重要的理論貢獻,是徹底顛覆了中國史學正統自司馬遷《史記》以來一以貫之的中國大一統的歷史觀,該歷史觀基於儒家關於「天下」的烏托邦想像,建構了中原中心主義或漢族中心主義的史學敘事,中國王朝興衰更替的二十四史被書寫成一部漢族征服、教化、羈縻異族的歷史,「華夷之辨」成了中國史學的永恆主題。拉鐵摩爾關於中國的亞洲內陸邊疆的歷史敘事,把「華夏」與周邊「蠻夷」之間的權力消長理解為中國歷史的關鍵,以無可辯駁的歷史事實證明:中國歷代歷朝的治亂循環和王朝更替始終貫穿著草原社會與中原社會的歷史性衝突,這個衝突決定了「帝國」的歷史構成和制度構成。「中國本部」與環繞其周圍的內亞邊疆從未構成過一部統一的帝國歷史,當然也就不存在著儒家以「天下」名義構想的具有普遍意義的道德文明秩序,以及大一統的政治和文化共同體。歐亞草原上遊牧民族週期性建立起來的強大帝國,是中原帝國一直期待擺脫而始終無法擺脫的巨大外部存在,兩大帝國板塊持續兩千多年的不斷撞擊,在19世紀工業化時代才徹底消停下來。在新的歷史時代,中華帝國面臨的挑戰不再是來自於草原,而是來自於海洋,中國歷史以一種全新的方式與外部世界相融合。拉鐵摩爾認為,這是中國自太平天國運動以來「未竟之革命」的歷史使命。

---

[31] 參閱羅威廉,〈歐文・拉鐵摩爾、亞洲與比較史學〉,《拉鐵摩爾與邊疆中國》,頁65。

拉鐵摩爾：歷史學家迷失於現實政治（下）

作為一個卓越的歷史學家，不斷地深入歷史現場去探索歷史發展的軌跡，從撲朔迷離的歷史現象中追問歷史的真相，這種專業精神或許對於觀察現實政治的複雜關係有所裨益，但並不能保證他們可以同樣有效地提供富有睿智的政治見解。拉鐵摩爾多次申明，他對政治不感興趣，沒有參加過任何政治黨派，也從來沒有在美國政府中擔任過正式公職。費正清在麥卡錫指控拉鐵摩爾是蘇聯間諜時，為後者辯護的一個主要理由是：「歐文·拉鐵摩爾是一個什麼組織也不參加的人，說他是間諜是件十分愚蠢的事情。恰恰相反，他是一個激進的個人主義者。」[32]但是，從拉鐵摩爾的人生經歷來看，他實際上是一個高度政治化的歷史學家，他擔任蔣介石的私人顧問是其一生中政治影響力的重要標誌，而他早在1937年就赴延安考察並預言毛澤東最終將統治中國，表明他絕非只是一個對中國國共之爭單純抱有好奇心的政治素人，他對政治的敏銳觀察體現出一個歷史學家應有的理論深度和高度。拉鐵摩爾後來為反擊麥卡錫主義者的進攻而撰寫的《經得起誹謗》（*Ordeal by Slander*）一書，被普遍認為是當時最具有政治分量的一份抗辯書，顯示出歷史學家中罕有的一種政治鬥爭精神。費正清曾評價道：「《經得起誹謗》在今天仍然值得一讀，拉鐵摩爾一家勇敢地

---

32 費正清，《費正清回憶錄》，閆亞婷、熊文霞譯（北京：中信出版社，2013），頁332。

面對喬・麥卡錫，在原則問題上毫不含糊，堅持到底。」[33]

按照拉鐵摩爾自己的回憶，他在英國求學時期「明確地站在中間偏右的立場上」，認為如果上了牛津大學，這一立場可能會轉向極左或極右，他為此感到慶幸的是：「由於沒上過『真正』的大學，我才避免對事物持僵化的觀點。」[34]此時對拉鐵摩爾來說，在左翼和右翼之間保持一種客觀中立的立場，是觀察社會現實和進行歷史研究的基本前提，而對政治則可以抱著玩世不恭和懷疑的態度。1930年代，是拉鐵摩爾「政治意識的覺醒」時期，他開始廣泛接觸中國國內的政治人物，尤其是關注日本侵略中國後所引發的一系列國際和國內反應。1936年，他去蘇聯訪問，次年他到了延安，這兩次政治旅行初步奠定了他對蘇聯和中共的看法：蘇聯比較好地解決了民族團結問題，中共代表著中國民主化的希望，認為「革命領袖們浴血奮戰，面對過生死存亡的危急關頭，經歷過革命事業成敗與否的嚴峻考驗。他們往往高瞻遠矚，能夠預測到未來的光明前景，彷彿一切都歷歷在目，就在他們的面前，栩栩如生地展現。」[35]

拉鐵摩爾對蘇聯和中國的共產主義運動持同情理解的態度，表明他已經離開了所謂客觀中立的立場而走向了左翼陣營，斯諾能成為他的朋友並為他打通延安之路，是以他們的思想認識和價值觀的一致性為基礎的。但是，拉鐵摩爾在任何時候都不是一個共產主義者，儘管他的歷史學研究曾借鑒和運用

---

33 同上書，頁333。
34 磯野富士子整理，《蔣介石的美國顧問：歐文・拉鐵摩爾回憶錄》，頁8。
35 畢恩來（托馬斯・亞瑟・畢森），《1937，延安對話》，歐文・拉鐵摩爾〈序言〉，李彥譯（北京：人民文學出版社，2021），頁7。

過馬克思關於社會生產方式理論。從政治理論傾向看，他屬英國政治傳統的自由主義，從來沒有放棄過用民主主義的標準來對現實的政治制度的性質作出判斷，即能夠對「投票選舉的政府」與「刺刀強加的政府」之間作出區別。因此，他的左翼立場並不是羅斯福總統可以拒絕的理由，相反，他們就民主化改造中國的基本設想是完全一致的。拉鐵摩爾明確認為：「1937年對延安的訪問使我深信，抗日統一戰線不僅重要，而且可能。」正是基於對延安的觀感，他「大體上贊同羅斯福認為統一戰線至關重要的信念」，[36]確信必須以超黨派的立場來認識中國，通過建立不同政黨尤其是國共兩黨的統一戰線，來實現建立聯合政府的目標。

對於蔣介石來說，任何向他推銷統一戰線和聯合政府方案的美國人，他都不會從內心予以認可，在他看來，這些天真的美國人完全是被中共的宣傳伎倆所迷惑，沒有認識到中共長遠的政治企圖是用武力奪取全國政權。他之所以能接受拉鐵摩爾作為自己的私人顧問，一方面是因為羅斯福總統的強力推薦是最可靠的信用背書，另一方面也是因為被推薦人的歷史學家身分，讓他相信選擇一個超然於華盛頓主流政治圈的人是明智的。在拉鐵摩爾為蔣介石服務的一年多時間裡（1941年7月至1942年11月），兩人看上去似乎相處得不錯，拉鐵摩爾應蔣介石要求撰寫的三份關於抗戰形勢的分析報告，對諸如「即將面臨的東北問題」、「日本外交壓力的可能走向」、「中國抵

---

36 磯野富士子整理，《蔣介石的美國顧問：歐文‧拉鐵摩爾回憶錄》，頁91、92。

抗日本外交戰略的方法」、「日本可能會採取的下一步軍事行動」、「新的戰爭形勢對中國的影響」等重大問題，作出分析並提供政策建議，其中涉及到國民政府對美國、蘇聯和中共應採取的不同策略：

> 在軍事上，中國應該利用整個局勢來進行戰爭，在政治上，它應該利用這一局勢來減少共產黨的危險。與蘇俄的日益合作不僅從軍事的角度來看非常必要，而且從政治上來講，它意味著在不久的將來，共產黨將不敢製造麻煩。
>
> 從長遠的將來，與美國的合作，尤其是通過擬議的貸款與美國合作，將確保對共產主義的抵制。美國無意干涉中國的內政問題，但它肯定不想看到一個共產主義的中國。美國將努力幫助建設一個不僅完全獨立，而且國內政府十分穩定的中國。37

拉鐵摩爾的上述政策建議，頗有「看人下菜碟」的意味，因為他很清楚蔣介石最想看到有關限制或消滅中共及其軍事力量的報告。從職業倫理出發，拉鐵摩爾是信奉「一個誠實的外國雇傭兵是忠於他的報酬」的原則，但從內心而言，他在1930年代就形成的對蔣介石的不良印象，並沒有因為成為其私人顧問而有所改變，他仍然把蔣介石看作是一個獨裁者，「一個爬到最高地位的武人政客」，滿腦子半是封建和軍國主義思想，半是現代思想。拉鐵摩爾對蔣介石夫人宋美齡的看法也不佳，

---

37 同上書，頁232-233。

認為她「持有頭腦簡單的美國式的反共反蘇立場」,其價值和重要性被過分誇大了,尤其是被美國人看成是現代中國的象徵,其實她不過是一個熱衷於權勢的獨裁者夫人。[38]由於缺乏對蔣介石夫婦的基本認同和尊重,也是因為與他們無法在建立統一戰線和聯合政府問題上達成共識,拉鐵摩爾在1942年10月決定辭去蔣介石私人顧問一職,去美國戰時新聞局工作。蔣介石試圖予以挽留,但拉鐵摩爾去意堅決。同年11月17日,拉鐵摩爾與宋美齡乘同一架飛機去美國,這是宋美齡在戰時開啟了對美國的一次最成功的訪問,她在這次訪問中成了抗戰中國的形象代言人。據說下飛機時,總統顧問哈里·霍普金斯親臨舷梯下迎接,宋美齡見狀馬上對拉鐵摩爾置之不理,假裝不認識。這個插曲在拉鐵摩爾看來,他在蔣介石政府中再也派不上用場了,蔣夫人撇下他以圖抓住更多有用處的人。

　　1947年,在國共決戰的關鍵時刻,拉鐵摩爾夫婦在《中國的亞洲內陸邊疆》和《現代中國的形成》(*The Making of Modern China*)兩書基礎上,編寫了《拉鐵摩爾中國史》(《中國簡史》,*China: A Short History*),該書不僅僅是對中國歷史演變的史學敘事,同時也是展望現代中國革命性變革的政治學敘事,主導全書寫作的歷史觀是「革命史觀」而不再是「內亞史觀」,也就是把中國自晚清以來的歷史性變化置於革命史觀的分析框架內予以闡釋,認為太平天國運動開創了「社會革命和政治革命的悠久傳統,應該被視為如今獨立的中國長期鬥爭

38　參閱同上書,頁132、136。

中的首次革命戰爭」。[39]後續發生的義和團運動、辛亥革命和孫中山領導的二次革命，被該書認為是中國革命譜系中「未竟之革命」，因為革命並未達到目標——「建立代議制和全面推廣民主改革，提高共和政體的有效性」；日本的侵略又打斷了中國的現代化進程，迫使中國陷入在長期的激烈的戰爭中。因此，革命依然是變革現代中國的主要方式，革命的目標是「制定多數人支持的政治制度，包括廣泛組織理念不同的政黨。」[40]最終實現國內政治結構和行政管理的統一以及國家的現代化。

拉鐵摩爾對中國民主化前景充滿信心，認為「中國人遠比想像中更像美國人，他們比日本人更像美國人，甚至比普通的拉丁民族更像美國人。」所謂「更像」，是指典型的中國人是誠實的，遵守契約，遵守口頭承諾，比美國人更文明、更富有哲理；而且，「典型的中國人是非常民主的，他們在這方面與大多數美國人類似，而不像大多數日本人。」[41]這個充滿理想主義色彩的主觀判斷，在很大程度上與對中共的認識相關，也就是拉鐵摩爾在1937年的延安之行中對中共領導人留下的深刻印象，在十年之後轉化為一種貌似客觀的歷史敘事，把建設現代中國的希望唯一地寄予共產黨。他以歷史學家的語氣斷言，國民黨在抗戰勝利之後並沒有按照其曾經的承諾，在和平來臨時結束國民黨一黨專政的局面。國民黨右翼主張將所有地方權威集中到中央政府；國民黨內部溫和派和走中間路線的民主黨

---

39 歐文・拉鐵摩爾、埃莉諾・拉鐵摩爾，《拉鐵摩爾中國史》，李穩穩譯，袁劍校（上海：上海人民出版社，2024），頁87。
40 同上書，頁153、130。
41 同上書，頁11、13。

派,則主張首先讓現有各省根據「省權」綱領加強自身政治組織,然後隨著地方政治效率的提高將權力委託給代表全體的中央政府;惟有共產黨與他們持相反的觀點,主張通過民主改革的方式,與各政治黨派形成廣泛的聯盟,建立民主的聯合政府。拉鐵摩爾據此認為,共產黨才是中國民主化改革的真正力量,其控制的「邊區」所進行的土地改革、工業合作社、打擊囤積居奇、鼓勵私人創業等社會主義性質的實驗,不僅獲得了農民階級的支持,而且城鎮中產階級——曾是擁護國民黨最先進的團體——也「日益傾向於與共產黨合作」。

　　鄒讜對拉鐵摩爾的政治思想轉變,有過精闢的分析,認為他的著作在1940年代後期出現了判斷上的動搖性:他在1944年出版的《現代中國的形成》一書,仍認為國民黨中國是「民主的」,因為「黨(國民黨)和政府(國民政府)代表著絕大多數人民的利益」,他讚揚國民黨建立了「允許以國民黨本身之外的其他渠道發表政治見解」的開端,並且通過政府的各種措施減少國民黨「對政治行動和政治見解的壟斷」。然而,在1945年發表的《亞洲的解決方法》一書中,他卻對國共兩黨做了完全不同的評價,強調國民黨從「各種利益集團的聯合」轉變成為「一個利益集團的壟斷」,從「聯合政黨」轉變成為「地主(階級)的黨」,此時他不再談及國民黨中國,而是說只有共產黨才能「走向民主」。[42]判斷上的「動搖性」,未必是一種理論機會主義,而毋寧是反映了拉鐵摩爾的思想變化最終還是受制於他在1937年延安之行所確立的革命史觀,自此之

---

42 參閱鄒讜,《美國在中國的失敗(1941-1950年)》,頁182-183。

後，他始終是把中共視為中國革命的新的領導力量。《中國簡史》對國共兩黨分別作出了不同的歷史判斷，實際上也是他關於現代中國的政治結論：

> 國民黨從代表不同集團及特殊利益集團的聯合政黨，逐漸轉變為很大程度上代表地主和軍官的右翼政黨。與此同時，共產黨在一定程度上已不再是僅主張進行激烈土地改革的左翼政黨，而是在戰後廣泛致力於妥協、聯合（各政黨及群體）和創辦私營企業。[43]

鄒讜認為，拉鐵摩爾對「農民黨」、「地主黨」、「聯合政黨」這些詞彙的使用反映了美國政治科學界的一種普遍看法，即強調把利益集團作為最有活力的政治力量來研究，把政府和政黨作為主要是利益集團進行活動的機構來研究，把黨綱和政府方針作為各種衝突或平行的壓力相互作用的結果來研究，「這種方法無論在對美國的政治研究中具有何種長處，它卻無法應用於現代中國。」因為，中國傳統的社會結構崩潰之後，利益集團的政治組織和內聚力完全集中於政黨和政府領導人，「紳士們」失去了他們原有的政治職能，農民變成了受政治集團和領袖個人利用與操縱的社會力量。更主要的是，以列寧主義原則為基礎的中國共產黨是由一群組織嚴密、紀律嚴明的職業革命家所組成，它的目標是一旦有可能便奪取政權，它的方法是利用一切方便的途徑激發群眾的不滿情緒，並通過各

---

43 歐文・拉鐵摩爾、埃莉諾・拉鐵摩爾，《拉鐵摩爾中國史》，頁157。

種方式和以各種組織機構的形式實現這一目的。總而言之,「黨的極權主義性質既來自它對全部權力的渴望,這對實現它激烈的制度改革這一極為雄心勃勃的綱領是非常必要的。又是來自它的組織原則,這種原則使黨成為完全超越於利益集團之外的一種力量,它操縱著這些利益集團,但又不為它們所控制。」[44]對於鄒讜揭示的中國社會結構和政治結構的特點、利益集團與政黨和政府的關係、尤其是中國共產黨一直力圖壟斷全部權力的極權主義性質,拉鐵摩爾顯然根本沒有進行深入研究,當他試圖以自由主義和民主主義的理念來分析中國政治時,完全錯估了研究對象,對國共兩黨的性質和政治前景均作出了錯誤的判斷,進而完全按照中共自我宣傳的調子和「邊區」進行的土地改革模式,將中共描寫成一個社會改良派和愛國者的黨,把中國共產主義說成是「一場農民解放的運動」。令鄒讜非常感慨的是,在整個1940年代,能夠正確認識中共的性質和意圖的美國人可謂鳳毛麟角,即使像最支持蔣介石的右翼共和黨參議員周以德,在1945年3月15日眾議院的一次演講中承認:「我一度也曾被他們(中共)僅僅是土改派的言談所蒙蔽,以為他們僅僅是為了爭取中國的自由民主而鬥爭的愛國者。」[45]美國倡導的自由民主的政治傳統,讓許多美國人加強了憑自己的印象看待外國事物這種自然傾向,以為中共能夠像美國民主黨那樣推動建設一個現代的民主的中國。

在麥卡錫主義的高潮階段,聯邦調查局一直糾纏著哈羅

---

44 鄒讜,《美國在中國的失敗(1941-1950年)》,頁183。
45 參閱同上書,頁187。

德‧伊羅生,企圖從這位堅定的托洛斯基主義者嘴裡獲得對拉鐵摩爾的不利證詞,伊羅生告訴聯邦調查局,拉鐵摩爾「不可能成為史達林主義者,但又沒有勇氣成為托派分子。」[46]這個評價多少有點不恭,拉鐵摩爾卻樂意享用,因為在他看來,伊羅生至少為他清洗掉了蘇聯間諜的嫌疑。從拉鐵摩爾一生的政治活動來看,他的確如自己多次申明的那樣,從未成為一個真正的共產主義者;但從他的政治傾向來看,他毫無疑問地是共產主義者的精神同路人。

費正清的中國革命史觀批判(上)——思想與時代

費正清(約翰‧費爾班克),毫無疑問地是美國自有中國問題研究以來最負盛名的歷史學家,他撰寫和主編的關於中國歷史與中國革命的各種讀本,對於歷史學家而言,是必須閱讀的經典著作;對於公眾而言,是瞭解中國的權威指南;對於政治家和外交家而言,則是探索中美兩國間複雜多變的關係及其奧秘的最佳參考書。費正清的重要性不僅在於他的著作和主要觀點型塑了美國主流社會對中國的一般看法,直接或間接地影響了美國政界和公眾對中國的態度;而且如傅高義所說,費正清是哈佛的中國研究的偉大奠基者和機構締造者,開墾拓荒並創建了「東亞王朝」——費正清東亞研究中心,由這個史學共同體創造的一系列關於中國的著述,深刻而深遠地影響了幾代美國漢學家和西方的中國學界。不僅如此,費正清史學對中

---

[46] 參閱歐文‧拉鐵摩爾、埃莉諾‧拉鐵摩爾,《拉鐵摩爾中國史》,頁220。

國的史學研究亦有重大影響,其提出的「衝擊—回應」模式、「傳統—近代」模式和「帝國主義」模式,對於中國傳統史學體系和馬克思主義史學體系均有範式革命的意義;[47]他參與主編和撰寫的15卷本《劍橋中國史》,是所有中國史研究者都必須面對的一部里程碑式的著作,其史學價值是怎樣估量都不會過高,絕非任何意識形態可以遮蔽或消解。費正清半個多世紀的史學研究成就實現了他對歷史的宏大願景:

> 歷史對於我就如同真理對於我那作為公理教會傳教士的祖父,既可以謀生,還可以拯救世界。[48]

1932年,費正清作為牛津大學的博士生首次來到中國時只有25歲,此時,年長他7歲的歐文・拉鐵摩爾已是美國研究中國和遠東問題的著名專家,而他則對於「中國的歷史、美國對華政策和遠東革命與民族主義」一無所知。按照費正清自己的陳述,至1950年代初期為止,他對中國的研究可以分為四個階段:1932-1935年,開始對中國研究產生興趣,並為此在中國待了四年時間;1936-1941年,他回哈佛大學教授歷史學;1942-1943年和1945-1946年,他又兩次前往中國,在前後兩年一個月的時間裡,他「瞭解了中國革命的精神,以及它的感染力和它的革命方式」,並且確信,「這將不僅僅是一場偉大的革

---

47 參閱柯文,《在中國發現歷史》,林同奇譯(北京:中華書局,2002),作者在該書中專門對這三個史學模式提出了批評,認為這三個史學模式具有西方中心主義的傾向。
48 費正清,《費正清中國回憶錄》,頁172。

命,並且它最終必將取得勝利。」[49]1946-1952年,他回國後覺得有必要在全國範圍內展開對中國的研究和教育,以幫助美國公眾瞭解中國人真實的生活現狀,對中國革命、革命背景和發展做出解釋。正是因為把自己的歷史研究與中國革命緊密聯繫在一起,費正清在麥卡錫時代遭到了政治迫害,他被打入在應該為美國「丟失」中國負責的四、五個「約翰」之列。值得慶倖的是,與那幾個在無休止的國會質詢中被迫丟掉了外交官飯碗的「約翰」們相比,費正清保留了他的教職。最終能夠通過國會的「忠誠審查」,是因為他不屬委員會編寫調查報告和制定政策建議的主要人物,用他自己的話說:「重要性並不是很高」,「與拉鐵摩爾不同,我更偏重學術性的成果和較低的曝光度使我不太會成為受害者。」[50]這段經歷表明,學術身分在讓費正清得以避免某種政治風險時,卻無礙他的歷史研究對政治產生重大影響。

在中國最初的四年裡,費正清與普通求學者一樣,四處拜訪名人,他的劍橋大學博士生身分為他提供了諸多便利。在他見過的各種人物中,其中有幾位對他後來展開中國歷史研究有關鍵性作用,他們是拉鐵摩爾、史沫特萊、蔣廷黻。

費正清完全是抱著崇拜的心理去拜訪拉鐵摩爾,他評價拉鐵摩爾1928年出版的《通往土耳其斯坦的荒漠道路》一書,是「一本富有浪漫主義色彩的旅行歷險指南,同時更多的是一位極具才華的觀察家的記錄」;認為拉鐵摩爾1932年出版的《滿

---

49 同上書,頁2。
50 同上書,頁338。

洲，衝突的搖籃》一書，把滿洲與中國早期歷史聯繫起來，出色地勾勒出中國北部和西北邊疆一帶的非漢族部落政權興衰的輪廓，「這使得作者成為一名潛在的『地緣政治』思想家。」當《中國的亞洲內陸邊疆》一書在1940年出版時，費正清讚不絕口，認為這是一部「巨著」——「歐文通過他的想像力，結合他的實地考察，建立了一個歷史理論的城堡。」[51]費正清在其早期歷史研究中，實際上是把拉鐵摩爾視為自己的精神導師。他後來建構的「衝擊—回應」的史學模式，以及關於中國沿海地區的貿易開放與內陸變革關係的研究，明顯地受到了拉鐵摩爾「內亞史觀」的啟發。他的第一部中國歷史研究專著——《美國與中國》（1948年出版），可以清楚地看出拉鐵摩爾在1947年出版的《中國簡史》的影子，該書專門引述了拉鐵摩爾關於中國歷史「兩個循環」的理論，以此說明，雖然遊牧民族和西方對中國生活的衝擊毫無共同之處，「但中國人對西方的反應，卻受了他們對付遊牧民族時所得經驗的影響。」[52]費正清對中國革命的認識與拉鐵摩爾關於現代中國革命性變革的理論，在歷史觀和歷史價值觀上亦是高度一致。

如果說拉鐵摩爾為費正清研究中國提供了重要的思想資源和歷史研究方法，那麼，史沫特萊則為他提供了關於共產主義的信息和中國革命的價值觀導向。在費正清的眼裡，史沫特萊是「偉大的為社會正義而戰的美國勇士之一」，她出身底

---

51 同上書，頁48。
52 參閱費正清，《美國與中國》（第四版），張理京譯（北京：世界知識出版社，1999），頁79。

層,同情勞動者,仇視統治者,1927年到了中國,因為率先報導了毛澤東領導的江西根據地而進入了國民黨的黑名單。倆人最初相見時,史沫特萊在談話中不時地夾雜一些罵人的髒話,這是她有意通過這種方式來驗證費正清是否具有平民情懷。有趣的是,史沫特萊鄙視美國的共產黨,而對中國共產黨充滿了熱情,認為唯一可以給中國帶來「開明專政」的就是共產黨,「除去共產黨,其他一切統治者都是法西斯」。[53]史沫特萊尊崇魯迅是「最偉大的革命作家」,鼓動費正清秘密參加魯迅作為精神領袖之一的「中國民權保障同盟」,教授他如何進行秘密聯繫的方式。史沫特萊身上充滿著「陰謀論、妄想症和革命狂熱」的氣質,正是在她的言傳身教下,費正清從共產主義支持者的視角瞭解了很多東西,「開始同情共產黨員和社會主義者」。史沫特萊於1950年在英國去世之後,費正清始終沒有改變對這位勇於報導中國紅軍的左翼記者的由衷好感,認為「她的幾本有關中國革命的著作依然是有價值的。」[54]

歷史學家蔣廷黻是屬費正清的「自由主義」範圍內的朋友,亦是他承認的中國老師,儘管倆人並沒有正式的師生關係。費正清到中國時有一個宏大的志向,那就是「挖掘中國的更多史料檔案來創建一個更加全面的中國現代史觀」,這一想法是基於他對由哈佛燕京學社主導的中國研究緊隨歐洲研究模式的不滿,認為歐洲漢學家墨守成規,只注重學習中國古代的經典文本,而貶低中國沿海地區的傳教士和領事們所作的漢學

---

53 同上書,頁78。
54 同上書,頁78。

研究。蔣廷黻對費正清的最大幫助是，在他第二次向哈佛燕京學社申請獎學金遭到拒絕之後，向他提供一份在清華大學教學的工作，這份工作既解決了生活的燃眉之急，也讓費正清「從準備階段猛然被推出去開始實際行動」，首次以教師身分從事歷史研究與教學。在清華工作期間，費正清通過使用中國和英國的文獻資料，完成了他生平的第一篇學術論文〈1858年條約簽訂之前鴉片貿易的合法化〉，該文發表在1934年7月的《獨立評論》上，這份當時在中國已經頗有影響的刊物由蔣廷黻負責。蔣廷黻對費正清有知遇之恩，清華的工作經歷初步奠定了費正清後續龐大的中國研究的第一塊基石，也讓他從蔣廷黻身上看到了中國自由主義知識分子所承擔的歷史責任。

在費正清所理解的知識分子的思想譜系中，自由主義和左翼是兩個不同的概念，他以自由主義自我定位，同時以這個概念來定位蔣廷黻和胡適這批中國知識分子的思想與政治立場，認為當自由主義思想在西方失去了它至高無上的地位時，卻在中國成為知識界的思想主流。1932年5月10日，費正清被邀請至東興樓飯莊會見一些他「應該認識的大人物」，其中包括北京大學文學院院長胡適，北平社會調查所所長陶孟和，中國地質調查所創辦者丁文江，他們幾位均是從國外留學歸來，是當時「中國問題研究領域的傑出人物」。這次與中國學術界領袖的意想不到的接觸讓費正清受寵若驚，他對胡適的評價尤其高，稱其為是「中國的伏爾泰」。但他同時認為，到了1932年，一黨專政成為中國的新政體，北京的自由主義者事實上已經失去了政治的話語權，雖然他們的思想對中國最終進步還是不可或缺的。後來他經由梁思成、林徽因夫婦認識了更多的自由主義

學者,他們是:政治學家錢端升(哈佛大學哲學博士)和張奚若(哥倫比亞大學、倫敦大學哲學博士),經濟學家陳岱孫(哈佛大學哲學博士),物理學家周培源(加州大學工程學院理學博士),教育家和邏輯學家金岳霖(哥倫比亞大學哲學博士),他們都有著英美自由主義背景,「得到了我們的尊重,但是他們在自己的祖國是沒有實權和地位的少數派。」就自由主義和共產主義的比較而言,費正清在蔣廷黻和胡適為代表的知識精英身上,看到的是他在美國早已熟悉的那套話語以及自由主義者溫文爾雅的人格形象,而在史沫特萊的身上看到的卻是一種與生俱來的反叛精神,他力圖在策略上達到兩者的平衡,以與史沫特萊的友誼為典型例子,實行「局限於自由主義與共產主義團結一致、共同前進的策略。」[55]

1935年,費正清結束在中國的訪學,回國前與埃德加·斯諾夫婦相見。此時,毛澤東領導的中國紅軍歷經艱苦的長征抵達陝北,建立了新的根據地,斯諾正準備前去考察。一年後,費正清在哈佛大學讀到了《紅星照耀中國》,這本書為他後來撰寫《偉大的中國革命》一書提供了第一手資料。1936年,費正清獲得劍橋大學博士學位後,在哈佛大學歷史系獲得正式教職,成為一名講師。隨後5年裡,他為了擴展博士論文的主題,結合中國與英國不同的觀察角度,從中國的外部邊緣問題開始入手,最終寫到從北京角度看外部問題。從邊緣逐漸發展到核心,費正清認為這是他學術見習期中不可或缺的經歷,完成了為培訓他人而進行的自我訓練。

---

55 同上書,頁70。

1941年，珍珠港事件爆發前4個月，費正清應召加入新成立的國家情報協調局，在研究分析處工作，為戰爭目的服務。1942年9月，他被派往中國，擔任美國駐華大使館特別助理、美國國會圖書館代表以及美國出版物服務社主任。1943年12月回國，於1945年9月再次去中國工作，擔任美國戰時新聞局駐華辦事處主任，履職8個月。這兩次在中國的經歷所形成的相關認識，完全有別於費正清在1930年代訪學中國時所獲得的經驗感受，因為他從自由主義的立場轉向了左翼的立場。

從接觸知識分子的圈子來看，費正清開始更多地與左翼知識人聯繫，用他自己的話說：「1943年底，我最大的收穫就是結識了幾位左翼新朋友，經過幾個月的相處，他們讓我對他們的革命事業有了一定的瞭解。」[56]他特別欣賞的兩位女士，一位是龔澎——「聰穎而光彩照人」；另一位是當時頗具影響力的《大公報》記者楊剛——「對於中國困境的洞察更加尖銳，表述也更具哲理性」。此時費正清把自己在中國結識的知識分子朋友劃分為兩類：一類是接受過西方教育的追求自由主義的教授們，以蔣廷黻、胡適等為代表；另一類是「一些年輕的作為左翼分子的新朋友」，「他們也是西方教育在中國的產物，而如今則成為共產主義的擁護者並為之奮鬥。」對於這兩類朋友，費正清都視為是與當權者進行殊死鬥爭的「道德英雄」，但他更認可左翼分子而不是自由主義者：

> 隨著1943年的時間慢慢推移，我逐漸意識到，作為老一

---

[56] 同上書，頁263。

輩的自由主義者，他們所扮演的角色是權力的輔助者而非掌控者，因此他們並不能起到領導作用。而另一方面，年輕的左翼分子雖然不夠強大，但是他們充滿希望且足智多謀，也許有機會在未來有所發展。[57]

費正清內心很清楚，這些左翼分子大部分都是共產黨人，是共產主義思想的傳播者，也很清楚他們堅持的政治立場和價值觀與自己相去甚遠，例如，喬冠華就毫不掩飾地對他說：「我就是一名極權主義者」。但是，這些重大的思想和價值觀差異在費正清看來似乎並不重要，重要的是這些忠實於自己信仰的共產黨人，不僅是「言論自由的代表」，而且是「盡可能像現代的美國自由民主主義者那樣行動」，「他們減少行動中極權主義的一面，所有人都準備成為為自己的信仰捐軀的英雄」。基於這種認識，費正清坦承自己「受到左翼分子的影響」，同時也認為自己對他們施加了影響。實際上，他是和左翼分子在對待共產黨的立場上達成了某種共識。1943年，費正清在致羅斯福總統助理勞克林·居里博士的信中寫道：

清華大學和北京大學中那些受到美國教育的自由主義類型的學者，是美國制度和科學標準的最佳典範，但他們仍然無法給中國帶來什麼活力。對於共產黨問題這一真正的爭論點，他們多半是反對派。他們希望推動國家前進，但指不出具體方向。……對於中國一片混亂的狀況，我思考

---

57 同上書，頁277。

我該做什麼的時間越長，我就越會得出一個結論，即自己也會採取和共產黨同樣的做法。只有激進的方式才能推進社會向前發展。[58]

　　1946年，在即將從中國回國之際，費正清給其上司寫了一份研究報告，其中提到，左翼反對派包括共產黨人和知識分子，他們與美國人有共同之處，並且證明：「從前很多堅定的反共親美派的自由主義者以及大多數的美國人，如今卻持有與共產黨一樣的觀點。」[59]他在這份報告中明確斷言，一向更為客觀的共產黨員未必認為他們發起的運動近期就能取得顯著成效，或者通過馬克思主義的教條喚醒農民，但是，「他們的重要性遠遠不是以其當前的數量或力量來衡量的，因為他們是唯一有組織的少數派的反對團體。」報告最後的期待是：「我們必須等待某天一場偉大的中國革命爆發。」[60]費正清寫給美國政府的官方報告或信件，在當時不可能公開發表，這並不妨礙他與中國的自由主義學者們漸行漸遠，卻與左翼分子的接觸空間越來越寬廣，思想和感情日趨一致。1946年7月，費正清從上海啟程回國，左翼分子舉行了隆重的歡送會，參加者多達50人。郭沫若等人紛紛致辭表示感謝，費正清以「四海之內皆兄弟」作為回覆。他對這次告別頗為感慨，因為在26年之後，他才重新踏上了中國的土地，成為中國官方認可的「中國人民之

58　同上書，頁257。
59　同上書，頁279。
60　同上書，頁280。

友」。

　　左翼的立場基本決定了費正清對國共兩黨的不同態度。1943年，費正清在重慶待了一年後便「最終確信」並得出結論：「我們的盟友國民政府正在腐化墮落並逐漸失去權勢」。他後來甚至用「天命」觀來解釋蔣介石因為「失去天命」而必然失敗的命運。基於這個判斷，費正清對蔣介石夫人宋美齡在美國國會的演講很不以為然，認為這場演講取得了巨大的成功，同時進一步吹大了自由中國的泡沫，從而使「自由中國在美國被誇大的形象就像充滿氫氣的氣球隨時有爆炸的危險。」[61] 費正清對蔣介石發表於1943年的《中國之命運》一書感到「十分驚駭」，提出了尖銳的批評，認為該書是對「著書立說的教授們的一種侮辱」，他引述金岳霖的看法，將這本書斥之為「廢話連篇」，而他本人則強調自己「從未見過如此有害的利用歷史來達成政治目的的行為」。[62]

　　對國民黨的不滿和批判，在很大程度上是為了呼喚「偉大的中國革命」以及為中國共產主義運動的正當性提供證明。按照費正清自己的陳述，他始終抵制共產主義的普遍性思想，對馬克思主義也沒有寄予厚望，同美國共產黨沒有任何聯繫，而且他認為美國人爭取民主行動組織的反共產主義原則，是自由主義立場的必要組成部分，共產主義思想只能被「極端的美國人」所認可。但是，這些預設立場並未有效阻止費正清形成關於中國共產主義運動的一個基本看法：「**我堅定地認為，共**

61　同上書，頁247。
62　同上書，頁250-251。

產主義對美國有壞處，但對中國是有好處的。」[63]在他看來，中國的共產主義事業也許確實是憤世嫉俗、冷酷無情的，在經濟上存在著缺陷，受到了莫斯科的影響，同時也被很多中國人所畏懼，「但是從廣大窮苦農民的立場出發，與國民黨的政策綜合比較起來，它仍然是更可取的。」[64]1946年，費正清在張家口的牆上隨處可見中共張貼的標語：「建立民主制，創建新生活」；到了南口長城城門，見到的標語是：「擁護蔣介石領導」。他把這兩個場景記錄在自己的回憶錄中，以此證明國共兩黨根本不可同日而語。

1950年11月，費正清在《大西洋月刊》上發表文章，進一步提出了「共產主義在中國正義」論：共產黨信奉「重視自由主義者所重視的改革和自由，並譴責國民黨的罪惡。這使得自由主義者將共產黨視為自由主義者，也使得國民黨右翼將自由主義者視為共產黨。」「我仍然試圖使人們理解，共產主義在中國是正義的，但在美國是邪惡的。這是客觀的實際情況。」[65]

這是從歷史觀高度上對中國共產主義的基本定位，從這一定位出發，費正清主張，美國政府想要有效地制定對華政策，就必須客觀地討論中國共產黨的是非曲直，他為此給自己規定的任務是：研究出一套理解中國政治的理論與方法，對中國革命進行追根溯源的分析，同時弄清楚美國在對待中國革命時所應該採取的態度。他為此斷言：

---

63 同上書，頁313-314。
64 同上書，頁317。
65 同上書，頁340。

如果我們盲目地反對中國革命，最終我們會發現自己將被一場群眾運動趕出亞洲。66

　　從中國回到哈佛，費正清立即開始同時從事兩項工作，一邊教授中國歷史，一邊開始大膽地評論美國對華政策，此時，他的身分具有別人無法比擬的可信度：既是哈佛的歷史學教授，又曾在美國政府部門工作過5年，而且還有在中國的獨特經歷。因此，他撰寫的關於中國的時事評論總是能引起社會的廣泛關注。1946年9月，費正清在《大西洋月刊》上發表〈我們在中國的機遇〉一文，贊同國務卿馬歇爾「富有見地的結論」，即美國不應該再以親國民黨的姿態介入中國事務。此文很快「在中國持續激烈的國內鬥爭中引起了極大反響」，據說至少有三個中文版本，左翼作家夏衍專門為此寫了熱情讚賞的評論。同年10月，費正清在著名的《紐約時報書評》的頭版上，為白修德的《中國的驚雷》一書撰寫評論文章，稱讚該書是「描寫戰時中國最為經典的著作」，明確認為：「蔣介石標榜的民主與我們的民主並不相同，毛澤東標榜的民主也和我們的不一樣……儘管我們所支持的是前者，但是在他們二者之間，中國很可能將會最終選擇後者。」67 1947年2月，費正清在該報再次發表重磅評論文章，直接批評蔣介石的兩本書：《中國之命運》的官方英文版，單行本《中國之命運和中國經濟理論》，稱書中所謂的「經濟理論」顯得既幼稚又充滿沙文

---

66 同上書，頁313。
67 同上書，頁316。

主義，認為一個國家領袖發表這樣的學說，簡直可以稱之為醜聞。1947年至1948年，費正清為20本書寫了書評，其中包括很多人對於美國對華政策的研究成果。他還參加了大約12次廣播評論節目，成為美國幾乎家喻戶曉的新聞人物。

1948年，是戰後世界總危機的一部分，美蘇之間的「鐵幕」已經降臨，美國開啟了針對蘇聯進逼歐洲的「馬歇爾計劃」，共產黨在捷克斯洛伐克發動政變建立了紅色政權，柏林出現封鎖危機，西方國家開通西柏林的空中救濟走廊；同時，中國國共內戰處於決戰時刻，美國對華政策的爭論開始升溫，對華政策的相關話題受到人們極大的關注。在此時刻，美國對中國的研究具有迫切性，不僅是對中國現實政治變革及其前景的政策性研究，更重要的是通過對中國歷史和現實的研究，全面建構一整套關於中國的理論、方法及其話語體系。這對於費正清來說，正是「天降大任於斯人也」的時刻！費正清顯然早已為這一時刻的到來做好了準備，《美國與中國》在1948年出版，這是他為美國人民提供的中國歷史研究的開山之作，亦是標誌著「費正清史學共同體」的肇起。費正清深信，只要在世界最偉大的革命（中國）和世界最偉大的大學（哈佛）之間取得有利位置，時勢造英雄，就是輕而易舉的事！

費正清的中國革命史觀批判（中）——理論建構

費正清在美國的中國研究（China Study）領域取得的突出成就，不僅體現為他個人所貢獻的諸多學術著作，而且還體現為他卓越的學術組織才能，在他的領導下，哈佛大學彙集了美

國的中國及東亞研究領域最出色的學者,涵蓋了人文歷史科學和社會科學的各個方面。1977年,費正清年滿70歲,正式退休,就在退休告別的晚宴上,白修德揭開了一塊牌匾,上面赫然寫著「費正清東亞研究中心」幾個大字。這是費正清的同事們以此作為他的退休禮物,決定讓這個研究中心和他的名字一起永世長存。完全可以這麼理解,「費正清東亞研究中心」標誌著「費正清史學共同體」的形成,費正清為這一史學共同體奠定了最重要的理論基石:「衝擊―回應」史學模式和中國革命史觀。

費正清在1930年代後期展開中國歷史研究時,從最初探討1858年條約簽訂之前鴉片貿易的合法化問題,到他的博士論文研究中國沿海的貿易與外交,已經非常鮮明地呈現出他關於中國歷史敘事的獨特思想路徑,那就是把中國置於近代以來與西方國家發生的一系列衝突的歷史環境之中。1948年,費正清第一部中國歷史研究專著《美國與中國》,顯然不單純是一部關於中國歷史的書,更應該看作是「一部關於美國對華政策的簡明歷史」,它被收入在哈佛大學出版社編輯的「美國外交政策叢書」中,從一定程度上說明了該書的性質與意義需要在中美關係史中予以把握。1950年,費正清與鄧嗣禹合作,在太平洋國際學會和洛克菲勒基金會的資金贊助下,共徵集了大約30名學者的意見,最終搞出了一部厚厚的油印初稿,這就是《衝擊與回應:從歷史文獻看近代中國》(*China's Response to the West: A Documentary Survey, 1839-1923*)。該書在1954年正式出版,其重要性在於,這是「費正清史學」首次明確建構了「衝擊―回應」的史學模式,以此用來闡釋中國近代以來的一系列

政治、經濟、文化和社會變化：

「條約體系」的一百年，是歐美社會擴張並占據支配地位的一百年。在此期間，古老的中國社會越來越深地捲入與歐美社會的聯繫之中。在工業革命的刺激下，中西碰撞對中國的傳統社會造成了災難性的後果。在社會生活的每個領域，舊秩序都遭到挑戰、非難、侵蝕甚至顛覆。而造成這一切的，就是那個強勢而陌生的西方觸發的一系列變革——這一變革涵蓋政治、社會、思潮、文化等各個方面。

穩固的中國傳統社會結構的崩潰，就像彗星接近地球時，地殼會被巨大的引力撕裂。最終，舊中國的殘餘——服飾舉止、文言和複雜的皇權政治、宗教依賴和儒家倫理，以及一切屬輝煌過往的文物制度——統統要被扔進歷史的熔爐裡回爐再造。舊秩序在三代人的時間裡就改變了。

四千年的古老中國擁有著最龐大的人口，在許多文化領域有著最高水準的成就，卻在幾十年內脫胎換骨。急遽的變革對西方人而言並不新奇，但近代中國的變革之劇還是超乎我們想像：它以史無前例的規模和速度，完成了舊秩序的瓦解和新社會的重建。68

---

68 費正清、鄧嗣禹，《衝擊與回應：從歷史文獻看近代中國》，陳少卿譯（北京：民主與建設出版社，2019），頁3-4。

費正清在建構「衝擊—回應」的史學模式時,並不諱言他在構想這一理論框架時受到了英國歷史學家阿諾德・湯恩比提出的「刺激(或挑戰)—回應」觀點的影響,[69]但他認為湯恩比的這一引自生物社會學的概念,低估了中國自身的傳統和創造力,似乎中國人只能被動接受外來影響,沒有估量到他們積極地投身變革也是為外來影響所驅動。費正清和他的合作者是要強調,「刺激」或「挑戰」的概念有其局限性,他們更側重於研究中國在「西方衝擊」之下會作出何種「回應」。在他們看來,「西方衝擊」僅僅是中國多樣圖景中的元素之一,而解讀這種回應是困難的,這就需要把回應放在中國的總體歷史中去考察。

　　「衝擊—回應」的史學模式主要是用來解釋中國近代史,按照費正清的「歷史時間」概念,中國是從1839年開始進入了「近代」,1840年爆發了中英鴉片戰爭,戰爭的結果是1842年中英《南京條約》的簽訂。這意味著中國傳統的朝貢體系的崩潰,取而代之的是條約體系的建立,中國從此「一直被束縛在以不平等條約為特徵的國際體系中」,至1943年才被終結。費正清與鄧嗣禹共同編著的《衝擊與回應》一書,是試圖以「衝

---

[69] 費正清的「衝擊—回應」的史學模式除了受到湯恩比的影響之外,應該還從拉鐵摩爾的關於「中原—草原」兩種歷史循環的相關論述中受到啟發,中原王朝與草原王朝的衝突、融合和互相征服,支配了中國兩千餘年歷史的演變,明顯地具有「衝擊—回應」的特徵。費正清認為:「遊牧民族和西方對中國生活的衝擊毫無共同之處。但中國人對西方的反應,卻受了他們對付遊牧民族時所得經驗的影響。」或許就是基於這個認識,費正清並沒有把拉鐵摩爾的「內亞史觀」置於他的「衝擊—回應」史學模式的思想來源之一。參閱費正清,《美國與中國》,頁79。

擊─回應」的史學模式勾勒出近代中國嘗試理解西方、適應西方的思想歷程的大致輪廓，並梳理出大體的脈絡。他們的理論工作的預設前提是，要理解近代中國，必須將其置於中西接觸的大背景下，包括要理解中國共產黨也不例外，西方影響促成了中國社會結構、生活方式和價值觀的重塑。他們在該書導論中指出：「從林則徐時代開始，所有愛國者和政治家都要將中外關係當作國家和人民面對的首要問題。從鴉片戰爭開始，一連串關於『外夷』的問題反覆出現。從效法西法練兵，到引入『西藝』的自強運動；從提倡實業到維新變法，從共和革命到崇拜『德先生』和『賽先生』；從『中國的文藝復興』，到一黨執政和民主集中制。凡此種種都曾風靡一時，並且對中國的重塑發揮了作用，它們都或多或少地和西方影響有關。甚至時至今日，所謂的『美帝國主義』仍在制裁中國方面發揮著作用。」[70]從這個意義上看，中國近代史就是中國承受西方衝擊和回應西方衝擊的歷史。

《衝擊與回應》一書是一部歷史文獻集，作者分七個部分28章編纂從1839年至1923年的歷史文獻，共選文66篇，文獻的構成實際上勾畫出中國近代以來社會變革的主要問題域──中國在西方的衝擊之下作出了何種回應，其中貫穿著一條非常清晰的思想線索，那就是中國士大夫階層如何面對西方的強勢擴張，如何理解一個陌生的文明，以及如何存續自己的文化、政治和社會體制。中國近代史由此被作者劃分為前後相連的幾個大的時期：

---

70 費正清、鄧嗣禹，《衝擊與回應：從歷史文獻看近代中國》，頁9-10。

1839-1860年，中國「承認學習西方的必要性」。林則徐提出應對英國的「制夷」之策，滿族官員提出「撫夷」之策，清政府建立「總理衙門」，馮桂芬提出〈采西學議〉、〈制洋器議〉，太平天國洪仁玕寫出了〈資政新篇〉。

1861-1870年，中國從「對西方技術的渴望」轉向對其應用。曾國藩對西洋機器持積極態度，籌辦江南製造局，李鴻章與西式武器的應用，創設「同文館」，左宗棠與福州船政局。

1871-1896年，中國興起「自強運動」。李鴻章成為洋務運動領袖，清政府向西方國家派遣留學生和外交使團，造蒸汽船、建鐵路、開辦造紙、紡織、水泥、煤礦、火柴、麵粉等各種工廠，建立「官督商辦」制度，積極外交，建設現代海軍。

1900年前後，中國開始變法改革運動。傳教士的影響，王韜、薛福成等人的維新文章，康有為及「康黨」，張之洞的「改革計劃」，戊戌維新及其失敗，「新舊之爭」、「滿漢之爭」、「英俄之爭」、「帝后之爭」。

1901-1912年，從改良到革命。保守主義的改革運動，教育改革，廢除科舉制，建立現代銀行制度，梁啟超與民族主義，孫中山早年的革命方略，建立「同盟會」。

1912-1923年，意識形態潮流與五四運動。異彩紛呈的新思想，蔡元培與教育自由，馬克思主義在中國的傳播，胡適與中國的實用主義，孫中山調整革命的方向，梁啟超對中國進步的回顧。

在作者的視野裡，根據上述歷史事件和文獻編撰的《衝擊與回應》一書，呈現了中國近代史中一段波瀾壯闊、波詭雲譎的進程，中國人在百年間為了救亡圖存提出了種種意見、構

想、分析和計劃，貫穿其間的是一條文化紐帶——中華民族自古就是統一體的強烈意識，以及「天下」和「中國」一直是中國人心中的基本概念，由此成為中國改革者思考的起點，亦規定著中國共產黨人終將依循前人的足跡前進。作者之所以把這本書的句號畫在1923年，是因為在他們看來，20世紀的中國變化太過劇烈，那些在當時被認為是激進的觀點，轉瞬之間就會顯得保守，中國知識精英的價值觀和文化理想的變遷，呈現出一個明顯的趨勢，這個趨勢指向的是群眾革命運動。蔡元培在1912年至1919年間的文章，胡適在1919年至1922年的文章，都說明了西方自由主義傳統在中國茁壯成長。但陳獨秀發表於1915年至1923年的文章，則顯示出他拋棄了個人主義，轉而將馬克思主義奉為中國圖存的新指針。孫中山在1919年至1923年，也出現了與陳獨秀相似的大轉變。思想界的重大轉向意味著參加革命最為積極的知識分子拋棄了西方自由主義傳統，選擇接受馬克思主義。費正清和鄧嗣禹由此認為：「20世紀20年代中國的革命政治已經證明，從西方自由主義出發直接解決中國問題已不可能。於是，在1923年，中國歷史的新紀元到來了，本書也就此畫上句號。」[71]

《衝擊與回應》一書編撰之際，適逢中國共產黨建立全國政權，「在這激盪的百年間，中西社會的碰撞最終使得中國共產黨成功奪取政權。」[72]中國長期革命的這一結局既成為費正清中國史學研究的現實前提，也成為他首先要搞清楚的基本問

---

71 同上書，頁300。
72 同上書，頁4。

題：中國被西方打開國門之後到底發生了什麼，才會導致世界史上誕生一個「偉大的中國革命」？這意味著「衝擊—回應」的史學模式除了是要建構一整套足以闡釋中國的「傳統與變遷」的理論體系和方法論，更具有現實意義的目標在於對中國革命的來龍去脈作出解釋。按照費正清自己的陳述，他在1944年從中國返回華盛頓之後，形成了一個「主要信念」是：「中國的革命運動是中國現實生活中的內在產物」，對中國革命必須持理解的、而非衝突和歇斯底里的態度。因此，提出「衝擊—回應」的史學模式，以及根據這一史學模式而衍生出來的「傳統—現代」的史學模式和「帝國主義」的史學模式，[73]均是導向了對中國革命的研究，致力於對「中國的革命、革命背景和發展」作出解釋，最後是要回答：中國革命何以可能？中國革命何以偉大？中國革命何以以中共革命為結局？

費正清在1986年出版的《偉大的中國革命（1800-1985）》一書，被《時代》週刊認為是「迄今為止講述中國革命的最

---

[73] 費正清根據《東亞：傳統與變遷》（1978年）一書改編的《中國：傳統與變遷》（1989年）一書，比較集中地將「衝擊—回應」的史學模式與「傳統—現代」的史學模式和「帝國主義」的史學模式置於一起，用來闡述和分析中國的歷史變遷以及近代以來的結構性社會變化。但是，從總體上看，後兩個史學模式是「衝擊—回應」史學模式的進一步展開與運用。例如，作者把「帝國主義入侵」歸入在西方的挑戰系列中，而中國對此作出的回應，亦具有帝國傳統制度約束的顯著特徵。如作者所言：「中國的變革力量十分薄弱，這與其說是西方帝國主義造成的原因，還不如說是中國強大的社會秩序、政權和文化本身所造成的。正是中國文明的凝聚力和結構的穩定性從根本上阻礙了中國對西方的威脅儘快做出回應。」參閱氏著，《中國：傳統與變遷》，張沛等譯（長春：吉林出版集團有限責任公司，2008），頁290。

佳著作」。這部著作以「瞭解中國的革命」為目的，最集中地表達了費正清的中國革命史觀和他據此對中國革命的性質、原因、演變以及最終由中共成為勝利者的歷史性分析。

首先，基於革命史觀，費正清把中國近代以來的社會動盪和變革置於革命的框架中予以認識，認為1850-1864年的太平天國革命，以失敗而告終；1911年的辛亥革命，是政體的革命而不是國體的革命；1925-1928年的國民革命，半途而廢；1945-1949年的國共內戰，中共革命取得勝利，建立了全國政權；1966-1976年毛澤東發動的文化大革命，是「革命激情和自作自受的民族災難兩者混合的高峰」。[74]在費正清看來，革命之於中國的必要性和必然性，是因為中國停滯不前的歷史為時太長，中國內部存在著一種強大的惰性扼制力，非革命難以打碎限制社會發展的枷鎖。同時，傳統社會結構導致了中國的革命性變革具有痙攣性的特徵，有時內部能夠抑制住革命的衝動，有時革命還帶有破壞性。但不管革命以何種形式出現，「中國革命已經在一種新的中國文化綜合體中導致了中國和外國因素的某種共識」，[75]革命是中國面對西方衝擊作出的最強有力的回應。

其次，費正清認為，中國革命是人類歷史上的「偉大的革命」，其意義超過了西方歷史上曾經發生過的歷次革命。原因在他看來，西方革命首先是政治變革，是一種政治制度的改變，這種變革未必也使經濟和社會制度的改變成為可能；而中

---

[74] 參閱費正清，《偉大的中國革命（1800-19885）》，劉尊棋譯（北京：世界知識出版社，2000），〈前言〉，頁12。
[75] 同上書，頁10。

國革命則「不僅進行了政治、經濟和社會革命,而且確實在進行整個文化的轉變」。中華帝國是整體的、包羅萬象的,具有文化主義的一致性,因此,中國社會轉變的性質唯有「革命」這一「激動人心」的詞匯可以概括,革命足以概括中國整個現代歷史過程。[76] 費正清沒有把中國革命視為20世紀的孤立現象,而是從19世紀的災難中來闡述革命的發生,同時把革命的根源歸之於18世紀,甚至上溯到史前商朝,由此證明革命是中國的傳統,革命是關於王朝合法化的一種歷史敘事,是社會變革的主要方式。從革命史觀出發,費正清部分地修正了「衝擊—回應」的史學分析框架,認為晚期中華帝國與其說是一個停滯的社會,不如說是一個動盪的社會,不是英國發動的鴉片戰爭的勝利打開了太平天國之類的災難道路,從而開始了中國近代史,而是中國國內的發展使老的帝國秩序分崩離析,新的社會力量脫穎而出促使中國的「生活革命化」。這些歷史事實表明,中國社會的體制機構,特別是政府,對來自西方的衝擊表現出極差的應變能力,「中國的重心在內部,在中國人民中間,中國革命的構成要素也是在那裡積累起來的。」[77]

第三,中國革命是中國人民對西方衝擊作出的回應,正是按照這個尺度,太平天國運動被費正清確定為19世紀以來中國革命系列中的首次革命,雖然他承認太平天國運動在許多方面沿襲了過去農民起義的模式,但他還是特別強調了這一運動與以往農民起義的諸多不同,其中最鮮明的特點是,洪秀全借用

---

76 參閱同上書,頁49-50。
77 同上書,頁75。

基督教起事,是1890年以前中國對西方的最大一項「挪借」,由此創造出「一種東西方特異的混合體」,它初期的成功看起來像是中國社會準備好了要誕生一個新的朝代,卻由於19世紀外部環境,造成了一次流產,「一個新的民族生命機會失去了。」[78]太平天國失敗之後的四十年,費正清將其歸之於中國革命「明顯的孕育期」,至20世紀初,晚清帝國秩序的變革最終導致社會危機再次以革命的形式爆發。辛亥革命的發動者原本無意於社會革命,也根本談不上群眾參與,卻由於統治集團的分裂而讓政治強人袁世凱輕易獲取革命成果——成為共和國第一任大總統。這個結局在費正清看來,意味著辛亥革命只是一場政體革命,而根本沒有涉及到國體改造。袁世凱死後,中國陷於軍閥混戰,孫中山在南方發動國民革命,蔣介石率軍北伐,國民黨武力統一中國,建立國民政府。按照人民是否廣泛參與的評價標準,費正清認為國民革命「半途而廢」,他引用蔣介石的話說:「革命者變得墮落,喪失了革命精神和革命勇氣」,「中國革命已經失敗」。[79]正是依據中國革命史觀,費正清建構的一部中國近現代史,就是一部中國革命史。從太平天國革命到辛亥革命再到國民革命,革命不是流產就是失敗,隨之而來的問題必然是:誰才是「偉大的中國革命」的真正領導者和完成者?

第四,關於中國革命功敗垂成的歷史敘事,似乎都是為迎接中共革命的到來所做的鋪墊,或者是為中共革命勝利的正

---

78 同上書,頁90。
79 參閱同上書,頁266。

當性和必然性提供一種歷史背書。《偉大的中國革命》一書，幾乎是以一半的篇幅來描述中共何以可能在國民革命之後成為中國革命的新的代表。一方面，費正清像中國古代史家那樣，把中共奪取全國政權視為是「天命」的意外襄助。另一方面，他指出了中共把理想主義的信仰制度與提倡紀律和服從觀念有力地結合起來，也就是把意識形態工作和組織工作兩者結合起來，「以適應人們從舊體制解放出來、改善人民生活、實現工業現代化等愛國的民族主義的需要。」[80]在很大程度上，費正清把中共革命視為毛澤東的革命，「毛的人格和思想逐漸變成了中共革命的中心因素」，按照他的理解，毛對於中共革命的關鍵性貢獻，是充分認識到農民在中國革命中的決定性作用，並把這種認識轉化為全黨的思想路線；同時，毛關於抗日統一戰線的思想奠定了「民族共產主義」的基礎，「民族共產主義」意味著中共以抗日的名義為發展自己的武裝力量和建立自己的根據地，提供了國民黨和其他政治黨派難以辯駁的合法性依據。費正清重視毛把馬克思主義中國化的努力，認為毛對馬克思主義的理解和運用，同太平天國基督教運動的失敗比較起來要出色多了，毛實際上擺脫了共產國際的控制而僅僅把馬克思主義作為一種正統的裝飾語。在階級關係上，費正清指出了毛的高明之處：黨的「群眾路線」賦予人民為最終的「裁斷者」和「革命的恩人」的角色，卻同時將「人民」作為一種政治標籤，隨時根據黨的需要來確定誰是「人民的敵人」。因此，就國共內戰而言，費正清認為中共基於其在思想上、組織上、策

---

80 同上書，頁272。

略上和軍事上的諸多「創新」，能夠對國民黨軍隊以少勝多、以弱勝強，從而「公公正正地征服了中國」。他進而認為：「1949年以後中國共產黨接管中國和新的全國政權的建立，是一個偉大的創新性成就。」「毛澤東是理論和戰略上無可爭議的領袖。」中共領導集團「是一個久經考驗、緊密團結的集體。」[81]

費正清在正面論述「偉大的中國革命」和中共作為革命最後勝利者的歷史地位時，並非沒有意識到中共在奪取全國政權之後日趨向專制主義方向發展的政治變化，他看到了革命的理想主義者在革命勝利之後，並沒有按其原來的承諾解放人民，反而是控制人民。他從中共建政之後出現的成千上萬的迫害事例中，「看到革命開始吞噬革命者了。」最典型的例證是，他在重慶期間認識的共產黨女編輯楊剛，在革命成功之後被提升為《人民日報》的副總編輯，卻因為曾在美國工作過一年（1946至1947年）並在一個被查禁的雜誌上發表過自由言論，而在1957年的「反右」運動中被迫害致死。這個冷酷無情的歷史故事，被費正清解讀成既可以理解為階級鬥爭的一種表現──「代表群眾的新上臺的人和那些曾參加過統一戰線並貢獻過高級技能的現代化的統治階級的殘餘這兩者之間的階級鬥爭」，也可以理解為農民與生俱來的對知識分子的一種偏見，以及新的統治集團對現代化的一種反智傾向：

千百年積累下來的農民的態度，不是充滿善意和寬宏大

---

81 同上書，頁329。

量的。相反，倒是一種報復性的、反對知識分子的情緒，似乎表達了一種世代積累下來對少數上等人的仇視。中共黨內新上臺的統治者看不起學問，對中國現代化問題一知半解，他們是有極大的破壞能量的。[82]

　　上述認識是在「傳統—現代」的史學框架內作出的，似乎一個以農民為主體的黨在奪取了全國政權之後，因為知識的局限還根本無法承擔起完成國家和社會的現代化使命，但是，實際上，**中共在執政之後所造成的一系列政治和社會災難，並不是傳統對現代的抵抗，而毋寧是對傳統和現代的雙重破壞**。因此，費正清運用「傳統—現代」的分析框架對中共建政之後的制度性問題的診斷，就顯得隔靴搔癢，他把毛這樣一個以瞭解農民而自豪的人，卻會把這麼多人引向災難，理解為「延安的領導者缺乏對經濟的瞭解」，「按中國的老規矩辦事」，「自以為是、為所欲為」，歸結為一種革命的後遺症——「革命的狂熱可以使領導者和被領導者都喪失常識。」[83]在作出這些判斷時，費正清相信毛是把中國的共產主義革命視為比蘇聯模式和它的陳舊的修正主義傾向更為優越，同時也相信毛強調的、由中國的悠久歷史而產生的文化遺產比蘇聯的教導和模式更加重要。費正清從毛的身上看到的仍然是所謂的「民族共產主義精神」，這種精神導致了中蘇關係的破裂，毛成了「反蘇」的英雄。中共在1960年代從「親蘇」到「反蘇」的這一重大轉變，

---

82 同上書，頁351。
83 同上書，頁364。

對於美國的地緣政治而言意義重大,而對於歷史學家費正清而言,則意味著需要對毛領導的中共革命予以更多的「同情式理解」。從這樣的立場出發,他對中共在這一時期由於「任意追求一種理想的結果而導致如此重大的災難性後果」,儘管多有批評,但批評並未深入到中共政權的本質層面,沒有認識到中共領導集團既沒有現代化意識,也缺乏對傳統遺產的真正認識和利用。

「文化大革命」最典型地體現出毛既反現代又反傳統的思想傾向,這場作為「偉大的中國革命」之最後革命,在費正清的中國革命敘事中一直被打入另冊,稱其為是歷史上最離奇古怪的事件之一:「十多歲的『紅衛兵』在城市裡橫衝直撞;昨天還是最高官吏,今天卻像囚犯一樣在街上遊街,然後就是窮凶極惡的殘酷迫害。1966-1976年成了中國的『失落的10年』。」[84]對於這場大約有一億人積極參與、影響到五億人的超大規模的「革命運動」,費正清試圖作出系統性分析。他與麥克法夸爾共同編輯的《中國革命內部的革命》一書,堅持以革命史觀來解釋中國1966-1982年「中國共產黨改造社會的歷史」,認為毛澤東發動的文化大革命是他「在精神上改造中國作了最後的努力,並孤注一擲」,而他的繼承者鄧小平則在他逝世之後開創了一個新的革命,從而為中國人拋棄卡爾‧馬克思的原則、支持亞當‧斯密的理論準備了條件。[85]革命和暴力鬥

---

84 參閱同上書,頁378。
85 參閱麥克法夸爾、費正清編,《中國革命內部的革命:1966-1982》,《劍橋中國史》第15卷,俞金堯等譯(北京:中國社會科學出版社,1992),〈序〉,頁3。

爭的時代過去之後,接下來的是改革和鞏固的時代,費正清及其合作者繼續用革命史觀和革命的敘事邏輯來解釋這兩個不同時代的關係:

> 文化大革命本身可以解釋為毛為激發群眾純潔的革命熱情而力圖摧毀官僚主義的最後的、也是最具破壞性的嘗試。鄧的方式更少具有破壞性,他想激發群眾,但其目的是為了創造財富而不是製造革命。[86]

從革命的視角來看問題,費正清及其合作者並不認為文化大革命的後果要比「大躍進」更嚴重,他們以這兩個時期的經濟數據作比較,證明「大躍進是一場代價極高的災難。而文化大革命在其高峰期(1967-1968年)的干擾雖是嚴重的,但基本上是短暫的,是大多數國家都不時經過的。」[87]他們由此認為文化大革命最具破壞性的後果,並不是紅衛兵年代的無秩序造成的,而是中共長期追求一個獨特的發展戰略並由此戰略而產生的計劃和管理的質量所致。也就是說,在費正清及其合作者的視野裡,文化大革命的終極原因或許可以從毛的革命理想主義中去尋找,其造成的災難性後果則可以從中共當時的計劃和管理水平上得到解釋。這種說法很像是中國的一個民間諺語:「經是好的,可惜叫歪嘴和尚念歪了。」

從「衝擊─回應」的史學模式到中國革命史觀,前者因

---

86 同上書,頁420。
87 同上書,頁507。

為能夠充分有效地解釋中國近代以來社會變遷的內外因素及其構成的根本動因，由此建構的中國近代史敘事獲得了史學界的廣泛認可；後者對「偉大的中國革命」的系統性闡釋則因為深陷於一種「革命崇拜」情結，導致對中共「民族共產主義」革命的重大誤判。如同拉鐵摩爾的「內亞史觀」可以從中國自西周以來兩千餘年的歷史中獲得驗證，費正清的「衝擊—回應」的史學模式亦可以在中國近代以來的歷史中得到證明。但是，他們用革命史觀來解釋「中國革命何以可能？中國革命何以偉大？中國革命何以以中共革命為結局？」這類問題時，從太平天國運動以來所發生的辛亥革命、國民革命和國共內戰的革命史，顯然還不足以提供充分的證據，用來證明中國革命的偉大意義和中共革命的正當性。中國革命並沒有像費正清所說的那樣，既完成了政治、經濟和社會革命，也完成了整個文化的轉變；相反，中共在奪取全國政權之後，不僅和現代化目標相去甚遠，而且對中國傳統文化價值進行了毀滅性的打擊，中共統治下的中國遠不是在「傳統—現代」的框架中力求完成「古今之變」，而是前所未有地重建了帝制時代的政治制度，再現了王朝政治的一切特徵。拉鐵摩爾從「內亞史觀」轉向「革命史觀」具有明顯的左翼意識形態色彩，費正清的「自由主義」亦深刻地打上了左翼的烙印，這是他們同情「民族共產主義」的思想基礎，過低地估計了中共革命運動中個人和集團對共產主義意識形態的承諾，過高地評價了中共革命在「偉大的中國革命」系列中所占據的位置，最終使革命史觀蛻變為中國歷史上常見的「成王敗寇」的歷史觀，歷史成了為勝利者書寫的歷史。

費正清一直強調「以寬廣而公正的視角研究中國」，他在半個多世紀裡對中國歷史和中國問題孜孜不倦的研究，以及他的史學共同體持續數代人在中國研究領域裡的不懈努力，是力圖讓更多的習慣於英語閱讀的讀者對中國近代歷史的輪廓和內容有全新的瞭解，對中美關係的歷史演變和美國對華政策的重大失誤有不同以往的判斷，進而為美國戰後歷屆政府調整或重新制定遠東地緣政治規劃提供學術支持。但是，正如鄒讜批評的那樣，從拉鐵摩爾到費正清，一旦涉及中國事務和美國外交政策的全域性問題時，他們的著作便難以勝任了。不幸的是，鄒讜的批評在很長一段時間內並沒有引起人們的足夠重視，費正清史學共同體通過其強大的學術影響力所形成的無形屏障，很難讓來自外部的批評聲音穿透其間並引發理論共振。或許只有來自於費正清本人的反思與自我批判，才可能在這個由他一手締造的「東亞王朝」中引發思想的震盪。

費正清的中國革命史觀批判（下）——反思與自我批判

1972年2月21日，美國總統尼克森訪問中國，這一時刻被費正清視為「使整個中國問題重現生機」，「我們的對華政策出現了重大轉折」。在尼克森訪華前夕，費正清和謝偉思、戴維斯一起被邀請到參議院外交關係委員會的聽證會上列席作證，這意味著他們這幾個在麥卡錫時代遭遇迫害的「中國通」，可以面對參議員們再次闡述他們對中國的見解。讓費正清稍有遺憾的是，當電視現場直播尼克森總統走下飛機艙梯的這一歷史時刻，「並沒有歷史學家在現場親自領悟這一事件所具有的歷

史性轉折的重大意義」。[88]他作為歷史學家，應該比政治家們更能深刻地估量到中美關係的改善對於大國地緣政治博弈的深遠影響。在尼克森總統訪華之後，中國方面及時對美國「歷史學家」作出了反應，周恩來總理親自向費正清發出邀請：「應該來中國看看」。於是，在1972年5月14日，費正清夫婦由香港入境深圳，開始了他們由中國政府付費的重返中國之旅。對於這次非同尋常的長達三個月的旅行，費正清將其比喻為「如同畢業40年的同學聚會」，既瞭解和欣賞新一代人的面貌，還試圖尋找舊夢。同時，他承認：「1972年的參觀新中國之行還不是旅遊觀光那麼簡單，要理解中國40年的巨大變化，在智力上面臨巨大挑戰。」[89]

作為研究中國問題的美國頭號歷史學家，費正清在1972年重返中國之前，還從來沒有進入到中共控制的區域內親身體驗和感受紅色政權的各種「魅力」，儘管他在理論上能夠估計到這個以人民為名義的政權和它承諾給人民的權利之間存在著巨大差距。在中國官方安排的各種參觀中，費正清能夠察覺到共產主義中國的公共關係禮儀早在美國人重來之前已經溫習了20年，它刻意塑造的「社會主義建設成就」的宣傳性質是顯而易見的，真正讓他感到「驚愕」的是：「在我們記憶中存留的北京仍然是40年前的印象」，北京的大多數城門被拆除，故宮巍峨堅實的外城結構以及11座雙塔城門中的9座也被拆毀，「珍貴而美麗的歷史建築已經被拆得不成樣子」。這讓費正清不禁想

---

88 費正清，《費正清中國回憶錄》，頁411。
89 同上書，頁426。

到：「這種悲劇之所以會發生，原因要麼是形勢失去控制，要麼就是主管歷史文物者過於無知，也可能兩者兼有。」[90]其實他更應該想到，對於中共革命者來說，城牆和故宮都是舊時代與舊制度的象徵，必須拆除才能彰顯革命新時代的新氣象。[91]

1972年，中國還處在「文化大革命」的高潮中，費正清最想見到的是他在1930-1940年代就相識的那些老朋友，他關心他們的生活和工作情況。中國政府滿足了他的部分要求，安排周培源、費孝通、張奚若、錢端升、金岳霖、邵循正等與他會面。錢端升和金岳霖來看他時，仍處在被隔離的狀態，老朋友為久別重聚感到興奮激動，卻對他們各自的經歷隻字未提。錢端升加重語氣說了一句話：「從現在起中國將會追隨馬克思主義思想5000年」，費正清把這話理解為是錢巧妙地向他傳達消息——才不呢！邵循正是蔣廷黻早期的一名學生，他在和費正清告別時低聲說：「繼續寫下去！」費正清認為這句平淡無奇的話以其隱含的求助更讓人痛心。正是從這些朋友的遭遇中，

---

90 同上書，頁417。
91 2005年10月14日，文化部副部長、北京故宮博物院院長鄭欣淼在《光明日報》上發表〈回眸・檢視・展望——寫在故宮博物院建院80周年之際〉一文，文中披露：「20世紀60年代初，曾有人提出故宮『地廣人稀，封建落後』，要對它進行改造；『文化大革命』初期，故宮還出現了一個荒誕可笑而又十分可怕的『整改方案』。」「整改方案」包括：在故宮內部建設一條東西向的馬路，把文華殿、武英殿改造成娛樂場所。文革時期的「整改方案」是：在太和殿前豎立兩座大標語牌，一東一西，高度超過38米高的太和殿，用它們來壓倒「王氣」；把中和殿改建成「人民休息室」。這些「整改方案」後來「因無暇顧及才得以倖免」，參閱《故宮博物院八十年專號》（北京：紫禁城出版社，2005），另參閱「景觀中國網」，2008年8月7日。

他多少意識到了,他原來對中共及其政權的理想化描述,與他親身感受到的現實情況完全是兩回事。後來他在八寶山革命烈士公墓瞻仰史沫特萊的墓時,看到墓碑上刻著「中國人民之友、美國革命作家史沫特萊女士之墓」的字樣,不由得想像:如果史沫特萊健在的話,以她反政府的秉性,必定會對「文化大革命「時期江青的劣行作出激烈反應,即使她在1957年還沒有發現毛澤東如此專權,她也定會罵不絕口。他由此認為:「或許,在合適的時間去世是保持『中國人民之友』稱號的唯一方式。」[92]這話對史沫特萊和中共來說都頗有諷刺意味,然而,對於費正清來說,他在結束1972年的中國之行回到美國時,並沒有從根本上質疑中共統治的合法性,也沒有從他的中國朋友仍在受難的處境中提煉出對中共新的認識。1972年10月,費正清給《外交》雜誌寫了一篇文章,題為「新中國與美國的關係」(The New China and the American Connection),文章不僅指出了中國取得的實際成就,還分析了華盛頓與北京過去的矛盾,並得出結論:總的說來中國人「在爭論中占了上風」。[93]

讓費正清沒有想到的是,在他結束訪華回國後不久,中國政府就對他「失去了好感」,原因是他參與的兩件事情讓中國政府很不爽。其一是費正清在同年秋天訪問歐洲期間,在莫斯科及列寧格勒停留了3周時間,並舉辦了6場學術報告,鑒於中蘇關係的高度敏感性,蘇聯之行讓北京方面十分懷疑其機會主

---

92 費正清,《費正清中國回憶錄》,頁438-439。
93 參閱同上書,頁426。

義的立場。其二是費正清為鮑若望（Jean Pascalini）所著的《毛澤東的囚徒》一書撰寫評論。鮑若望出生於北京，母親是中國人，父親是法國人，曾為美國海軍陸戰隊效力，1957年被捕入獄並在勞改農場待了7年之久，1964年中法建交後才以法國公民身分獲釋。鮑若望講述的故事猶如蘇聯古拉格群島的中國版，費正清的書評指出了60年代初期中國的監獄條件較之蘇聯要好一些，他把蘇聯比喻為一把肉斧，把北京比喻為一把漂亮的小短劍，「這種比較足令中國增光」，但由於他還是承認該書的真實性和客觀性，被北京視為是極不友好的行為。這兩件事情顯然讓中國政府認為費正清離「中國人民之友」還有很長一段距離，中國駐美聯絡處主任韓叙面見費正清時明確表達了不滿，並拒絕了他1977年的訪華簽證申請。

有趣的是，在費正清遭到中國政府冷遇時，他在臺灣亦是一個不受歡迎的人。1968年至1969年期間，臺灣「立法院」的「一群反共分子」，根據麥卡倫委員會的14本有關1951年至1952年太平洋國際學會的聽證會的出版物，用中文出版了6本「巨著」，諸如《太平洋國際學會與費正清集團》、《費正清集團在臺灣的大陰謀》、《費正清與毛共》等。因此，當費正清決定在1976年訪問臺灣時，當地反對他的主流意見被他概括為：「臺灣似乎又隱含著一場災難，20年前策劃『失去中國』的那一小部分中堅力量，如今作為潛伏的倖存者突然再次出現，其目的顯然又在『失去臺灣』。」94正是在費正清稱之為「麥卡錫主義癔症自然延續」的輿論氛圍中，他在臺灣訪問期

---

94 同上書，頁441。

間幾乎四處碰壁，老朋友郭廷以躲著不見他，外交部副部長錢復對他提出的接受北京有關廢除《中美共同防禦條約》（陸稱《美台共同防禦條約》）的建議十分憤慨，胡秋原則以10萬美元為賭注向他發出挑戰，辯論中美關係是否應該正常化。費正清同時遭到兩個「中國」的譴責，看上去的確比較荒誕，他把自己視為是一個在公共環境中被誤解和被貼錯標籤的人物，甚至是一個因形勢需要而被虛構出來的人物。

1979年是美國與中國之間隔離狀態徹底結束的一年，也是費正清50年來成為中國問題專家所作的種種努力的總結之時，按照他自己的說法：「1979年是歷史的重要轉折點，同時也給我個人帶來了巨大轉變。人生重大的變化也標誌著我的事業進入高速發展期。」[95] 中美關係正常化，鄧小平領導下的中國開始改革開放，費正清又一次成為中美兩國政府的座上賓。鄧小平訪美期間，卡特總統舉行歡迎晚宴，費正清作為嘉賓，位於貴賓席首桌，與電影明星雪莉・麥克萊恩和卡特夫人左右相鄰。費正清對此安排非常感慨，欣喜之心一如言表：「這真是莫大的榮幸！我大概是被視為30年來積極提倡中美關係正常化一派的代表，如今一切如願以償……能坐在著名女演員和第一夫人中間，覺得自己如沐春風，如魚得水。」[96]1979年4月，費正清夫婦重回北京，韓叙特意前來與他們共進晚餐，雙方相見甚歡，以往的芥蒂與罪過，算是一筆勾銷。同年8月，費正清應邀陪同副總統蒙代爾前往北京、西安和廣州進行為期10天的

---

95 同上書，頁448。
96 同上書，頁445。

訪問，以慶祝華盛頓與北京關係正常化的圓滿成功。在人民大會堂的第二次晚宴中，副總統和副總理突然出現在費正清的身後，鄧小平對他促進恢復中美關係所作出的貢獻給予了高度評價，費正清則提議為紀念周恩來總理而乾杯。在這次訪問中，費正清還陪同蒙代爾去拜訪已經獲得「平反」的錢端升，「作為對開明人士的一種表示」。

特意拜訪錢端升，體現的是一種政治姿態，既表明費正清對中國知識分子朋友的一種難以忘懷的同情，也表明了他對中共「文化大革命」的一種強烈不滿情緒。在費正清關於中國革命系列的歷史敘事中，他能夠最大限度地理解中國共產主義運動的正當性，惟獨難以想像、更無法理解的是「文化大革命」對知識分子的殘酷迫害，因為「這影響到我的許多受『文化大革命打擊的朋友和熟人』」。雖然他認為「中國年輕人」對知識分子的迫害無異於「殘忍無情的大屠殺」，但他並沒有從中共制度層面探究這種行為的根源，而只是將其歸咎為「平均主義」的反智性：

> 在這樣一個以禮儀著稱、追求教育事業的國家裡，中國的「平均主義者」卻將其私憤發洩在這些知識分子的身上，儒家的思想又在哪裡呢？這些都需要一些解釋。即使隨著時代的不斷發展，理解中國也並沒有變得更容易一些。97

---

97 同上書，頁447。

確如費正清自己所說，他在中國研究領域越是深入，他越是認識到全面理解一個不斷變化的複雜的中國的困難性，即使在1979年他的事業進入一個高速發展期，有越來越多的著作湧現出來，其重要標誌是他主編的15卷本《劍橋中國史》陸續出版，但是，他仍然認為：「中國的歷史是一個千變萬化的主題，對於中國的革命作出的反應有所延遲。」[98] 革命史觀依舊是他用來闡釋中國近代以來政治、社會和文化變化的主要理論方法。1991年，他和麥克法夸爾共同主編的《中國革命內部的革命》一書，作為《劍橋中國史》的最後一卷（第15卷），是關於中國革命史的最後敘事，其重點是闡述毛澤東發動的「文化大革命」的政治、思想和社會起因，揭示這場革命是「除了犧牲生命以外，在各個方面都將比以往所經歷過的任何運動破壞更為嚴重的運動」，[99] 這是對「偉大的中國革命」之最後革命的前所未有的批判。完成這項理論工程是艱難的，費正清的合作者在全書「後記」中指出：「只有在一個世紀之後，才有可能就中國共產主義事業提出全面的看法。為中國兩千年歷史的最後一卷寫結束語是件冒險的工作。」但是，他們仍然願意「冒險」提前對中共政權和「文化大革命」性質作出了如下結論：

> 從長遠的歷史角度看，中國共產黨可被視為另一個統一

---

98 同上書，頁458。
99 麥克法夸爾、費正清編，《中國革命內部的革命：1966-1982》，第15卷，〈序〉，頁3。

的「朝代」。他們擁有「帝王」式的主席、「帝王」式的政府和「帝王」式的意識形態。然而，他們的成就，對當代人來說，雖然十分驚人，但與秦（西元前221—西元前206年）、隋（西元589-617年）相比卻相形見絀。

共產黨在執政前的數十年中，已在毛的領導下被磨煉成控制和動員群眾的有力工具。

中國共產黨雖擁有高超的組織和技術手段，但這並不使它與傳統的政權機構有何區別。

中國共產黨能夠將備受壓迫的農民訓練成為戰績赫赫的戰士，將小土地所有者變成集體農民，但也可以動員他們投入使數百萬人喪生的災難性大躍進運動。只有在像中國這樣一個統一的、受嚴格控制的國家中，才可能發生這樣一場可怕的全國性災難。

如果說大躍進突出了改革目標與動員本領相結合的消極面，那麼，文化大革命則暴露了新發現的由中央直接向全國灌輸意識形態教育的災難性後果。

文化大革命也突出地顯示了傳統的政治文化的另一個方面：帝王象徵性的權力。過去的皇帝主要依賴理智的朝廷命官和豪紳來擴大和維護民眾對他的敬仰，而朝廷命官和豪紳都有自己的全國和地方議事日程。但是，對於「帝王」式主席的崇拜卻是由毛與狂熱的紅衛兵和機會主義助手直接聯繫而培育起來的，並通過他們和新聞宣傳機構廣為散播。在毛及其思想的名義下，無數暴行得以發生，整

個國家可以被推到無政府狀態的邊緣。[100]

這篇〈後記〉的執筆人是羅德里克・麥克法夸爾,他對中共及其文化大革命宣判式的結論,應該是代表了他的合作者費正清的基本看法。《劍橋中國史》第15卷的撰寫適逢中國開展思想解放運動,中共開始自我清算文化大革命和毛的錯誤,1981年6月通過的中共中央《關於建國以來黨的若干歷史問題的決議》,明確斷定:「『文化大革命』不是也不可能是任何意義上的革命或社會進步」,「『文化大革命』是一場由領導者錯誤發動,被反革命集團利用,給黨、國家和各族人民帶來嚴重災難的內亂」。自此之後,中國實際上進入了一個「非毛化」時代,毛從神壇上被拉了下來,中共長期自我塑造的「偉大的、光榮的、正確的」政治形象,在民間和學界開始遭到廣泛的質疑。在這樣的時代氛圍中,美國的中國問題研究專家們不可能在他們的最新著作中,對中國出現的新的思想和政治變化無動於衷,或者是仍然固守於他們以往對中國「民族共產主義」革命的基本觀點,以歷史敘事的方式繼續為美國讀者講述一個中國革命的神話故事。《中國革命內部的革命》,雖然還是基於革命史觀的敘事模式,強調中國革命的連續性,甚至把鄧小平領導的改革也視為一場新的革命;但作者們至少是認識到了:中國革命並非如費正清在《偉大的中國革命》一書中所理解的那樣,是集政治革命、社會革命和文化革命於一體的總體性革命,中共建立新的全國性政權也並非是一個偉大的創造

---

100 同上書,頁921-924。

性成就。麥克法夸爾在〈後記〉中把中共政權歸之於與傳統舊王朝沒有根本性區別的一個新的「朝代」——仍然擁有「帝王」式的主席、「帝王」式的政府和「帝王」式的意識形態，這是費正清史學共同體前所未有地向中國歷史研究的真理和真實邁出了一大步。值得一提的是，麥克法夸爾在〈後記〉中還專門提到了「1989年年中天安門廣場事件」，而全書的研究時段是限定在「1966-1982年」，震驚世界的「六四」事件並非屬該書的研究範圍。但〈後記〉試圖從中共建政以來發生的鎮反運動、反右鬥爭、大躍進、文化大革命和「六四」天安門廣場事件等悲劇中，證明毛和鄧依靠軍隊的鎮壓都沒有使中國既保持統一，又同時享有自由。在麥克法夸爾看來，中華人民共和國40年的歷史中有一條深刻的教訓需要記取：

> 那就是，若干世紀以來把中國人民聯繫在一起的政治制度必須作根本的改變。否則，正在發展中的、日益自信的社會將產生越來越大的壓力，最終使這一制度完全崩潰。在90年代及90年代之後，只有實行多元化，才能維護統一。[101]

由於《中國革命內部的革命》是一部集體性著作，費正清沒有參與正文寫作，而只是為該書撰寫了一篇簡短的序言，因此，麥克法夸爾在〈後記〉中所闡述的思想是否也可以視為費正清的思想，應該另當別論。費正清在自己的回憶錄中曾提

---

[101] 同上書，頁928。

到，主編《劍橋中國史》第14卷和15卷，主要是麥克法夸爾的工作，稱讚其「在專業領域學術水平已高於我」。不可否認，費正清關於「偉大的中國革命」的歷史敘事，從未對「文化大革命」給予正面的積極的評價，他在自己的著作中也提到過中共政權具有傳統王朝的性質，包括對毛的錯誤進行嚴肅的批判，這些思想無疑對該書寫作具有指導意義。從這個意義上說，麥克法夸爾在〈後記〉中對中共政權和「文化大革命」的宣判式結論以及總結出來的歷史教訓，應該能夠被費正清全盤接受，費正清用他生前撰寫的最後一部中國歷史著作——《中國新史》——證明了這一點。

1991年9月12日上午，費正清親自將他撰寫的《中國新史》（*China: a New Histoy*）這部書稿送到哈佛大學出版社，下午他的心臟病發作，兩天後溘然長逝。這部著作成為費正清終其一生研究中國歷史的絕唱。1994年，臺灣正中書局出版漢譯版：《費正清論中國：中國新史》。[102]著名學者余英時先生為該版本撰寫序言，認為費正清在垂暮之年集中精力寫出一部新的中國通史，具有特別的意義。因為該書寫作是在1989年6月4日天安門屠殺之後，「六四」成為中國歷史研究無法迴避的一個重大課題，亦是費正清需要償還的一筆「欠債」，用余英時的話來說：

---

102 費正清撰寫和主編的關於中國歷史的主要著作均在中國大陸出版了漢譯版，但是，唯獨《中國新史》至今沒有在中國大陸出版，該書只能在臺灣出版的情況表明，中共政權是多麼不待見這部著作。完全可以想像，如果費正清在該書出版後還活在人世，他要想再去中國訪問，必定會再次被視為不受歡迎的人。

「六四」對於整個西方，特別是美國，是一幕驚心動魄的悲劇，幾乎在一夜之間動搖了他們對於中國大陸的認識，美國人一向信任專家，他們對中共政權的理解是通過中國研究者的解釋而得來的，一般而言，美國的中國研究者解釋中共的興起與發展都或多或少帶上一層理想主義與浪漫主義的色彩。天安門的槍聲徹底驚破了這種理想和浪漫，一般美國人感到十分困惑，因此而有重新認識中國歷史和文化的要求。出版社約請費正清撰寫新史便是應這一要求而起。103

在余英時看來，「六四」屠殺對於美國的中國研究者是一「當頭棒喝」，不少以前相當同情中共政權的人都在一夜之間轉變為暴政的譴責者和人權的維護者，費正清也不例外。他的書名叫做「新史」，這個「新」字在潛意識中含有「覺今是而昨非」的意思，特別是有關中共政權的歷史論斷。余英時提到，在費正清原有的關於中國革命的歷史敘事中，中共的興起被定義為「不可能被壓制住的」一種「革命運動」，因為它體現了「農民解放和五四以來所揭櫫的民主和科學種種理想」。但是，在《新史》中，他已把中共政權看作是專制王朝的現代版了。他也承認，如果不是日本的侵略，南京政府也可能逐漸引導中國完成現代化，而中共的興起也並不是「不可能被壓制的」了。余英時把《新史》視為是「一個根本的轉變」，費正

---

103 費正清，《中國新史》，薛絢譯（臺北：正中書局，1994），余英時〈序〉，頁2。

清以前對中共的一切倒行逆施及其所導致的災難都輕描淡寫地一筆帶過，例如，1983年出版的《美國與中國》第四版修訂本，對於「大躍進」的三年（1958-1960年）災害，只說「營養不良廣泛流行，也有些餓死的人」，而《新史》卻用專章討論「大躍進」並明確指出在這三年裡有兩至三千萬人死於營養不良與饑餓。余英時還記述了一個「有趣」的事情：費正清曾公開表白過去為中國諱飾的心理，這是西方漢學家的一種職業病，出於「第二愛國」或「愛中國」心理，不肯暴露他們所研究的對象的壞處。費正清對此能夠有所反省，的確「表現了學人的良知」。余英時同時也對《新史》的學術特色和成就予以好評，認為該書大體遵守著三條敘述主線：即詳近而略遠，重政治而輕文化，取統一而捨分裂，全書主旨仍然在於闡釋近代中國的發展及其未來演變，反映了中國史專題研究在美國的新方向和新收穫。[104]

　　費正清為《新史》撰寫的〈自序〉，並未像余英時那樣突出強調他的中國史研究的「新舊之別」，而是著眼於中國歷史研究的新的態勢：近20年中大量問世的有見地的專著，已經開始扭轉人們對中國歷史與制度所抱持的舊觀念，舊式漢學家把中國看作一個由「中國人」占據的單一整體的治學觀點已被淘汰，歷史學家研究了大量新的檔案文獻，社會學家做了各種地域調查，「都開始打破華夏一統的大塑像」。費正清自稱「十分重視上述這些工作成果」，他的《新史》之「新」在於：「從換新的角度，以新資訊為依據，來看中國的悠久歷史，看

---

[104] 參閱同上書，余英時〈序〉。

中國多管道的改革、動亂、革命，以及在近一百年中極大成功與慘敗的記錄，我們或許看得出將塑造中國未來並且影響吾人未來的長期趨勢與現有條件。」[105]

比較《新史》的〈余序〉和作者〈自序〉，可以看出兩者對於理解和定位該書的「新意」是有一定的差距。余英時對《新史》之「新」的理解顯然帶有自己更明確的自由主義價值觀立場，更注重於費正清在中國歷史研究中體現出來的歷史觀和歷史價值觀的新變化；而費正清的〈自序〉則更強調《新史》在史料、方法、觀念和研究方向上的新突破，「新」未必是對自己以往中國歷史研究的整體性否定與反思，毋寧是根據中國自「六四」以來的新的社會演變態勢，對中國的過去、現在和未來進行一次新的歷史書寫，以往根據革命史觀和革命邏輯所展開的「偉大的中國革命」史，的確不再占據史學敘事的主導地位。

《新史》從敘述體例看，具有通史性質，全書分4卷21章，從「史前史」開始論述，涉及舊石器時代、新石器時代和夏商遺址，然後依次敘述西周封建制，秦帝國的首度統一，佛教時代的再統一（隋唐），中國最偉大的時代（兩宋），宋代與內亞的矛盾，明代政府，滿清治世，帝制中國的晚期，門戶開放，造反與中興，早期近代化與清朝衰微，共和革命，中華民國，國民革命與南京政府，中國共產黨之復興，中國的抗日戰爭，內戰與國民黨在臺灣。第4卷是中華人民共和國史，共有4章（第18-21章），主題分別是：確立政府與鄉村控制，大躍

---

[105] 參閱同上書，費正清〈自序〉。

進，文化大革命，鄧小平的改革。「天安門大屠殺，1989年6月4日」，是「鄧小平的改革」這一章的最後部分，讓全書有了一個悲劇性的結尾。與費正清以前出版的中國歷史著作相比較，可以發現《新史》對中國近代以前的歷史敘事並無新的實質性的變化，「新意」在於對近代以來的中國社會變遷的認識和評價，擺脫了革命史觀的敘事框架，實際上是從「偉大的中國革命」的歷史話語中走了出來。例如，太平天國運動原來被費正清定義為「偉大的中國革命」序列中的首次革命，但在《新史》中，太平天國運動被還原到它的本來面貌：僅僅是一次「大規模的變亂」，既得不到外國傳教士的支持，又因為太怪誕荒唐而爭取不到漢人知識分子的支持。費正清從洪秀全運用基督教的傳教技巧，向其信眾灌輸熱烈的信仰以培養他們高昂的鬥志中，聯想到的中共的馬克思主義中國化運動，實際上與洪秀全的「拜上帝」教具有相同性質。[106]對太平天國「革命」的祛魅化，意味著挖掉了「偉大的中國革命」的第一塊基石，中國歷史上發生的農民起義或叛亂，從來就不具有革命的意義。

費正清對太平天國運動新的認識和評價，其實並沒有依據新的「史實」或「史據」，而是在於換了「新的角度」，也就是余英時所說的，對相同的歷史事實作出了新的「歷史論斷」，即建立起一種不同於以往歷史敘事的歷史觀和歷史價值觀。尤其是在《新史》第四卷關於「中華人民共和國」部分，費正清對中共政權的歷史論斷較之以前有了重大突破，對中共

---

[106] 參閱同上書，頁226-230。

控制人民的方式有新的認識：

> 中國共產黨當政以後，為達到有效的控制而用的方法是灌輸意識形態，以及利用人民的恐懼與希望交織的心理為自續不斷的動機。殺戮的手段只需用到足夠維持恐怖的陰影常在即可。
>
> （中共）為理想主義而有野心的青年打開新的大門。要到後來，他們才明白，這一片「樂土」是建築在有系統的控制與操縱的基礎之上的。共黨組織將逐步穿透社會、制定言行的模範代表、制定思想方式、抑止個人行為偏差。[107]

費正清對於中共歷次改造知識分子運動尤其感到憤慨，他認為中共是按照馬列主義的毛澤東思想改造社會價值觀與社會結構，為了達到這個目的，中共必須先控制好中國人民的思想與行為，「共產黨的悲劇在於幾乎走不出抓牢控制力這第一步基本要務的。」[108]按照他的表述，從1950年代開始，教授們必須經受思想改造，每個人都必須招供過去對資本帝國主義的順從，表白自己因背叛中國人民的深重罪惡，以及感謝毛主席指導他們洗心革面，「教授們經過這一番羞辱折磨，其公眾形象也就毀得一乾二淨。」[109]不僅如此，中共對知識分子的思想改

---

107 同上書，頁396、398。
108 同上書，頁413。
109 同上書，頁413-414。

造不只是針對數百個教授,而是將其擴大成全國性運動,動員廣大群眾參加,「以便有效發揮殺雞儆猴的作用」。費正清從知識分子受迫害的遭遇中認識到,中共領導人對於現代世界的無知導致他們徹底犧牲掉知識階層,「不但愚蠢,而且貽害無窮」,中國傳統長期存在的權勢與學識間的均勢被破壞了。費正清把主要針對知識分子的「反右」運動定義為中國「迷失的20年」的第一年,進而認為「文化大革命」是1957年開始的歷史之延續。

對於「大躍進」運動引發的大饑荒,費正清一改過去為中共諱言的做法,明確寫道:「1958年到1960年間,有大約兩、三千萬人因為中國共產黨施行的政策而死於營養不良與飢饉。這是人世最大的浩劫之一。」[110]他認為大饑荒不是自然災害,而是「人禍」:

> 1958年是豐年,1959年的天候卻不肯幫忙了。向農田進軍要打勝革命之戰的農人們,往往收割無望空手而退。但是,各省各縣已經報上了龐大的增產統計數字,比加倍還要高。結果是,實際產量下降的時候,政府卻持續高額徵糧,造成了人為的一級大饑荒。[111]

費正清把「人禍」的根源歸之於毛的錯誤決策和「狂熱行為」,認為毛對經濟全然外行,他推行的「大躍進」政策與

---

[110] 同上書,頁422。
[111] 同上書,頁426。

中央部門的「技術性經濟觀點」背道而馳,並將黨內以彭德懷為代表的不同意見者打入右派行列進行無情打擊,從而使原已惡劣的後果雪上加霜,中國經濟陷入泥淖。費正清由此得出結論:「大躍進以毛一手導演的慘敗結局落幕收場」。[112]在關於「文化大革命」一章中,費正清把理解「文革」的起點設定為「是要認清此刻的毛澤東已經養成行使古時皇帝某些特權的習慣了」,把毛不僅看作是一個「造反頭子」,更看作是一個「現代版的皇帝」,既毀掉了自己建立起來的黨,也使革命事業瀕於滅絕。費正清不加掩飾地認定:

> 毛澤東的最後10年——1966年至1976年病亡——經歷的這一場國內政治鬥爭,震撼了中國、令外界世人驚愕,也造成可怕的破壞。中共的「迷失的20年」是以1957年整倒無數知識分子的反右派鬥爭開始的,現在以此作為閉幕終曲,確實毫不遜色。這一場大災禍直接牽涉的人就在一億左右,現在已經說出來寫出來的資料要算是其「完整歷史」,還是差得太遠。[113]

《新史》對於「文化大革命」的清算在費正清的著述歷史中是前所未有的嚴厲,但談不上「完整」,相關的反思也談不上非常深刻,其根本性局限在於,沒有從「革命大動亂的經驗」中來重新總結中共革命的性質及其內在機制,從而在很大

---

112 同上書,頁427。
113 同上書,頁438。

程度上把「文化大革命」僅僅視為是毛澤東個人的重大失誤，而不是中國共產主義運動的必然失敗。儘管如此，對於費正清來說，他把毛界定為一個「現代版皇帝」，把中共政權視同一個現代「王朝」，較之於他以前對中共革命的認識無疑是前進了一大步，對「偉大的中國革命」的歷史敘事是一個自我否定。《新史》最後部分是記錄「天安門大屠殺」，雖然只有短短三頁的篇幅，但足以體現出一個長期為中國革命叫好的歷史學家，在中國歷史最黑暗的時刻沒有沉默。而是選擇將這個時刻記錄下來：

> 中共在1949年至1952年間為鞏固勢力處決了上百萬的人，都是零星逐步進行，未被外界新聞報導。要等到40年後，電子時代才追上中國統治者這個過了時的「不聽話就殺頭」的作風。而1989年6月4日天安門廣場的事傳出去後，震撼了全世界。[114]

我相信，正是震撼世界的「六四」事件，讓費正清對中國歷史、中國革命和中國共產主義運動有了新的認識，這些新的認識未必能夠全部表達出來，表達出來亦未必能夠完全顛覆作為「費正清史學」的里程碑式理論成果——中國革命史觀。但是，《新史》畢竟記載了這一時刻，作為歷史學家的費正清沒有在這一時刻泯滅自己的自由主義良知，他最終聽從了正義的召喚。《新史》在他生命臨終前完成，或許印證了他60歲時的

---

114 同上書，頁483。

自勉：
「歷史在人心，學者後追尋」。

結語

誰「誤判」了中國？
中美「注定一戰」？

《環球時報》是中國一家以煽動民間反美情緒而著稱的民族主義「小報」，它在2015年出版了一本集體採訪錄：《我們誤判了中國──西方政要智囊重構對華認知》。該書所謂的「我們」，包括諸如亨利・季辛吉、約瑟夫・奈伊、約翰・奈比斯特、法蘭西斯・福山、吉米・卡特、布里辛斯基等在中美關係史上具有重要影響的人物，還包括英國、德國、澳大利亞、日本、俄羅斯的一些學者；該書所謂的「重構對華認知」，就像是這些被採訪者的一個集體「懺悔錄」，懺悔「我們誤判了中國」。兩位靠鼓吹極端反美言論而在中國民間贏得巨大名聲同時也是聲名狼藉的教授──張維為和金燦榮，分別為該書寫序。張維為的序名是「請不要誤判中國」，他以教訓的口吻寫道：「過去三十多年，外部世界對中國的預測有悲觀的，也有樂觀的。有意思的是，樂觀的幾乎都對，悲觀的幾乎都錯了，而且越悲觀的，往往錯得也越離譜，預測中國要崩潰的最慘，不是中國崩潰了，而是中國崩潰論崩潰了。」他為此

特別引述了若干外國人的話來證明自己的判斷,比如,他引用美國中國問題專家包道格的話:「中國崩潰論已成笑料」;引用「金磚之父」奧尼爾的話:「中國成就是令人敬畏的標尺」;引用德國學者桑德施奈德的話:「談到中國的時候,所有我們學過的有關共產主義體制的知識都一文不值」。[1]張維為以此證明,與中國迅速崛起相比較,西方陷入重重困境之中,對於中國的持續誤判,已經成為西方學者反思的內容之一。

通讀該書,發現所有被採訪者均沒有說過「我們誤判了中國」這樣的話,編者把此話強加於他們頭上,無異於是對他們的一種集體性人格羞辱。「歷史終結論」的提出者福山就在採訪中為自己作出辯解,強調他根本沒有說過「美國民主沒什麼好教給中國的」,這是英國《金融時報》編輯自行添加的文章標題,後來被《環球時報》的作者們津津樂道,以證明福山也高度認可中國政治制度的有效性。事實上,福山認為社會的民主化是國家有效管理的前提,中國沒有民主選舉,沒有民主的治理過程,「這樣的政治體制很難保證經濟持續發展」。[2]美國前總統國家安全事務助理布里辛斯基,在採訪中雖然對中國翻天覆地的變化感到吃驚,但他認為中國的發展過度依賴權力和審查制度,容易造成腐敗的人脈關係,對中國未來發展有害。而且,他批評中國媒體所代表的官方聲音更有民族主義色彩,「在民族主義主導的輿論氛圍中,美中兩國不可能合作。」[3]這

---

[1] 谷棣、謝戎彬主編,《我們誤判了中國:西方政要智囊重構對華認知》(北京:華文出版社,2015),〈序言一〉,頁4。

[2] 參閱同上書,頁60。

[3] 參閱同上書,頁74。

顯然也是對《環球時報》的極端民族主義傾向的批評。美國國際關係理論權威米爾斯海默更是認為中國不可能和平崛起，世界的權力博弈正在以新形式出現，美國一直有足夠的信譽，而中國周邊國家都怕中國，希望美國能遏制中國崛起。他對中美關係的基本看法是：「在冷戰期間，美蘇之間的博弈持續了近半個世紀，中美之間的博弈可能更長。我現在的感覺，中國在變得更強大的路途中，將會越來越危險。」[4]

　　按照張維為的評價標準，上述美國人關於中國問題的見解無疑屬悲觀派，是對中國的「誤判」，而他欣賞的樂觀派，諸如他提到的包道格、奧尼爾和桑德施奈德這些人，是否已經完成了對中國誤判的「反思」則是大可置疑的，因為《環球時報》編輯部慣用標題黨的方式來處理他們「獨家」採訪到的信息，其真實性或者已經被蓄意篡改，或者根本經不起事實的檢驗。當然，也有一部分西方學者會完全按照《環球時報》的宣傳調門為中國奇跡歡呼，英國人馬丁‧雅克在這類人士中具有代表性，他撰寫的《當中國統治世界：中國的崛起和西方世界的衰落》一書，在中國官方御用學者中得到了熱烈的反響，被他們視為是西方研究中國的必讀參考書。《環球時報》借用馬丁‧雅克的話說：「中國變得更加民主、公開、透明和法治」。相信這位作者說得出這類話，但他自己也說了，他的觀點「在當下是非常小眾的」。[5] 很顯然，他的著作是專為中國民族主義讀者而寫的，只能在中國有市場。

4　同上書，頁109。
5　參閱同上書，頁248。

以是否正面評價中國的制度、發展和未來前景來判斷西方學者是否「誤判」中國,在學術上沒有任何可取之處,而且與歷史事實完全不符。與張維為的正確與否的評價標準相反,美國歷史上那些致力於對中國革命和中國共產主義運動作出「樂觀」預測的人,遠比那些作出了「悲觀」預測的人,更加「誤判」中國。正如鄒讜的著作把「美國在中國的失敗」歸之於美國對中共性質和意圖的普遍錯誤的理解,讓那些影響美國對華政策的人——從總統到將軍、外交官、作家、記者和歷史學家,普遍「誤判」中國會在中共領導下完成向一個現代國家轉型,他們對中共的樂觀預測在經歷了七十多年之後,被證明是完全落空了。中國沒有成為一個與美國一樣的憲政民主國家,反而是在中美友好合作40年(1978-2018年)裡強大起來之後,對外變得更加反美,對內變得更加專制,對世界秩序變得更加具有進攻性。米爾斯海默關於「中國不會和平崛起」的預言正在成為現實,格雷厄姆・艾利森關於中美「注定一戰」的預言或將成為現實。

　　沃爾特・拉塞爾・米德在論及美國外交政策如何影響了世界這個問題時曾認為,在二百多年的時間裡,美國從大西洋沿岸的幾個殖民地成長為世界歷史上最為強大的國家,美國人自己認為這一顯著發展理所當然;在美國崛起為世界大國的過程中,多數觀察家認為美國不太關心外交政策,也不擅長制定外交政策;甚至今天在美國,多數決策者和權威人士都認為,在第二次世界大戰之前,外交政策只起到了非常有限的作用,研究以往的歷史記錄毫無意義。這種情況導致了美國高層官員普遍對美國外交政策歷史缺少興趣,負責擬訂、執行、報導和反

思美國外交政策的思想庫、大學、全國性媒體和政府部門的絕大多數研究人員,也不太瞭解二戰前的美國外交政策歷史,尤其不願深入研究已經有所瞭解的事情,也不可能想到更深刻地瞭解美國外交政策歷史會有什麼實際意義。米德試圖顛覆這一傳統認識,在他看來,在整個歷史進程中,外交政策在美國政治中發揮的作用非常重要,他以總統為核心確立美國四種看待外交政策的基本方式,就是要突出美國足以提供應對世界複雜變化格局的外交理論與政策,它們的基調不是「常勝主義」,而是「樂觀主義」,以顯示美國獨特的外交政策體系創造了漫長而成功的記錄。[6] 米德沒有提到或來不及總結的是,美國對華政策的成敗得失究竟應該在什麼意義予以認識,這顯然是一個不該有的理論空白。在美國戰後的外交政策中,蘇聯一直是美國需要全力對付的頭號對手,如何與蘇聯政府打交道自然是美國外交政策的重點,而美國對華政策則居於次要位置。從尼克森訪華以來,中國成為美國的潛在盟友,大多數美國人從鄧小平領導中國進行改革開放的進程中,慶幸在「失去」中國三十多年之後又重新「擁有」了中國。不管是從現實主義外交的地緣政治上看,還是從美國理想主義外交致力於推動中國完成憲政轉型的目標來看,美國的外交決策部門以及中國問題研究專家們,普遍認識到了中國在美國對外關係中具有無可置疑的重要位置,但是,他們從來沒有認真研究過諸如中美關係究竟會向哪個方向發展這類問題,米德所說的「樂觀主義」在賦予美

---

6 參閱沃爾特・拉塞爾・米德,《美國外交政策及其如何影響了世界》,〈導言〉。

國人強烈的制度、軍事和外交自信的同時,實際上讓美國朝野都普遍輕視了中國轉型的複雜性,以致在歷史的多個關鍵時刻難以避免重蹈以往的覆轍,一次又一次地「誤判」中國。

1989年6月4日,中共軍隊在天安門廣場上屠殺學生和市民的槍聲,終於驚醒了像費正清這樣長期對中共友好的歷史學家,促使他們重新認識中國歷史和中國共產主義運動,但對於像老布希總統這類政客而言,他們未必願意就此再次「失去」中國。隨著「柏林圍牆」的倒塌,蘇東社會主義國家陣營徹底瓦解,中國幾乎成了社會主義國家的「孤兒」,美國政府在這「歷史終結」的時刻似乎達成一種共識:不能讓「失而復得」的中國再次「失去」,應該通過更堅定地支持鄧小平繼續實行改革開放政策的方式,推動中國走向世界文明大道,他們深信中國只要走上了市場化改革之路和融入到世界經濟體系之中,中國早晚會成為和美國一樣的憲政民主國家。一旦實現了這一目標,那將是中美關係進入到一個永遠友好的「千年王國」時代。因此,天安門事件後不久,喬治·布希總統做了一件過去的任何美國領導人都沒有對中共領導人做過的事情,他試圖同鄧小平直接通電話,傅高義對此記載道:「與美國的輿論,尤其是主張嚴厲制裁的報紙相反,布希說,他不想為了中國政府的行動而懲罰中國人民。布希瞭解中美關係的艱難歷程,他要避免將來有可能給恢復中美關係造成更大困難的任何對抗。他說,從長遠來看,繼續接觸能夠加強中國內部爭取更大自由的壓力。」[7]直接與鄧小平通話的請求被中方置之不理後,布希總

---

7 傅高義,《鄧小平時代》,馮克利譯(北京:生活·讀書·新知三聯書

統在1989年6月21日給鄧小平寫了一封親筆信：

> 寫此信時我心情沉重。我本想與您親自討論此事，但很遺憾沒有做到。首先，我是本著真誠的友誼寫這封信的，因為我相信您一定知道，寫這封信的人強烈地認為美中之間的良好關係符合兩國的根本利益。……我寫此信是想請您幫助維護這種我們雙方都認為十分重要的關係。……我請您……記住我們這個年輕的國家的立國原則。這些原則就是民主和自由。……這些原則難免會影響美國人看待其他國家的事件和做出反應的方式。這不是驕傲自大的反應，也不是想強迫別人接受我們的信念，這僅僅是對那些原則的持久價值及其普遍適用性的信仰。8

布希總統在這封信中試圖向鄧小平解釋，美國政府在「六四」事件之後對中國政府的制裁，是基於美國的立國原則──自由和民主──而不得不作出的反應，這是美國理想主義外交的傳統使然；同時，維護美中之間的良好關係符合兩國的根本利益，則是現實主義外交的原則使然。對於鄧小平而言，他當然更看重後者，美國人信奉的自由和民主在他眼裡與中國人民肯定沒有絲毫關係，而且他始終認為美國的價值觀是中國年輕人誤入歧途的主要思想根源。1989年7月2日，布希總統特使斯考克羅夫特秘密訪華，尋求儘快打開中美關係僵局的

店，2013），頁603。
8 同上書，頁603-604。

辦法。鄧小平在會見美國客人時，首先稱讚了布希總統：「我把布希總統當作朋友，是因為自從我與他交往以來，我覺得他是個說話算數的人。……他很少說空話假話」。但是，這些客套話並不妨礙他在評價中美關係時，態度仍然非常強硬，他說「六四」事件「是一次地震，十分不幸的是美國人也涉足太深……美國對外政策的各個方面實際上是把中國逼入牆角。……那場反革命暴亂的目的是要顛覆中華人民共和國和我們的社會主義制度。如果讓他們得逞，就會天下大亂。坦率地說，這有可能導致戰爭。」[9]鄧小平還特別強調，中華人民共和國的建立是打了22年仗、死了2000萬人才換來的，任何力量都無法取代中國共產黨統治中國，他譴責了美國幫助那些試圖推翻中國政府的人，認為美國的媒體誇大了北京平叛的暴力程度，干涉了中國內政，加劇了中國的危機。在結束會談時，鄧小平告訴斯考克羅夫特：「為了結束中美關係的這段不幸插曲……要看美國採取何種行動。」[10]

中美兩國領導人在自由和民主的價值觀上幾乎沒有任何對話的可能性，能夠讓他們坐到一起的就是所謂的「兩國的根本利益」。對於「利益」的認識而言，鄧小平表現得遠比布希更為直接、敏感和靈活，他知道離開了美國的支持，中國的改革開放將會寸步難行，他需要美國人首先向中國伸出橄欖枝，以滿足中國人民的「尊嚴」。1989年10月28日至11月2日，美國前總統尼克森訪華，以他的特殊身分為中美關係斡旋。10月

9　同上書，頁604-605。
10　同上書，頁605。

31日，尼克森在與鄧小平的會談中強調說明了美國為何要對「六四」事件做出強烈反應，而鄧小平則表示，考慮到國與國之間的關係，主要從國家自身的戰略利益出發，不去計較社會制度和意識形態的差別；國家不分大小強弱，都要互相尊重，平等相待；我們都是以自己的國家利益為最高準則來處理問題的。[11]雙方探討了打破僵局的途徑，鄧小平堅持認為，中國處於弱者地位，不能採取主動，處於強勢的美國應當首先邁出第一步。1989年11月9日，「柏林圍牆」倒塌，東歐社會主義國家陣營劇烈動盪，世界形勢劇變讓中共領導人面臨著前所未有的政治壓力，中國在世界體系中愈發孤立，中國要擺脫孤立狀態唯有主動向美國靠攏。就在「柏林圍牆」倒塌的第二天，鄧小平會見了美國前國務卿季辛吉，向他保證，中國改革開放的政策將會繼續，並請季辛吉把他的一封信轉交布希總統，信中提出了一攬子外交設想：（1）中國允許正在美國大使館避難的異議人士方勵之前往美國，（2）美國取消一部分對華制裁，（3）雙方設法簽訂一到兩項重要的經濟合作計劃，（4）江澤民訪問美國。[12]美國人樂見鄧小平主動開出的條件，並作出了積極回應。此時，許多美國人還沉浸在「六四」事件造成的巨大悲痛中，他們反對美國政府的代表秘密飛往北京與中共領導人達成政治交易。但是，布希總統和他的顧問們則認為，著眼於兩國的未來和兩國領導人之間密切的個人關係，訪問有助於避免與中國關係的破裂，重建與中國的良好合作關係符合美國的戰

---

11 參閱中央政府門戶網站：www.gov.cn，2007年9月6日。
12 參閱同上書，頁607。

略、文化和經濟利益。

正是基於「利益」而不是基於美國人一直崇尚的自由和民主的價值觀，中美兩國關係在「六四」事件之後幾個月內便迅速得到修復。在1989年7月14日法國召開的七國峰會上，美國主張對中國實行較溫和的制裁（日本附議），反對採取可能導致美中關係徹底破裂的更強硬的制裁手段。同年12月斯考克羅夫特第二次訪華剛過，美國政府就宣布同意賣給中國3顆通信衛星，美國支持世界銀行向中國發放用於人道主義目的的貸款。1990年5月，布希總統批准給予中國貿易最惠國待遇。這一切看起來就像是美國更需要中國，更擔心再次「失去」中國，而中國政府為此付出的對價是：僅僅承諾在1990年1月宣布北京解除戒嚴並釋放因「六四」事件被拘留的573人，同意方勵之赴美。鄧小平並沒有因為其在天安門大屠殺中負有最終責任而在美國遭致歷史和道德審判，相反，他被視為是重啟中國改革和引導中美關係重新進入蜜月期的關鍵性人物。按照傅高義的說法：

> 無論鄧小平在「六四」後對中共的前途有何疑慮，沒有記錄證明他對中共有能力克服東歐和蘇聯政治體制崩潰帶來的困難有過任何懷疑。他在公開場合總是表現得鎮定自若，他相信中共能夠挺過去，並最終取得勝利，經濟也將繼續增長。……鄧小平在1989年「六四」之後3年中，向公眾展示著他的毅力、堅韌和十足的自信，在這種環境中能有如此表現的世界領導人並不很多。[13]

---

13 同上書，頁610-611。

不管傅高義對鄧小平的評價是否恰當，中共在「六四」事件之後沒有像東歐和蘇聯那樣走向崩潰，的確顯示出中共政權比蘇東國家更具有穩定性機制。原因肯定是綜合性的，中共領導集團除了繼續依靠國家暴力機器維持其統治地位之外，在鄧小平的領導下走上市場化改革之路，在美國的支持下走進世界經濟體系，無疑是中國能夠在社會主義國家陣營的總體性失敗中獨善其身的最重要原因。可以這麼說，如果沒有鄧小平，就沒有「六四」，也沒有「六四」之後中國的改革；如果沒有布希總統和美國政府的支持，就沒有鄧小平式的改革，也沒有改革開放帶來的中國經濟的迅猛發展。自鄧小平1992年「南巡」講話之後，中共「十四大」確立市場化導向的改革路線，美國為中國改革開放創造了最合適的國際環境、提供了最大的商品消費市場和最多的資本、技術、管理、教育等各種資源。2001年12月11日，中國正式加入世界貿易組織（WTO），這是美國和歐洲共同支持的結果。從1992年10月到2001年9月，中美談判進行了25輪，中歐談判進行了15輪，雙邊談判的核心問題是確保中國以發展中國家地位加入世貿組織，多邊談判的核心問題是確保權利與義務的平衡，具體內容包括關稅、非關稅措施、農業、知識產權、服務業開放等一系列問題，其中農業和服務業是雙方相持不下的難點。經過艱苦的談判，美歐等發達國家同意「以靈活務實的態度解決中國的發展中國家地位問題」，中方最終與所有世貿組織成員國就中國「入世」後若干年市場開放的領域、時間和程度等達成協議。中國對「入世」作出兩項莊嚴承諾：遵守國際規則辦事，逐步開放市場。在中國爭取加入世貿組織的過程中，美國是最關鍵的一票。時任美國總統

的柯林頓為說服國會同意中國成為世貿組織成員，陳述了三大理由：第一，在經濟上通過與中國合作參與中國的經濟改革，推動中國開放市場，打破貿易壁壘，為美國企業准入中國市場創造制度條件。第二，在安全問題上，通過建立與中國的對話和溝通機制，爭取中國在全球和地區安全問題上的全面合作。第三，通過文化交流、教育合作等方式，推動中國向普世價值靠攏，促進中國從經濟改革走向政治改革，最終完成向憲政民主國家轉型。

中國在歐美國家的支持下，對外通過加入世貿組織參與全球化進程，對內進行市場化導向的改革，在短短20年時間裡取得了經濟的巨大增長，中國成為世界第二大經濟體，成為美國的主要競爭對手，在經濟總量上超越美國也似乎指日可待。格雷厄姆・艾利森在2017年提出中美「注定一戰」的主要依據，就是中國「已經變成一個龐然大物」，以購買力平價來計算——艾利森認為這是衡量經濟表現的最佳標準，在隆納德・雷根成為總統後的35年裡，中國的經濟規模是從美國經濟規模的10%，飆升至2007年的60%，2014年美中經濟規模同等，2017年則上升至115%。「如果按照目前的趨勢繼續下去，到2023年，中國經濟規模將比美國大50%。到2040年，中國的經濟規模將是美國經濟規模近3倍。這將意味著中國擁有三倍的資源用於影響國際關係。」[14]在艾利森看來，當尼克森和季辛吉開始探索通往中國的開放之路時，沒有人會想到，在他們的有生之年，

---

14 格雷厄姆・艾利森，《注定一戰：中美能避免修昔底德陷阱嗎？》，陳定定、傅強譯（上海：上海人民出版社，2019），頁293。

中國能構建出一個像美國一樣強大的經濟體。他們關注的重點在美國的對手蘇聯身上，他們的目的是擴大中蘇在共產主義集團中的分裂。這一策略奏效了，蘇聯帝國崩潰了，但他們沒有想到的是，中國的崛起標誌著一個遠比蘇聯更為強大的紅色帝國的橫空出世。據說尼克森在晚年有所反思，他向他的朋友透露：「我們可能創造了一個『法蘭康斯坦的怪物』」。[15]

以購買力平價來衡量中美兩國經濟實力，顯然並不客觀全面，但中國在2010年一躍成為世界第二大經濟體則是不爭的事實，中國的經濟規模與美國日益縮小並大有超越態勢，世界各國包括發達國家對中國產業鏈的依賴已到了須臾不可分離的程度。李光耀站在歷史觀高度上說過：中國成了「世界歷史的最大參與者」。由此而來的問題必然是：中國的崛起與強大對世界意味著什麼？對美國又意味著什麼？[16]艾利森根據美蘇對抗的歷史經驗，提出如果蘇聯當年能夠保持美國經濟增長速度的兩倍，成為世界上領先的經濟強國，那麼蘇聯不僅可以鞏固在歐洲的地位，而且可以鞏固在亞洲的霸主地位，一個共產主義的巨無霸可能會掩蓋美國主導的「自由世界」，西歐國家亦有可能會屈服於社會主義明顯不可阻擋的吸引力。然而，在艾利森

---

15 艾利森引用尼克森的原話是「科學怪物」，他注釋「科學怪物」實際上是指「法蘭康斯坦的怪物」（Frankenstein's monster），亦即由英國作家瑪麗·雪萊在1818年創作的長篇小說《法蘭康斯坦》中的角色「法蘭康斯坦博士」所復活的怪物：一個以褻瀆的賽博坦人（Cybertronian）屍體所建造而成的機器人，而這個可怕的零配件棺槨被稱為「法蘭康特恩」（Frankentron）。參閱同上書，頁293及其注1。

16 參閱格雷厄姆·艾利森編，《李光耀論中國與世界》，蔣宗強譯（北京：中信出版社，2013），頁3。

看來：

> 幸運的是，這些只是如果。相反，正如凱南所預見的，自由市場和自由社會證明了其更有能力給人們提供想要的經濟、政治和個人利益。儘管經歷了幾十年驚險和可怕的崛起，蘇聯的失敗是因為它所堅守的，命令─控制型經濟和缺乏競爭性的極權主義政治。[17]

問題在於，美國以往對付蘇聯的辦法對中國是否有效？當中國的經濟實力遠遠勝過蘇聯並大有超過美國之勢時，中美全面較量的實力基礎就發生了重大改變，中國巨大的經濟、政治和軍事優勢將創造一個超越美國政策制定者現在能夠想像的世界，是再自然不過的事情。從反思的立場出發，艾利森試圖總結美國戰後對華戰略的本質矛盾，這種戰略被稱為「既接觸且提防」（engage but hedge），但實際上，這一戰略只有接觸，沒有提防。也就是說，在20世紀70年代和80年代間，當美國政策制定者面臨的決定性挑戰是擊敗蘇聯時，通過支持中國的經濟增長，甚至幫助其建立軍事和情報能力來建立兩國潛在的同盟關係，具有一定的邏輯性；但是，當冷戰結束以及蘇聯在1991年解體時，美國的戰略家和大多數人都沉浸於勝利之後的慶祝與遺忘之中，以為在新的「單極時代」和「歷史終結」的宣言中，所有國家都會接受美國的安排，在美國設計的國際秩序中扮演以市場為基礎的民主國家的角色，根本沒有認識到

---

17 同上書，頁283。

一個崛起的日益強大的中國將給美國製造更大的挑戰。艾利森引述了李光耀對中國的兩個基本判斷：首先，中國不會成為一個自由的西方式民主國家，「如果它這樣做，就會崩潰」。其次，「中國想按照自己的方式被世界接納，而非作為西方社會的榮譽會員」。[18]這意味著共產黨領導下的中國在重新強大起來之後，既不會成為一個民主國家，也不會成為一個西方式國家。美國人原來一直期待中國在進行市場化改革和融入世界體系之後，會自然變得「更像我們些」，如當年老羅斯福按照他的喜好來塑造「我們的半球」一樣，事實證明這只是美國人的一廂情願。

美蘇對立及其戰後的冷戰狀態，是雅爾達體制所確立的戰後世界秩序的必然結果，美蘇之間大致均衡的力量對比關係是戰爭「打」出來的，「鐵幕」的降臨讓美蘇為首的兩大國家陣營在不同的發展軌道平行競爭，西方國家能夠在相對和平的條件下得以發揮自由和民主制度的優勢，以保證西方資本主義國家的經濟實力始終能夠領先於東方社會主義國家。但是，美中關係卻有別於美蘇關係這種截然對立的性質。一方面，中國在進入改革開放階段後一直是美國的潛在盟友與合作夥伴，中國的崛起與強大在相當大的程度上是有賴於美國的支持，中美兩國基於廣泛的經濟合作實際上已經構成了一個「你中有我、我中有你」的利益共同體，美國的投資人和華爾街大亨們從中國廣大的市場中賺取了龐大利潤，而中國對美貿易每年獲得的巨

---

18 同上書，頁298。參閱格雷厄姆・艾利森編，《李光耀論中國與世界》，頁183，頁5。

額順差也為中國經濟增長提供了源源不竭的動力。另一方面，市場化改革和加入世界體系，始終沒有改變中國作為一個共產主義國家的性質，它沒有像西方國家所期待的那樣，向一個法治的和民主的國家轉型，相反，它在強大起來之後，以更加強硬的姿態對美國主導的現有國際秩序和規則提出挑戰，力求為構建所謂「人類命運共同體」提供「中國方案」和開闢「中國道路」。

尼克森在首次訪華時，曾經設想過中國在強大起來之後，美國「總有一天要面對世界歷史上最可怕的強大敵人」，但他還是相信美國制度和價值觀具有不可戰勝的優勢，認為絕對不能讓中國領導人想當然地以為他們的制度優越並終將取得勝利，他用直率的口氣對周恩來強調：「我對我們的制度深信無疑，並相信我們的制度在和平競賽中一定會取得勝利。」[19]對美國制度抱有強烈自信的肯定不僅僅是尼克森，自他以來的美國歷屆總統，不管是來自於共和黨還是來自於民主黨，均對美中關係的未來前景持樂觀態度，他們普遍相信在美國的經濟支持和政治影響下，中國遲早會從共產主義的幽暗黑洞中走出來，成為與美國一樣的自由和民主國家。即使遭遇「六四」事件如此巨大的衝擊，布希總統決心不放棄中國，與中國迅速恢復正常關係，繼續支持鄧小平的改革開放政策，是因為他和尼克森總統一樣，深信作為美國立國原則的自由和民主的價值觀，在中國同樣具有普遍適用性。柯林頓總統支持中國加入世貿組織，既有「利益」上的考慮——讓美國企業參與並分享中國改

---

19 理查德‧尼克森，《尼克松回憶錄》（下），頁611。

革開放的巨大紅利,也有美國「理想主義」的關懷——期待中國沿著市場化道路走下去並最終成為世界民主大家庭的一員。可是,他們都沒有想到,如同以前羅斯福和杜魯門都沒有想到的那樣,中共既不會在革命和戰爭年代放棄共產主義目標,也不會在和平和改革年代偏離這一目標。鄧小平在「蘇東波」之後對新的中共中央領導班子多次強調:經濟增長不意味著中國要忘記馬克思、列寧和毛澤東。[20]這些話絕不僅僅是說說而已,他提出的「韜光養晦」的外交政策,也不過就是權宜之計,絕非是對現有國際秩序和規則的誠心認可。當中國強大起來並深信「東升西降」以試圖取代美國在現有世界中的領導地位時,美國的政客及其智囊們似乎才恍然大悟,意識到中共統治下的中國從未改變一個共產主義國家的傳統本色。無視或輕視中國在不同歷史時期始終堅持的馬克思主義意識形態、無產階級專政、共產黨領導和社會主義制度的基本規定性,必定對中國的社會演變、制度轉型以及中美關係作出重大「誤判」。

按照艾利森的理解,美國在歷史上取得了對西班牙、德國和英國的勝利,在從阿拉斯加到委內瑞拉的廣大地區都占據著支配地位;而且,美國在歷史上有過先在熱戰中擊敗德國和日本、然後再在占領期間對它們完成憲政改造的成功事例。但是,當美國面臨中國崛起造成全球力量平衡發生快速的結構性變化時,尤其是中國的經濟發展正逐步使之成為一個令人畏懼的政治和軍事競爭者時,美國似乎還沒有找到一個行之有效的對策。艾利森用「修昔底德陷阱」來描述美中之間可能的軍事

---

20 參閱傅高義,《鄧小平時代》,頁609。

衝突,即中國作為一個崛起國準備取代美國作為守成國的霸權地位時,必然會出現不可避免的混亂。而修昔底德陷阱的最初實例——雅典與斯巴達的戰爭,以及歷史上曾經有過的大國霸權之爭,均表明崛起國向守成國發起的挑戰,大多數都是以戰爭告終。[21]這是否意味著「中美注定一戰」?艾利森試圖以一種辯證的方式來回答這一問題:一方面,基於以往歷史經驗,強調中美發生戰爭的可能性比不發生戰爭的可能性更大;另一方面,強調中美之間的戰爭並非不可避免。他把避免中美戰爭的希望寄予兩國領導人都能從研究歷史成敗的經驗和教訓中,找到豐富的線索以形成一個在不發生戰爭的狀態下滿足各國基本利益的戰略。這個良好的善意的預期能指引中美兩國共同走出「修昔底德陷阱」嗎?

毫無疑問,中美關係再次進入到一個轉折性的歷史時刻。從富蘭克林・羅斯福總統致力於推動國共建立「聯合政府」,到國民黨丟掉大陸、共產黨建立全國政權,美國成為中國的頭號敵人;從尼克森總統訪華實現中美關係正常化,到老布希總統在「六四」事件後挽狂瀾於既倒,支持鄧小平的市場化改革,讓中美關係重新進入友好合作的新階段;從柯林頓總統支持中國加入世界貿易組織,讓中國參與分享全球化的紅利,一躍成為世界第二大經濟體,到中國強大之後意欲挑戰美國在現有世界秩序中的領導地位,中美再度面臨政治、經濟、文化甚

---

21 艾利森的說法是,哈佛大學的修昔底德陷阱項目發現了16起上升國家挑戰現有大國的案例,其中的12個案例均以戰爭告終。參閱氏著,《注定一戰:中美能避免修昔底德陷阱嗎?》,頁69。

至軍事的全面衝突。中美關係自20世紀以來，從理想主義的目標到現實主義的利益，從地緣政治的盟友到意識形態的敵人，從互惠互利的合作到重塑世界秩序的衝突，幾經周折，來回反覆，最終仍然無法和平共處，以致難免「注定一戰」的結局。中美之爭的性質是什麼？難道僅僅是「崛起國」和「守成國」之間的必然衝突？基於權力和利益之爭的大國衝突，可以通過諸如談判、協商、交易、妥協等非戰爭方式來實現各方力量的戰略平衡，但基於價值觀和制度之爭的大國衝突，或許只能通過戰爭的方式來加以解決。艾利森所說的中美兩國的結局可能更接近於英國和德國在二戰的遭遇，而非英國和美國的「大和解」，是他關於「修昔底德陷阱」理論中最精闢的看法。中美兩國在21世紀的激烈競爭，從根本上看，是自由主義和共產主義兩種截然不同的價值觀之爭，是民主主義和專制主義的制度之爭。共產主義運動遠未終結，它決不會自動退出歷史舞臺，也決不會在人們的善意理解下洗心革面而成為文明的同行者。只要對中美關係史的變遷有系統的全面的認識，就能夠從羅斯福到費正清以來一再「誤判」中國的歧途中走出來。美國人為正確認識中國和中美關係已經付出了足夠大的代價，沒有必要再重犯一次新的錯誤為真理奠基。

在中美兩國決定人類命運的新的歷史性時刻，請記住約翰‧浮士德博士說過的話：魔鬼並不知道自己不是上帝的對手，正因如此，它才一直與上帝在爭鬥。

附錄

中國共產主義向何處去？
——重溫布里辛斯基的「大失敗」理論

蘇聯的失敗是共產主義的徹底失敗？
——布里辛斯基的「大失敗」理論

在漫長的冷戰時期，西方國家的歷史學家、國際問題專家和外交政策分析家們，對蘇聯為首的國際共產主義運動及其演變進行了廣泛而深入的研究，出版的相關研究著作可謂汗牛充棟。按照沈大偉（David Schambaugh）的概述，在建立和資助美國的一流大學關於蘇聯、東歐和斯拉夫國家、中華人民共和國、其他亞洲的共產主義國家和共產主義叛亂以及古巴和拉丁美洲的馬克思主義共產主義運動的研究項目方面，美國的慈善基金會——例如福特基金會、洛克菲勒基金會、斯凱夫基金會以及史密斯・理查森基金會——發揮了重要作用。數千美國學生受益於《國防外語法案》（*National Defense Foreign Language Act*），該法案資助了他們的研究生培養費用，包括對共產主義

國家語言的學習。通過政府資助的研究機構，例如蘭德公司，大量關於共產主義世界的研究得到支持。還有一些被中央情報局秘密資助的公開機構，例如「文化自由大會」（the Congress for Cultural Freedom），在國際上廣泛開展了關於共產主義的分析與宣傳工作。[1]但是，這些由共產主義國家在戰後的崛起所刺激起來的數量龐大的研究項目，卻並沒有準確預測到共產主義政權本身的崩潰。在蘇東社會主義國家陣營解體之後，一方面是一種政治上的「勝利主義」（triumphalism）影響了美國政府和學術界，讓他們深信美國已經贏得了冷戰的勝利，「歷史的終結」已經隨著自由主義和資本主義對於共產主義的全面「勝利」而到來；另一方面，學者們也在努力思考著如下令人困惑的問題：「蘇東崩潰是如何發生的？」「我們為什麼沒有預測到？」學術界因為沒有預測到這一政治大震盪而廣受批評。沈大偉認為，唯一的例外是，真正預測到了蘇聯國家崩潰的分析家是茲比格涅夫・布里辛斯基（Zbigniew Brzeinski），他在1989年發表的《大失敗：20世紀共產主義的興亡》一書，對蘇聯政權的終結作出了「偉大的預見」。[2] 35年之後，重溫布里辛斯基的「大失敗」理論，應該會得到何種新的啟示？

共產主義在世界範圍內的廣泛傳播，成為20世紀最重要的政治潮流和革命運動，最初是出乎大多數人的預料。在1900年元旦到來之際，西方世界的主要雜誌和政治家反映出來的基調

---

1 參閱沈大偉，《中國共產黨：收縮與調適》，呂增奎、王新穎譯（北京：中央編譯出版社，2011），頁13-14。

2 同上書，頁19-20。

大體上是躊躇滿志的——「一種對現狀的自鳴得意,一種對繁榮昌盛的前途陶醉般的讚美,一種(就美國而言)對增強經濟和政治實力所抱有的極大希望。」[3]在20世紀初這種普遍樂觀的時代精神氛圍中,幾乎沒有人會想到,一個流亡英國的德籍猶太人馬克思在圖書館編撰的關於資本主義經濟危機的理論,在19世紀至20世紀交替之時,經由俄國一個名叫列寧的小冊子作者改造成用暴力奪取國家政權的革命理論,會引發震驚世界的「十月革命」,建立了世界上第一個共產主義政權,從而在制度和意識形態層面對西方既已定型的現存制度提出了嚴重挑戰,其深遠的歷史性影響用布里辛斯基的話來說:

> 20世紀大多數時間不僅被意識形態的激情所支配,而且更確切地講是被一種冒充為科學的理論——共產主義——的激情所支配。至本世紀中葉,在從易北河到堪察加半島和上海的這片世界上最大的陸地上,共產主義逐漸流行起來,將十多億人民的生活置於它的統治之下。在西歐,共產黨開始奪取政權。在拉丁美洲,共產主義的騷動與反美的民族主義活動溶為一體。在西方世界的知識分子中,在反殖民運動中,馬克思主義既廣為流傳,又被付諸行動。[4]

在布里辛斯基的分析框架中,共產主義之所以能夠稱雄

---

[3] 茲比格涅夫·布里辛斯基,《大失敗:20世紀共產主義的興亡》,軍事科學院外國軍事研究部譯(北京:軍事科學出版社,1989),頁4。
[4] 同上書,頁7。

於20世紀大半部歷史，首先歸功於它所起到的適時的「大簡化」作用，即共產主義把財產私有制看作是萬惡之源，自以為是地認為消滅了財產私有制就能實現真正的正義，就能使人性盡善盡美。「大簡化」理論在心理上迎合了政治上剛剛覺醒的民眾的感情，讓他們深信共產主義公有制社會就是人類的理想社會。其次，共產主義倡導的階級鬥爭理論，賦予暴力的合法性，主張通過暴力方式來改變不平等的社會結構，對渴望迅速改變生活狀態的底層民眾具有極大的煽動性和蠱惑力。第三，共產主義作為一種通俗易懂的思想體系，對過去和將來都提供了一種獨特的見解，它滿足了知識階層想更深刻地瞭解周圍世界的願望。馬克思主義作為一種估價社會和政治變化動因的分析方法，強調用政治行動促進救世革命，用無所不包的國家控制實現合理計劃的正義社會，對那些主張採取以理性為基礎的行動的知識分子特別有吸引力。第四，共產主義宣稱自己是一種哲學和一種科學，這為它的信徒提供了及時的指導和歷史安慰，讓他們從共產主義的「大簡化」中獲得一種方向感和使命感。第五，共產主義理論把激情與理智結合在一起，從而決定性地影響了人類行為的兩種中心起源：政治激情轉化為巨大的政治力量，而知識界被社會工程的觀念所吸引，政治激情與理性一起造就了巨大的、形成共產主義最明顯特徵的國家集權。[5]

布里辛斯基基於上述分析精闢地指出，共產主義作為20世紀最重要的政治現象，同法西斯主義與納粹主義的興起有著前呼後應的關係，它們一脈相承，在政治上非常相似。第一次世

---

5 參閱同上書，頁2-4。

界大戰造成了沙皇俄國和德意志帝國的現存價值觀和政治秩序的崩潰，也在剛剛實現了工業化的義大利引起了劇烈的社會震盪。「所有這一切激發了社會運動，這些社會運動把對社會的仇恨隱藏在主持社會正義的思想外衣之下，並且聲明有組織的國家暴力是挽救社會的工具。」[6]因此，儘管納粹德國宣稱要一如既往地反對馬克思主義，鼓吹前所未有的種族仇恨；而蘇聯的共產主義政權則把自己視為馬克思主義的唯一正宗傳人，煽動史無前例的階級仇恨；但是，它們都把國家看作是主宰社會的最高機構，都把殘忍的恐怖統治視為迫使社會就範的唯一方式，都進行了人類歷史上前所未有的大屠殺，都聲稱自己是在建設最強大的「社會主義」國家。布里辛斯基從哲學上揭示了列寧和希特勒在思想上的一致性：「這種思想要求對社會實行大規模的有計劃的控制，把他們自己說成是真理的仲裁人，讓社會從屬思想意識道德（列寧的道德建立在階級鬥爭論上，希特勒的則建立在種族優越論上），並認為為了推進賦予他們的歷史使命，採取任何行動都是正當的。」[7]布里辛斯基由此認為，希特勒就是一個列寧主義者，而史達林則是一個納粹分子，兩個暴君都是根據他們自己想像的烏托邦觀念，建構了一個由國家完全控制社會的極權主義體制。

布里辛斯基所指出的納粹主義和共產主義在現實政治過程中體現出來的同一性，在很長一段時間裡並沒有被人們普遍認識到，納粹主義徹底覆滅之際，恰恰是共產主義凱歌行進之

---

6 同上書，頁8。
7 同上書，頁9。

時。蘇聯與西方盟國在二戰中共同打敗了納粹德國，它以勝利國的姿態在其占領的國家強制複製史達林模式，1917年以來主要限制在原沙俄帝國版圖內的共產主義制度，在二戰後有了突飛猛進的發展，從東歐、中歐到中國、朝鮮和北越，都建立了共產黨政權，整個歐亞大陸幾乎都成了共產主義的天下。比蘇聯勢力的擴張更為嚴重的是共產主義思想精髓的廣泛傳播，西方國家的民主社會主義運動把國家視為促進經濟福利和社會正義的最佳途徑的看法，間接地提高了蘇聯制度的地位，因為蘇聯制度在當時被公認為是國家計劃和國家指導的社會革新的最典型的樣板。在50年代和60年代，許多第三世界國家主動選擇以蘇聯模式為榜樣來規劃它們國家的現代化之路。在知識界，有關蘇聯的各種神話故事也在持續傳說，尤其是那些在20年代和30年代去過蘇聯旅行的西方知識分子，有不少人開始全盤接受共產主義提供的大簡化理論。以布里辛斯基引述為例，德國小說家萊昂‧福伊希特萬格寫道：「這種僅僅依靠理論來建立一個巨大的國家的試驗沒法不讓我深感同情。」美國教友派教徒亨利‧霍奇金完全接受了蘇聯政權是大同世界的花言巧語，他說：「當我們觀看俄國的這種兄弟關係的偉大試驗時，我們似乎隱隱約約地感覺到它是以一種完全未知的、耶穌式的方式在進行著。」美國作家埃德蒙‧威爾遜看到了一個更實在的烏托邦，他說：「在蘇聯，你會感到你是站在世界的道德之巔，在那裡，光明從來不會真正消失。」還有一些學者，把蘇聯式的民主看作與西方的民主同樣合理，甚至更加合理，他們從不提及史達林的極權主義，更不要說對它進行譴責。美國社會學協會主席J‧L‧吉林博士，居然對蘇聯「古拉格」集中營也表

達出同情的理解，認為「設立這樣一種制度為的是改造罪犯並使他重新回到社會中去。」英國政治經濟學家哈羅德・拉斯基持有相同看法，他從蘇聯制度中發現：「人們堅決主張，只要條件許可，囚犯必須過一種完整而自尊的生活。」更有甚者的是著名作家蕭伯納，他寫道：「在英國，犯有過失的人進監獄時是一個正常人，而出來時則成了罪犯；在蘇聯，他進監獄時是一個罪犯，而出來時則成了正常人，只是要勸他出獄十分困難罷了。據我所知，他們願意在那裡待多久就可以待多久。」[8]

正是上述著名人物發表的這些使人誤入歧途的觀點，為西方公眾塑造了一個欣欣向榮的、人民當家作主的新蘇聯形象，以致在冷戰時期仍然有許多西方知識分子深信用共產主義改造社會的理想正在蘇聯成為現實。「鐵幕」兩邊的制度競爭，看上去是蘇聯的計劃經濟體制更具有競爭力，它把經濟活動置於國家計劃有序管理之下，與西方國家市場經濟的自發混亂狀態相比，顯得更勝一籌。美蘇之間的地緣政治之爭和意識形態之爭，似乎顯示出歷史的天平正朝著蘇聯一邊傾斜——「蘇聯代表著未來」，這是布里辛斯基特別關注的歷史現象：

> 蘇聯社會制度的表面勝利逐漸產生的重要影響，幾乎把20世紀變成了一個以共產主義的崛起和影響為主的時代。雖然美國在20世紀已成為最強大的世界大國，美國的生活方式也散發出無與倫比的巨大魅力，但人們卻普遍而不公正地認為，美國在進行一場防禦性的阻擊戰，企圖徒勞無

---

[8] 參閱同上書，頁11-13。

益地阻擋不可避免的歷史潮流。正是由於共產主義傳播到中歐和中國，才從根本上改變了世界的政治格局。共產主義成為知識界議論的主要話題，並似乎代表了歷史發展的吉兆。[9]

儘管蘇聯主導的國際共產主義運動在戰後一路凱歌行進，看起來如同歷史的鐵律不可阻擋，但是，它很快就開始衰落，隨著蘇東社會主義國家陣營在冷戰中日趨被經濟發展更快的西方國家拋在身後，共產主義的思想和實踐在共產主義世界內外逐步變得聲名狼藉。「當代共產主義的最後危機突然到來」，對於布里辛斯基來說，意味著是提出這樣問題的時候了：「到底是什麼使得本世紀這麼長的時間內都好像是未來潮流的這一學說與實踐衰敗了呢？失望、失敗，尤其是罪行使最初被看作是現世超度的主要方法的思想、政治運動和社會實驗名譽掃地，信譽全無。那麼，是什麼東西造成了這些失望、失敗和罪行呢？」[10]

《大失敗》作為一本論述共產主義的「最後危機」的書，就是旨在描述和分析共產主義制度及其信條的逐漸衰敗的過程和日益加深的危機，斷言共產主義在下個世紀將不可逆轉地衰亡，成為20世紀最反常的政治與理性畸形物載入史冊。得出這個歷史性結論，不是僅僅出於作者的一種自由主義意識形態立場，而是基於六個方面的事實判斷和系統論證，概言之：

9　同上書，頁13-14。
10　同上書，頁15。

第一，共產主義歷史悲劇的關鍵問題是蘇聯的政治制度和社會經濟制度遭到了失敗。列寧主義的「災難性遺產」，即政治權力集中於個別人手中和對恐怖手段的依賴，導致了一個高度壟斷政治權力並日漸官僚主義化的先鋒黨組織，對恐怖手段的依賴使有組織的暴力變成了解決問題的主要方式，暴力首先被用來解決政治問題，繼而又被用來解決經濟問題，最後還被用來解決社會或文化問題。列寧主義的不朽遺產是史達林主義，在史達林的恐怖統治之下，數千萬人遭遇各種迫害，數百萬人慘遭殺害，國家權力對社會的控制達到了登峰造極的程度。由計劃經濟推動蘇聯工業化在一個時期裡雖然發展很快，但代價高昂，難以為繼，至1980年代末，蘇聯已不再占據公認的世界第二經濟霸主的地位，這一位置被日本取代。種種跡象表明，蘇聯在與美國的經濟競賽中正敗下陣來，布里辛斯基預言，到2010年，在世界經濟大國中，蘇聯可能僅居第5位，美國仍將名列首位，以下依次為西歐、中國和日本。[11]

第二，蘇聯當今為進行改革和復興社會主義制度所做的種種努力，成功的可能性微乎其微，而內部的衰敗或動亂則很可能繼續下去。原因在於，改革根本無法攻克三道歷史屏障，即在列寧領導下的、旨在徹底改造蘇聯社會的極權主義政黨；在史達林統治下的、已使人民徹底成為馴服工具的極權國家；在布里茲涅夫統治下的、為腐敗墮落的極權政黨所支配的全面僵化的國家。戈巴契夫推行的「公開性」運動，如果不大規模地觸動政治體制，如果不更普遍地打開思想自由之門，經濟改革

---

11 參閱同上書，頁19-49。

就不可能真正實現。改革成功的唯一前提條件是，需要對造成蘇聯現實困境的雙重淵源——史達林主義和列寧主義——進行真正徹底的制度上的全面否定，也就是必須從理論和實踐上否定自己的大半部共產主義歷史。做不到這一點，蘇聯的改革必定失敗。[12]

第三，東歐以波蘭社會的自我解放為前導，已經拉開對**蘇聯強加的共產主義制度進行譴責的序幕**。蘇聯的長期控制及蘇聯式體制在波蘭面臨著最大的變革和最強硬的挑戰，是因為波蘭信奉羅馬天主教，這種信仰的作用是增強民族主義意識，並賦予這種意識一種與共產主義思想截然不同的理論內容，波蘭的近代史在很大程度上可以說是反對蘇聯統治的歷史。華勒沙領導的「團結工聯」的興起，表明產業工人階級走上社會變革舞臺的中心，他們普遍意識到自身的權利被剝奪，要求參與政治，體驗到了建立廣泛的社會團結的巨大力量。1981年實施的軍事管制只能從表面上消滅和鎮壓團結工聯組織，卻無法阻止另一批已成氣候的政治精英的崛起，無法阻止與之相關的真正的政治生活的恢復，儘管這種新政治生活還沒有完全堂而皇之地登上舞臺。更重要的是，波蘭的解放事業正在不斷地同其他東歐鄰國的解放事業聯繫起來，從而形成了區域性變革的態勢，在東歐被迫接受共產主義40年之後，東歐國家已經充分認識到了，共產主義體制是他們追求自身幸福和全面社會進步的主要障礙，清除這個障礙，是社會復興的先決條件。[13]

---

12 參閱同上書，頁50-62。
13 參閱同上書，頁137-174。

第四，中國共產主義的改革很可能取得成功，這一成功將使共產主義意識形態的正統觀念和中國共產主義在政治上的統一性付出高昂代價。與在東歐所遭到的機體排斥不同，共產主義在中國面臨的前景是，這個國家悠久的傳統和價值觀念會對它進行有機的吸收。中國共產黨從來就不是一個真正的無產階級政黨，中國共產主義的歷史軌跡因此大大不同於蘇聯或東歐的共產主義，它的領導人多數不是蘇聯培養起來的，中國模仿蘇聯的時間也非常短暫。中國在鄧小平領導下進行的改革，經歷著一場指導思想方面的重大變革，他們的主要觀點，甚至他們的政治詞匯變得愈來愈不像一個自稱代表了無產階級專政的革命政黨所應有的東西，而更像一個代表了正在中國興起的、商業階級專政的和致力於現代化的政黨的特點。改革之後的中國共產主義，實際上將轉變為一種「商業共產主義」，即現代中國仍然由共產黨領導，但它將不再是一個公有制的國家。[14]

第五，國際共產主義的吸引力在思想和政治方面正在衰竭。共產主義在蘇聯已經動搖，在東歐已被否定，在中國越來越商業化，表明共產主義在全世界已成為一種聲名狼藉的意識形態。蘇聯模式的共產主義與停滯不前相等同，這種看法不僅在西歐、東歐和遠東、東南亞占據著統治地位，而且也開始影響拉丁美洲和非洲的輿論導向。在世界比較發達的地區和新興工業化國家裡，幾乎沒有人認為共產主義與他們的未來發展計劃有關，幾個效仿蘇聯模式的國家的命運清楚地表明瞭蘇聯模式的弊端。即使中國的做法有改進，也不能挽回共產主義已經

---

14 參閱同上書，頁175-221。

失敗的看法，因為中國經濟上的成功，恰恰是由於中國很明顯地偏離了過去的共產主義「實踐」。共產主義理論正在崩潰，共產主義的實踐則被廣泛地認為已經失敗，共產主義作為一種重要的世界現象已接近其尾聲。[15]

第六，共產主義的總危機，後共產主義時期可能出現的景象。上述五個方面表明，共產主義在意識形態和制度層面陷入了一場總危機，而且預示著它在世界舞臺上作為主要的政治和意識形態力量的地位正在逐步削弱，其現實表現是：所有共產主義國家，經濟陷入混亂，社會出現動盪，共產黨的上層集團對共產主義學說產生了信仰危機。**共產主義失敗的根本原因是源於馬列主義對歷史的根本錯誤的判斷和對人性的嚴重誤解。**它沒有考慮人對個人自由的基本追求；沒有考慮人渴望通過藝術和宗教等方式表現自我；沒有考慮在文化普及和宣傳媒介具有廣泛影響的時代，人們會進而要求政治上的選擇權利；沒有考慮生產率的提高和文明創造同個人追求物質享受的願望的有機聯繫。隨著共產主義的徹底失敗，蘇聯、中國和東歐各國都在或快或慢地向「後共產主義」階段邁進，共產黨人的專制政權可能依次向四個不同的階段轉變：共產主義極權，共產主義專制（威權），後共產主義專制（威權），後共產主義多元化（民主化）。[16]

布里辛斯基對共產主義興亡史的分析與預見無與倫比，他毫無疑問地是自喬治·凱南發表「長電報」以來，對蘇聯政權

---

15 參閱同上書，頁223-226。
16 參閱同上書，頁298-305。

及其主導的國際共產主義運動,從起源、構成到危機和衰亡所進行的最系統的批判,他基於廣泛事實經驗支持並有著強大邏輯力量的理論論證,深刻地揭示了共產主義國家必然失敗的根本原因——違背歷史規律和違背人性,從而令人信服地預言了共產主義從一個理想的烏托邦最終導向一場歷史悲劇的必然命運:

> 共產主義尋求建立一個更加美好和更富有人性的社會,但帶來的卻是大規模的壓迫。它樂觀地相信可以用理性的力量去建立一個完美無瑕的社會。它代表以道德為動力所進行的社會工程,激發起人們珍愛人性和憎恨壓迫的最強烈的情感。因此,共產主義吸引了一批出類拔萃和最富有理想的人,然而,它也造成了本世紀或人類歷史上最深重的災難。[17]

按照沈大偉的評價,《大失敗》發表於1989年,考慮到在以後兩年內蘇東「共產主義黨國」全面崩潰的局面,就不能不欽佩布里辛斯基在大變革前夜唯一預見到了這一歷史性局面的出現,他對共產主義衰落和崩潰的全部預言,「不是建立在某種天真的認為資本主義必然戰勝共產主義的冷戰樂觀主義的基礎上,而是源自他自己對那些困擾著蘇聯和東歐黨國的弊端的深度分析。」[18]這是布里辛斯基長期觀察和研究蘇聯

---

17 同上書,頁271。
18 沈大偉,《中國共產黨:收縮與調適》,頁21。

共產主義運動演變的結果，早在1956年，他分別用「極權主義專政」（Totalitarian Dictatorship）和「獨裁」（Autocracy）這兩個概念來界定蘇聯政權的性質，由此初步奠定了「大失敗」理論的基礎，因為只有對蘇聯政權的性質作出準確界定，才能對共產主義運動的性質和走向作出恰如其分的判斷。在1960年代晚期，布里辛斯基又進一步提出了蘇聯政治體制發展的兩種可能性：「轉型」（Transformation）和「崩潰」（Disintegration），認為這是「共產主義問題」（Problems of Communism）的核心內容。[19]「大失敗」理論正是基於前述研究，更主要的是基於共產主義已經失去了革命的活力，它與發達國家的政治格格不入，它在第三世界國家作為社會發展樣板的作用已經消失殆盡，所有這些鐵一般的事實，讓布里辛斯基深信：共產主義已陷入了日趨嚴重的危機，它正在痛苦掙扎中。主張實現改革的共產黨領導人，明確承認了共產主義的歷史性失敗，但他們都沒有認識到，造成共產主義失敗的原因，並不是他們所理解的共產黨的「失誤和偏激行為」，而是共產主義實驗在行動上、組織體制上和哲學思想上存在著根本性的缺陷，共產主義失敗的深刻根源實際上在於馬列主義實踐本身性質的錯誤。馬列主義提倡的階級鬥爭、暴力革命和無產階級專政的理論，以及由這些理論支配的的決策方式，助長了革命領袖普遍具有一種偏執狂的作風，他們自認為洞察人類歷史的能力無與倫比，他們相信暴力是解決社會和政治問題的最有效

---

19 參閱同上書，頁21，注2。

的手段——「有權在必要時藉助暴力決定人類的前途」。[20]因此，蘇東國家如果不徹底放棄共產主義的意識形態——從馬列主義到史達林主義，不徹底放棄共產黨一黨專政體制，不徹底放棄國家權力全面控制社會的統治機器，這些國家先後發動的所有「轉型」和「改革」都必將趨於失敗。

1989年11月9日「柏林圍牆」倒塌，象徵著蘇東共產主義國家體系的全面崩潰。1991年12月25日戈巴契夫宣布辭去蘇聯總統職務並自動解散蘇共組織，次日蘇聯最高蘇維埃共和國院宣布蘇聯正式解體。共產主義的發源地蘇聯徹底退出歷史舞臺，提前驗證了「大失敗」理論關於共產主義在21世紀崩潰的預言。戈巴契夫在辭職聲明中指出：「具有歷史意義的工作已經完成，很多年前剝奪了整個國家繁榮和興旺的機遇的極權主義系統已被終結。民主轉型之路上的重大進展已經實現。選舉自由、出版和宗教自由，代表機構的權力和多黨制已經成為現實，人權被視為最優先的原則。」[21]法蘭西斯·福山就是依據蘇東共產主義國家的崩潰而提出了「歷史的終結」論——共產主義的歷史已經終結，人類迎來了自由民主的終極時代。問題在於，蘇東共產主義國家的大失敗是否就是共產主義的徹底失敗？因為顯而易見的事實是，中國共產主義政權並未崩潰，誠如霍布斯邦所說：「只要占人類五分之一的中國人繼續生活在共產黨領導下的國家中，為革命作悼詞還早了些，但是，以共

---

20 參閱茲比格涅夫·布里辛斯基，《大失敗：20世紀共產主義的興亡》，頁284。
21 參閱百度文庫。

產主義名義進行的現實革命已使自己筋疲力盡了。」[22]中共在剛剛經歷了「六四」的巨大風波之後,目睹了東歐政權的雪崩和蘇聯共產主義大廈的倒塌,的確已筋疲力盡,但它並未自動退出歷史舞臺。鄧小平1992年「南巡」講話重啟改革進程,試圖通過改革為共產黨繼續執政創造新的生機。這個態勢符合布里辛斯基對中共的基本判斷,他把中國經過改革開放後具有本國特色的共產主義經歷,視為共產主義陷於窮途末日的六大證據之一,與其他證據一起,共同證明共產主義必然徹底失敗。

　　布里辛斯基之所以將中國共產主義版本打入在國際共產主義運動「另冊」,將其視為與蘇聯共產主義性質不同的「民族共產主義」或「商業共產主義」,源於他對中國共產黨的若干前提性認識。首先,他認為中國共產黨不是一個真正的無產階級政黨,它毋寧是一個現代民族主義的政治組織,中共從未完全接受蘇聯的革命模式和意識形態,也沒有完全按照蘇聯的計劃經濟模式進行工業化建設,中蘇兩黨後來徹底決裂,證明了中共與那些對蘇聯惟命是從的東歐同志完全不同。其次,他認為中共能夠將共產主義意識形態更加有效和直接地同中國自己的歷史結合起來,中共領導人強烈的民族意識促使他們對中國的共產主義重新進行解釋,中國的傳統文化包括儒家哲學以及先進的商業技巧,代表著一股巨大的力量,能夠發揮強有力的建設性影響。第三,他認為中國既未經歷長達25年之久的「強硬」的史達林主義,也未經歷布里茲涅夫長達20年的「僵化」

---

[22] 艾瑞克・霍布斯邦,《極端的年代》,馬凡等譯(南京:江蘇人民出版社,2011),頁12。

的史達林主義，中國的意識形態不像蘇聯那樣刻板，鄧小平領導的改革取得了相當重大的成果，在於從意識形態上大大擺脫了過去的理論羈絆。中國的改革在理論和實踐上都走到了蘇聯人的前面，更具有創新精神，而且更成功。

正是基於上述認識，布里辛斯基認為中國雖然會在21世紀繼續實行共產主義的政治制度，但它不再會是一個完全公有制的國家，按照他關於「共產主義退縮的各個階段」的分類，中國符合「後共產主義專制（威權）」的基本特徵，即專制政權主要建立在民族主義的基礎上，只是在形式上還信仰共產主義的意識形態，民眾社會變成了政治社會，政治對經濟的權力大大削弱。總而言之，中國的改革和發展在布里辛斯基看來，似乎預示著共產主義的復興，但它採取的政策與馬列主義的理論越來越遠，意識形態的正統觀念越來越淡化，中國的改革越是成功，正統的共產主義學說越是遭到更沉重的打擊。即使中國改革失敗，也不意味著使共產主義意識形態恢復元氣或再度取得合法地位，恰恰相反，經濟失敗會進一步證明：「在一種準共產主義的環境下不可能取得經濟成功。只有完全消除傳統的馬列主義對政治自由的限制，才有可能取得經濟成功。」[23]

布里辛斯基從民族主義或商業的角度對中國共產主義基本性質的界定，以及他對中國在中共領導下轉向一個後共產主義威權國家的展望，從歷史、理論和現實來看，無疑都是一個重大誤判。把中共歸類為一個民族主義政黨，以區別於蘇聯共產黨，這是從富蘭克林・羅斯福總統以來一直持續存在於美國政

---

[23] 茲比格涅夫・布里辛斯基，《大失敗：20世紀共產主義的興亡》，頁295。

府和學界的一個普遍共識,他們寧願相信中共領導人從來都不是一群真正的共產黨人,認為中共領導人也從來沒有被蘇聯所提供的馬列主義教條所束縛。中共從革命到執政時期,始終貫穿著與莫斯科的緊張關係,尤其是在1960年代,中蘇徹底鬧翻成為勢不兩立的敵人,這個局面被美國人視為是足以證明中共獨立於蘇聯主導的國際共產主義運動的主要證據,也被布里辛斯基用來界定中國共產主義的民族主義性質的一個主要依據。在1980年代的世界性社會主義改革潮流中,中國的改革在鄧小平的領導下,以實用主義的方法來處理全黨的思想認識問題,的確表現出比蘇東國家的改革更少的意識形態色彩,中國的改革也取得了遠比蘇東改革更大的成果:在農村,取消了人民公社制度,實行土地承包制,發展鄉鎮工業;在城市,建立了計劃經濟與市場經濟共存的局面,不僅為國營企業的廠長經理提供了比以往更多的經營自主權,而且為私營經濟的發展開拓出越來越多的空間。中國經濟改革的效果顯著,布里辛斯基引述的數據可以證明:1978年,中國農業總產量增長了9%,1984年增長了14.5%,鄉鎮企業產量的增長,在1981年至1986年間,增長了400%,1987年又增長了36%。同一時期,城市出現了30萬個私營企業,以及2000萬個個體戶。[24]與中國的所有制改革和經濟迅猛發展形成鮮明對照的是,戈巴契夫在「公開性」運動中仍然以列寧主義為綱領,緊緊抓住集體農莊制度不放,以致農業生產一直停滯不前,城市經濟也毫無起色。基於中蘇改革的對比,布里辛斯基有理由認為,中國比蘇聯更可能從一個共產

---

24 參閱同上書,頁197-198。

主義的極權國家向一個後共產主義的威權國家轉型。雖然他並不認為中共會放棄馬克思主義教條、思想控制和共產黨的專制統治，但他堅持認為：「共產黨中國的改革和現代化建設將繼續改變國家以及貼在它身上的共產主義標籤的性質。」[25]

布里辛斯基將中國共產黨領導的改革視為共產主義「大失敗」的證據之一，顯然與中國當下的制度安排和政治走向大相徑庭。中國迄今為止的改革根本不像是共產主義的失敗，而更像是共產主義重新復興的歷史契機。以前流行的說法是「只有社會主義才能救中國」，現在的說法是「只有中國才能救社會主義」。中國改革開放40年之際，中共領導人公開宣示要「像馬克思那樣，為共產主義奮鬥終身」，繼續完成共產主義未竟的使命。[26]從布里辛斯基提供的有關中國共產主義衰退的標準來看，中國的改革既沒有放棄馬克思主義的意識形態，也沒有削弱國家權力對經濟進程的全面控制，更沒有放鬆對社會的嚴厲思想控制和文化審查，而是進一步強化了國家全面統治社會的政治制度。中國在加入WTO之後，也沒有遵循世貿組織規定的準則，在市場准入、知識產權保護、勞工權利保護、實現基本人權諸方面，融入到世界經濟體系和政治民主治理體系之中，反而是依仗國家實力的巨大增長而對現有的國際秩序提出了根本性的挑戰，力圖以中共提出的方案和規則來重建所謂「人類命運共同體」。2018年，中共完成修憲，廢除國家主席任期

---

25 同上書，頁217。
26 習近平，〈在紀念馬克思誕辰200周年大會上的講話〉，新華社2018年5月4日電。

制──這是鄧小平改革的最大政治遺產,標誌著黨的集體專制向個人極權轉化,這一重大制度變革意味著布里辛斯基對中共趨向於一個「後共產主義專制(威權)國家」的展望完全落空了,中國正在從一個威權國家重新退回到一個「共產主義極權」國家。按照布里辛斯基的概括,「共產主義極權」的實質是:共產黨控制政治系統,政治系統控制社會與經濟。[27]其實還應該根據中國的現狀補充關鍵性的一點:個人控制共產黨。這是史達林主義體制的典型特徵。

布里辛斯基不幸於2017年逝世,他的「大失敗」理論永垂史冊,他對中國共產主義的分析和展望是否是一個重大理論失誤?他如果活在當下,會根據目睹到的實際情況對中國共產主義的前途重新做出預判嗎?或者說,他的理論貢獻與局限會對後人的研究給予何種啟示?

從「收縮與調適」到「逆轉與對抗」
──以沈大偉的「共產主義黨國」研究為例

當蘇東國家的共產主義政黨紛紛下臺時,為什麼中國共產黨能繼續執政?中國共產黨從這些「共產主義黨國」(party-state)的失敗中汲取了哪些經驗教訓?中國共產黨如何認識自身的現狀?如何把這種自我認識與對其他政治體制的研究相結合?1989年以來,中國共產黨如何運用這些經驗教訓?中國共

---

[27] 參閱茲比格涅夫・布里辛斯基,《大失敗:20世紀共產主義的興亡》,頁301。

產黨能否繼續維持執政地位？這是沈大偉在2007年發表的《中國共產黨：收縮與調適》一書所研究的核心問題。對於許多美國的中國問題研究學者來說，中國的共產主義黨國為何沒有隨著東歐、蘇聯、蒙古的制度崩潰而成為下一張多米諾骨牌，反而是在1991年以後更加牢固地鞏固了專制統治，是必須回答的一個重大問題。與這個問題緊密相關的是，中國在1990年代重新開啟的改革進程中，是會繼續保持馬克思主義的意識形態和共產主義黨國的本色？還是會逐步偏離共產主義的既定軌道，走向一個布里辛斯基所說的「後共產主義威權國家」，甚至向「後共產主義多元化」方向發展，最終成為一個憲政民主國家？沈大偉這本書的重要性在於，他不僅為回答上述問題提供了一個以「收縮和調適」（Atrophy and Adaption）命名的分析框架，而且盡可能廣泛地介紹了美國關於中國共產主義未來前景的眾多論述，從而為人們認識上述問題開拓出更加寬廣的視野。確如普林斯頓大學教授吉爾伯特‧羅茲曼的評價：這是「一部開闢新的學術領地的力作⋯⋯確立了未來書寫中國政治的標準。」[28]

沈大偉基於系統的學術訓練、出色的研究能力和廣博的知識積累，無可置疑地進入到了美國的中國問題研究專家的前列。他從大學時代起就開始對共產主義黨國產生興趣，以後數十年如一日，持續研究各種共產主義政治體制的演變過程，從一種「比較共產主義」的理論視野出發，主張通過對共產主義黨國的比較研究和個案研究，最終為解釋中華人民共和國的政

---

[28] 沈大偉，《中國共產黨：收縮與調適》，封底評語。

治演進及其特點,創造一種盡可能完備的理論與方法。他提出的「收縮與調適」的理論,就是從共產主義制度比較的角度,既指出了中國共產黨與蘇東國家共產黨的一致性——都具有列寧主義政黨的典型特徵,都具有傳統的控制手段不斷收縮和弱化的趨向,又認為中國共產黨在實際執政過程中保持著調適性和靈活性的特點——與蘇聯僵化的不思改變的體制具有重大區別。也就是說,因為中國共產黨始終處在一個「收縮與調適」的不可逆轉的動態過程中,它才得以避免出現蘇共亡黨亡國的局面。從這個基本判斷出發,沈大偉批評了西方學者和媒體關於中國共產黨政治前景的三種錯誤看法:1、中國沒有進行任何政治改革,中國政治體制仍然是一個僵化的列寧主義國家,最終會踏上不可避免的民主征程;2、中國共產黨僅僅依靠經濟增長和民族主義這兩個支柱來維護它的執政地位;3、長期以來中國存在諸多社會、經濟問題和矛盾,隨時可能爆發。[29]沈大偉以他的「收縮與調適」理論試圖證明:中國共產黨對於轉變成西方甚至亞洲國家的多黨競爭的民主制度毫無興趣,經濟增長和民族主義不足以解釋中國共產黨為何擁有長期執政的能力,結構性問題和矛盾的存在尚未嚴重威脅到中國共產黨繼續執政的地位。在沈大偉看來,中國共產黨決不會坐以待斃,他的書是要分析該黨作為執政黨所具有的優勢、弱點、持久性和調適性以及長期執政的潛力。

布里辛斯基提出的「後共產主義」的概念,成為沈大偉展開其系統性論述的一個特定時代概念,全書導論的標題是:

---

29 參閱同上書,頁3-4。

「後共產主義時代的中國共產黨」。之所以這麼定位，既是因為「後共產主義」標誌著蘇東共產主義時代的終結，也是意味著中國共產黨的政治統治從「共產主義極權」走到「後共產主義威權」階段。為證明這個看法，沈大偉指出了一個普遍性現象，即大多數比較共產主義的理論家都認為，占統治地位的共產主義政黨都經歷了一個從「極權主義」階段到官僚政治管理的「威權主義」階段的轉變，其中最值得重視的是塞繆爾・亨廷頓和布里辛斯基使用不同的術語對本質上相同的政治轉型現象的描述。亨廷頓確立了一個三階段模型：政治體制的轉型、政治控制的鞏固、執政黨對社會壓力的調適。布里辛斯基則提出了一個政治演變的四階段模型：共產主義極權、共產主義專制（威權）、後共產主義專制（威權）、後共產主義多元化。沈大偉認為這兩種理論模型都旨在說明，共產主義黨國的演變已經完全超出了20世紀50年代和60年代早期學者們所描述的極權主義階段，它們在後史達林時期已經開始放鬆對社會的全面控制，與典型的極權主義的政治控制方式分離開來。概言之，「從政治上說，這一轉變說明了從極權主義政權向威權主義政權的轉變。」[30]不僅如此，沈大偉傾向於接受布里辛斯基對後共產主義前景的基本判斷：將「後共產主義威權」認定為是瀕臨滅亡的階段，是共產主義黨國最終滅亡和崩潰的先兆，也是一個全新替代階段即後共產主義多元化階段到來的先兆。蘇聯的衰落和崩潰為布里辛斯基的這一理論模型提供了最富有說服力的證明。

---

[30] 同上書，頁20。

但是,沈大偉並不認為,布里辛斯基的理論模型可以完全用來說明或預測中國共產黨的未來前景,因為中國的共產主義黨國並沒有普遍出現導致蘇聯解體的那些因素:教條主義的意識形態、頑固不化的精英、僵化的政黨組織、停滯的經濟、與國際社會隔絕。相反,「中國共產黨正在進行相當(但不是完全)有效的調整和改革,它吸取了其他共產主義黨國失敗的教訓,正在積極主動進行自我制度改革和建設,從而維護了它的政治合法性和權力。」[31]因此,對中國的認識需要開拓更廣闊的理論視野,建構更有效的理論工具,沈大偉提出「收縮與調適」理論,就是力圖提供一個新的分析框架,用來回答:「中國的政治體制是怎樣的?中國共產主義黨國的演進將走向何方?」

「收縮」(atrophy)概念在英語上主要是表達「衰退」、「萎縮」、「退化」、「虛脫」等意思,將「atrophy」翻譯為「收縮」,讓這一詞彙更容易被中國書報審查機構所接受,中共宣傳主管部門是從來不會承認中國共產黨與「衰退」相關聯。沈大偉提出的「收縮」概念,是旨在表達中國共產黨一個客觀存在的「衰退」過程:

> 中國共產黨多年來一直處於不斷收縮的狀態……中國共產黨對思想、社會、經濟和政治生活各個方面的控制力已經不斷減弱。長期以來,中國共產黨的傳統控制手段——宣傳、強制和組織——全都出現了相當大的收縮和弱化,

---

31 同上書,頁11。

儘管它們仍然是有效的控制手段。全球化以及中國與外部世界的全方位交往進一步削弱了中國共產黨對社會的控制。32

　　沈大偉用「收縮」概念來定性中國共產黨政治控制力的衰退和傳統控制手段的失效，可以說是西方共產主義研究者的一個普遍共識。蘇東共產主義政權的全面崩潰，顯而易見地是政治控制力長期衰退（收縮）的必然結果。布里茲涅夫執政所製造的蘇聯長達18年的「停滯」時期，充分反映出一個看似強大的「蘇維埃政權」，除了擁有傳統的以暴力支持的控制手段之外，其實已經完全喪失了能夠有效應對社會提出的挑戰性要求和需要，不具備傾聽和回應社會總體要求和需要的反饋機制。沈大偉為此專門製作了一個統計表格，從大致60個門類來分別描述共產主義黨國在經濟、政治、社會、文化、強制力、國際六個大的方面所出現的衰退，其中最典型的癥候是：經濟停滯、馬克思主義意識形態的去合法化、公民社會的形成、獨立媒體的湧現、「黨軍」（party-army）的削弱、強力機構的腐敗、全球化對大眾文化的影響、東歐日趨獨立於莫斯科的態勢、宗教不斷擴大的影響力、罷工和社會抗議運動日趨增多，等等，正是這些因素的相互作用導致了蘇東國家共產主義力量的崩潰。從這個意義上看，共產主義黨國內在的、不可遏制的「收縮」過程，其實就是它們走向崩潰的過程。

　　許多學者是根據蘇東共產黨國家解體和垮臺的歷史經驗，

---

32 同上書，頁4-5。

斷定中國共產黨的統治也將步入蘇共的覆轍，以沈大偉引述的幾位著名學者的代表性觀點為例：

哈佛大學的羅德里克‧麥克法夸爾認為：「雖然中國經濟的進步確實令人印象深刻，但是其政治制度卻處在系統性危機中。」「我所分析的問題很可能會導致共產主義制度在幾年內而不是幾十年內崩潰……。」

加州大學聖地亞哥分校的謝淑麗認為：「中國可能是一個正在出現的超級大國，但它又是一個脆弱的超級大國。導致極大危險的恰恰是其內部的脆弱性，而不是經濟或軍事實力……中國領導人被恐懼所纏繞，他們的日子屈指可數。」

加州大學洛杉磯分校的鮑瑞嘉（Richard Baum）認為：「充滿活力的經濟和社會，與僵硬的、過時的治理體制和政治控制體制之間的脫節越來越嚴重……另一方面，這個制度的馬列主義哲學基礎已經被沖淡，它在本質上不再被25年的市場改革和合乎經濟原則的改革所承認；共產黨再也不能為中國的未來提出鼓舞人心的前景。」

投資銀行專家章家敦在其名噪一時的《中國即將崩潰》一書中認為：中國共產黨「瓦解」的跡象隨處可見，共產黨被推翻只是個時間問題。[33]

沈大偉把上述學者稱之為「悲觀派」，在這個派別中還有不少學者，他們或者認為中國共產黨陷入了「合法性危機」，出現了與帝國王朝和國民黨制度衰亡相似的國家權力衰落的跡象（阿瑟‧沃爾德倫）；或者是認為「民主突破」將很快降臨

---

[33] 參閱同上書，38-40頁。

中國,革命將從上層開始(布魯斯‧吉雷);或者是認為中國的政治體制是結構不穩定和不可持續的「列寧主義的法團主義」(威爾‧赫頓)。與「悲觀派」相對立的觀點被沈大偉稱之為「樂觀派」,這派學者認為中國共產黨所面臨的一切問題本質上是可以解決的,中國在經濟上更像是遵循東亞發展中國家的路徑,而不是遵循蘇聯或東歐模式,中國的列寧主義制度依然強大,中國共產黨正在成功地應對並調整適應它所面對的各種挑戰。例如,哥倫比亞大學的黎安友認為,中國從極權主義轉向了威權主義,「發展」取代了「烏托邦」,中華人民共和國在「制度化」上取得了一些重要進展:權力交接有序化、幹部晉升績效制、官僚機構差別化、大眾參與和訴求的渠道得以建立等等。同時,他也認為:「這個政權仍然面臨著大量關係其生死存亡的挑戰。」[34]

總體而言,沈大偉是認同「樂觀派」對中國的看法,但他試圖以自己的理論方式,也就是用「收縮與調適」的分析框架來展開對中國共產主義黨國的分析,他把「調適」(adaption)視為與「收縮」相對應的關鍵概念,就是為了進一步說明,儘管中國共產黨已經表現出列寧主義政黨收縮和衰落的典型症候,但它同時也證明自己在許多關鍵領域有能力作出重要的調適和改革。他認為共產主義政黨就像植物一樣,如果得不到足夠的養分和陽光,就會枯萎死亡,但倘若受到「調適」的刺激,就會生機勃勃。收縮和調適並不必然會相互排斥,相反地它們常常形影不離。在沈大偉看來,中國共產黨在「收縮」過

---

[34] 參閱同上書,頁55。

程中一直進行著有效的調整和適應,它從蘇聯及其衛星國的崩潰中吸取教訓,從其他一黨統治政權和威權主義國家中學習行之有效的執政經驗,並且採取了各種保護性措施——壓制,適應,吸收,允許多元趨勢——用來應對那些本質上固有的、系統的、積習成癖的狀況,從而打造出一個新的黨國:「兼收並蓄型國家」。

　　為何是中國共產黨能夠通過「調適」而完成任何其他共產主義黨國未能完成的事情?中國共產黨究竟進行了哪些典型的「調適」而讓它得以避免蘇共崩潰的結局?沈大偉主要是從兩個方面作出回應。首先,從「重塑意識形態之維」來看,中國共產黨並沒有放棄馬克思主義意識形態,但是它修改和調整了馬克思列寧主義,使之符合非意識形態的政策決策,而且在這個調適過程中產生了最值得注意的「本土意識形態運動」——江澤民的「三個代表」思想和胡錦濤的「科學發展觀」。同時,向社會大眾灌輸意識形態的手段也發生了重大變化,市場化趨勢推動了中國傳媒業和出版業朝著更為開放的新方向前進,宣傳系統較之毛澤東時代已經大為收縮,商業、技術、政治和消費者偏好等力量的相互作用和相互博弈,不可避免地削弱了共產黨對信息傳播和內容的控制。其次,從「重建組織之維」來看,中國共產黨實施了一系列系統的和全面的計劃,旨在加強「黨的建設」,改善「黨的生活」,提高「黨的執政能力」,增強「黨的先進性」和「發揚黨內民主」,採取的措施包括:反腐敗和嚴肅黨紀、重建地方黨組織、加強黨外協商和監督、加強黨內民主、提高幹部能力、實行領導集體有序更替。

正是中國共產黨在意識形態方面和組織方面所進行的必要「調適」，被沈大偉認為是大大地增強了它作為執政黨的活力，使自身重新合法化，擴大了群眾基礎。他尤其是高度評價中國共產黨自1989年以來「相當成功地解決了精英更替的問題」：到2007年底，中國共產黨已經召開了四次全國代表大會，完成了領導層的全面更替，領導集體已經從「第三代」過渡到「第四代」，精英的宗派主義和衝突已經降到最低限度，精英更替總體上已經是可以預測的和平穩的過程。他由此認為，「收縮與調適」的辯證關係涵蓋了中國共產主義黨國多年來一直經歷的雙重過程，雖然中國共產黨反覆出現收縮，不斷地在改革－調整－再改革－再調整中持續循環，但總的趨向是通過「調適」來完善和提高執政能力。這個情況表明：「中國共產黨沒有在改革中凋零、停滯或面臨不可避免的崩潰，反而正採取措施改造自身，維護自身的長期執政地位。」「對於中國共產黨而言，保持適應性和靈活性具有重要意義。這大概是中國共產黨從對蘇聯解體的分析中得出的最重要的結論。」[35]，

沈大偉運用其「收縮與調適」理論對中國共產黨自1989年以來改革進程的描述與分析，在21世紀頭10年裡的確能夠獲得來自於中國的大量經驗事實的支持。中國共產黨領導的改革在諸多方面取得的重大成果，至少證明了美國「悲觀派」關於中國共產黨的統治很快就會終結的判斷缺少事實依據，在蘇東共產主義國家崩潰之後的三十多年時間裡，中國共產黨的政治統治不是在衰退而是更加強大和穩固了，中國改革開放所創造的

---

[35] 同上書，頁150。

巨大經濟績效前所未有地為其鑄造了新的政治合法性基礎。這一情況是否同時意味著美國「樂觀派」關於中國共產黨的政治轉型——從極權主義轉向威權主義——的預言就是正確的？中國是否會按照他們分析的那樣，最終通過市場化改革和加入世界經濟體系而成為一個「後共產主義的威權國家」？這些問題顯然需要根據中國自2012年以來所出現的一系列新的情況作出回答。對於沈大偉來說，考慮到調適並不能為一個正在收縮的政權提供無限的政治生命力，他指出了調適可能出現的四種前景：第一，零碎的調適性改革可能不足以應對困擾著整個體制的問題；第二，調適性改革本身會帶來新的問題，從而顛覆黨國；第三，中國作為新列寧主義黨國，無論具有怎樣的靈活性和調適能力，都難以充分解決新的挑戰；第四，中國共產黨會演變成某種新的混合型黨國。[36]就這四種可能性而言，沈大偉傾向於認為，中國共產黨最有可能實施漸進的政治改革，在未來的10年或15年中，引入更大的政治競爭，最終建立一個由中國共產黨領導的新型混合政治體制。

從某種意義上說，沈大偉基於「收縮與調適」的分析框架對中國共產主義黨國的性質、演變及其前景的分析與展望，是對布里辛斯基提出的「後共產主義威權」假說的進一步論證與展開。中國共產黨的改革在布里辛斯基的著作裡被想像為是共產主義大失敗的一個內在組成部分，而在沈大偉的分析框架中，中國共產黨的改革成為修正或改變傳統的共產主義黨國的最佳路徑，成為從「共產主義威權」轉向「後共產主義威權」

---

36 參閱同上書，頁247。

的經典案例,甚至成為「後共產主義多元化」的未來樣板。這個「後共產主義」敘事的根本問題在於,共產主義黨國的演變是注定向前並且不可逆轉,即注定從「共產主義極權」走向「共產主義威權」,再從「共產主義威權」走向「後共產主義威權」,最終走向「後共產主義多元化」。這個轉型路徑的理論模型堪稱完美,具有邏輯上難以辯駁的有效解釋力,亦獲得了歷史和現實層面的大量經驗支持,但它顯然沒有充分估計到共產主義黨國轉型的另一種可能性,即轉型的逆轉——從一個威權主義國家重新退回到一個極權主義國家。自2012年以來,中國的政治、經濟和文化呈現出全面倒退的態勢,這一態勢與沈大偉基於2007年之前的觀察所形成的中國作為一個威權國家的判斷已經大相徑庭,中國共產黨並沒有按其所說的那樣,通過「重塑意識形態之維」和「重建組織之維」來重建一個趨向於「後共產主義多元化」的政黨。相反,中國共產黨轉而全面加強馬克思主義意識形態的正統地位,重新強化國家權力對經濟、社會和思想領域的全面控制。黎安友在2003年所概括的中共改革的「制度化」成果——權力交接有序化、幹部晉升績效制、官僚機構差別化、大眾參與和訴求的渠道得以建立,在10年之後逐漸被一種強大的「黨權主義」的政治結構所吞噬。[37]尤

---

[37] 2018年,我參加了由哈佛大學費正清中心和北京天則研究所共同舉辦的中國改革四十年理論研討會,在為會議撰寫的論文中,我提出了「黨權主義」的概念,這一概念旨在說明:江澤民和胡錦濤時代是「權威遞減的權威主義」,而從2012年開啟的「新時代」實質是開啟了一個「黨權主義」時代。「黨權主義」的主要特徵是:最高權力的高度集中通過擴大黨權的方式得以實現,最終全面確立了黨國制度,黨權侵入了一切權力部門,形

其是在2018年，中國共產黨正式「修憲」，取消主席任期制，這個重大事件表明，鄧小平時代遺留下來的最大政治遺產——取消最高領導人終身制，被徹底廢棄了。黨的最高權力再次集中於個人，作為威權主義重要標誌的黨的集體專制，重新向個人「定於一尊」的極權主義體制復歸，走向了史達林－毛澤東式的個人獨裁。

從威權國家向極權國家的逆轉，反映出共產主義黨國的「路徑依賴」對於所有共產黨執政的國家都有著根本性的制約作用，它們不管是在意識形態領域和組織領域能夠表現出多麼大的調適性或靈活性，也不管是在市場化改革的道路上能夠走出多遠，它們最終還是會回歸到共產主義的既定軌道，因為共產主義的意識形態和政治權力結構最符合共產黨領袖們的權力意志。在權力唯一地成為他們的人生信仰時，讓他們主動放棄手中的權力，無異於與虎謀皮。共產主義黨國絕不會主動退出歷史舞臺，後共產主義時代的到來，絕不會是「調適」的結果，而一定是「逆轉」的結果，如同「逆轉」導致了蘇東共產主義國家的崩潰。布里辛斯基關於共產主義「大失敗」的理論，目前沒有在任何一個共產黨執政的國家找到例外。

在「逆轉」的進程中，必然伴隨著「對抗」，因為共產主

成了以黨代政、以黨代軍、以黨代法的黨治系統；同時黨權全面侵入文化傳媒領域，讓所有文化傳媒資源均淪為黨的意識形態的宣傳工具；黨權進一步強化對國企的領導和控制，使「國企」淪為「黨企」。概言之，「黨權主義」是21世紀的極權主義，它的目標是力求打造一個由黨權全面控制一切政治領域和社會領域的新的極權主義體制。參閱拙作，《山重水複的中國：榮劍演講及對話錄》（香港：香港城市大學出版社，2019）。

義的內在邏輯就是要消滅被它貼上資本主義標籤的私有財產、個人自由和憲政民主制度。美蘇冷戰製造了東西方兩大敵對國家陣營的對抗，其實質是自由主義與共產主義的對抗，是民主主義與極權主義的對抗，這一對抗局面並沒有隨著蘇聯共產主義時代的終結而終結，中國共產主義「新時代」對現有國際秩序和憲政民主國家提出了新的挑戰，中國的政治制度沒有在改革和「調適」中放棄馬克思主義的意識形態、無產階級專政、社會主義道路和共產黨領導，它依然保持著共產主義黨國的本色，公開標榜將始終銘記共產主義一定要消滅資本主義的「初心」。因此，從威權國家向極權國家的逆轉，必然會重新恢復極權國家固有的對抗性──對內對抗市民社會要求完成民主化政治改革和自由化經濟改革的要求，與自己的人民為敵；對外對抗歐美民主國家主導的世界體系，與所有文明國家為敵。中國共產主義黨國在經歷了四十餘年改革開放之後，並沒有從根本上改變蘇東共產主義黨國的性質：堅持僵化的馬克思主義意識形態、依靠國家暴力機器實行對社會所有領域的全面控制，以及繼續以「古拉格」集中營的方式來對待黨內和社會的一切異議人士。布里辛斯基對蘇聯共產主義統治模式的無與倫比的批判所闡發的基本原理，對於認識和批判中國共產主義的統治模式同樣有效。從本質上看，極權國家在任何條件下，都是反人性的恐怖主義國家。正如布里辛斯基對蘇維埃政權的界定：「政權的金字塔是由一種恐怖制度支撐的。這種恐怖制度使得人人自危，甚至連史達林最親密的同志都沒有安全感。沒有人能避免成為這位反覆無常的獨裁者的犧牲品。今天還是史

達林寵幸的政治局委員，明天就可能受到審判遭到槍斃。」[38] 這個情況在毛澤東去世已近半個世紀的中國，仍然廣泛存在。依靠計算機大數據技術的支持，國家暴力機器對社會的全面控制已到了無孔不入的程度，不僅是普通民眾被籠罩在恐怖主義的陰影之下，而且黨的高級幹部也完全處在一種被監控的狀態，失去了他們應有的私人自由的權利與空間。「極權主義」（totalitarianism）就是「全能主義」，在極權主義的全能控制之下，沒有一個人是安全的，包括獨裁者本人。

綜上所述，布里辛斯基的「後共產主義威權」論調和沈大偉的「收縮與調適」的分析框架，或許可以相對有效說明共產主義黨國政治演變在某個階段的部分真實，他們揭示的「後共產主義威權」階段中所出現的「去共產主義化」的種種現象，的確在共產主義黨國的「調適」或改革過程中存在過，中國的改革開放在一個時期裡（1992-2012年）也的確符合他們所描述的「後共產主義威權」的若干典型特徵，但是，他們沒有充分估計到從「後共產主義威權」逆轉到「共產主義極權」的可能性。當這種可能性正在中國演變為嚴酷的現實時，共產主義黨國或許還會為了尋求更好的生存和發展機會而不時採取「調適」策略，繼續運用改革話語為自己的統治地位製造新的合法性理由，但是，目前沒有任何跡象表明，「調適」或改革能夠讓一個典型的共產主義黨國洗心革面，促使它們主動去建立一個「兼收並蓄型國家」。共產主義的最後危機是否會隨著中國的日趨強大而被無限延續？共產主義「大失敗」的歷史是否會

---

38 茲比格涅夫・布里辛斯基，《大失敗：20世紀共產主義的興亡》，頁26。

因為中國共產黨的長期執政而被改寫？一個守成的資本主義美國和一個崛起的共產主義中國如何構建兩國關係？這是決定21世紀世界歷史發展的大哉問！

中美之間的「雙重賭局」：誰是贏家？
——以藍普頓的「中國力量」研究為例

2019年7月3日，美國國慶日的前夜，《華盛頓郵報》發表了一封由5名美國資深中國問題專家領銜起草，95名外交、學術、政界、商界和軍界等名人聯合簽署，致川普總統和國會議員的公開信——〈把中國當成美國的敵人事與願違〉（Making China a US Enemy is Counterproductive）。這是川普政府發動對華貿易戰並導致中美關係螺旋式下降以來，美國「親華派」（或「擁抱熊貓派」）人士集體發出的反對現行對華政策的最強大的聲音。公開信對於美中關係不斷惡化深感不安，認為這不利於美國或全球利益，指出中國並不是美國的敵人或是會對美國國家安全構成威脅，視中國為敵人並使之與全球經濟脫鉤的做法將損害美國的國際角色和聲譽，最終孤立的是美國。公開信還認為，對北京將取代美國成為全球領袖的擔憂被誇大了，它主張對華政策必須基於對中國人的觀念、利益、目標和行為的現實評估，強調美國需要恢復自己有效競爭的能力，而不是推動一種適得其反的努力，破壞和遏制中國與世界的接觸。由於公開信的起草者和聯署者包括了芮效儉、史文、傅泰林、董雲裳、傅高義、卜睿哲、李侃如、約瑟夫·奈伊、包道格、藍普頓這些著名人士，他們在塑造美國對華認識方面

都發揮過重要影響，因此，公開信在美國國內引發了極大的關注，而且也迅速得到了中國政府和官方輿論的積極回應。中國外交部發言人耿爽在公開信發表次日回答記者提問時，對信中理性、客觀的聲音和觀點表示肯定，他特別強調了三點看法：第一，中美不是敵人；第二，合作是中美唯一正確的選擇；第三，我們對中美關係抱有信心。[39]《環球時報》總編輯胡錫進對此發表評論稱：「從公開信的行文中不難看出聯署者們對中國的偏見和對維護美國霸權的支持，他們反對的是在對華問題上蠻幹。與美國現行對華政策設計和執行者們相比，這封信的價值取向是一致的，但表現出了工具意義上的現實主義理性。」[40]

約翰‧霍普金斯大學教授藍普頓（David M. Lampton）參與聯署公開信，顯然是出於他對中國一貫友好的立場，也是他從學者的職業倫理出發表達一種義不容辭的責任。在美國的中國問題研究領域，藍普頓因為長期致力於美中關係研究並取得了卓越成果而享有權威地位。早在1972-1973年，藍普頓曾在香港居住，接觸了一些因為文化大革命離開大陸到香港的中國人，由此對毛澤東的中國有了初步認識。1982年，他在武漢學習水利，期間開始研究中國的醫保政策、水利和電力問題。從1988年至1997年，藍普頓擔任美中關係全國委員會主席，於1990年7月促成了朱鎔基、汪道涵來美訪問，這是中美在「六四」風波之後的一件大事。在1998-2006年期間，藍普頓負責智庫「美國利益中心」的中國項目研究，迄今出版了5本關於中國的專

---

[39] 新華社2019年7月4日報導。
[40] 《環球時報》評論，2019年7月4日。

著。2015年，藍普頓與其他三位海外學者一同在上海獲得第六屆世界中國學貢獻獎。正是基於對中國四十多年的深入研究，尤其是基於中國已經成為全球第二大經濟體和美國最重要的貿易夥伴的事實，藍普頓一直奉行對中國的友好和務實立場，主張美國對中國採取建設性的接觸政策，認為雙方需要為根本的和共同的利益而合作，衝突的代價將遠高於合作所可能帶來的收益。他對於美中關係的基本看法是：國際形勢已發生巨大變化，20世紀那種崛起大國與守成大國之間必然走向對抗的理論，已經不能適應21世紀的國際形勢發展的需要，美中兩國應以發展和前瞻的眼光，構建美中新型大國關係。2013年，藍普頓在接受中國記者的採訪時對美中新型大國關係的具體框架的內容作了如下解釋：

首先，增加兩國領導人會晤與對話的頻率，雙方坦誠交流各自的核心利益關切和共同關心的地區與熱點問題，確保相互考慮和尊重彼此的核心利益不受侵犯，相互正確判斷和理解對方對地區與熱點問題的立場，為近期合作和長遠戰略合作確定基調與方向。

其次，進一步明確各自主管美中關係和對話的領導人，確保美中雙邊重大事件或重大地區與熱點問題突發時，相關領導人能及時溝通。

第三，進一步深化雙方軍事對話與交流，確保不因任何突發事件而中斷，加強戰略互信，減少互相猜疑和誤判，雙方保持順暢的軍事領域的溝通交流。

第四，雙方領導人在引導各自民意方面發揮更多作用，積極引導本國民眾正確理解對方國家，減少負面宣傳。

第五，在保持高層對話的同時，重視和擴大地方政府在穩定美中關係中的作用，通過建立姊妹省州、友好城市和相互投資等方式，加強地方聯繫和相互之間的發展依賴與合作，為美中關係增加更多的穩定劑。41

藍普頓關於美中關係的基本看法在美國政界和學界是有廣泛的基礎。美國的中國問題研究學者本・洛森（Ben Lowsen）在《外交家》雜誌上，曾把影響和決定美國對華政策的人分為四類：屠龍派（Dragon Slayer），外交派（Diplomat），漢學派（Sinologist），擁抱熊貓派（Panda Hugger）。按照這個分類，藍普頓無疑屬「擁抱熊貓派」的代表性人物。自1972年尼克森總統訪華實現中美關係正常化以來，「擁抱熊貓派」實際上主導了美國的對華政策和美國的中國問題研究，他們普遍支持美國和中國展開積極務實的接觸與合作，尤其是支持中國在鄧小平領導下進行改革開放，強調美中在全球化進程中相互推進的積極作用。但是，進入本世紀以來，主張對中國施壓和對抗的「屠龍派」逐漸主導了美國的對華政策，他們提出的主要理論可以通俗地稱之為「中國崩潰論」或「中國威脅論」，沈大偉在「悲觀派」的名稱下所概括的關於「中國即將崩潰」和中共統治日子已經「屈指可數」的種種見解，均可以被打上「屠龍派」的標籤。2016年，川普當選美國總統，他掀起的對中國的貿易戰很快就轉化為全面圍堵中國的政策，而且這個政策得到了民主黨的支持。上述「百人公開信」沒有獲得白宮和國會的

---

41 參閱《光明日報》2013年6月2日刊載發自華盛頓5月31日電，駐華盛頓記者王傳軍。

呼應，相反，在2021年，共和黨和民主黨在國會聯手通過了劍指中國的〈2021年戰略競爭法案〉，兩黨在國內、國際的眾多問題上分歧極大，難以彌合，唯獨在中國問題上達到了最大限度的共識。

在「屠龍派」實際影響著美國對華政策的形勢下，「擁抱熊貓派」也不得不開始調整話語策略或改變立場。沈大偉在2016年也提出了「中國即將崩潰」的論斷，這是他從對華「樂觀派」走向「悲觀派」的一篇標誌性文章，他由此被《環球時報》無情地斥為新的「反華人士」。[42] 藍普頓雖然沒有像沈大偉那樣轉向「悲觀」立場，但他對中美關係的判斷和預期也不再像以前那樣「樂觀」了，他充分認識到中美關係正在「從接觸論，轉向輕微阻礙論，進一步變為嚴重阻礙論，最終越來越偏向威懾論的方向發展」。2015年5月6日，藍普頓在亞特蘭大舉行的世界中國學論壇首屆美國分論壇上做了題為「中美關係逼近臨界點，需『第四個聯合公報』」的主旨演講，他闡述的主要觀點是：

---

[42] 沈大偉在2016年發表了〈中國即將崩潰〉（The Coming Chinese Crackup）一文，他從五個方面來論證中國正在崩潰的標誌：中國的富人正在逃離中國；政治壓迫和中共的不安全感愈來愈強烈；中國的官員和學者毫無生氣；官場上無處不在的腐敗；中國的經濟正陷入一系列系統性的陷阱中。基於這五個判斷，他認為中共統治已進入了它的最後階段。但對於中共會在何時崩潰，沈大偉仍然出言謹慎，他把這個過程視為可能是「漫長的過程」，是「中共延長式的衰落」。沈大偉因為發表了這篇文章，引發了中國《環球時報》的激烈批判，他不再被認為是對中國的友好人士，而且因此被禁止進入中國。參閱本人拙作，《山重水複的中國：榮劍演講及對話錄》，頁162。

過去40年的大部分時間裡,中美兩國對彼此實力的評估從未引起兩國社會對中美關係基本政策的反思,中國似乎習慣了「與霸權共存」,美國也穩坐霸主之位。在經濟領域,中美兩國對經濟增長的期望塑造了兩國共同的利益,使得許多根本性的摩擦,無論是經濟上的還是人權上的,擺到了次要地位。然而不幸的是,自2010年以來事情發生了戲劇性的變化,打破平衡的臨界點越來越迫近。中美各自的憂懼比兩國關係正常化以來的任何時候,都更接近於壓倒兩國對雙邊關係寄予的「希望」的臨界點。雖然中美關係的根基還沒有坍塌,但是今天美國政策精英中的重要成員越來越傾向於把中國看作對美國「主導權」(Primacy)的威脅。而在中國,一部分精英和民眾將美國視作中國取得正當國際地位的阻礙,並且無助於中國維持國內穩定。基於這些前所未有的變化,中美關係面臨重大挑戰,從根本上說,美國必須重新思考對「主導權」的定位,中國也有必要重新自量其力,並量力而行。中美兩國務必要以更加現實的眼光看待自身的實力,必須系統地強化中美之間相互依存的關係,必須建立安全和經濟的連帶機制,亞洲的均勢和穩定應該是雙方的共同目標,而不是由中美任何一方主導。

基於上述認識,藍普頓呼籲北京和華盛頓達成某種類似「第四個聯合公報」這樣的文件,來重新規劃中美關係的未來路徑,該文件不需要五十點主張,而只需要兩個主要觀點。第一點要闡明的是,世界已經改變,權力分布已經改變,均勢和穩定是中美兩國的共同目標,而讓任何一個國家來主導都不足以達到均勢的穩定。第二點應該闡明的是,中美兩國應該通力合作,並與別國合作,共同建立和調整當前的經濟和安全機

制，以反映新的現狀。「簡單來說，我們要建立的是季辛吉博士提出的『太平洋共同體』。」[43]

藍普頓在2015年為推動中美關係重新進入良性互動和友好合作的軌道所做的努力，在後來的時間進程中被證明是毫無效果。在2022年一個由中國智庫組織的論壇上，藍普頓與中國學者對話時，除了表達美中兩國「在競爭中尋求合作與發展」的願望之外，也表達出一個前所未有的困惑：中美關係正處在尼克森訪華以來最難以預料的時刻，史無前例的情況超出了他以往形成的理論與知識，以致沒有人可以自稱「專家」，中美兩國學者都只能「摸著石頭過河」。此時藍普頓認識到，中美關係當下的處境與40年前已完全不可同日而語，其中一個重要的因素是中國實力的迅猛增長，中美軍事力量的對比也發生了重大變化，經濟合作與發展原來是連接中美關係的紐帶，現在卻成了問題爆發的源頭，2020年簽署的中美貿易協議沒有得到執行，中美軍備競賽在加劇，中美關係發展的兩大驅動力——經濟和戰略安全，在兩國元首的對話中都沒有被深入討論，中美之間深層次的問題在四十多年時間裡沒有得到解決，反而是充分暴露出來，導致中美關係的急劇惡化。藍普頓還認為，拜登政府上臺以來，沒有可能從根本上調整川普政府的對華政策，雖然中美雙方都有處理好兩國關係的強烈願望，但兩國能否建立一個和平共處合作的框架，進而能否規避「災難性錯誤」，仍不得而知。[44]

---

43 參閱《澎湃新聞》，2015年6月11日。
44 參閱CCG全球化智庫主辦的「CCG全球名家對話」，2022年2月18日。

很顯然，在中美關係面臨著前所未有的挑戰時，藍普頓在2010年之前形成的關於中國的一系列基本理論認識也面臨著前所未有的挑戰，尤其是他關於「中國力量」的研究所形成的基本結論，在中國一躍成為世界第二大經濟體，進而成為美國最大的競爭對手時，顯然也需要重新加以審視。當中美關係的發展完全超出了他以往的理論和知識範圍時，建構新的理論框架的前提無疑是要對以往的理論認識進行重新評估，至少應該有這樣的問題意識：關於「中國力量」的研究是否存在著一些重大的認識誤區？以致無法預見到「中國力量」的增長會對美國和世界秩序構成如此大的挑戰？

藍普頓在2007年出版的《中國力量的三面：軍力、財力和智力》（*The Three Faces of Chinese Power: Might, Money and Minds*）一書，被布里辛斯基評價為「富有遠見」和「非常及時」，他認為這本獨特的分析書籍考察了當今世界上最為重要的地緣政治變化：中國力量的增長，也就是中國影響力增長所涉及的軍事、經濟和智力領域，提供了一個評估中國的新鮮角度——中國力量正在如何改變世界，其弱點與不確定性何在，包括美國在內的其他國家應如何看待其力量增長。美國前駐華大使芮效儉稱讚此書「令人振奮、詳實完備」，認為「中國經濟軍事力量迅速擴張，對美國和世界意味著什麼？此書提供了全面而智慧的思維框架。」[45]藍普頓自己對這本書的定位是：通過講述中國重振其地位、實力和影響力的故事，揭示一項必將

---

45 參閱戴維・藍普頓，《中國力量的三面：軍力、財力和智力》，姚芸竹譯（北京：新華出版社，2009），封底評語。

改變21世紀世界地緣政治的結構性飛躍。他特別強調,該書是為美國人重新認識中國進而重新認識美國而寫的:「中國力量是美國的一面鏡子,使美國人有機會反思自己的力量觀、力量運用以及力量界限。在21世紀之初,美國必須重新認識力量的多面性,特別要思考非暴力力量的使用。」[46]

在藍普頓撰寫該書時,「中國力量」已經呈現出突飛猛進的態勢,越來越多的美國人認識到,中國的崛起可能將成為本世紀最重要的事件,但是,他們卻並沒有做好迎接這一事件到來的思想準備。按照藍普頓的概述,在如何應對中國實力增長這個問題上,美國陷於兩難。一些美國人認為,盡可能採取圍堵政策是最佳方式,他們擔心,隨時間推移,圍堵中國就會愈發困難。另一些美國人則捫心自問,美國有能力成功圍堵中國嗎?他們又進一步懷疑,圍堵是否反而會誘發他們本想避免的衝突?而且,圍堵還存在著道德問題:企圖圍堵中國,難道不就是等於企圖迫使世界20%的人口更加貧窮嗎?一味追求圍堵,會不會誘發中國的經濟衰落和政治紊亂?會不會阻擋中美之間任何正面合作的可能性?會不會因此削弱全球聯手處理跨國事務的整體能力?正是綜合考慮了這兩種對「中國力量」的不同認識和判斷,藍普頓別出心裁地提出:中美兩國都身不由己地進入一場歷史賭局,賭的是中國現在和未來的崛起。中國人賭美國人會支持他們的崛起,能在崛起的過程中予以合作,即使這個過程中出現偏頗,即使美國政府或社會總有一些人不時進行遏制挑釁,中國人還是會賭美國給予中國的支持與合作。美

---

[46] 同上書,前言,頁1。

國人賭的是一個強大的中國將在今後20到30年中很好地融入國際社會體系，成為全球化的推動者去影響其他國家，用時任美國副國務卿的羅伯特・佐立克在2005年9月的話來講，就是希望中國能夠達到成為國際體系中「負責任的利益攸關方」的水平。[47]對於這個「雙重賭局」，藍普頓的基本判斷是：中國不斷增強全球事務的多邊參與能力，對美國而言，既是一個若隱若現的機會，也是一項挑戰。關於「中國力量」的研究，最終是要證明，作為雙重賭局的共同參與者，中美雙方只要各自握有的籌碼是理性的，就會有雙贏的可能。也就是說，中國在美國的支持和合作下成為一個強大的國家，而強大後的中國按美國人所願，成為穩定的國際體系中一個「負責任的利益攸關方」。

藍普頓從三個方面展開對「中國力量」的分析，從「軍力」、「財力」和「智力」共同組成的「力量三部曲」，來研判「中國力量」的性質及其對中美關係和現有國際秩序的影響，進而為中美建立一個新型的大國關係提供理性務實的政策框架。

首先，「軍力」（might）概念指代的是國家的強制力量，在國際政治領域，強制力的主要工具就是軍隊或是其他旨在大規模改變目標社會福利的暴力手段、經濟封鎖以及建造外交「監獄」——國際隔離。軍事現代化是中國「四個現代化」（工業、農業、科技和國防）的第四項重點，從毛澤東到鄧小平直至後來江澤民和胡錦濤時期，中國政府始終致力於實現軍事現代化。經由幾十年的發展，中國的軍事現代化有了重大

---

47 參閱同上書，頁2。

進展，在預算、軍購、力量重建與教育、機構變化、理念、聯合行動以及指揮和控制等方方面面均有顯著的變化。到了21世紀初期，「解放軍與鄧小平1975年批評的那支軍隊已經截然不同。有了長期的經濟增長帶來的財政增長，經濟基礎已經打下，足以支持未來更快的發展。」[48]雖然中國的「軍力」有了巨大增長，但藍普頓並不認為中國會步蘇聯後塵走上一條對外擴張的道路，相反，他根據對中國「軍力」性質及其構成的分析，得出了兩個結論：第一，中國的武裝部隊在過去的四分之一世紀裡已經明顯提高，他們還會繼續這樣做，但未來的道路仍然漫長，趕上美國的目標日益渺茫。第二，北京集中精力發展的力量形式絕非強制力量，而是經濟力量和理念力量。他為此提醒美國：「如果美國將其主要注意力放在軍事領域，而不注重加強自己的經濟和理念力量，那麼美國在競技場上肯定是選錯了項目、走錯了賽場，也選錯了對象。」[49]

其次，「財力」（money）概念指代的是經濟力量，金錢與物質資源是一種可轉換的力量形式──可以購買強制能力。藍普頓指出，大約自1978年開始，中國開始重新占有全球GDP份額，1990年，中國占5.61%，2000年提高到11.02%，2007年是15.83%。與美國比較，1990年中國的人均GDP（以購買力平價計算）大約是美國人均GDP的6.8%，到2000年則是10.97%。這些數據揭示出兩個方面的事實──中國在很短的時間內走了很長一段路，但它未來的路仍然很漫長。中國經濟力量迅速增

---

48 同上書，頁39。
49 同上書，頁64。

長的主要來源是：「全國投資與儲蓄比」、「公民受教育及健康程度」、「快速增長的中產階級和私有部門」、「海外華人」、「經濟政策持續性與政策內容」等。在北京不斷增長的經濟影響力的形勢下，藍普頓並不擔心中國會成為一個「八腳怪獸」，因為中國面臨著巨大難題，從總量來看，它很巨大，而用人均水平來看時，它仍然貧窮。「中國既弱又強，既窮又富」。藍普頓對中國力量不斷增長的良好預期在於，隨著中國的經濟越來越被拴在一個用來阻止其行使無限權力的全球經濟體系中時，中國就不得不更加依賴於夥伴和資源的全球化，維護並捍衛共同的國際基本格局。[50]

第三，「智力」（minds）概念指代的是理念力量，這一力量不主要依靠物質（金錢）或強制（軍事）力量，而主要來源於能夠增強一國有效定義並實現國家目標的知識、文化、精神、領導力以及法律資源，與約瑟夫・奈伊所說的「軟實力」非常相似。理念力量不僅僅表現在意識形態吸引力以及基於共同信仰的國家團結方面，而且也表現在文化現代化方面，即主動吸收其他文化，並對過去被忽視的文化資源進行資本化改造，使其更有吸引力。藍普頓認為，在理念力量的構成中，領導力和人力資源占有重要位置，鄧小平的主要貢獻在於：重新定義政治和國家生活的目標，從階級鬥爭向經濟增長轉移；將中國的未來與全球化整合捆在一起；培養一批技術專家型治國精英並使之機制化。這些觀念使得中國走上持續發展的軌道。價值觀、意識形態、愛國主義以及民族主義與文化緊密相連，

---

50 參閱同上書，頁98。

也是理念力量的重要方面,尤其是得到積極捍衛的民族主義,與經濟快速增長共同成為鞏固中國政權的兩大基礎。雖然中國在理念力量的某些方面資源強大,藍普頓還是看到了中國的確面臨著約瑟夫・奈伊所說的「兩類觀眾的問題」——它的信息通常在貧窮、專制和一些亞洲國家傳播得更好,而在西方自由民主國家傳播效果較差。他基於歷史比較的觀點,特別強調中國從毛澤東時代以來的巨大變化:進攻性和對抗性的意識形態已經被多邊外交和相互依存的詞彙所代替,知識上的自我封閉已經被跨學科跨國界的互動所取代,曾經懵懂的革命家,如今成為遍布全球的外交家、技術專家、知識分子和商人。這些新的變化在藍普頓看來,都是本質上富有建設性的中國理念力量的表達,中國快速提升其全球交流以及文化傳播能力,比美國人想像的更有效力。[51]

通過對中國「軍力」、「財力」和「智力」的三重分析,讓藍普頓得出了與美國前副國務卿理察・阿米塔吉(Richard L. Armitage)大致相同的看法,中國的崛起將是和平的崛起;中國帶給世界的最大挑戰,很可能是在經濟和理念領域,而非軍事領域;美國應當更加系統客觀地看待中國力量的性質,最終堅定地幫助中國力量的增長。用他自己的話來說:

> 軍事強制力目前在北京的戰略中作用並不大,經濟和理念力量是更有效的實現中國目標的手段。
> 中國地區戰略的核心在於通過經濟優惠來增強釋疑,

---

[51] 參閱同上書,頁137、217。

儘量以令人信服的方式使用軍事力量,以及通過文化和其他軟實力工具來運用並增強中國影響力。中國希望這將減少美國和日本在本地區運用武力的欲望,減少本地區其他國家為抵消中國力量增長而作出的不必要的回應或是尋求美國參與的行為,並且能夠允許中國集中精力於自身內部建設,同時確保維持中國高速經濟增長所必需的市場和資源。與此同時,中國仍然需要穩步提升軍事實力。[52]

在對「中國力量」和中美關係的未來前景作出積極評價時,藍普頓並不是一個盲目的樂觀主義者,基於現實主義的立場,他在強調中美競爭不應成為下一個增長、霸權、擴張、延伸、衝突和衰落的案例的同時,也指出了中國力量的增長有可能引發的三種危險。第一種危險是不斷增長的中國力量可能使得中國偏離它當前的目標,成為一個對外擴張性國家。第二種危險是當前主導世界的大國,如美國和日本,以為中國不斷增長的力量與各國利益之間是零和關係,從而對中國採取遏制政策,這可能逼使中國的進攻性現實主義者有所反應。第三種危險是中國不斷增長的力量,特別是經濟力量的擴張,將導致大量的溢出效應,從而引發衝突。為防止出現上述三種危險,藍普頓主張,美國應當提升與中國周邊大國的關係,幫助這些國家成為抗衡中國的堡壘,而中國則應當維持相對溫和的外交政策,改變整個國家的舊有思路,從受難的民族主義中跳脫出來,尤其是要改善中日關係。藍普頓構想的美日中三國關係:

---

[52] 同上書,頁173。

不再是一個敵手，而更多的是一個夥伴。

藍普頓在2007年對中國力量的分析所形成的基本結論，從某種意義上說，是符合中國當時發展的狀況。中國在美國的支持下加入WTO之後，藉助於全球化的巨大動力，經濟高速增長，軍事實力大幅提高，共產主義意識形態色彩也日趨淡化，而中美兩國關係也進入到一個新的蜜月期，以華爾街為代表的美國資本全面進入中國市場，在與中國的經濟交往與合作中賺得盆滿缽滿。中美兩國既已形成的「你中有我，我中有你」的互相依存關係，看上去的確符合藍普頓的判斷：中國力量的增長並未對現有國際秩序和地區安全構成威脅，中國的外交政策依然遵循鄧小平確定的「韜光養晦」戰略，中國的意識形態和政治改革也在啟動之中。從這些方面來看，中美在歷史性的「雙重賭局」中似乎可以雙贏，中國能夠以美國人想像的方式，通過改革開放逐步完成制度轉型。因此，藍普頓此時對中國力量的研究，具有事實層面的可驗證性，也具有某種理論的前瞻性。但是，正如前述，他和沈大偉一樣，都沒有預見到中國從2012年以來會發生如此重大的變化，尤其是沒有預見到從2018年以來所發生的根本性逆轉。不僅是中國不斷增強的「軍力」對周邊國家形成了日趨緊張的關係，經濟快速發展形成的溢出效應嚴重影響了國際秩序的穩定，而且中國的「理念力量」又重新回到了共產主義意識形態的老路，並在極端民族主義的加持下形成了咄咄逼人的「戰狼」式外交。很顯然，掌握「中國力量」的龐大國家機器在中美「雙重賭局」中已經不是理性出牌，結局也不是美國人所期待的雙贏，而是它試圖贏家通吃，藍普頓所擔憂的上述三種危險同時出現了。

藍普頓關於中國力量的研究，從本質上看是一種地緣政治分析。世界形成不同的地緣政治結構，與不同的意識形態和制度緊密相關，美蘇在戰後製造的冷戰的地緣政治結構，是兩種截然對立的意識形態和制度互不調和的結果。隨著蘇東共產主義國家的集體崩潰，冷戰結束，地緣政治結構更多地與不同國家的利益聯繫起來，只要存在著相同「利益」或成為「利益攸關方」，實行不同意識形態和制度的國家就有可能攜手合作，從而避免某種地緣政治衝突。以藍普頓和沈大偉為代表的「擁抱熊貓派」對中國的研究，不能說完全放棄了意識形態和價值觀的分析框架，但他們的確沒有對共產主義在中國的深遠影響給予足夠的重視，他們在理論前提上是把中國的改革開放當作「後共產主義」現象進行研究，沒有充分認識到「中國力量」的增長不會改變而只能進一步強化「共產主義黨國」的本性——對內加強控制，對外加強擴張。布里辛斯基在「大失敗」理論中對蘇聯共產主義的分析和判斷，其實是可以不加限制地全部運用於對中國共產主義實踐的認識。中國共產黨進行改革開放，從來沒有公開承諾過它會放棄馬克思主義、無產階級專政、社會主義制度和共產黨的領導，這「四項基本原則」是它不可動搖的立國之本和統治基礎。「中國力量」的不斷增長，只會不斷加強而不是弱化共產主義黨國對抗西方自由民主國家的意志。在任何時候，真正的共產主義者都不會放棄他們以共產主義方式統治（以解放的名義）全人類的理想，除非他們賴以存在的制度徹底崩潰。

值得讚揚的是，藍普頓在2022年已經認識到，中美衝突實質是威權國家與民主國家的對決，中美關係無法根本改變的

困境就在於兩國的制度差異,他對中國主持人認為中國有全過程民主和經濟民主的說法嗤之以鼻,表明在他的內心深處是完全不能接受共產主義的陳詞濫調。遺憾的是,在中國改革開放全面逆轉之際,聽到了他由衷感慨自己以往關於中國的理論和知識全部失效,卻沒有聽到他自我反思的聲音。他關於「中國力量」的研究,因為研究對象的顛覆性變化,而走向了他最不想看到的結局,中美兩國在「雙重賭局」中走向了一場零和遊戲。剩下的問題是:誰會是最後的贏家?

「新加坡經驗」與「中國的選擇」
——以馬凱碩的相關研究為例

在中美從經濟貿易、地緣政治到意識形態的全面對抗與爭執中,雙方往往是各執一詞,固守己見。因此,需要聽聽中立的第三方人士的意見,來自新加坡的資深外交官馬凱碩(Kishore Mahbubani)扮演了這樣一個角色。他在2020年出版的《中國的選擇:中美博弈與戰略抉擇》(*Has China Won?-- The Chinese Challenge To American Primacy*)一書,試圖以局外人的身分,不偏不倚地分析在中美正面臨的競爭中可能發生的情況,客觀地指出兩國分別出現的重大戰略失誤,以及對重建兩國的戰略性合作關係提出構想。作為獨立的一家之言,在中美兩國學界均獲得廣泛好評。中國學者王緝思認為,該書凝聚了作者幾十年來對世界政治的洞見,既有縱向的梳理,也有橫向的剖析,既有參與者的熱忱,也有觀察者的冷靜,他對中美兩國戰略家提出的忠告被傾聽得越多,兩國陷入戰略衝突的可

能性就越小。美國學者藍普頓認為，美國人應該聽取馬凱碩的逆耳忠言——哪怕這可能不受歡迎：拋棄對美國永遠是第一、擁有牢靠的非凡美德的幻想，採取一項以平衡與合作為基礎的長期國際戰略，重新建立健全國內領導與治理機制，在國外贏得朋友而非趕走盟友。[53]馬凱碩自己認為，他寫作此書的用意，一方面是想告訴美國人，中國既不想威脅美國，也無意損傷美國的利益，美國肆意遏制中國的崛起，只會削弱美國世界霸主的地位，同時為中國在國際上提升影響力創造空間；另一方面也是想告訴中國人，他們應該徹底放棄「中央王國」的哲學思維，轉而更多地接觸世界，尤其是不要低估美國經濟和社會的潛在優勢，應該盡可能避免與美國發生全面的地緣政治競爭。馬凱碩很像是一個在中美之間進行說和的思想中介者，試圖驅散籠罩在中美關係上的重重誤解迷霧，努力使雙方更好地瞭解——哪怕並不認同——對方的核心利益，最終促使中美兩國為應對共同面臨的全球性挑戰而重建戰略性合作關係。

馬凱碩的新加坡身分讓他在溝通中美分歧時享有一種特殊的比較優勢。這既是因為他長期擔任新加坡的外交官，先後在華盛頓和紐約任職十餘年，深諳西方尤其是美國的文化與政治，在美國政界有眾多朋友，同時與北京的資深內部人士保持著長期聯繫；也是因為新加坡的治理體系被公認為是世界上最成功的威權模式，布里辛斯基關於「後共產主義威權」階段的構想，以及轉型理論研究者普遍把新加坡作為轉型國家的經典

---

[53] 參閱馬凱碩，《中國的選擇：中美博弈與戰略抉擇》，全球化智庫（CCG）譯（北京：中信出版集團，2021），〈推薦語〉，頁1、8。

案例來看待，都充分表明了新加坡在世界制度比較中占據著重要位置。新加坡「國父」李光耀是小國大政治家的典範，他不僅在治理國家方面顯示出卓越的領導才能，而且對國際政治有深遠的見解，特別是他對中國政治和社會變遷的洞察力，具有「非凡的戰略敏銳性」（季辛吉的評價），對於中美兩國領導人都有著不可忽視的影響力。用格雷厄姆・艾利森的話來說，「他無疑是世界上最重要的中國觀察家」。[54]馬凱碩坦承他是從新加坡傑出的「地緣政治大師」李光耀那裡學了許多政治智慧和觀察中國與世界的正確方法，他在本書中對中美關係的性質、走向和未來前景的分析，具有非常鮮明的「李光耀色彩」，而他對中國政治制度轉型的構想，亦是以「新加坡經驗」為藍本。對於美國人和中國人來說，將中國逐步改造成一個新加坡式的威權國家——在共產黨的威權領導下推動國家向市場化和法治化方向發展，是一個可行的不錯的方案。從鄧小平以來的中共歷屆領導人，都表現出對新加坡模式的極大興趣，馬凱碩的書在中國受到更大的歡迎，箇中原因不難理解。

當然，馬凱碩這本書的重點不在於向外界繼續推銷新加坡模式，他關注的重點是中美之間重大的地緣政治競爭形成的原因，以及是何種深層結構性力量驅使美國發起了這場競爭。他在2019年作出過一個判斷：美國與中國之間爆發的地緣政治競爭將持續一、二十年。2020年，拜登政府上臺，中美之間的地緣政治競爭仍在繼續。縈繞在馬凱碩腦海中的一個問題是，

---

54 格雷厄姆・艾利森，《注定一戰：中美能避免修昔底德陷阱嗎？》，陳定定、傅強譯（上海：上海人民出版社，2019），頁17。

為何美國非要堅持與中國開展地緣政治競爭？按照比較流行的說法，中國經濟迅猛發展在總量上將很快超越美國而占據世界第一位置，美國將退居世界第二位置，這一可能的情況對美國人造成了巨大的心理衝擊，他們根本無法接受美國的世界第一的位置會被中國取代。因此，「不願成為『第二』是美國對中國發起地緣政治競爭的主要原因」。[55]在馬凱碩看來，美國對中國的崛起所表現出來的激烈反應是可以理解的，但他並不認為這是一種理性的反應，是出自事先制定的一個經過深思熟慮且全面的對華長期戰略，而在未制定戰略的情況下就發起競爭，「可謂瘋狂之舉」。這導致了美國對中國採取了錯誤的政策，從貿易摩擦到技術脫鉤再到軍備競爭，目的就是要遏制中國的發展，視中國為最大的威脅。美國在尚未制定出一個全面的全球戰略來應對中國的情況下，便與中國展開了這場較量，被馬凱碩視為是美國近期犯下的一個重大的戰略失誤。他引述了多位著名人士的看法來證明自己對美國戰略失誤的判斷是正確的。比如，季辛吉證實美國的確是缺乏對華長期戰略。澳大利亞前總理陸克文表示，作為總理，他絕不會接受像美國試圖與中國達成的那種不平等協議，哪怕澳大利亞是美國最堅定的盟友之一。美國前副國務卿羅伯特‧佐立克則說：「當中國的的高層審查有望達成的協議時，因為雙邊義務不對等而陷入僵局。雙方未能就中國採購美國商品的清單達成一致。對中國來說，這些條款並不平等，這讓他們想起了19世紀的外交，當時

---

55 馬凱碩，《中國的選擇：中美博弈與戰略抉擇》，中文版〈序言〉，頁 VI。

他們沒有尊嚴，也不被外國人尊重。」[56]引述這些人士的看法，馬凱碩是為了進一步證明，自2018年以來川普政府針對中國所採取的一系列混亂不堪且不協調的舉措，完全是因為美國缺乏應對中國問題的全面長期戰略，未能制定出這項戰略的根本原因在於美國人看待世界的更深層次的結構性缺陷，也就是美國話語中始終存在著「美國永遠第一」的假設和「美國例外論」的假設，依據這兩個錯誤的假設來為美國制定一個全面的全球戰略，肯定從一開始就存在缺陷。川普提出「讓美國再次偉大」的目標，既不是準備重塑美國，也不是直面危險的美國幻想，而是在一條單邊主義的道路上越走越遠。鑒於這種情況，馬凱碩警告美國：「如果美國繼續這樣做，它將給中國送去一份地緣政治禮物，並允許中國最終贏得這場美國未事先制定深思熟慮的、全面的長期戰略就貿然加入的地緣政治競賽。」[57]

在批評美國的戰略失誤的同時，馬凱碩也批評了中國的最大戰略失誤。他首先注意到中國未曾對中美衝突潛在的後果深思熟慮，便疏遠了在美國的幾大支持者群體。他引用謝淑麗的說法，當美國和中國出現貿易摩擦後，沒有人公開為中國辯護，相形之下，在20世紀90年代，當美國試圖取消給中國的「最惠國待遇」時，卻有一些商界群體對此提出抗議。一些在中國市場大賺其錢的公司，比如波音公司、通用汽車公司和福特公司，都沒有在川普突然挑起對中國的貿易戰時公開發聲阻止他。最不講意識形態的商業公司不站出來為中國說話，這在

---

56 參閱同上書，頁59。
57 同上書，頁82。

馬凱碩看來，意味著中國出現了嚴重的戰略失誤。他認為至少有三個主要因素引發了這種疏離感：一是省級和市級領導的相對政治自主權，二是2008-2009年全球金融危機後中國的自大傲慢，三是21世紀前十年中央領導相對放權的領導風格。就這三個主要因素而言，馬凱碩並未解釋清楚為何地方領導相對政治自主權的擴大和中央領導相對放權的風格會引發外商對中國的疏離感，但他提到的中國的傲慢自大風氣的確在新世紀以來的二十餘年裡愈演愈烈，中國官員一改以往謙虛謹慎的作風，代之以盛氣凌人的姿態來對待外國人。理查德‧馬利德在其著作《中國共產黨不可說的祕密》（*The Party: The Secret World of China's Communist Rulers*）中描述了發生在2008年博鰲亞洲論壇上的事情：「中國官員一個接一個地拋開以往會議傳達的令人欣慰的信息，而徹底表現出態度的逆轉。」他們自豪地宣稱：「你們有你們的道路，我們有我們的道路。我們的道路是正確的。」[58]

中國的傲慢自大顯然是來自於經濟總量的迅猛增長，在2001年加入WTO之後，中國的GDP從2000年的1.2兆美元激增到2015年的11.1兆美元，從全球第六位躍升到第二位。作為全球第二大經濟體，中國卻仍然自稱是發展中國家，仍然要求世界貿易組織制定特別條款來保護自己。中國的這個做法遭致了廣泛批評，包括來自中國最好的朋友之一、美國前財政部長亨利‧保爾森的批評，他在2018年11月新加坡的一次會議上，激憤地表達了國際社會對中國躲在世界貿易組織規則背後的失望，他

---

58 參閱同上書，頁37。

說：

> 中國加入世界貿易組織已有17年了,但在許多領域,中國仍未向外國競爭者開放經濟。中國對合資企業的要求和股權比例的限制依然存在。此外,中國在貿易和外商領域,還存在技術標準、政府補貼、辦理許可證和監管等非關稅壁壘。中國加入世界貿易組織都快20年了,這是完全不可接受的。這也是為什麼川普政府主張世界貿易組織體系需要與時俱進。我同意這個觀點。[59]

在馬凱碩看來,像波音、通用、福特這些大公司在中美貿易爭端中不公開為中國辯護,以及像保爾森、謝淑麗這些原來對中國長期持友好態度的人士開始批評中國,表明中國在處理與美國關係上出現了戰略失誤,其後果是不必要和不明智地疏離了美國商界,在某種意義上也是疏離了全球商界。他為此告誡中國政府:在中國採取新舉措以重新贏得全球商界信任之前,應該首先分析一下自身為何出現這個根本性的失誤,以及這個失誤是如何出現的;中國政府在對戰略失誤進行內部分析時,必須極其坦承,不可迴避處理敏感問題。

馬凱碩這本著作的英文書名 *Has China Won?--The Chinese Challenge To American Primacy*,被翻譯成中文書名《中國的選擇:中美博弈與戰略抉擇》,顯然是中國譯者有意淡化原英文書名所具有的挑戰性和決戰性的色彩。雖然馬凱碩沒有從艾利

---

[59] 轉引自同上書,頁40。

森的「修昔底德陷阱」來定位中美關係，但他還是擔心中國由於過高估計自己的力量和過低估計美國的實力而對兩國關係造成重大誤判。在一份虛構的致中國習近平主席的簡報中，馬凱碩明確提出：「如果我們低估了美國的強大實力，那將是一個巨大的戰略失誤。」為證明這個看法，他列舉了美國的五大戰略優勢：第一，美國的精英優勢，美國社會培養了一大批「極具權勢的人物」，如比爾·蓋茲、史蒂夫·賈伯斯、傑夫·貝佐斯、馬克·祖克柏、伊隆·馬斯克等科技領袖，在培養強大的個體方面，沒有哪個社會擁有像美國那般強大的生態系統，中國根本無法複製美國的這種強大優勢。第二，美國的人才數量優勢，美國有能力從世界各地吸引優秀人才，真正做到了海納百川。第三，美國的制度優勢，美國強大的制度體系和法治解釋了為什麼整個世界都對美元抱有信心。第四，美國的教育優勢，美國擁有眾多世界頂級大學，美國大學創造出世界上最強大的智力生態系統，擁有數以百計的諾貝爾獎得主。第五，美國的文明優勢，美國文明作為偉大的西方文明的一員，使美國人民擁有極強的文化自信，在任何地緣政治競爭中，美國都不會孤立無援，西方文明的所有成員一定是互相支持。[60]馬凱碩強調美國的這五大優勢，是為了提醒中國，切不可低估美國的實力和力量，美國是人類歷史上最具活力的社會之一，中國必須充分認識到這一點，否則就會犯下最大的戰略失誤。

　　揭示中美雙國各自的戰略失誤，看起來就像是馬凱碩對「肇事」雙方各打五十大板，以顯示一種不偏不倚的立場，但

60　參閱同上書，頁18-22。

是，實際上他打在美國屁股上的板子遠比打在中國屁股上要重得多。他認為中國因為傲慢自大而疏離了美國商界的戰略失誤是可以糾正的，中國有能力重新獲得全球商界的善意和信任；而美國則根本沒有體現出一種糾錯的能力，相反，當川普發動針對中國的貿易摩擦和技術競爭時，很多美國人包括民主黨的領袖都在為川普歡呼。民主黨參議員查克・舒默鼓勵川普「對中國強硬」。眾議院議長南希・裴洛西堅稱：「美國必須採取強有力的、明智的和戰略性的行動，反對中國不公平的貿易政策。」[61]針對這種態勢，馬凱碩提出的問題是：「美國能做出重大轉變嗎？」他認為在當前的中美地緣政治競爭中，美國表現得像冷戰時期的蘇聯，而中國則表現得像冷戰時期的美國。冷戰時期，美國經常做出靈活、隨機應變且理性的決定，蘇聯則做出死板、僵硬且教條化的決策，因此，美國保持了經濟的活力和強大，蘇聯的經濟則停滯不前，軍費開支耗盡了本國資源。現在的中美之爭，美國在重蹈蘇聯冷戰時期的覆轍，僵化死板的決策已經在結構上根深蒂固，奉行以軍事方式而不是以外交手段來解決地緣政治衝突，相應的政策選擇是大量增加國防預算，加強與中國的軍備競賽。美國的這個做法在馬凱碩看來，無異於是「美國在冷戰結束後做出的一項最具災難性的決定：放棄外交」。[62]而且他認為，美國強大的既得利益集團將使其不可能做出諸如削減軍事開支、加強外交能力的重大政策轉變。

---

61 參閱同上書，頁54。
62 參閱同上書，頁134。

美國人雖然認識到中國帶來的新挑戰，卻無法採取合乎邏輯的應對措施，源於美國必勝的信念，這種信念是基於馬凱碩所觀察到的五個假設：第一，美國深信必將在與中國的地緣戰略競爭中獲勝；第二，中國的政治和經濟體系不可持續，必將崩潰；第三，美國擁有豐富的資源，在與中國的競爭中無須做出任何根本性的戰略調整或犧牲；第四，美國依託英明的憲法和法治，建立起一個基本公正和秩序良好的社會，具有制度優勢；第五，在美國與專制國家之間做出合作選擇時，大多數國家會本能地傾向與美國合作。然而，馬凱碩並不認為這五個假設必然成立，他從中國的人口資源優勢、中國領導人的智力水平、中國開發資源的強大能力、美國政治精英的幻覺、美國戰略素質及道德形象的衰敗，逐項批駁了「五個滿是瑕疵的假設」，勸告美國人必須審視自己的信心，考慮變為世界第二強國的可能性。

　　作為地緣政治分析家，馬凱碩並非不清楚中美的地緣政治競爭除了來自於兩國的重大利益衝突之外，還來自於它們不同的政治制度和意識形態的嚴重對立。他談到了一些「見多識廣的中國觀察家」，如夏偉和沈大偉，都認同美國外交政策精英中許多關鍵人員的假設：美國繼續與中國接觸，將使美國的價值觀滲入中國，中國將逐步開放其政治制度，加入西方自由主義的主流。馬凱碩寫道：「這項假設一直是美國戰略的基石，哪怕是對中國的意圖將信將疑的美國政策界人士，也會抱有一個基本信念，即美國的實力和霸權可以輕鬆地將中國塑造成美

國喜歡的樣子。」[63]但是，中國的發展顯然完全背離了美國人願望，中國在經濟發展起來之後非但沒有成為一個「西方式民主國家」，反而是像喬治·索羅斯所說的那樣：「中國在推行歐威爾式的願景，即國家可以完全控制人民的生活。」彭斯副總統於2018年10月在哈德遜研究所發表演講時也明確表示：「中國的領導人旨在實施一種建立在控制人類生活方方面面基礎上的歐威爾式的體系。」[64]對於這項指控，馬凱碩表現得不以為然，他批評美國的分析人士在理解和認知中國時，傾向於持有黑白分明的世界觀，把開放社會與封閉社會、民主社會與集權社會、自由社會與專制社會絕對地對立起來，沒有認識到「我們」已經遠離了西方主宰世界歷史的200年異常時期，也遠離了一個黑白分明的世界。「世界不同地區的社會，將在自由與秩序、自由與控制、紛爭與和諧之間尋找新的平衡。」[65]論述至此，馬凱碩為中國為何沒有成為一個像美國一樣的民主國家提供辯護，他的主要觀點是：

> 在中國的政治文化中，最大的恐懼是混亂。中國經歷過許多長期處於混亂狀態的時期，包括從1842年鴉片戰爭到1949年中華人民共和國成立的屈辱世紀，因此，當中國人民需要在強大的中央控制和混亂的政治競爭之間做出選擇時，他們本能地傾向於選擇強大的中央控制。[66]

---

63 同上書，頁141。
64 參閱同上書，頁167。
65 同上書，頁169-170。
66 同上書，頁142。

馬凱碩把中國長期實行中央集權專制制度，視為既是歷史的選擇，也是人民的選擇，以此用來證明2018年中國共產黨「修憲」的正當性，即「這種悠久的歷史和政治文化或許能夠很好地解釋中國對國家主席任期修改的決定。這一決定可能是基於這樣一種觀點：中國面臨著陷入混亂的真正危險。」他把這個危險概括為黨內出現了政治派系以及爆發了黨內腐敗，由此對中國共產黨強有力的中央控制構成了重大挑戰。在派系鬥爭和腐敗沒有被有效清除之前，習近平主席就有理由重建強有力的中央控制以保持中國政局的穩定和團結。馬凱碩試圖證明，習近平主席領導下的中國共產黨對中國的強大中央控制，至少產生了讓世界共同收益的三種「全球公共產品」。一是中國共產黨控制住了一條強大的民族主義「巨龍」，避免了民族主義的極端聲音響徹全球，確保了中國在世界舞臺上扮演一個理性又穩定的角色；二是中國共產黨是做一個理性的行動者，以應對緊迫的全球挑戰；三是中國共產黨成為一種「維持現狀」的力量，而非「革命」的力量，不輸出革命，不干預別國內政，以一個正常國家的姿態去捍衛正常的戰略利益。相反，如果中國成了一個「西方式的民主國家」，那麼，就會出現非常糟糕的情況：出現像川普或老羅斯福那樣憤怒的民族主義者的聲音；出現那種因為屈從國內政治壓力而對國際事務完全不負責任的事情；出現肆意干涉別國內政的大國沙文主義和帝國主義政策。根據馬凱碩的評價標準，西方民主幾乎就是民族主義、非理性主義和干涉主義的代名詞，而中國通過加強中央控制創造了一個治理中國的有效政治模式。他在書中甚至這樣寫道：「事實上，與世界上的同行們相比，中國的統治階層做出

的善政（在改善公民福祉方面）比今天任何其他政府都要多。由於中國共產黨不斷地遭受西方媒體的詆毀，所以在西方很少有人意識到：中國共產黨已經為中國提供了整個歷史上的最佳治理。」[67]這話等於在說，中國在中美的地緣政治競爭中，不僅在經濟總量上可以超越美國，而且因為提供了國家治理的「善政」和全球必需的公共產品也可以在政治制度上超越美國。因此，美國無權教育中國是否或何時成為一個和美國一樣的民主國家，一個只有兩百餘年歷史的國家，試圖決定性地影響一個人口是其4倍、歷史比其長許多的國家的政治演變，被馬凱碩想當然地視為是一件可笑的事情，他預言未來的歷史學家一定會對當下美國政治決策者的這個堅定信念產生困惑。

雖然馬凱碩是希望讀者在讀完他的著作之後，能更好地理解驅動中美雙邊關係發展的深層動力，也為可能出現的一個樂觀的結論留出空間，因為他深信公共政策是由冷靜和理性的推演以及對彼此核心利益的地緣政治理解所驅動，中美領導人完全有可能制定出防止兩國無可挽回地走向一種痛苦和不必要衝突的長期政策。但是，他的書最後還是以一個自相矛盾的結論收尾：中國與美國之間的重大地緣政治競爭既不可避免，也可以避免。不可避免的原因是中國犯下的疏遠美國商界的戰略失誤與美國兩黨共同形成的全面圍堵中國發展的政策，幾乎沒有調和餘地。「美國已堅信今天的中國成了一個威脅。因此，中國與美國之間的一場重大的地緣政治競爭不可避免。」[68]儘管悲

---

[67] 同上書，頁146。
[68] 同上書，頁260。

觀的理由很充分，但馬凱碩還是認為人們可以找到同樣樂觀的理由來理解中美兩國真正的國家利益，他從五個方面來闡述中美之間有著五個「不矛盾」：第一，兩國的根本利益不矛盾，根本利益都是改善國民福祉；第二，為應對氣候變化，兩國之間根本不矛盾；第三，中美在意識形態領域不矛盾，中國已經放棄了在全球推廣共產主義意識形態的使命；第四，中國和美國在文明上不矛盾，中美沒有文明的衝突；第五，中美在價值觀上不矛盾，因為中國不會向美國輸出價值觀。正是基於對中美之間不存在著根本性矛盾的判斷，馬凱碩主張兩國政府理性管控分歧，求同存異，共同致力於拯救地球並改善人類的生活條件。他期待中美兩國都能認識到：「最終的問題將不再是美國贏了還是中國贏了，而是人類是否會贏得勝利。」[69]

馬凱碩在2020年中美地緣政治競爭已經全面展開的形勢下，著書立說闡述中美重建戰略性合作關係對於人類社會的重要意義，大有挽狂瀾於既倒的努力，其真誠的學術動機和價值情懷應該無可置疑。他對中美兩國各自的戰略性失誤的批評，對中國可能成為世界第一大國的展望，對美國幾乎不可超越的戰略優勢的肯定，以及按照亞洲的價值觀或新加坡經驗對中國民主轉型的分析，都有著獨到和深刻的見解。需要質疑的是，他對中美關係的地緣政治分析純粹從「利益」角度出發，完全脫離了意識形態和價值觀的理論框架，沒有充分認識到中美兩國根本不同的政治制度，才是導致中美之間發生歷史上最大的地緣政治競爭的根本原因。中美的地緣政治之爭，既是利益之

---

69 同上書，頁286。

爭,更是制度和價值觀之爭。中美之間所謂五個「不矛盾」實際上根本不存在,相反,中美在意識形態、價值觀、制度、文明等各個方面均存在著根本性的矛盾衝突,用川普政府的國家安全顧問麥克馬斯特將軍的話來說:歸根結底,美國與中國的鬥爭代表了「自由開放的社會和封閉的威權體制」之間的鬥爭。[70]用《紐約時報》專欄作者羅傑·科恩的話來說:「就如何塑造21世紀的世界格局問題,美國現在正與中國展開一場直接的意識形態戰爭。」[71]馬凱碩的重大理論失誤在於,他沒有認清或有意遮蔽了中美兩國在意識形態、政治制度和價值觀上的根本性對立,這種對立在中國崛起成為世界第二大經濟體並有望成為第一大經濟體時,已經無法以中美兩國「共同的利益」來加以掩飾了。由此就不難理解,為何波音、通用、福特這些大公司在中國賺到了巨額利潤之後,並沒有在中美貿易戰中站出來為中國說話;也不難理解最早提出推動中國成為全球體系中「負責任的利益攸關方」的佐立克,會在後來警告歐洲國家向中國解除武器禁運將面臨嚴重的後果,他的話非常尖銳:如果歐盟向中國出售武器,就等於在美國士兵的後背上畫靶心。

對於中國的崛起和強大,美國人並沒有從一開始就抱著敵對的心理,否則,就不能解釋為何在「六四」之後老布希政府會率先派特使到中國,重新尋求打開與中國合作之門,也不能解釋為何是柯林頓政府在2000年之前積極推動中國加入WTO。美國政府和人民是樂見中國走上現代化之路,融入世

---

[70] 參閱同上書,頁8。
[71] 參閱同上書,頁260。

界經濟體系,他們的確相信一個改革開放的中國最終會成為一個西方式的民主國家。馬凱碩批評美國沒有制定一個長期的全面的對華戰略,並不是事實。從尼克森訪華以來,由「擁抱熊貓派」主導的美國對華政策和中國問題研究,始終貫穿著對華友好及支持中國改革開放的主線。政策的重大轉折是從2010年以後逐漸形成,當中國一躍成為世界第二大經濟體時,中國非但沒有成為一個更像美國的國家,而是成為一個更像美國敵人的國家——挑戰美國在現有國際秩序中的主導地位。中國的戰略性失誤不僅僅表現在馬凱碩所說的中國疏離全球商界的傲慢自大,而且更主要的是呈現出全面倒退的態勢:在國內越來越偏離了市場化和法治化的軌道,重新從一個「威權國家」退回到一個「極權國家」,通過國家暴力與大數據技術的完美結合,重新建立起對社會進行全面控制的「歐威爾」體系,公民的私人財產和自由權利受到改革開放以來最嚴重的侵犯,民營企業受到前所未有的打壓,新聞言論出版等自由被消滅殆盡;在國際上越來越表現出咄咄逼人的攻勢,支持恐怖主義國家,支持俄羅斯侵略烏克蘭,縱容朝鮮核武與導彈試驗,肆意對周邊國家製造事端,破壞地區穩定與安全,根本沒有承擔起一個世界大國應有的責任。很難想像,美國人包括其他西方國家會接受一個極權國家成為世界老大,並按照它提出的規則來重新建構新的國際秩序。馬凱碩認為中國在2018年修憲之後建立起更加強大的中央控制體系,為世界提供了三種「全球公共產品」——控制民族主義,理性地應對全球性挑戰,成為一種「維持現狀」的力量而非「革命」力量,其實正好相反,中國的民族主義「巨龍」恰好是從這個時候開始對全世界張牙舞

爪，其標誌是「戰狼」式外交走向世界和國內日益強烈的反美、反日、反西方情緒，中國的外交官們公開表示將終結鄧小平開拓的「韜光養晦」的外交路線，不甘於「維持現狀」，而是鼓吹以「中國方案」來重新規劃「人類命運共同體」。2016年川普政府上臺後採取的新的對華政策之所以能夠獲得朝野兩黨的共同支持，就是因為大多數美國人普遍認識到了，一個經濟總量可能占據世界第一的共產主義國家，一定是美國的最大威脅。無怪乎美國聯邦調查局局長克里斯托弗·雷會發出這樣的言論：「我們正試圖把中國的威脅不僅視作對整個政府的威脅，還視作對整個社會的威脅……我認為美國需要對此做出反應。」[72]

馬凱碩基於一種「新加坡經驗」來看待中國的制度轉型及其對於世界的影響，的確具有新加坡人的獨特感受。新加坡作為威權國家轉型的典範，成功地將諸如市場經濟、國際化、英國式法治、精英治理、淡馬錫式模式、有限的新聞自由、有限的政黨政治、儒家文化傳統等各種要素，綜合改造成威權主義主導的國家治理體系，從而為新加坡經濟的穩定增長和國民福祉奠定了制度基礎。能否將新加坡威權模式複製到中國，長期以來在相關國家的學術界一直是有很大的想像空間，在理論上不失為布里辛斯基構想的關於「後共產主義威權」轉型的一個可以參考的路徑。馬凱碩按照新加坡的「標準」設置的一個健康社會的三個目標：經濟增長、社會穩定和個人自由，被他理解為都已經在中國實現了，中國現在擁有了世界上最大的中產

---

[72] 參閱同上書，頁4。

階級群體，他們擁有財富和自由，可以去世界各地旅行，他們中的大多數人接受了中國人民和中國政府之間達成的一種「隱性社會契約」：只要中國政府繼續推動經濟增長，保持社會和政治穩定，中國人民就會接受共產黨的領導。從新加坡人的固有思維和評價標準出發，馬凱碩認為民主未必就是好東西，精英治理才是更優的選項，美國和中國的制度之爭，並不是一個健康靈活的民主國家和一個僵化死板的共產黨執政國家之爭，而是僵化的富豪政治體制和靈活的精英政治體制之爭。因此，「中國可能會贏」。這樣一幅按照新加坡人的思維和想像所描繪出來的中國形象，究竟有幾分真實性，只要看看當下中國正在進行的國家部門對公民實行網絡身分認證管理，就能大致判斷中國人民在現實中究竟能夠享有多大的自由。史達林時代的「竊聽者」和「告密者」風行一時，但他們還是躲在人影的背後偷偷摸摸地進行，而在當下中國，竊聽、監控、告密、以言定罪已經成為公開的國家行為，公民表達異見被以「尋釁滋事」入罪已經成為國家的法律，不知馬凱碩是否願意體驗一下他的網絡身分被國家部門認證的這種生活？

中國會向何處去？中國會成為一個新加坡式的國家？還是會成為一個美國式的國家？抑或會重新走向鄧小平時代還是會重新退回到毛澤東時代？中國未來不管走向何種結局，歸根結底均與中國共產主義的興亡盛衰相關聯，只要中國仍然堅持「四項基本原則」，它就仍然是一個徹頭徹尾的共產主義黨國，任何改革和改良都不能從根本上改變這一性質。布里辛斯基的「大失敗」理論對於分析中國共產主義的前景依然有效，共產主義的理論和實踐因為違背人性、自然和社會發展規律，

絕不可能被人民長久地接受,它必將從危機走向崩潰。在結束本文時,有必要重申布里辛斯基對共產主義的最後分析與預言:

> 在20世紀,共產主義給人類帶來了災難,但也提供了一個慘痛而又極其重要的教訓:烏托邦式的社會工程與複雜的人類環境水火不相容;只有當政治權力受到制約時,社會的創造性才能得到最大限度的發揮。根據這一重要教訓,支配21世紀的將可能是民主政體,而不是共產主義。[73]

---

[73] 茲比格涅夫‧布里辛斯基,《大失敗:20世紀共產主義的興亡》,頁305。

後記

　　1949年10月，國共內戰決出勝負，國民黨丟掉大陸，共產黨建立全國政權，這是戰後世界地緣政治最重大的變革，美國「失去」了中國，蘇聯「得到」了中國，世界由此形成了東方社會主義國家和西方資本主義國家的兩大敵對陣營，這一地緣政治對立格局至今沒有根本改變。中美兩國當下在經濟、政治、意識形態和軍事領域的全面競爭態勢，是美國「失去」中國之後中美關係演變的必然結果。從1949年年底起，美國國會以親蔣介石政府的共和黨人為主體，追究誰應該為「失去」中國負責，為此展開了廣泛而持續的調查、辯論和政黨鬥爭，期間湧現出臭名昭著的「麥卡錫主義」，把嚴肅的政治和道德追責引向了一場政治迫害運動，最終使得「美國為何『失去』了中國」這樣的問題沒有在歷史和理論層面上獲得應有的反思。本書是對這一歷史公案的再思考，從美國理想主義外交傳統（威爾遜主義）、民主黨政府的對華政策（羅斯福和杜魯門等）和左翼文人、記者以及歷史學家（斯諾、拉鐵摩爾和費正清等）對中國和中共的誤判中，探討美國「失去」中國的政治和思想根源，從而對中美關係史上這個最大的歷史問題和理論

問題作出符合事實與邏輯的解釋。需要說明的是，本書是作者正在撰寫的「世紀批判三書」第一部《世紀的歧路：左翼共同體批判》下卷第二章，由於涉獵的論域比較廣泛，篇幅超出預想，亦考慮到本書主題對於認識當下的中美關係具有極大的借鑒意義，故決定單獨成書，先行出版，以饗讀者，求教於各位方家。

2024年8月6日於北京菓園

參考文獻

（以本書引述先後為序）

1. [美]鄒讜，《美國在中國的失敗（1941-1950年）》，王寧、周先進譯，上海：上海人民出版社，2016。
2. 《毛澤東選集》，第四卷，北京：人民出版社，1991。
3. [美]費正清，《偉大的中國革命（1800-1985）》，劉尊棋譯，北京：世界知識出版社，2000。
4. [美]司徒雷登，《在華五十年：從傳教士到大使——司徒雷登回憶錄》，陳麗穎譯，北京：東方出版中心，2012。
5. [美]畢恩來（托馬斯·亞瑟·畢森），《1937，延安對話》，李彥譯，北京：人民文學出版社，2021。
6. [日]磯野富士子整理，《蔣介石的美國顧問：歐文·拉鐵摩爾回憶錄》，吳心伯譯，上海：復旦大學出版社，1996。
7. [美]哈里斯·福爾曼，《北行漫記》，陶岱譯，北京：解放軍出版社，2002。
8. [美]馬克·賽爾登，《革命中的中國：延安道路》，魏曉明、馮崇義譯，北京：社會科學文獻出版社，2002。

9. [美]胡素珊，《中國的內戰》，啟蒙編譯所譯，北京：當代中國出版社，2018。
10. [美]邁克爾・沙勒，《美國十字軍在中國（1938-1945年）》，郭濟祖譯，北京：商務印書館，1982。
11. [美]陶涵，《蔣介石與現代中國》，林添貴譯，北京：中信出版集團，2012。
12. [美]芭芭拉・W・塔奇曼，《史迪威與美國在中國的經驗（1911-1945）》，萬里新譯，北京：新星出版社，2007。
13. 牛軍，《從赫爾利到馬歇爾：美國調處國共矛盾始末》，北京：社會科學文獻出版社，2021。
14. [美]伊・卡恩，《中國通：美國一代外交官的悲劇》，北京：新華出版社，1980。
15. [美]琳・喬伊納，《為中國蒙難：美國外交官謝偉思傳》，張大川譯，北京：當代中國出版社，2014。
16. [美]約瑟夫・W・埃謝里克編著，《在中國失掉的機會：美國前駐華外交官約翰・S・謝偉思第二次世界大戰時期的報告》，羅清、趙仲強譯，北京：國際文化出版公司，1989。
17. [美]馬歇爾，《國共內戰與中美關係：馬歇爾使華秘密報告》，中國社會科學院近代史研究所翻譯室譯，北京：華文出版社，2012。
18. 吳昆財，《美國人眼中的國共內戰》，北京：九州出版社，2012。
19. 顧維鈞，《顧維鈞回憶錄》，第六冊，北京：中華書局，1988。

20. 郝平，《無言的結局：司徒雷登與中國》（修訂版），北京：北京大學出版社，2011。
21. [法]費爾南・布羅代爾，《資本主義論叢》，顧良、張慧君譯，北京：中央編譯出版社，1997。
22. 新華社編《參考消息》第469期，1949年8月8日。
23. 新華社1949年8月12日社論，〈無可奈何的供狀──評美國關於中國問題的白皮書〉，人民日報，1949年8月13日刊印。
24. [美]迪安・艾奇遜，《艾奇遜回憶錄》上冊，上海《國際問題資料》編輯組、伍協力譯，上海：上海譯文出版社，1978。
25. [美]大衛・麥可洛夫，《杜魯門》，王秋海等譯，香港：新世紀出版社，2015。
26. [美]T・克里斯托弗・傑斯普森，《美國的中國形象（1931-1949）》，姜智芹譯，南京：江蘇人民出版社，2010。
27. [美]羅斯・Y・凱恩，《美國政治中的「院外援華集團」》，張曉貝等譯，北京：商務印書館，1984。
28. 陸衛明，《蔣介石的外交秘聞》，長春：吉林人民出版社，1999。
29. [美]費正清，《費正清中國回憶錄》，閆亞婷、熊文霞譯，北京：中信出版社，2013。
30. 張紅路，《麥卡錫主義》，武漢：武漢大學出版社，1987。
31. [美]尼克森（理查德・尼克松），《尼克松回憶錄》上卷，伍仁等譯，成都：天地出版社，2019。
32. [美]查爾斯・波倫，《歷史的見證（1929-1969年）》，劉

裘、金胡譯，北京：商務印書館，1975。
33. [美]沃爾特・拉菲伯、理查德・波倫堡、南希・沃洛奇，《美國世紀：一個超級大國的崛起與興盛》（第五版），黃磷譯，海口：海南出版社，2008。
34. [美]喬治・凱南，《美國大外交》，雷建鋒譯，北京：社會科學文獻出版社，2013。
35. [美]尼克森（理查德・尼克松），《尼克松回憶錄》（下），伍仁等譯，成都：天地出版社，2019。
36. [加]瑪格雷特・麥克米蘭，《當尼克松遇上毛澤東：改變世界的一周》，溫洽溢譯，天津：天津人民出版社，2017。
37. [美]季辛吉（亨利・基辛吉），《論中國》，胡利平等譯，北京：中信出版集團，2015。
38. [美]季辛吉（亨利・基辛吉），《世界秩序》，胡利平等譯，北京：中信出版集團，2015。
39. [美] 泰勒・丹涅特《美國人在東亞》，姚曾廙譯，北京：商務印書館，1959。
40. 徐中約，《中國近代史：1600-2000中國的奮鬥》，計秋楓、朱慶葆譯，茅家琦、錢乘旦校，北京：世界圖書出版公司，2013。
41. [美]歐內斯特・梅、小詹姆斯・湯姆遜編，《美中關係史論》，齊文穎等譯，北京：中國社會科學出版社，1991。
42. [美]約瑟夫・奈伊（約瑟夫・奈），《美國總統及其外交政策》，安剛譯，北京：金城出版社，2022。
43. [美]沃爾特・拉塞爾・米德，《美國外交政策及其如何影響了世界》，曹化銀譯，北京：中信出版社，2003。

44. 王曉德，《夢想與現實：威爾遜「理想主義」外交研究》，北京：中國社會科學出版社，1995。
45. 任李明，《威爾遜主義研究》，北京：中國社會科學出版社，2013。
46. [加拿大]瑪格麗特·麥克米倫，《締造和平：1919巴黎和會及其開啟的戰後世界》，北京：中信出版社，2018。
47. [英]佩里·安德森，《美國外交政策及其智囊》，李岩譯，北京：金城出版社，2017。
48. [愛爾蘭]埃米爾·約瑟夫·狄龍，《巴黎和會》，仇全菊譯，北京：東方出版社，2021。
49. [美]理查德·霍夫施塔特，《美國政治傳統及其締造者》，崔永祿、王忠和譯，北京：商務印書館，2018。
50. [美]塞繆爾·亨廷頓，《美國政治：激蕩於理想與現實之間》，先萌奇、景偉明譯，北京：新華出版社，2017。
51. [美]羅伯特·達萊克，《羅斯福與美國對外政策：1932-1945》，上冊，伊偉等譯，白自然校，北京：商務印書館，1984。
52. [美]富蘭克林·羅斯福，《爐邊談話》，趙越、孔謐譯，北京：中國人民大學出版社，2017。
53. [日]古川隆久，《毀滅與重生：日本昭和時代（1926-1989）》，章霖譯，杭州：浙江人民出版社，2021。
54. [美]羅伯特·達萊克，《羅斯福與美國對外政策：1932-1945》下冊，陳啟迪等譯，白自然、馬清槐校，北京：商務印書館，1984。
55. [美]沙希利·浦洛基，《雅爾塔：改變世界格局的八天》，

林添貴譯，北京：中信出版社，2018。

56. 鄧野，《聯合政府與一黨訓政：1944-1946年間國共政爭》，北京：社會科學文獻出版社，2011。

57. [美]哈里·杜魯門，《杜魯門回憶錄》上卷，李石譯，北京：東方出版社，2007。

58. [美]梅爾文·P·萊弗勒，《權力優勢：國家安全、杜魯門政府與冷戰》，孫建中譯，北京：商務印書館，2020。

59. [美]沃爾特·拉費伯爾，《美國、俄國和冷戰》，牛可等譯，北京：世界圖書出版公司，2014。

60. [美]D·包瑞德，《美軍觀察組在延安》，萬高潮、魏明康等譯，濟南：濟南出版社，2006。

61. 《毛澤東選集》第三卷，北京：人民出版社，1991。

62. 《白崇禧口述自傳》，賈廷詩、陳三井記錄，郭廷以校閱，北京：中國大百科全書出版社，2016。

63. [美]哈里·杜魯門，《杜魯門回憶錄》下卷，李石譯，北京：東方出版社，2007。

64. [美]約翰·劉易斯·加迪斯，《遏制戰略：冷戰時期美國國家安全政策評析》，時殷弘譯，北京：商務印書館，2019。

65. 美]喬治·凱南，《美國大外交》，雷建鋒譯，北京：社會科學文獻出版社，2013。

66. [美]喬治·凱南，《凱南日記》，曹明玉譯，董旻傑譯校，北京：中信出版社，2016。

67. [美]保羅·希爾，《喬治·凱南與美國東亞政策》，小毛線譯，北京：金城出版社，2020。

68. [美]哈羅德・伊羅生，《美國的中國形象》，于殿利、陸日宇譯，北京：中華書局，2006。
69. [美]史景遷，《追尋現代中國》，溫洽溢譯，成都：四川人民出版社，2019。
70. 黃靜，《美國左翼作家筆下的「紅色中國」形象：1925-1949》，北京：九州出版社，2021。
71. [美]伯納德・托馬斯，《冒險的歲月：埃德加・斯諾在中國》，吳乃華等譯，北京：世界知識出版社，1999。
72. [美]約翰・馬克斯韋爾・漢密爾頓，《埃德加・斯諾傳》，沈蓁等譯，北京：學苑出版社，1990。
73. [日]石川禎浩，《「紅星」：世界是如何知道毛澤東的？》袁廣泉譯，北京：北京大學出版社，2021。
74. [美]埃德加・斯諾，《復始之旅》，《斯諾文集》第1卷，宋久等譯，北京：新華出版社，1984。
75. [美]埃德加・斯諾，《紅星照耀中國》，《斯諾文集》第2卷，董樂山譯，北京：新華出版社，1984。
76. [美]埃德加・斯諾，《漫長的革命》，賀和風譯，北京：東方出版社，2005。
77. [美]白修德、賈安娜，《中國的驚雷》，端納譯，北京：新華出版社，1988。
78. [美]白修德，《探索歷史：白修德筆下的中國抗日戰爭》，馬清槐、方生譯，北京：生活・讀書・新知三聯書店，1987。
79. [美]白修德，《追尋歷史：一個記者和他的20世紀》，北京：中信出版集團，石雨晴、何育辰譯，2017。

80. [美]傑克・貝爾登，《中國震撼世界》，邱應覺等譯，北京：新華出版社，1980。
81. 《馬克思恩格斯選集》第一卷，北京：人民出版社，1995。
82. [英]約翰・梅納德・凱恩斯，《就業、利息和貨幣通論》，宋韻聲譯，北京：華夏出版社，2013。
83. [法]費爾南・布羅代爾，《論歷史》，劉北成、周立紅譯，北京：北京大學出版社，2008。
84. [美]理查德・艾文斯，《捍衛歷史》，張仲民等譯，桂林：廣西師範大學出版社，2009。
85. 黃達遠、袁劍主編，唐曉峰、姚大力等著，《拉鐵摩爾與邊疆中國》，北京：生活・讀書・新知三聯書店，2017。
86. [美]歐文・拉鐵摩爾，《中國的亞洲內陸邊疆》，唐曉峰譯，南京：江蘇人民出版社，2010。
87. [美]巴菲爾德，《危險的邊疆》，袁劍譯，南京：江蘇人民出版社，2011。
88. [美]歐文・拉鐵摩爾、埃莉諾・拉鐵摩爾，《拉鐵摩爾中國史》，李穩穩譯，袁劍校，上海：上海人民出版社，2024。
89. [美]費正清，《美國與中國》（第四版），張理京譯，北京：世界知識出版社，1999。
90. [美]費正清、鄧嗣禹，《衝擊與回應：從歷史文獻看近代中國》，陳少卿譯，北京：民主與建設出版社，2019。
91. [美]費正清，《中國：傳統與變遷》，張沛等譯，長春：吉林出版集團有限責任公司，2008。

92. [美]費正清,《偉大的中國革命(1800-19885)》,劉尊棋譯,北京:世界知識出版社,2000。
93. [美]麥克法夸爾、費正清編,《中國革命內部的革命:1966-1982》,《劍橋中國史》第15卷,俞金堯等譯,北京:中國社會科學出版社,1992。
94. 《故宮博物院八十年專號》,北京:紫禁城出版社,2005。
95. [美]費正清,《中國新史》,薛絢譯,台北:正中書局,1994。
96. 谷棣、謝戎彬主編,《我們誤判了中國:西方政要智囊重構對華認知》,北京:華文出版社,2015。
97. [美]格雷厄姆・艾利森,《注定一戰:中美能避免修昔底德陷阱嗎?》,陳定定、傅強譯,上海:上海人民出版社。
98. [美]格雷厄姆・艾利森編,《李光耀論中國與世界》,蔣宗強譯,北京:中信出版社,2013。
99. [美]傅高義,《鄧小平時代》,馮克利譯,北京:生活・讀書・新知三聯書店,2013。
100. [美]沈大偉,《中國共產黨:收縮與調適》,呂增奎、王新穎譯,北京:中央編譯出版社,2011。
101. [美]茲比格涅夫・布里辛斯基,《大失敗:20世紀共產主義的興亡》,軍事科學院外國軍事研究部譯,北京:軍事科學出版社,1989。
102. [英]霍布斯邦(艾瑞克・霍布斯鮑姆),《極端的年代》,馬凡等譯,南京:江蘇人民出版社,2011。
103. 榮劍,《山重水複的中國:榮劍演講及對話錄》,香港:

香港城市大學出版社，2019。

104. [美]戴維・藍普頓，《中國力量的三面：軍力、財力和智力》，姚芸竹譯，北京：新華出版社，2009。

105. [新加坡]馬凱碩，《中國的選擇：中美博弈與戰略抉擇》，全球化智庫（CCG）譯，北京：中信出版集團，2021。

美國為何「失去」了中國：從羅斯福到費正清

2025年7月初版　　　　　　　　　　　　　　　　定價：新臺幣480元
有著作權・翻印必究
Printed in Taiwan.

著　　　者	榮	劍
副總編輯	蕭 遠	芬
校　　　對	李 國	維
內文排版	菩 薩	蠻
封面設計	沈 佳	德

出　版　者　聯經出版事業股份有限公司	編務總監　陳　逸　華
地　　　址　新北市汐止區大同路一段369號1樓	副總經理　王　聰　威
叢書主編電話　(02)86925588轉5394	總　經　理　陳　芝　宇
台北聯經書房　台北市新生南路三段94號	社　　　長　羅　國　俊
電　　　話　(02)23620308	發　行　人　林　載　爵
郵政劃撥帳戶第0100559-3號	
郵撥電話　(02)23620308	
印　刷　者　世和印製企業有限公司	
總　經　銷　聯合發行股份有限公司	
發　行　所　新北市新店區寶橋路235巷6弄6號2樓	
電　　　話　(02)29178022	

行政院新聞局出版事業登記證局版臺業字第0130號

本書如有缺頁，破損，倒裝請寄回台北聯經書房更換。　ISBN　978-957-08-7729-8 (平裝)
聯經網址：www.linkingbooks.com.tw
電子信箱：linking@udngroup.com

國家圖書館出版品預行編目資料

美國為何「失去」了中國：從羅斯福到費正清/榮劍著．
初版．新北市．聯經．2025年7月．456面．14.8×21公分
ISBN 978-957-08-7729-8（平裝）

1.CST：美國外交政策 2.CST：中美關係

578.522 114007785